外国人労働者としての難民

Hiring Humanitarian Entrants
as a Migrant Labour Force
in Regional Australia

オーストラリアの農村部における
難民認定者の受け入れ策と定住支援策
An Examination of Reception Policies
and Support Practices for New Residents

小野塚和人
Kazuhito Onozuka

春風社
Shumpusha Publishing

外国人労働者としての難民

オーストラリアの農村部における難民認定者の受け入れ策と定住支援策

Hiring Humanitarian Entrants as a Migrant Labour Force in Regional Australia

An Examination of Reception Policies and Support Practices for New Residents

目次

| オーストラリア　概要 | 9 |
| 略語リスト | 10 |

序章　13

1. 本書の課題　13
   1) 人口減少と高齢化の時代における外国人労働者の受け入れと、定住と統合に向けた支援策の構想に向けて　13
   2) 受け入れた外国人労働者を放置することで生じうる問題　14
   3) 豪州における難民認定者に対する独自のアプローチ：対等な国民として、労働力として処遇する　19
   4) 共通の課題としての高齢化　22
2. 豪州社会を事例とする意義：なぜ豪州が課題先進国であり、注目に値するのか　24
   1) UNHCR の第三国定住事業において、総人口あたりの難民の受け入れ数が先進国の中でトップクラス　24
   2) 「多文化主義政策インデックス」で首位　25
   3) 「社会の実験室」としての豪州　29
3. 本書の学術的独自性・創造性と先行研究の状況　32
   1) 難民研究の状況と本書の意義　32
   2) 地域社会学の研究状況と本書の意義　36
   3) 移民政策論の研究状況と本書の意義　37
4. 本書の考察対象と方法　40
   1) 本書の考察対象　40
   2) 考察の対象となる用語の定義　40
   3) カタニング、ダルウォリヌ、ニルを事例とする意義　45
   4) 定住の成否をどう判定するか　47
   5) 本書の方法　49
5. 本書の構成　51

第 1 章　難民認定者に対する定住と統合の実現に向けた支援策　57

1. 本章の課題：難民認定者を受け入れる際の政策的実践とその特色はなにか　57
2. 豪州政府による難民認定者への定住支援策　58

  1）到着初期の定住支援：「難民認定者集中支援プログラム（HSP）」とその支援内容 58

  2）追加的な支援プログラム：「特定分野追加支援サービス（SIS）」と「中長期定住支援プログラム（SETS）」 62

 3．社会的公正の確保を意図した支援策：障がい者支援と修学支援を中心に 63

  1）「連邦障がい者保険制度（NDIS）」 63

  2）子どもたちへの就学支援 66

 4．社会経済的なハンディキャップを抱える豪州国民として受けられる支援 67

  1）所得支援 67

  2）住宅取得に向けた支援 68

 5．難民認定者が住居の確保に至る過程：支援者からのサポートとアドボカシー活動の存在 69

 6．小括 71

第2章　難民認定者が地方部に向かう社会的・政策的な経路 73

 1．本章の課題：難民認定者はいかなる社会的・政策的な道筋を経て、地方部に向かうのか 73

 2．連邦政府が直接的に関与しない形での地方部への移住パターン：「第二次移住」と身元引受人による招へい 75

  1）第二次移住 75

  2）身元引受人による招へい 76

  3）豪州市民の意思の尊重か、アウトソース化か 82

 3．豪州政府による地方部への難民認定者の直接的な配置策：現地社会との互恵関係の構築を目指して 82

  1）直接的な配置の対象となる人と、拠点となる受け入れ先の選定基準 82

  2）難民認定者を地方部に直接的に配置する政策を実行する理由 87

  3）西欧諸国の「分散」政策との対比にみる、豪州の実践が有する特色 90

 4．難民認定者の地方部への配置に関する歴史的な背景 95

  1）豪州における移民・難民受け入れの「伝統」と「期待」：白豪主義の時代からの連続性 95

  2）難民認定者を地方部に送致する歴史的な試み 98

 5．難民申請者を地方部へと仕向ける政策：SHEVビザ保有者を労働力として登用する

方策　99
　6．小括　102

第3章　地方部への技能移民の就労と配置を促進する政策的実践　105

1．本章の課題：地方部における技能移民の就労を促す政策の特長と帰結はなにか　105
2．1996年以降の技能移民受け入れ政策の変容：永住移民から一時移民の受け入れへ　106
　1）1996年までの外国人労働力受け入れの歴史的な特色：永住移民・国民として対等に処遇する　106
　2）1996年以降の移民受け入れにおける「経済的な効率性」の重視と、一時移民の受け入れ拡大　108
　3）「経済的な効率性」を重視する一環としての地方部への技能移民の配置：地方部での経済成長の実現と技能労働力不足の補填の必要性　113
3．地方部への技能移民の招へいに関する政策運用：1996年から2010年代後半まで　115
　1）「地方部への移民促進制度（SSRM）」の旗揚げ　115
　2）SSRMの急拡大　116
　3）技能移民の受け入れ政策における州政府や地方自治体の関与の増大　117
　4）現在利用できる制度　119
4．技能移民を地方部に引き留めるための施策　121
　1）一定期間におよぶ居住義務の設定による転出の抑止　121
　2）SSRM利用者の出自やエスニシティと、定着との関連　124
5．小括　127

第4章　地方部における非熟練・半熟練労働力の確保に関する政策的実践：「太平洋諸島労働協定（PLS）」の園芸農業部門での利用状況を中心に　129

1．本章の課題：農村部の労働力不足に際して、非熟練・半熟練労働力をどのように国外から確保しているのか　129
2．「太平洋諸島労働協定（PLS）」の特質と導入に至る経緯：農村部の非熟練・半熟練労働力の確保の手段として　132
3．PLSの特長・利点と問題点　133

1）PLS の特長・利点	133
2）PLS の問題点：労働者の視点から	136
4. 新制度「太平洋・豪州労働協約（PALMS）」における労働者への保護方策が有する問題点と、現状の制度を擁護する意見	139
1）新しい保護方策が抱える問題点	139
2）現状の制度を擁護する意見	140
5. 太平洋諸島からの労働力の登用は、新しい植民地主義なのか	141
6. 小括	142

第5章　カタニングにおける難民コミュニティ主導型の移住事業の展開　　145

1. 本章の課題：難民コミュニティ主導型の移住事業の特質はなにか	145
2. 移民労働者の受け入れと食肉加工業の事業拡大との関連	147
1）雇用機会に牽引されてカタニングに到来した移民たち	147
2）移民労働力とともに成長を続ける食肉加工業	148
3. カレン人コミュニティリーダーによるカタニングの「発見」と移住開始に至る過程	151
1）カレン人の同胞のために職探し	151
2）食肉加工業者ワムコとの出会い	152
3）カタニングへの移住の開始	154
4）移住の実行に当たっての決定要因	156
4. カタニングでの支援体制：雇用主とスーパーボランティアによる献身的な支援	159
1）ワムコによる非英語圏出身の労働者への雇用実践と支援方策	159
2）現地のスーパーボランティアの活躍：ジーン・フィリップス（ジーンおばさん）	162
3）バプテスト教会による支援	166
4）カタニング読み書き教室の活動：識字支援のボランティア組織	167
5）SETS プログラムを実施する支援団体による活動	168
6）警察による支援	169
5. なぜカタニングで社会秩序が維持され、多様な人々が定着しているのか	170
6. 小括	172

第6章　ダルウォリヌの「地域人口増強計画」にみる住民主導型による難民認定者を受け入れる試み　175

1. 本章の課題：住民主導型の難民受け入れ事業の特質はなにか　175
2. 「地域人口増強計画」の旗揚げ：プロジェクト立案と折衝の開始　176
    1）農場主スチュアート・マクアルパインによるプロジェクト立案　176
    2）「地域人口増強計画」の策定と運営委員会の結成　177
    3）「地域人口増強計画」の住民への説明会の開催　179
    4）カタニングへの視察とカレン人コミュニティとの折衝　181
3. 「地域人口増強計画」が直面した制度的な困難　181
    1）政府による資金援助の不在と、資金難の中での独自のプロジェクト運営　181
    2）独自の資金拠出によるプロジェクトの進行　183
    3）生活支援に関わる社会保障給付金へのアクセスの問題　184
    4）カレン人の移住を難航させた要因　186
4. 「地域人口増強計画」の新たな展開：現地の製造業部門による技能移民の招へい　188
    1）「地域人口増強計画」開始時の現地の経済状況と、技能労働力の不足：フィリピン人労働者の到来　188
    2）製造業部門の経営者：プリマス・ブレスレンの人々　190
5. 「新しい住民」と現地社会の橋渡し役としてのリエゾンオフィサーの活躍　191
    1）現地社会との健全な関係の構築に向けて　191
    2）新しい住民の定住と統合に向けた支援の実施　192
    3）自治体独自の英語教室の開講　193
    4）新しい住民と在来の住民が交流できる機会の確保　194
    5）現地行政の主導で、家族呼び寄せのためのセミナーを開催　196
    6）フィリピン出身者の定着要因　197
6. 「地域人口増強計画」の帰結と今後の展望　200
    1）町の人口構成の変化と失業率の変遷　200
    2）新しい住民に対する期待と要望：自治会のボランティア活動に参加を　202
    3）「地域人口増強計画」の現在　203
7. 小括　205

第7章　ニルにおける雇用主主導型による難民認定者の受け入れ事業の展開　207

1. 本章の課題：雇用主主導型による難民認定者の受け入れ事業が有する特質はなにか
　　　　　　207
2. カレン人難民認定者の受け入れ過程：自ら経営する工場における労働力として　208
　　1）自社工場の人手不足　208
　　2）「難民を支援する農村住民の会」の会合への参加を通じて、カレン人難民招へいの着想に至る　209
　　3）メルボルンにて、カレン人コミュニティに向けて移住説明会を開催　210
3. ミリントン夫妻によるプロジェクトの主導と現地の関係者との調整　212
　　1）現地住民の説得と世話役の任命、住居の確保　212
　　2）現地の生涯学習センターによる支援活動　213
　　3）カレン人と現地住民とのトラブルへの対応　216
4. カレン人という新しい住民による地域貢献活動と定住の実現　217
　　1）カレン人住民によるボランティア活動　217
　　2）カレン人への定住支援の成功に関する、地域ボランティアによる考察　219
5. 人口構成の変化と経済効果：高齢化の抑止と住民の多様化の進展　221
　　1）人口減少と高齢化の抑止の実現　221
　　2）経済効果と失業率の動向　224
6. 小括　226

第8章　外国人労働者としての難民の受け入れにあたって、受け入れ社会側に求められる施策　227

1. 本章の課題：事例研究からどのような政策的・理論的知見が得られるか　227
2. 雇用機会の提供と、雇用主による支援の必要性　229
　　1）通年に及ぶ安定した雇用機会の必要性　229
　　2）雇用主による支援の必要性　231
3. 関係者間の調整を通じた事前計画の策定と、移住事業への同意の形成　233
　　1）現地行政と雇用主、地域住民の協働による、現実的かつ精密な事前計画の策定　233
　　2）受け入れ社会の住民への教育・啓発活動と、新しい住民を歓迎する文化を維持する必要性　237

3）移住者側の参加と協働の必要性：受け入れ社会の側が新しい住民の処遇を一方的に決めない　　240
　4. 支援インフラの整備の必要性　　242
　　1）住居と移動手段の確保と、専門的な医療機関など定住支援の拠点へのアクセスの整備　　242
　　2）現地社会と移住者側との橋渡し役となる専門職員やコミュニティリーダーの選出：日常的な交流を維持し、転出を防ぐために　　243
　　3）支援を実行するための資金拠出の体制の整備：支援従事者のバーンアウトを予防するために　　244
　5. 支援体制の構築と運営において、現場からの提案や提言、実地での創意工夫を奨励し、肯定的に評価することの必要性　　247
　6. 小括　　248

第9章　難民はいかにして「難民」となるのか：カレン人コミュニティリーダーのライフストーリー　　251

1. 本章の課題：難民が「難民」になるまでの過程と、第三国への受け入れに至る道筋はなにか　　251
2. ビルマ研究に関する「宿題」：カレン人と日本との関係をめぐって　　252
3. ビルマでの生い立ちと民主化運動への参加：連邦制を実現するために　　256
4. 隣国タイへの脱出とシンガポールでの生活実態：現地エリートから極貧生活へ　　260
5. 豪州への渡航機会の到来と新天地での生活：「政治的な自由」の持つ意味　　265

終章　　269

1. 本書の総括　　269
2. 人道支援と地域活性化における、革新的な方策としての難民認定者の労働力登用　　280
3. 日本での外国人労働者への支援策の構想に向けて、豪州の知見をどのように活かせるか　　281

謝辞　　285
初出一覧　　287
参考文献　　289

オーストラリア　概要

正式名称	オーストラリア連邦（Commonwealth of Australia）
独立（連邦結成）	1901年（入植開始：1788年）
人口	2597.9万人
エスニシティの構成	海外生まれが27.6％。イングランド系（33.0%）、豪州系（29.9%）、アイルランド系（9.5%）、スコットランド系（8.6%）、中国系（5.5%）、ビルマ系（0.1%）、その他（13.4%）。
首都	キャンベラ（45.6万人）
主要都市	シドニー（529.7万人）、メルボルン（503.1万人）、ブリスベン（262.8万人）、パース（222.4万人）、アデレード（141.8万人）、ホバート（25.5万人）、ダーウィン（14.9万人）、ゴールドコースト（66.3万人）、ケアンズ（17.2万人）。州都の総人口は1745.8万人であり、全人口の67.2％を占める。（2022年6月30日時点）

本書の刊行にあたり、豪州のパース、カタニング、ダルウォリヌ、ニルにおける伝統的な土地所有者、ならびに、過去と現在の先住民の長老に感謝し、敬意を表する。

略語リスト

※複数のページやセクションにわたって登場する略称のみに限定している。本書では、文脈と内容に応じて、略記を用いない場合がある。

※本書での通貨「ドル」はオーストラリアドルであり、1ドル＝95円（2024年3月現在）である。

国名
豪州＝オーストラリア
NZ＝ニュージーランド
米国＝アメリカ合衆国
英国＝イギリス（グレートブリテンおよび北アイルランド共和国）

地名
ACT ＝ Australian Capital Territory（オーストラリア首都特別地域）
NSW ＝ New South Wales（ニューサウスウェールズ）
NT ＝ Northern Territory（ノーザンテリトリー）
QLD ＝ Queensland（クインズランド）
SA ＝ South Australia（南オーストラリア）
Tas ＝ Tasmania（タスマニア）
Vic ＝ Victoria（ビクトリア）
WA ＝ Western Australia（西オーストラリア）

組織・制度名称
ABC ＝ Australian Broadcasting Corporation（豪州の公共放送局。日本のNHKに相当する）
ABS ＝ Australian Bureau of Statistics（豪州政府統計局）
AMEP ＝ Adult Migrant English Program（成人移民英語教育プログラム）
APOs ＝ Approved Proposing Organisations（政府指定の難民・移民支援団体）
AUSCO ＝ Australian Cultural Orientation（豪州の文化に関するオリエンテーション）
CRISP ＝ Community Refugee Integration and Settlement Program（市民組織による難民統合・定住プログラム）
CSLA ＝ Company Specific Labour Agreements（個別の企業と結ばれる移民協定）
CSP ＝ Community Support Program（現地社会による難民受け入れプログラム）

DAMA = Designated Area Migration Agreement（特定地域移民協定）
EMAs = Enterprise Migration Agreements（事業ベースの移民協定）
EU = European Union（欧州連合）
FWO = Fair Work Ombudsman（労働基準監督署）
HSP = Humanitarian Settlement Program（難民認定者集中支援プログラム）
IEC = Intensive English Centres（重点的な英語教育センター）
IEHS = Intensive English High School（集中的な英語教育指定高校）
IELTS = International English Language Testing System（ビザ取得や留学の際に用いられる語学試験）
KNU = Karen National Union（カレン民族同盟）
MSCWA = Multicultural Services Centre of Western Australia（WA州の難民・移民支援団体）
NDIS = National Disability Insurance Scheme（連邦障がい者保険制度）
OMI = Office of Multicultural Interests（WA州政府の多文化関係担当局）
PALMS = Pacific Australia Labour Mobility Scheme（太平洋・豪州労働協約）
PLS = Pacific Labour Scheme（太平洋諸島労働協定）
PSWS = Pacific Seasonal Workers Scheme（太平洋季節労働者受け入れ事業）
R4R = Royalties for Region（WA州の地方自治体に向けた公共事業実施のための助成金プログラム）
RAR = Rural Australians for Refugees（難民を支援する農村住民の会）
RCA = Refugee Council of Australia（豪州難民支援協会）
RSMS = Regional Sponsored Migration Scheme（地方部の雇用主向けの移民プログラム。SSRMのひとつ）
SBS = Special Broadcasting Service（多文化特別放送局。豪州の公共放送局）
SETS = Settlement Engagement and Transition Support Services（中長期定住支援プログラム）
SHEV = Safe Haven Enterprise Visa（ボートピープル向けの一時保護ビザの一種）
SIS = Specialised and Intensive Services（特定分野追加支援サービス）
SSRM = State-Specific and Regional Migration Scheme（地方部への移民促進制度）
STN = State and Territory Nomination（州の推薦による移民雇用プログラム。SSRMのひとつ）
TAFE = Technical and Further Education（職業訓練のための州立の専門学校）
TBB = Talent Beyond Boundaries（高度技能を有する難民に向けて、移住先での職業を斡旋する団体。「不遇な人財を世界に」）
UNHCR = United Nations High Commissioner for Refugees（国連難民高等弁務官事務所）

WH = Working Holiday（ワーキングホリデー）

序章

1. 本書の課題

1) 人口減少と高齢化の時代における外国人労働者の受け入れと、定住と統合に向けた支援策の構想に向けて

　農村部を始めとした地方部における地域活性化の担い手として、難民認定者（難民認定を受けた者）を労働力として登用し、新しい住民として迎え入れることは可能か。難民としての出自を持つ者を農村部に誘致することによって、地域社会の人手不足を補填し、新しい住民として定着してもらうことは現実的な選択肢となりうるのか。地方自治体の高齢化と人口減少、労働力不足に対処する手段として、難民認定者を受け入れるという方策には、どの程度の有効性があるのか。対等な存在として、難民認定者を迎え入れるためには、どのような政策が必要となるのか。

　難民を労働力として、新しい住民として迎え入れる試みは、人道支援策としても、地域活性化策としても革新的である。豪州（オーストラリア）では、地方部における難民認定者の受け入れは、労働力の確保とともに、高齢化の抑止と人口減少への対処が意図されており、前向きに、肯定的に捉えられている。豪州の地方自治体では、難民認定を受けた者を労働力として、住民として迎え入れ、地域活性化を図る事例が複数存在している。西欧諸国の間で、難民を社会福祉制度に負担をかけ続ける「社会のお荷物」とみなす傾向があることとは大きく異なる。

　豪州の地方部において、社会の一員として、対等かつ生産的な存在として難民認定者を現地社会に統合しようとする実践から得られる知見は、日本の外国人労働者の受け入れと支援の方策を構想していく上で、有益な政策的示唆をもたらす。その理由として、第一に、難民認定者は海外から受け入れる新しい住民のなかでも、最も支援を必要とする存在であるからである。いわば「課題のある」人々ともいえる。高度技能人材（技能移民）を受け入れる場合は、難民認定者よりも現地社会への定住と統合にあたっての「課題」が少ない。第二に、地方部のなかでも、農村部は支援インフラが不足することが多いからである。相対的に支援インフラの少ない環境下において、最も支援を必要とする人の定住と統合に成功した事例を分析することで、どのような支援方策が必要となるのかが明らかになる。従って、農村部に移住

した難民認定者への支援方策を考察することで、国外からの移住者を支援する上で必要なことがすべて網羅される。

　本書は、豪州の農村部において、難民認定者を新しい住民として受け入れ、労働力不足の解消、高齢化と人口減少の抑止を試みた事例を考察する。そして、その背景に存在する豪州政府による、農村部を含む地方部にて、外国人労働者（難民認定者を含む）を迎え入れる政策の運用状況を分析する。この考察を通じて、農村部を含む地方部において、外国人労働者や難民、広く移住者を受け入れるにあたって、どのような支援実践や施策が有効であるのかを分析する。本書の知見は、難民認定者の雇用方策の構想と改善にもつながる。後述するように、豪州は「社会の実験室」であり、「実験室」から得られた知見は、理論・モデルとしての価値を有する。

　日本社会は、高度技能人材を除いて、近年まで外国人労働力を正面（フロントドア）から受け入れてこなかった。しかし、日本では、外国人労働者が168万人存在するといわれ、外国籍の住民が320万人を数えるようになっている。日本社会で外国人労働者の受け入れを継続する場合に、特に農村部でどのような支援方策が必要になるのか（あるいは、現状のように不要なのか）。本研究は、受け入れる外国人を放置しておいて良いのではなく、定住と統合に向けた各種の支援が必要となることを示す。[1] 難民認定者を含めた外国人労働者を雇用し、住民として迎え入れ、持続可能な形で地域社会を運営していく場合には、雇用主や現地行政、住民による追加的な支援が必要である。難民認定者を始めとした移住者にとっても、受け入れる現地社会にとっても、互恵関係（win-winの状況）を作り出すためにはどうすれば良いのか。

2）受け入れた外国人労働者を放置することで生じうる問題

　現在、日本国内では急速な高齢化と人口減少が進行しており、直ちに対応策を講じなければならない状況にある。2020年代には、千葉県の総人口に匹敵する620万人の人口が減少する。2030年代には、東北地方全体の人口に匹敵する約860万

1　統合(integration)とは、その社会の外部から来た移住者が、自らの文化的実践（使用する言語、宗教的実践、食生活など）を維持しながら、現地の労働市場に参加し、日常生活を営みながら社会の一員となっていくことを指す。受け入れ社会の側と移住者の側が相互に多様性を尊重しあいながら、定住と社会参加が進んでいく過程であるともいえる。統合は、移住者の文化的実践を尊重し、維持することを認めるため、多文化主義的な実践といえる。統合に対して、同化(assimilation)は、現地人と全く同様に考え、行動することが求められる。自らの文化的実践をすることは認められず、現地の言語を話すことが要求される。

人の人口が消失する（毛受 2017: 23）。つまり、向こう20年間で約1500万人の人口が日本からいなくなる。とりわけ、農村部の人口減少は深刻である。現時点で、毎年5％を超える速度で人口が減少している自治体も複数存在する。この人口減少は、2030年代以降も、とどまることなく続く。人間には寿命がある。人口動態の推計には、経済予測のような不確実性が少ない。人口減少は悲観論ではなく、確実に訪れる現実となる。

日本では、人口減少と高齢化によって、深刻な人手不足が生じている。この事態に対処するために、日本政府は2018年度から本格的に外国人労働力を受け入れる方向に転換した。これ以前でも、外国人労働者の受け入れは進行しており、2000年代（2000年からの10年間）の後半の時点で、日本は「移民大国」といえるほどの外国人労働者を受け入れていた（関根 2007: 4）。しかし、2018年度の変更は、高度技能労働者（ホワイトカラー層）だけでなく、単純労働力を含むブルーカラー層の労働分野にまで、正面（フロントドア）からの外国人労働力の受け入れを拡大させた点に特色がある。[2]

この正面（フロントドア）から受け入れるブルーカラー層の外国人労働力は、特定技能1号と2号として区分されている。特定技能制度のもとでの外国人労働者の就業領域には、14業種が指定されている。特定技能1号の就業分野は、介護、ビルクリーニング、素形材産業、産業機械製造業、電気電子情報関連産業、建設、造船、自動車整備、航空、宿泊、農業、漁業、飲食料品製造業、外食業である。特定技能2号の就業分野は、建設と造船業となっている（出入国在留管理庁 2023: 4）。特定技能1号は、5年の滞在期限が定められている。特定技能2号は、ビザの更新が必要であるものの、滞在上限の定めはない。執筆時点では、特定技能1号の各分野を特定技能2号に拡大して、特定技能の全ての就業分野で永住権につながるようにするための議論が進んでいる（日本経済新聞 2023年6月9日）。[3]

日本政府は「いわゆる移民政策」は採用しないとの方針の下、外国人労働者に対

---

[2] 高度技能労働者に関しては、2018年以前でも人数制限を設けずに受け入れてきた。その点でホワイトカラー層の労働力の受け入れはオープンであったといえる。正面（フロントドア）からの受け入れに対して、「サイドドア」とは、制度の大義名分は別に設定されていながらも、実質的に労働力の登用の手段となっている受け入れの在り方を指す。技能実習生やワーキングホリデー（WH）渡航者、留学生が含まれる。「サイドドア」による外国人労働者の受け入れは、移民を積極的に受け入れようとしない国で採用されることが多い（Wright and Clibborn 2020, 2017）。「バックドア」とは、超過滞在者や不法入国者などを登用する方策を指す。
[3] 2023年12月末時点で、特定技能1号の利用者は208,425人、特定技能2号は37人となっている（出入国在留管理庁 2024）。

する支援策を講じていない（安倍 2018）。日本国内の外国人労働者は何の公的な支援も受けずに、放置されている。現在の外国人労働者の受け入れは、財界や経済界の利害に沿った形でなされているといってよい。すなわち、到来する外国人労働者は低賃金で使役でき、いずれは出身国に帰還する、機械の部品のような存在として想定されている。来日する労働者に関して、「やってくるのはモノではなく、人間である」という視点が欠落しているといってもよい（Frisch 1975: 189）。

「いわゆる移民政策」が採用されない中で、外国人労働者（国外出身者）の支援は、地方自治体や雇用主、市民団体に丸投げされ、ボランティアベースの善意に依存している状況にある。その一例として、地方自治体の社会福祉協議会（社協）が、職員の善意で外国人支援を担うケースがみられるようになっている。[4] 例えば、東京都豊島区の社協は、コロナ禍の折に失業し、生活に困窮した外国人住民に対して、現地の NPO 法人に連絡を取って支援を要請したり、各種給付金の支給窓口へとつなげたり、弁護士事務所に紹介したりした。このような支援は、現場の窓口の担当者の熱意と善意によって実現したものであり、日本政府による外国人への支援政策を背景としてなされたものではない。日本政府による外国人労働者の支援に関する政策や指針が不在であることによって、現場での支援は手探りとなっている。現地行政では、職務権限として、外国人住民の支援にどこまで踏み込めるのかも不明確であり、支援を実行に移すにあたっての課題となっている。[5]

日本の農村部でも姿を見かけるようになった外国人労働者は、現地社会と有機的なつながりを有しているとはいえない状況にある。この点は複数の調査で解明されている。第一に、大正大学の調査では、「外国人が居住する割合が高い」とされる全国の 59 の市町村において、「外国人と日常的な交流がない」と回答した人が 8 割を超えた（日本経済新聞 2024 年 2 月 12 日）。第二に、滋賀県の「県政モニター」を対象にした 2014 年の調査では、「過去 1 ヶ月以内に、挨拶以上の会話を外国人住民としたか」という項目に関して、「はい」と回答した者は 29.1% であった。こ

---

[4] 社会福祉協議会の活動内容は、1）住民の地域福祉活動への支援、2）市民活動（ボランティア）の推進と支援、3）地域での生活支援に関する相談や支援活動、情報提供や連絡調整、4）経済的な支援を要する住民への生活福祉資金等の貸し付け、5）高齢者や障がい者らを対象とした日常生活の自立支援事業、6）介護サービスなどの多様な在宅福祉サービスの提供、となっている（千葉県 2022）。社会福祉協議会は、民間の社会福祉活動の推進を目的とし、自治体の社会福祉関係者（民生委員、児童委員、社会福祉法人、福祉施設など）、保険・医療・教育などの関係機関の協力のもとに、活動を展開している。

[5] 本段落の内容は、移民政策学会「在住外国人支援のアクターとしての社会福祉協議会と国際協力 NGO/NPO──『多文化ソーシャルワーク』の先へ──」（2023 年 5 月 28 日）に依拠している。

のことは、7割の回答者が外国人住民と交流がないことを意味している（滋賀県 2014）。第三に、埼玉県の「県政サポーター」を対象にした調査で、「周囲の外国人から相談を受けたことがあるか」という質問に対しては、「相談を受けたことはない」とする回答が83%にのぼった（埼玉県 2021）。この回答者である「県政モニター」や「県政サポーター」は立候補と応募によって任命されており、地方行政や地域社会の在り方に高い関心を寄せる住民であると考えられる。しかし、このような人々であっても、外国人住民と関与する機会は限定されていることを示している。

外国人労働者を放置する現在の状況が続けば、いずれ「移民問題」が起こるとする意見もある（毛受 2018）。すなわち、受け入れた外国人労働者に対して、適切かつ的確なサポートをしなければ、社会秩序が損なわれる恐れがある、ということである。確かに、外国人労働者が直ちに犯罪を起こすことは少ない（永吉 2020: 135–139、毛受 2017: 72–73）。犯罪を起こせば、強制送還となるなど、これまでの努力や投資が水泡に帰すからである。ただし、これは実際に移民してきた本人（主に第一世代の成人）に限定した議論である。移住から時間が経過し、第二世代が成長してくると様相が異なってくる。

現在、日本国内の外国籍の児童・生徒のうち、未就学者が約8,200人存在するといわれている（日本経済新聞 2023年4月22日）。この子どもたちは、日本を生活の拠点としており、日本語で日々の生活を過ごしている。そのため、「帰国」しようにも、出自を持つ国の言語を充分に使うことができない場合も多いと考えられる。そうなると、「出身国」には帰国できずに、日本に残り、生活を続けざるを得なくなる。通学していなければ、一定の教育水準に達することは困難となる。また、学校環境を通じた社会化の機会も失われ、日本社会のルールや、常識的な作法（不文律）を身につける機会も限定されることになる。そのような子どもたちが将来、就職先やアルバイト先を探す際には、履歴書の学歴欄が空白となる。そのような人物が就業できる分野には何があるか。通常の就学を経た者と比較して、適切な就労先を見つけられずに、闇バイトなどに手を染める可能性が高くなると予想できないか。生計を立てるために闇バイトに手を出せば、犯罪者となる。結果として、社会秩序が乱れ、治安も悪化する。これはあくまで一例である。受け入れた外国人を放置する状態は、直ちに手を打たなければならない状況にある。

治安の悪化を回避するためには、外国人労働者を日本社会に統合し、逸脱的な存在にならないようにする必要がある。「安い労働力」として外国人を受け入れることは、企業や農場等の経営者の利益最大化に貢献する。しかし、外国人労働者を現

在のように処遇する状況が続けば、その利益に対するコストは、国民が支払うことになる。外国人労働者が定住と統合に向けた支援を一切受けずに放置され、また、日本人と異なった処遇で働かされていて、低賃金労働力を形成している場合には、社会が分断し、治安が悪化するなど、社会秩序が不安定になりうる。そして、最悪の場合、外国人（あるいは現地住民である日本人）が暴動を起こすなどして、現地社会と外国人労働者との相互の感情が急激に悪化し、反移民（あるいは外国人労働者からすれば反日本社会）のバックラッシュが起こる可能性が高まる。日本の最大の魅力のひとつは、治安の良さである。良好な社会秩序を維持しながら日本社会を継続させるためには、外国人労働者を新しい住民として対等に処遇し、各種の支援策を講じる必要がある。警察力を高めて、外国人への取り締まりを強化すれば治安が維持されるわけではない。

　外国人労働者を本邦に受け入れることが、人手不足の解消と高齢化社会化の抑止に適切な方策なのか、その是非は議論の対象となる問題である。まず、日本には、就職氷河期世代（いわゆるロスジェネ世代）の人々を中心に、余剰労働力が存在する。[6] 2018年時点で35〜44歳の人口は1689万人であり、そのうち371万人が非正規雇用にある。その371万人のうち、50万人が正規雇用を希望している。さらに追加で、40万人の無業者が存在すると試算されている（玄田 2023, 総務省 2018: 3）。就職氷河期世代よりも若い年代と年長の人々を加えれば、求職者の人数はさらに増える。

　このことは日本人の労働力のプールが国内に存在していることを示している。このような状況下で外国人労働者を受け入れることは、日本人の雇用機会が奪われるとの懸念が広がる可能性もある（永吉 2020: 101, 107）。また、外国人労働者を低賃金労働力として登用するのであれば、賃上げなど労働条件の向上につながりにくくなる（Borjas 2016）。筆者自身、難民認定者を含む外国人労働者を受け入れることが農村部や地方部の抱える諸問題の解決に最善な方策であるかどうかは、検討の余地があると考えている。[7]

　しかし、仮に外国人の受け入れを継続する場合には、国外からの移住者を対等な

---

[6]　日本政府は、就職氷河期世代の就業支援の一環として、地方公務員の中途採用を実施している。兵庫県宝塚市では、2019年の募集で、400倍もの競争率を記録するなど、中途採用の公務員の求人に多数の応募がなされている（NHK 2020）。2020年度では、全国で677人が公務員に中途採用されている（内閣官房 2022: 2）。
[7]　婚姻率の低下と少子化、その背景にある正規雇用の減少といった問題も、諦めてはならない課題であることを強調しておきたい。

存在として受け入れ、定住と統合に向けた支援をしていくことが有効な方策となると考える。豪州の場合、外国人労働者を受け入れる際には、永住権の取得を前提とし、モノではなく人として、対等な存在として迎え入れる期間が長く続いた。支援インフラの少ない農村部でいかなる外国人労働者への定住と統合に向けた支援が必要になるのか。最も支援を必要としうる難民認定者への定住と統合に向けた支援策を考察することで、日本の地方部で必要な政策的課題が見えてくる。

難民認定者を労働力として登用する動きは、一部の日本企業で見られるようになっている。ユニクロでは、日本と欧米諸国を含めた計9カ国で120名の難民を雇用している。[8]千葉市でも第三国定住で受け入れた難民認定者を美浜区の工場で雇用している事例がある（朝日新聞 2023年2月4日）。NPO法人のWELgeeは高度技能を持つ難民の日本国内での就労支援をしている。[9]しかし、難民を受け入れて、雇用する場合にも、公的な「いわゆる移民政策」が不在であるなかで、雇用主や現地行政、ボランティア住民が手探りで支援をしている状況にあることは変わらない。

3）豪州における難民認定者に対する独自のアプローチ：対等な国民として、労働力として処遇する

世界各地の紛争や政変によって故郷を追われる難民の数は、2010年代以降、一貫して増加傾向にある。全世界で居住地を追われた人は、2020年で8240万人にのぼる。このうち国連難民高等弁務官事務所（UNHCR: United Nations High Commissioner for Refugees）の支援対象者は2070万人であり、国内避難民は4800万人にもなる（UNHCR 2021）。2022年3月からのウクライナ危機では、国外へと807万人以上の難民が脱出し、国内避難民に関しても約660万人が発生している。2010年代初頭からのシリア危機では、国外へ536万人（670万人とも）が難民となって出身国を去っており、ほぼ同数の国内避難民が発生している（朝日新聞2023年2月7日, 国連UNHCR協会2023, NHK 2023）。

難民は、受け入れる側の社会福祉制度に負担をかけつづける存在、すなわち、「社

---

[8] ユニクロの場合は、社会的なイメージを向上させるための戦略である可能性はある。雇用された難民の業務内容や配属先は、同社のウェブサイト等には記されていない（UNIQLO 2023）。ユニクロは世界で約2,400店舗を有している。単純計算で、難民の配置数は、1店舗あたり0.05人、20店舗あたり1人となる。ただし、難民を出自に持つ現地住民（例えば、難民の第2世代）を雇用していれば、この人数はさらに大きくなる可能性はある。

[9] 渡部カンコロンゴ清花「難民認定の代替案―日本において、難民の自立・活躍を『就労』によって生み出すことの意義と課題―」（移民政策学会2024年12月16日）による。

会のお荷物」とみなされることが少なくない。[10] 西欧諸国では、受け入れた難民は「（国際的にも、国内各地でも）平等に分担すべき負担」とみなされる（Boswell 2003, Gottwald 2014）。難民が「無料で社会保障を得ている」、「特別扱いされている」という言説も、世界各地で複数存在するなど、難民はときに強い偏見にさらされてきている（Cowling et al. 2019, Robinson 2003a: 14–15 など）。「社会のお荷物」としての難民は、「労働市場での有用性」や「納税を通じての社会貢献」といった点から、「有用な移民（useful migrants）」と対比されることも多い（Menz 2009）。これは日本でも同様であり、難民をはじめ、国外からの移住者の受け入れが日本の社会経済的な制度や現状をゆがめてしまう、とする指摘も一部の単行本や言論雑誌、ウェブサイトなどで散見される。[11] その一方で、難民がどのような経験をして出身地を追われ、どのような過程で受け入れ先である先進国に到着したのか、どのような生活をしているのかなどをめぐって、正確な情報が流通される機会は、日本でも、豪州でも限られている。

　このような「社会のお荷物」としての難民認定者の姿は、完全に間違いというわけではない。第三国に到着した難民は、すぐに労働市場に参入できるわけではない。難民となった人々は意図せずに国外脱出せざるを得ず、受け入れ先も本人の意思で選べないケースも多い。そのため、現地言語の運用能力に課題を有していることも多い。そして、心身に疾患のある場合は、回復に向けた重点的な支援措置が求められる。また、出身国で有していた専門資格の認定や再取得に向けた時間も必要になる。[12] 豪州では、難民認定者の到着から起算して6ヶ月から18ヶ月までが重点的な支援期間となり、継続的な支援措置を含めて、最長5年間の定住と統合の実現に向けたサポートがなされる（第1章を参照）。こうした支援に関わる負担が、受け入れ先に生じるのは事実である。難民認定者に対して、一定期間、受け入れた現地社会が自立に向けた支援を施す必要が生じる場合は多い。[13]

　豪州社会における難民の受け入れの最大の特色は、難民認定を受けた者を対等な国民として処遇するとともに、生産的な労働者として登用する点にある。豪州では、難民の受け入れは経済発展や人口政策と連動してきており、難民は新しい国民

10　この点は、本書の第3章と Andersson and Solid（2003）, Boswell（2003）, Hynes（2011）, Robinson（2003a, 2003c）, Wren（2003）を参照。
11　この点に関して、具体的な文献等を引用することは控える。
12　難民認定者が出身国にて取得した専門資格が認定されにくい問題は、豪州でも依然として存在している（第8章を参照）。このことは、難民認定者の就業分野が労働集約的な非熟練・半熟練分野に集中してしまう一因にもなっている。

として、生産的な労働力として、貢献することが期待されている（Jupp 2018: 136, 2007, Losoncz 2017a: 38, 2017b: 51）。豪州社会は少なくとも第二次大戦後から、難民認定者を労働力として登用し、公共事業や現地の各種産業に従事させてきた歴史がある（Jupp 2007, Kunz 1988, Persian 2017, Viviani 1984）。特に、第二次大戦直後では、東欧出身の戦争難民を農村部や遠隔地における第一次産業やインフラ整備に従事させて、国土整備と地域活性化を図る一助としたことがある（第 2 章を参照）。

英国やスウェーデン、デンマーク、オランダといった西欧諸国における難民の受け入れに関する施策と比較した際に、豪州社会の難民認定者に対する姿勢は、際立った特色を有するものとなる（第 2 章を参照）。豪州社会において、難民認定者を地方部に受け入れる施策の特色は、人口減少への対応、高齢化の抑止、労働力不足の解消、文化的な多様性の促進、という形で、地域活性化の手段として認識されていて、他の先進国と比較しても肯定的に捉えられている。[14] 他方で、西欧諸国では、難民を「負担」とみなす傾向が強い。[15] 西欧諸国では、難民認定者を地方部に「分散（disperse）」させる政策が存在するものの、その目的は、主要都市部での社会問題の発生の回避を意図した消極的なものとなっている。[16]

豪州社会が第二次大戦後から 2023 年までに受け入れてきた難民認定者の数は、95 万人強となる（RCA 2023b）。現在、技能移民を含めた移民の受け入れ総数は、毎年 16 万人前後で推移しており、そのうち約 13,000 人が難民認定者となっている。豪州の総人口は約 2600 万人であることに鑑みれば、技能移民も難民認定者も、かなりの人数を正規に受け入れていることがわかる。とりわけ約 2600 万人の総人口に対して、継続して毎年 13,000 人もの難民を受け入れていることは、特筆すべきである。受け入れられた難民認定者も技能移民も、豪州の各地で活躍を見せている。

13　難民認定者は、出身国で政治的な迫害を受けたり、戦争や内紛に巻き込まれたりして、国外にやむなく脱出している。その過程で家族を殺害されたり、故郷が敵対勢力に占領され、自宅を焼き払われたり、性暴力の被害にあっていたりと、受け入れ先の先進国の住民の想像を遥かに超えた、甚大な心理的・身体的な傷を負っている場合がある（第 8 章、第 9 章を参照）。
14　豪州の公共の場において、難民の受け入れを「負担である」と発言すれば、「人種差別主義者（racist）」として強い非難を受けることになると思われる。難民を「負担」とみなすことを否定する傾向は、豪州社会での難民受け入れの在り方を表しているといって良い。
15　この点は、Andersson（2003）, Andersson and Solid（2003）, Robinson（2003a）, Robinson and Hale（1989）, Wren（2003）などを参照。
16　この点は第 3 章で論じるが、地理的・歴史的な条件によって、豪州は比較的、難民の受け入れを選択的に実行できる立場にあることも影響していると考えられる。

4）共通の課題としての高齢化

　豪州の農村部でも、日本と同様に、高齢化と若年層の流出、そして、在来産業の労働力不足が発生している。2020年6月末の段階で、豪州の高齢者人口は、全体の16％（約420万人）を占めている。日本の高齢者人口率は、2022年9月で29.1％である（AIHW 2021、総務省 2022）。豪州では高齢者人口が20％を超えるのは2066年と推計されており、高齢化の進行速度は日本よりも遅い（AIHW 2021）。2065年には、日本の総人口は8808万人となり、高齢者の占める割合は38.4％になると推計されている（内閣府 2021）。

　日本と比較した際、数字の上では、豪州は高齢化に対して、適切に対処できているように見える。しかし、それでもなお、豪州の出生率と移民の受け入れ数を高く見積もった場合でも、65歳以上の人口の増加率は、労働力人口の増加率と比較して、3倍のペースになるという（Hugo 2014: 377）。豪州の農村部では、自然増よりも、難民認定者を含む外国人労働者の受け入れによって、労働力と若い世代の確保を実現し、同時に地域活性化を図ろうとしている。

　豪州に到来する難民認定者の多くは生産年齢人口に属しており、平均年齢は22.7歳と若い（ABS 2018）。難民認定者という若い世代を受け入れることは、人口ピラミッドのバランスの維持を可能にする。受け入れる豪州社会の側は、難民認定者に対して、労働市場への参加と納税を通じて、社会の高齢化を支える存在となることを期待している（Perpitch 2015）。難民認定者にとっても、自らの仕事を持ち、収入を得て、日々の生活を統御できるという感覚を得ることは、多義的な意味での本人の生活状況（well-being）の改善に貢献する。労働力としての登用を促す政策的な傾向は、最終的に豪州社会に貢献する市民として難民認定者を統合する施策として捉えられる。

表1 UNHCRによる第三国定住事業における国別の受け入れ人数（総数、総人口比、GDP比。2018年度）。出典：RCA（2018b: 4）

受入国	受入人数	順位	受入人数（人口1000人あたり）	順位	受入人数（GDP10億ドルあたり）	順位
カナダ	28,076	1	0.76	1	17.22	1
米国	22,938	2	0.07	14	1.46	14
豪州	12,706	3	0.513	2	8.93	2
英国	5,806	4	0.087	9	1.83	9
フランス	5,560	5	0.085	10	1.96	10
スウェーデン	4,935	6	0.494	3	8.95	3
ドイツ	3,217	7	0.039	15	0.82	15
ノルウェー	2,484	8	0.464	4	5.66	4
オランダ	1,227	9	0.072	12	1.33	12
スイス	1,079	10	0.126	7	1.56	7
NZ	1,004	11	0.212	5	6.42	5
ベルギー	880	12	0.077	11	1.67	11
スペイン	830	13	0.018	17	0.41	17
フィンランド	606	14	0.109	8	2.17	8
イタリア	400	15	0.007	20	0.19	20
アイルランド	338	16	0.071	13	1.12	13
クロアチア	110	17	0.027	16	1.4	16
アイスランド	53	18	0.157	6	1.85	6
ポルトガル	35	19	0.003	22	0.16	22
スロベニア	34	20	0.016	18	0.45	18
韓国	26	21	0.001	24	0.009	24
日本	22	22	0	25	0.002	25
リトアニア	20	23	0.007	21	0.35	21
ブルガリア	20	24	0.003	23	0.31	23
エストニア	18	25	0.014	19	0.55	19

韓国と日本の数値は空白だったため、筆者が計算した。

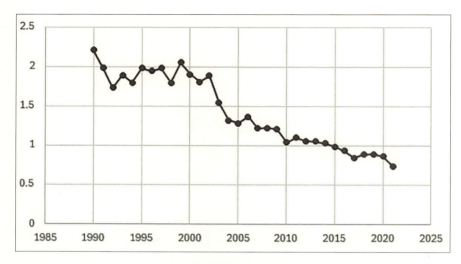

図1 豪州における人口10万人あたりの犯罪発生件数の推移。出典：Macrotrends（2023）執筆時点で2021年のデータが最新となっている。

2. 豪州社会を事例とする意義：なぜ豪州が課題先進国であり、注目に値するのか

1）UNHCRの第三国定住事業において、総人口あたりの難民の受け入れ数が先進国の中でトップクラス

　豪州は「難民の地位に関する条約（The 1951 UNHCR Refugee Convention）」の加入・批准国のうち、先進国への第三国定住（resettlement）の受け入れ実績において、上位に位置している。2018年実績ではカナダ（28,076人）、米国（22,938人）、豪州（12,706人）、英国（5,806人）、フランス（5,560人）と、世界3位になっている（UNHCR 2019: 32）。[17]「アラブの春」以降、シリアと周辺地域からの難民が急増した際、豪州の連邦政府は、その受け入れ人数を2万人近くにまで増加させて対応した。このとき、ドイツを始めとした西欧諸国による難民受け入れは急拡大した。しかし、「アラブの春」以前から、豪州社会が継続して毎年13,000人近くの難民を受け入れてきたことは最初に強調すべき点である。

　また、豪州における第三国定住の受け入れ人数は、総人口と国内総生産（GDP）あたりの数値でみると、他の先進国と比較してトップクラスにある（表1を参照）。

17　第三国定住プログラムに参加できた難民は98,424人であり、世界全体の難民の1％にも満たない。

第三国定住の受け入れに関して、i) 人口 1,000 人あたりでは 0.513 人で世界 2 位（カナダは 0.76 人で 1 位、米国は 0.07 人で 14 位）である。また、ii) GDP 比では、10 億ドルあたり 8.93 人であり、世界で 2 位（カナダは 17.22 人で 1 位、米国は 1.46 人で 14 位）となる（表 1 を参照。RCA 2018b: 1–4）。

　移民や難民を大きな規模で受け入れている中でも、豪州の犯罪発生件数は減少傾向にある。豪州の人口成長率は年間で 1.6% である。人口成長率は、OECD 諸国の平均値が 0.5%、世界全体では 0.9% であり、豪州の数値がいかに高いかがわかる。この豪州の高い人口成長の中で、2022 年度の人口増加の 77% が移民の受け入れによるものとなっている（ABS 2023a）。移民が急速に増加しているなかでも、犯罪発生率は減少傾向にある（図 1 を参照）。このことは、移民や難民を大きな規模で継続的に受け入れたからといって、犯罪発生率が増加するわけではないことを示している。

2)「多文化主義政策インデックス」で首位

　豪州は「多文化主義政策インデックス（Multiculturalism Policy Index）」において、首位となっている（Wallace et al. 2021: 7–8）。「多文化主義政策インデックス」では、欧米諸国を中心とした先進国 21 カ国を対象として、次の 8 つの政策分野に注目して、過去 30 年間にわたる多文化主義に関連した諸政策に関して、採用状況を追跡している（Wallace et al. 2021: 4–6）。[18]

1. 多文化主義に関する憲章・法律・会議体が、中央政府や地方自治体において存在するか。民族集団（エスニック・コミュニティ）との協議を通じて、多文化主義に関連する政策を実施するための政府の担当省庁や事務局・委員会が存在するか。
2. 学校のカリキュラムにおいて、多文化主義の採用がなされているか。
3. 公共メディアの運営許可を与えるにあたって、民族集団の代表性や（民族集団の取り扱いに関して）繊細な配慮がなされることが含まれているか。
4. 国が、宗教上の理由による服装規定に関する配慮を行っているか。この点に関して、法令や判例が存在するか。
5. 二重国籍が許可されているか。

18　なお、下記の 8 項目は邦訳にあたって、筆者が説明を一部追記した。

6. 民族集団とその文化的活動への資金提供がなされているか。
7. バイリンガル教育または母語教育への資金提供がなされているか。
8. 不利な立場にある民族集団に対する積極的是正措置（アファーマティブ・アクション）がなされているか。

表 2　多文化主義政策インデックスの結果① (2021年版)。出典：Wallace et al. (2021: 2-3)

	公的な多文化主義の有無					学校のカリキュラム					メディアでの民族的多様性の反映					服装等への例外的措置や配慮の実施					二重国籍の可否				
	1980	1990	2000	2010	2020	1980	1990	2000	2010	2020	1980	1990	2000	2010	2020	1980	1990	2000	2010	2020	1980	1990	2000	2010	2020
豪州	1	1	1	1	1	1	1	1	1	1	0.5	1	1	1	1	0.5	1	1	1	1	1	1	1	1	1
オーストリア	0	0	0	0	0	0	0	1	1	0.5	0	0	0	0.5	0	0	0	0	0	0	0	0	0	0	0
ベルギー	0	0	1	1	1	0	0	0.5	0.5	0.5	0	0	0.5	0.5	0.5	0	0	0	0	0	1	1	0	1	1
カナダ	1	1	1	1	1	1	1	1	1	1	0	0	0.5	1	1	0.5	1	1	1	0.5	1	1	1	1	1
デンマーク	0	0	0	0	0	0	0	0	0	0	0	0	0.5	0	0	0	0	0	0	0	0	0	0	0	1
フィンランド	0	0	0	1	1	0	0	0	1	1	0	0	0.5	0	1	0	0	0	0	0	0	0	0	1	1
フランス	0	0	0	0	0	0	0	0	0	0	0	0	0	0	0	0	0	0	0	0	1	1	1	1	1
ドイツ	0	0	0	0.5	0.5	0	0	0.5	0.5	0.5	0	0	0	0.5	0.5	0	0	0	0	0	0	0	0.5	0	0
ギリシア	0	0	0	0	0	0	0	0.5	1	0.5	0	0	0	0.5	0.5	0	0	0	0.5	0.5	1	1	1	1	1
アイルランド	0	0	0	0.5	0.5	0	0	0.5	0.5	0.5	0	0	0	0	0.5	0	0	0	0	0	1	1	1	1	1
イタリア	0	0	0	0	0	0	0.5	0.5	1	0.5	0	0	0	0	0	0	0	0	0	0	0	1	1	1	1
日本	0	0	0	0	0	0	0	0	0	0	0	0	0	0	0	0	0	0	0	0	0	0	0	0	0
オランダ	1	1	0.5	0	0	0	1	1	1	1	0	0.5	0.5	0.5	0.5	0.5	0.5	0.5	0	0	0	0.5	0.5	0.5	0.5
NZ	0.5	0.5	0.5	0.5	0.5	0.5	1	1	1	1	0	0	0.5	0.5	1	0.5	0.5	1	1	1	1	1	1	1	1
ノルウェー	0	0	0	0	0	0	0.5	0.5	0.5	0.5	0	0	0	0	0	0	0	0	0	0	0	0	0	1	1
ポルトガル	0	0	0.5	0.5	0.5	0	0	0.5	0.5	0.5	0	0	0	0.5	0.5	0	0	0	0	0	1	1	1	1	0
スペイン	0	0	0	0.5	0.5	0	0	0	0.5	0.5	0	0	0	0.5	0.5	0	0	0	0	0	0	0	0	0	0
スウェーデン	1	1	1	1	1	0	0.5	1	1	1	0	0	0.5	0.5	0.5	1	1	1	1	1	0	0	1	1	1
スイス	0	0	0	0	0	0	0	0	0	0	0	0	1	0.5	0.5	0.5	0	0	0	0	0.5	0.5	1	1	1
英国	0	0	0.5	0.5	0	0	0.5	0.5	0.5	0.5	0	1	1	1	1	1	1	1	1	1	0.5	1	1	1	1
米国	0	0	0	0	0	0.5	0.5	0.5	0.5	0.5	0.5	0.5	0.5	0.5	0.5	0.5	0.5	0.5	0.5	0.5	0.5	0.5	0.5	0.5	0.5

表 3 多文化主義政策インデックスの結果② (2021年版)。出典：Wallace et al. (2021: 2-3)

	エスニック集団への資金拠出の有無					二言語教育の実施					アファーマティブ・アクションの有無					総合点				
	1980	1990	2000	2010	2020	1980	1990	2000	2010	2020	1980	1990	2000	2010	2020	1980	1990	2000	2010	2020
豪州	1	1	1	1	1	0.5	1	1	1	1	0	1	1	1	1	5.5	8	8	8	8
オーストリア	0	0	0	0	0	0	0	0	0	0	0	0	0	0	0	0	0	1	1.5	1.5
ベルギー	0	0	0.5	1	1	0	0.5	0.5	0.5	0.5	0	0	0	0	0	1	1.5	3.5	5.5	5.5
カナダ	1	1	1	1	1	0.5	0.5	0.5	0.5	0.5	1	1	1	1	1	5	6.5	7.5	7.5	7
デンマーク	0	0	0	0	0	0	0	0	0	0	0	0	0	0	0	0	0	0	0	1
フィンランド	0	0	0	1	1	0	0	1	1	1	0	0	0	0	0	0	0	1.5	6	7
フランス	0	0	1	1	0.5	0	0.5	0.5	0.5	0.5	0	0	0	0	0	1	2	2	2	1.5
ドイツ	0	0	1	1	1	0	0	0	0.5	0.5	0	0	0	0	0	0	0.5	0.5	2.5	3
ギリシア	0	0	0	0.5	0	0	0	0.5	0.5	0.5	0.5	0.5	0.5	0.5	0.5	0.5	0.5	0.5	2.5	2.5
アイルランド	0	0	0.5	0.5	1	0	0	0	0.5	0	0	0	0	0	0	1	1.5	1.5	4	4.5
イタリア	0	0	0	1	1	0	0	0	0	0	0	0	0	0	0	0	0	1.5	1.5	1.5
日本	0	0	0	0	0	1	1	1	1	0	0	0	0	0	0	0	0	0	0	0
オランダ	0.5	0.5	0.5	0	0	1	1	1	1	1	0	0	0	0	0	2.5	3	4	2	1
NZ	0	1	1	1	1	0	0	0	0	0	0	0	0	0	0	2.5	5	5	6.5	6.5
ノルウェー	0	0	0	0.5	0	0	0	0	0	1	0	0	0	0.5	0.5	0	0	3	3.5	4.5
ポルトガル	0	0	0	0.5	0.5	0	1	1	1	1	0	0	0	0	0	0	1	3	3.5	3.5
スペイン	0	0	1	1	1	1	1	1	1	1	0	0	0	0.5	0.5	0	3.5	5	3.5	3
スウェーデン	1	1	1	1	1	0	0	0	0	0	0	0	0	0	0	3	3.5	5	7	7
スイス	0	0	0	0	0	0	0	0	0	0	0	0	0	0	0	0	1	1	1	1
英国	0	0	0	0	0	0	0.5	0.5	0	0.5	0.5	0.5	0.5	1	1	2.5	5	5	5.5	6
米国	0	0	0	0	0	0.5	0.5	0.5	0.5	0.5	1	1	1	1	1	3.5	3	3	3	3.5

表2と表3は、各国別の「多文化主義政策インデックス」の点数を示している。この指標では、「該当する（Yes）」に1点、中間点に0.5点、「該当しない（No）」に0点が付される。豪州は1990年以降、すべての評価項目において、「該当する」の1点が付与されている。1990年以降では全体の評点が8点であり、先進国の中でも首位となっている。最近の2020年調査では、7点がカナダ、フィンランド、スウェーデンとなっている。この他、6.5点がNZ（ニュージーランド）、6点が英国となっている。日本はすべての項目で0点であり、最下位である。豪州は多文化主義に関連した政策の実施において、他国とは際立った特色を見せていることがわかる。

　「多文化主義政策インデックス」の評定を見ると、オランダやスイスといった、相当数の移民がすでに存在する国々でも、点数が低い状態がみられる。このことは、政府の能動的な意思を持った政策によって、多文化主義的な政策は確立していくことを示している。移民が多く存在するからといって、その国の多文化主義関係の政策が充実するわけではない。この点で、カナダやNZなどの国々と並んで、豪州は明確な意思を持って多文化主義社会の形成を図ってきたことがわかる。

3）「社会の実験室」としての豪州

①近現代社会としての歴史が浅い

　豪州は「社会の実験室」としての特徴を有している。その理由として、第一に、豪州は実質的にゼロの状態から、極めて短期間のうちに近現代社会を作り上げてきたことが挙げられる。西欧的な近現代社会の一員としての豪州の歴史は、約230年と短く、1788年以降の英国人の入植から始まる。そして、1901年に現在の連邦が結成され、建国がなされた。豪州は国としての歴史が120年程度しかなく、植民地の時代を含めても230年強の短期間に、近現代社会を「実質ゼロ」から作り上げてきている。[19] ただし、豪州の先住民アボリジナル（アボリジニ）の人々は、6万年以上にもわたって豪州に居住し、自らの社会（コミュニティ）を豪州各地に形成しており、本書はその事実を軽視するものではない（青山2001, Bottoms 2013,

---

19　豪州社会は近現代社会としての歴史が極めて短いという特殊な事情を抱えている。このなかで、豪州社会では、「自分たちは何者か」という問いが存在している。英国からの移民で構成され、言語も英語で、宗教もキリスト教である。その他の文化的な実践も、英国と大差はない。そうした人々が、「豪州らしさはなにか」、「自分たちの独自の文化や伝統はなにか」を建国と社会の建設の過程で、いわば無理やり見出してきた歴史がある（Harper and White 2010）。この点は文化ナショナリズムや公定文化の生産の議論が必要になるので、稿を改めて論じる課題になる。

Harper and White 2010 など）。[20]

②地理的に隔絶している

　第二に、豪州は周辺諸国から海で隔てられ、どの国からも地理的に隔絶している。欧米諸国からみると、豪州は地球の反対側に位置している。また、周辺に所得水準の高い国が存在しない時期が長く続いた。豪州の地理的な状況は、北米において、カナダと米国が互いに隣接していることや、欧州諸国が陸続きであることとは大きな相違をなしている。特に、本書の文脈では、避難民は紛争地帯から豪州へと、陸伝いで移動してくることができない。そして、豪州は紛争地帯からも遠く離れている場合が多い。地理的な条件もあいまって、豪州は歴史的に、欧米諸国や周辺のアジア太平洋諸国における社会的な変動のなかで、政治的にも物理的にも距離を置くことができた。豪州本土が直接的に戦争に巻き込まれたのも、第二次大戦時の日本軍による侵攻が初めてであった。それ以降も、豪州本土が直接的に戦禍にさらされたことはない。

　地理的な隔絶性と近現代社会としての歴史の浅さは、豪州社会の建設と発展において、移民の受け入れをコントロールすることを可能にし、移民の受け入れに関する諸政策を有効に機能させた。[21] 船舶による移動が主流であった時代では、移住を実行に移す際の距離の問題は、現在と比較して顕著な違いとして移民に経験された。英国から北米に移動する場合と比較して、豪州行きの運賃は5〜8倍もかかった。また、豪州に移民する場合は、英国への帰省は困難となることを意味した。さらに、豪州は歴史も浅く、社会的にも文化的にも、北米と比べて魅力が相対的に低かった。こうした点からも英国や西欧諸国からの移民の行き先は、北米に人気が集まり、豪州への渡航希望者数は少なかった。

　だからこそ、移民受け入れに関する政策が的確に機能したのである。まず、i）渡航費を援助・拠出することによって、「新しい国民」として、どの国からどのような性質や職能を持った人々を、何名連れてくるのかを決定し、選抜することができた。[22] また、渡航費援助は、移民希望者にとっての渡航の障壁を大きく下げた。ii）そして、欧米諸国のように陸伝いで移動することができないため、国境をより

20　本書では先住民のことは考察対象に含めない。あくまで西欧的な豪州社会の中に受け入れられた難民認定者をいかに迎え入れ、支援しているかが課題となる。
21　この点は Cox（1996: 4）, Hugo（2014: 375, 381, 2008a: 126）, Jupp（2007: 6–8）, Kunz（1988: 5–6）, Richards（2008: 218, 234, 254）を参照。

強固に管理することができ、移民を受け入れた後の社会を管理することが比較的容易であった。豪州にて受け入れる移民の構成や人数をコントロールできたことと、内戦や革命が生じることなく、治安を維持しながら社会の発展を実現してきたことは、無関係ではない。[23] 豪州社会は、周囲からの直接的な影響を比較的受けずに、受け入れる移民の構成や人数をコントロールしながら発展してきたといってよい。

③理論の構築と実証の場としての豪州

　このような理由から、豪州は「社会の実験室」としての特徴を有している。このことは、豪州社会の分析において、考慮すべき外的な要因や変数が少ないと言い換えても良い。豪州社会は、移民受け入れ政策、多文化主義政策、地域開発（観光開発を含む）を始めとした様々な研究において、理論の構築や実証を図る上でも、好個の題材となる（小野塚 2013）。一方で、豪州の歴史的な背景は、欧米諸国や日本と大きく異なることも事実ではあるため、この豪州の事例がどの程度、日本に応用を試みる際に有用かという疑問をもたらすかもしれない。

　「社会の実験室」で得られた知見は、理論としての価値を持つ。これは物理学を始めとした自然科学が、空間や摩擦を一旦捨象し、そこから理論定立を図ってきたことと類似する。このような理論的知見は「プロクルステスの寝台」の寓話にみられるように、独立した権力を持って振る舞う可能性はある。[24] 日本への応用に際しては、日本の文脈と社会事情に沿った形で修正や改良が必要となる。自然科学の実験とは異なり、実社会では失敗できないからである。本書では、日本への政策的な示唆と応用可能性を探る一段階として、豪州側の実践の分析を主眼に置く。少なくとも、豪州における成功例と失敗例をもとに得られた理論的知見は、現実の政策を構想していく上で、参考材料としての価値を持つ。特に、政策策定の意思決定や現場での実践において、課題先進国における取り組みから得られた知見は有用になる。

22　現在は航空運賃も下がり、多くの場合、乗り継ぎを含めて 25 時間前後の所要時間で、欧米各国から豪州に到着できる。近年では WA 州パース−ロンドン間の直行便まであり、豪州と英国は約 17 時間半で結ばれている。しかし、依然として豪州は世界のどこからも遠い。西欧諸国から北米へは、航空機にて 9 時間前後で到達でき、時差も 5 〜 6 時間程度である。
23　地理的に隔絶する中で、どのようにして国を運営していくかが、豪州社会の大きな課題のひとつとなった。特に、英国系の住民をいかにして招へいしてきて、定住してもらえるかは、豪州の歴史の中で大きなウェイトを占めるといって良い。
24　例えば、1980 年代から 90 年代になされた、国際通貨基金（IMF）による市場の規制撤廃と民営化を志向した構造改革のように、理論に合わせて現状を変更しようとする試みを念頭に置いている（Harvey 2005）。

3. 本書の学術的独自性・創造性と先行研究の状況

　本書は、地域社会学、移民政策論、難民研究に位置づけられる。[25] 地域社会学、移民政策論、難民研究における全研究のレビューは、分量が膨大になりすぎてしまう。関連する研究は本書でも随時言及していくが、本節では、本書の主題に近い研究成果を中心に取り上げる。本書の主題である、i）農村部を始めとした地方部における難民認定者の受け入れと、定住と統合に向けた支援の方策、さらに、ii）難民の受け入れによる地域社会の変容、に焦点を当てて、先行研究のレビューを行う。

1）難民研究の状況と本書の意義

　豪州での難民・人道移民（難民申請者を含む）を扱った研究は、特に 2000 年代に入ってから、急激に「生産量」を伸ばしている。豪州の難民受け入れに関する研究の文献リストは Neumann（2016）として公開されている。[26] この文献目録は、2016 年時点で総数 1,451 点、81 ページにも及んでいる。このリストには数ページ程度の研究成果やマスメディアでの報道は含まれていない。1940 年から 1979 年までは、大学院の学位論文を含めても、61 本（全体の 4％）の成果が発表されただけであった。1980 年代は 141 本（10％）、1990 年代は 176 本（12％）が発刊された。2000 年代は 429 本（30％）、2010 年から 2016 年までは 644 本（44％）の刊行となっている（Neumann 2016: 2）。特に、2000 年代に入ってからの 14 年間（2000 年から 2013 年）において、それまでの過去 50 年の 2 倍の分量の研究成果が刊行された（Neumann et al. 2014: 10）。このように、豪州だけでも膨大な先行研究がある。豪州に限定した形で難民研究のレビューをするだけでも、単著が完成してしまう状況にある。まして、世界各国の難民研究をレビューすれば、数冊の本が容易にできてしまう（Fiddian-Qasmiyeh et al. 2014 など）。[27]

　豪州の難民研究は、特に 2000 年代以降では、4 通りに大別される。第一に、学校教育に関連した成果である。この分野が難民を題材とした先行研究の多くを占めており、一大ジャンルをなしているとさえいえる。特に、難民認定者が高等教育にどのように適応しているか、どのような学園生活を送っているのか、といった主題

25　本書は、公共政策学、地方自治論、行政学の研究としても参照可能であると考える。
26　受け入れた難民認定者に対する施策や当事者の経験を考察した近年の研究成果をまとめた文献目録が Baker ed.（2022）として公開されている。文献リストだけで合計 34 ページとなっている。

に関して、具体的な民族集団（特にスーダン出身者）に焦点が当てられながら、学生・生徒本人からの視点で考察されている。[28] このような研究成果が多く発信されている理由のひとつとして、教育現場が題材となるため、研究者にとって、当事者へのアクセスが容易であることが考えられる。[29]

　教育現場における難民に出自を持つ学生や生徒を扱った研究成果の知見を大胆に要約すると、以下の通りとなる。難民に出自を持つ生徒・学生たちはトラウマを抱えていたり、英語の運用能力に課題を有しているとともに、出身国の言語の読み書きもままならない場合がある。出身国の文化にて、女性が学問をすることに価値が

---

[27] 難民の受け入れと定住支援に関する研究の動向は以下の通りとなる。i) 1950年代から1960年代では、豪州政府の側で難民と移民の受け入れの区分を明確につけていなかった。そのため、この当時の難民研究は、「移民」としての文化的な同化と心理学的な適応がテーマだった。そして、この時期の研究には、難民を労働力不足の解消の手段としたり、「指定労働制」によって強制的に就業分野と居住地を割り当てたり、直ちに同化を要請することに関して、政府を批判する意見が目立つ（Neumann et al. 2014: 5）。ii) 1970年代以降は、難民当事者と統合の問題が扱われるようになった。1980年代から1990年代は、それぞれの民族集団が考察の対象となり、多文化主義を採用した豪州における定着と統合の問題に焦点が当てられた。iii) 2000年代に入ってからは、社会的な包摂（social inclusion）、アイデンティティ、市民権（citizenship）の問題が中心的な論題に加わる形となった（Neumann et al. 2014: 22）。現在では、難民研究における「権威」のあるジャーナルとされる *Forced Migration Review, International Journal of Refugee Law, Journal of Refugee Studies, Refugee Survey Quarterly* などを中心に、多数の研究成果が「量産」されている状況にある（Fiddian-Qasmiyeh et al. 2014, Neumann et al. 2014）。

[28] 難民に出自を持つ若者（中学生・高校生と、大学生）が、i) 通学して授業に出席し、学校内での社会生活を営む上でどのような障壁が存在するのか、に関する論考として、Ferfolja and Vickers（2010）, Gately et al.（2017）, Harris et al.（2015）, Hatoss and Huijser（2010）, Matthews（2008）, Mupenzi（2018）, Naidoo（2021）, Picton and Banfield（2018）が挙げられる。ii) 学校の現場で直面する様々な困難や障壁、課題に当人たちがどのように挑んでいるのか、についてはBuchanan et al.（2018）, De Anstiss et al.（2019）, De Heer et al.（2016）, Earnest et al.（2015）, Earnest et al.（2007）, Harris and Marlowe（2011）, Miller et al.（2018）, Molla（2022）, Mupenzi（2018）, Naylor et al.（2021）が考察をしている。iii)難民に出自を持つ生徒・学生が、そのような困難に立ち向かいながら通学するにあたって、どのような支援実践が学校側や学校外の組織に求められるのか、に関してはDe Giola（2011）, Earnest et al.（2010a）, Harris et al.（2013）, Hattam and Every（2010）, Hatoss et al.（2012）, Hughes and Scott（2013）, Miller（2009）, Molla（2021）, Naidoo（2015, 2011, 2010, 2009）, Naidoo and Adoniou（2019）, Perales et al.（2021）, Sellars and Murphy（2018）, Taylor and Sidhu（2012）, Terry et al.（2016）, Turner and Fozdar（2010）といった成果がある。さらに、iv) 難民に出自を持つ生徒・学生の有するニーズへの対応策についてはEarnest and De Mori（2008）, Earnest et al.（2010b）, Gray and Irwin（2013）, Hannah（1999）, Keddie（2011）, Lawson（2014）, Lenette（2016）, Major et al.（2013）, Pugh et al.（2012）, Santoro and Wilkinson（2016）, Turner（2009）, Uptin et al.（2016）, Wache and Zufferey（2013）, Whelan et al.（2020）が考察をしている。

[29] この点と関連して、難民申請者に関しては、国境管理や強制収容政策といった豪州政府による対応や、特定の政治家の言動は考察されることが多い。しかし、難民申請者本人を扱った研究成果は意外にも少ない（Hirsch and Maylea 2016, Hirsch 2015, Momartin et al. 2006 など）。これは当事者へのアクセスや研究への協力を得られるかが関係していると考えられる。

おかれていない場合には、女性の生徒・学生が通学するにあたって、家族からの理解やサポートを得られず、通学が途絶してしまうケースがみられる。[30] 従って、教育現場に携わる教職員や学校外の支援団体（あるいは広く地域社会）が、難民に出自を持つ生徒・学生に対して、画一的な支援策を講じるよりも、その個人に適合した個別のサポートをしていく必要がある。[31] そのためにも、特別な出自を有する生徒・学生への対応に関して、教職員に対する追加的なトレーニングが必要であり、そうした生徒・学生が快適に通学できるように、学校全体で環境づくりをしていくことが求められる、と主張される。

また、この分野の先行研究によると、豪州において難民に出自を有する者への教育に関する課題は複数存在しており、大学で単位を修得できなかったり、成人移民英語教育プログラム（AMEP）や集中英語教育センター（IECやIEHS）の授業（第1章を参照）を受講したとしても、英語力の養成には不十分であったりする。[32] 難民に出自を持つ学生は、読み書き能力に課題を有していたり、自らの心身の健康状態が良好でない場合もあるなど、様々な困難と課題を抱えている場合も多い。しかし、決して教育実践を諦めてはならず、教育があってこそ社会への統合がうまくいくのであり、教育を受けない場合は、社会に統合できず、貧困層や逸脱的な集団を形成する可能性が高まる、と論じられている。[33]

こうした事象を参与観察やインタビュー調査（1論文あたり20名から30名前後

---

[30] 教育の意義や必要性に関して全く異なった観念を持つ文化圏から来た者（特に、特定の宗教的背景を持つ女性）に対する教育と支援の実践の在り方を考察した成果に、Clarke and Clarke（2010）、Hewagodage and O'Neil（2010）、Iqbal et al.（2012）、Jamal al-deen（2019）、Joyce et al.（2010）、Miller（2011）、Miller et al.（2014）、Naidoo（2012）、Naidoo et al.（2015）、Riggs et al.（2012）、Vickers et al.（2017）、Webb et al.（2019）、Wilkinson and Langat（2012）、Wilkinson et al.（2017）がある。また、学校教育が途絶していたり、識字の困難な生徒・学生への教育実践に関してはChoi and Najar（2017）、Dooley and Thangaperumal（2011）、Miller et al.（2005）、Miller and Windle（2010）、Sharifian et al.（2020）が考察をしている。

[31] 難民に出自を持つ生徒・学生に着目して、現地社会への適応やライフステージの移行を考察する成果もある。いずれも、aspiration（熱意・野心）、transition（移行・過渡）、resilience（回復力）がキーワードとなっている。これらのキーワードは、日本語の研究でもそのままカタカナで使用されることも多い。大学への適応を扱った成果に、Kong et al.（2016）、Naidoo et al.（2015）、Singh and Tregale（2015）、Ziaian et al.（2019）、高校への適応に関してはMcMichael et al.（2011）、Miller et al.（2021）など多数の成果が挙げられる。

[32] また、難民に出自を持つ児童への教育実践と学校環境をいかにして改善していけるかに関しても、教員や実務者向けの論考やガイドブックが存在している。初等教育の現場での適切な教育環境を作るためのガイドとして、Imig et al.（2022）, Rankin（2019）, Victorian Foundation for Survivors of Torture（2015）が挙げられる。

[33] この論点はCorrea-Velez et al.（2016）, Molla（2021）, Oliver（2012）, Ramos（2020）, Ramsay and Baker（2019）が考察している。

のサンプル数が多い）を用いて、民族誌的・社会学的に質的に描写する場合が多い。農村部を始めとした地方部での経験を扱った研究も少数ながら存在するが、扱われる問題系は、主要都市部を考察対象とした成果とほぼ同じである。[34]

第二に、難民に対する支援実践やケースワークを扱った研究成果群がある。この研究成果群は先述の学校教育に関するものと関連する。これらには、支援実践の充実を意図した論考、支援実践を批判的に捉える成果、さらには、支援者自身を考察対象とした研究がある。支援内容の改善方策を提言するとともに、自らの支援実践が難民に出自を持つ者の抱える問題を再生産させている、と自己批判を展開したりするなど、より適切な支援活動の実現を目指す内容が目立つ。[35] 先述した教育現場を題材とした成果の他に、医療従事者や実務者向けに、トラウマを有するなどメンタルヘルスに課題を抱える人、結核などの感染症へのフォローアップ診療を必要としている人に対する支援実践と課題を考察した成果も複数存在する。[36]

さらに、これから支援に携わるボランティアに向けた教材も作成されている。[37] 当事者との一対一のコミュニケーションの場面をどのように過ごすか、難民の家族とどう向き合うかに関して、具体的な助言や対処法が示されている。そして、ボランティアによる支援活動プログラムを主催する側に向けて、運営方法のノウハウやボランティアへの指導法等を記した文献やブックレットなども複数存在する（AWVRB 2019 など）。ただし、このようなボランティア向けの教材は、難民に出自を持つ生徒や学生に対応できる教育機関や公認の支援団体がすでに配置・整備済みであり、支援体制が確立されているという状況で、そこから新規に支援に携わる人がどのように支援活動に参加し、行動すべきか、という内容になっている。「いわゆる移民政策」が存在しなかったり、受け入れに向けた支援インフラ等の受け皿が整備されていない状況において、地方自治体といった受け入れ社会の側が難民認

---

34 このような成果に、Correa-Velez et al.（2012）, Joyce and Liamputtong（2017）, Santoro and Wilkinson（2016）, Stilwell（2003）, Wilding and Nunn（2018）がある。
35 カウンセリングの際など、当事者に接する時の課題や注意事項等を論じたものに、Abkhezr et al.（2015）, ACPMH（2013）, Codrington et al.（2011）, Crowther（2019）, Davidson et al.（2008）, De Anstiss and Ziaian（2010）, Dyrogrov et al.（2000）, Duncan and Shepherd（2009）, Maylea and Hirsch（2018）, Robinson（2014）などがある。
36 感染症を有している人への対応策の研究に Butcher et al.（2013）, Caruana et al.（2007）、難民の子どもへの医療実践に関する課題を論じた Davidson et al（2004a）といった成果がある。この他に、医療現場における症例の紹介や分析には Beiser and Hou（2001）, Briggs（2011）, Copping and Shakespeare-Finch（2013）, Miller（1999）など、世界的に多数の研究文献が存在する。
37 例えば、Piper（2019）, RCA（2004）, Refugee Health Services and STARTTS（2004）などがある。TAFE（公立専門学校）の市民ボランティア養成講座（Certificate 1 in Active Volunteering with Refugees など）もオンラインで受講できる。

定者を新規に受け入れるにあたって、何が必要かという点は、論点に含まれていない。

2）地域社会学の研究状況と本書の意義

　本書は、難民認定者の受け入れに伴う地域社会の変容を扱った成果として、難民研究と地域社会学に貢献する。これまでの難民に関連した研究は、難民本人を主たる関心に据えており、受け入れる現地自治体や現地住民による受け入れの方策や支援実践は、捨象されている。また、これまでの研究の舞台は主要都市部であり、農村部が扱われることはほとんどなかった。難民を受け入れた農村部の現地社会の側に立脚した研究に関しては、現地自治体やシンクタンクのレポートは存在する。マーガレット・パイパー（Margaret Piper）は Vic 州の自治体（シェパートン、ベンディゴ、マウント・ガンビアー）を事例に、連邦政府が主導した難民認定者の直接配置策（第2章を参照）において、難民受け入れの初期の段階で地域住民や現地行政、支援団体の間で発生した出来事や支援実践を考察している（Margaret Piper and Associates 2009, 2008, 2007）。この他、受け入れる自治体の視点に立った研究は緒についたばかりであり、Boese（2023, 2015, 2010）, McDonald-Wilmsen et al.（2009）, Schech（2014）, Wildung and Nunn（2018）などに限られる。これらの研究は主に第8章にて言及する。農村部の難民認定者に関する研究は数が限られており、展開の余地を残している。

　本研究は、受け入れる自治体側の視点と、農村という視座から、難民研究と地域社会学の研究を発展させる。これまでの研究で扱われるのは、単一の自治体のみであった。各地の難民認定者の受け入れの試みを横断的に紹介したものは、Piper（2017）と RAI（2019, 2018）のみである。しかし、これらの成果は、各地の受け入れ実践をもとに、いわば受け入れのためのハウツーを概説した内容にとどまっている。農村部における難民認定者の受け入れと支援の方策に関して、学術書としての発信はまだなされていない。本書は各自治体の試みをもとに、横断的に分析を行い、難民研究と地域社会学の研究を発展させることを意図する。

　地域社会学の分野では、鉱山開発や観光開発等に伴う地域社会の変容に関する考察が数多く存在する。[38] 鉱山開発の地域社会への影響や経済的な効果に関する分析は Brueckner and Ross（2010）, Carrinngton and Hogg（2011）, Cleary（2012）, Eklund（2015）, Hajkowicz et al.（2011）, Mayers（2014）, Miller et al.（2012）、観光開発に関

---

[38]　地域開発や観光開発の研究動向のレビューは、小野塚・小野塚（2020）、Onozuka（2018）、小野塚（2013）など、過去の筆者の研究成果にてなされているので、参照されたい。

しては、Dyer et al.（2003）, Hajdu（2003）, 小野塚（2011）などがある。そして、農業を始めとした第一次産業を題材に、いわゆる「グローバル化」のなかで、連邦政府が実施した政策変更を考察した成果も多数存在する（Cheshire and Lawrence 2005, Gleeson 2006 など)。これらの研究に通底する主題は、開発事業の発展や産業・経済の構造転換によって生じた地域社会の変容や、自然環境への影響等の分析となる。この中で、本書は難民認定者の到来による地域社会の変容を考察した成果として、地域社会学の研究に貢献をする。

3）移民政策論の研究状況と本書の意義

①技能移民の受け入れ政策と、難民の受け入れ政策に関する研究の接合

　これまでの移民政策の考察は、難民の受け入れと技能移民の受け入れを別個のものとして扱ってきた。本書は難民の受け入れと技能移民の受け入れを接合して考察する。技能移民や家族移民を題材とした成果は多数存在しており、第1章から第4章にて言及する。本書では、移民政策論の中でも、難民認定者を労働力として受け入れる施策や実践に焦点を当てる。難民認定者を労働力として受け入れる方策と政策の研究として、移民政策論の発展に貢献する。

②難民受け入れに関する歴史学的な関心

　以上の先行研究と関連しつつも、異なった種類の研究成果群として、歴史学の視点から、豪州の難民受け入れの歴史に関する考察も部分的になされている。第二次大戦直後の戦争難民（Displaced Persons）を扱った成果に Kunz（1988, 1975）、Persian（2017）、インドシナ難民（主にベトナム出身者）の受け入れ政策と定着後の生活、さらには豪州社会で直面した雇用に関する困難を考察した成果に Higgins（2017）、Viviani（1984）、Viviani et al.（1993）などがある。また、特定の移民集団の経験を分析した研究において、難民として受け入れられる過程が記述されている場合も複数見られる。ユダヤ人難民の移住と定着に至る過程や、その当時の豪州政府と世論の反応を扱った成果に Bartrop（1994）、Blakeney（1985）、Rutland（2005, 2001）がある。この他に、第一次大戦前後のロシアと周辺地域を出身とする難民の受け入れ過程を論じた Fitzpatrick（2021）、20世紀におけるウクライナからの避難民を考察した Melnyczuk（2012）などがある。[39] 難民受け入れの全体的な通史ともいえる考察は、Neumann（2015）と Richards（2008）に限定される。この通史的な考察も、1970年代のインドシナ難民の受け入れで議論が止まってしまっている。

③移民政策における国境管理や不法移民への対応

　また、政治学、政治社会学的な研究として、主に 2000 年代以降、インドネシアといった近隣諸国から、船舶で豪州への上陸を試みるボートピープル（難民申請者）に対する豪州政府の対応策（国境管理）と、そうした無許可で上陸を試みた者への処遇を題材とする多数の成果が存在する。この研究成果群では、豪州政府の政策的対応とその対応への批判が主たる題材となる。[40] 具体的な考察対象となるのは、ボートの上陸阻止策と上陸者の強制収容政策における問題点や人権侵害の実態である。とりわけ、ボートピープルを豪州に上陸させずに、周辺の島嶼国（ナウルやパプアニューギニア）に送致し、強制収容するパシフィック・ソリューションと収容時の処遇が批判的に論じられることが多い。[41]

　豪州の難民受け入れに関して、日本と豪州の学術研究でもメディアの報道でも、ボートピープルに過剰なまでの関心が寄せられている。この結果、豪州の難民の受け入れに関する実態が正しく認識されていない可能性がある。[42] 特に、ボートピープルへの豪州政府の対応が難民全般に対する施策であるかのように扱うのは不適切である。こうした研究は、「ボートピープルを過剰に脅威とみなすべきではない」という学術成果の主張と難民・移民支援団体等の訴えに反して、「ボートピープルが脅威である」という認識をかえって増強・再生産させてしまっている。また、豪州政府の対難民政策に関して、非人道的な施策を平然としているとする誤った認識を生んでしまう。

　豪州社会が難民認定者を毎年継続的に 13,000 人近くも受け入れていることに、

39　この他、チェコスロバキア出身者は Cigler（1983,1977）、ボスニアヘルツェゴビナ出身者に関しては Colic-Peisker（2003a, 2003b, 2002）などもある。
40　単行本では Brennan（2003）, Hodge and O'Carroll（2006）, Mares（2001）, Markus（2001）, Marr and Wilkinson（2003）, McAdam and Chong（2019）, Metcalfe（2010）, Stratton（2011）などがある。学術論文では Devetak（2004）をはじめとして、無数にある。日本語で刊行されている豪州の難民受け入れを題材とした成果も、ボートピープルへの処遇を扱ったものが多い。いずれも、豪州政府の政策的対応の批判が主となっている（浅川 2006、飯笹 2018, 2015、塩原 2008a、杉田 2013 など）。
41　豪州国内では、収容された者や、収容施設にて支援に従事した者の手記も出版されている（Boochani 2018, Isaacs 2017, 2016）。
42　ボートピープル（不法移民）の上陸者数は、難民・移民の受け入れ総数から見れば少数である。難民認定者を毎年 13,000 人近く受け入れているなかで、ボートピープルとして上陸した者は、2014 年に 450 人、2015 年に 217 人、2016 年に 51 人、2017 年に 60 人、2018 年に 24 人、2019 年に 33 人、2020 年に 6 人、2021 年に 0 人、2022 年に 199 人、となっている（RCA 2023a）。上陸者数が少ない背景には、豪州政府が「国境警備作戦（Operation Sovereign Borders）」と称する重点的な沿岸警備を実施し、ボートピープルを乗せた船舶の上陸を阻止しているからである。

もっと注目がなされるべきである。外国人労働者（技能移民）や難民（人道移民）の受け入れに関する課題先進国として、豪州における移民や難民の受け入れのもっと正の部分に注目しても良いのではないか。豪州では人種差別的な処遇は約50年前（1975年）に制定された人種差別禁止法によって公式に禁じられている。[43] その上で、人口2600万人の国に、様々な出自を持つ難民を毎年約13,000人も継続的に受け入れていることは特筆に値することである。

　もちろん、ボートピープルの人々への処遇は人権に関わる問題であり、人数が少ないからといって看過できる問題ではない。確かに、ボートピープルへの処遇に関して、負の部分に目を向けることも必要である。[44] ボートピープルへの対応は、欧州諸国でも社会問題となっている。より望ましい、人権に配慮した対ボートピープル政策を実現することは必要である。[45] それであれば、少なくとも日本に拠点を置き、日本語で発信する者であれば、豪州のことは他山の石とし、日本での難民認定者の人数が極めて少ないこと、そして、日本の入管施設における難民申請者の処遇が劣悪で、死者が発生する状況でさえあることを問題視すべきではないか。

　これらの研究動向を踏まえた上で、海外の移民政策を扱うこれからの研究においては、日本への政策的な示唆を探る視点が必要になる。これまでの海外の事例を扱った難民研究や移民政策の研究は、地域研究的な視点にとどまり、海外の諸政策や事件、特定の人物の言動の紹介と分析、そして、移民本人や特定のエスニック集団の経験に焦点を当てることが中心であった。こうした成果の中で、海外の様々な事例や政策的実践から、日本の外国人労働者の受け入れにどのような政策的な示唆をもたらすことができるのか、応用可能性を探る研究はなかった。これは日本が外国人の受け入れを通じた社会の運営を想定してこなかったことと無関係ではないと考えている。しかし、時代は変わった。外国人労働者の受け入れにあたって、課題先進国の実践（成功例と失敗例）から積極的に学ぶ必要性が生まれている。

43　非公式な場面でどのようなことが起きるかは Ang（2001）, Clarke et al. ed.（2019）, Hage（2003, 1998）, Pung ed.（2008）などを参照。
44　豪州政府による対ボートピープル政策を考察する場合も、なぜそのような政策的な措置が必要になるのか、豪州国民と政策立案者の視点に立って、冷静に分析する必要がある。一部の国民や国会議員の言動を取り上げて、あたかも豪州全体が人種差別の蔓延する非寛容な国であるかのように言い立てるのは不適切である。
45　豪州の市民や研究者が自らの政府に対して、自らの言語である英語で、連邦政府に明確に伝わる形で批判の声を上げて、政策の変更を迫り、政府の側もそのような市民の声や研究成果を無視しない。このような点は、豪州が民主的な社会であることの証左である。

4. 本書の考察対象と方法

1) 本書の考察対象

　本書の考察対象と関心は以下のことにある。第一に、現地社会への定住と統合に最も支援を必要とする存在である難民認定者を、新しい住民として受け入れるにあたって、連邦政府や地方行政が用意している政策を分析する。第二に、農村部における難民認定者の定住と統合に向けた支援実践を考察する。第三に、この二点と関連して、受け入れる現地社会の側で、難民認定者を招へいして労働力として登用し、定住支援を実施するにあたって、その背景を取りまく外国人労働力の受け入れ政策を解明する。地域社会学、移民政策論、難民研究の一環として、本書では難民認定者の当事者の視点は題材に含めるものの、中心的な対象となるのは、受け入れる側の現地社会と現地住民、豪州政府の実践である。

　本書の考察対象とする時期は、特に第5章から第7章にて展開される事例研究に関しては、2000年代の後半から2010年代を中心とし、新型コロナウイルスの感染拡大が発生した2020年初頭までとする。[46] その理由として、本書で考察する各自治体では、2010年代の前半を中心に難民認定者の受け入れと移住の試みが進行していったからである。ただし、この移住事業の推進の背景にある外国人労働者や難民認定者の受け入れに関する政策は、1996年に大きな改革がなされたため、1996年から考察を始めるのが適切である（第2章と第3章を参照）。従って、第1章から第4章では、1996年からの移民受け入れに関する政策の策定と運用の状況が、主な分析の対象となる。

2) 考察の対象となる用語の定義

①難民認定者と難民申請者の定義

　本書の考察対象となる難民認定者とは、難民認定をすでに受け、避難のプロセスを完了させ、豪州社会の住民として迎えられている、新しい豪州人のことである。

---

[46] 本研究の最中に発生した新型コロナウイルスの感染拡大によって、渡航制限が実施され、人の往来にも大きな影響が生じた。このコロナウイルスの影響に関しては、調査の過程で得られた情報は本書にて反映させている。パンデミックの影響は、執筆時点で確定的な情報が限られているため、稿を改めて論じることとする。

豪州では難民や庇護申請者の到来は、主に3つのパターンに区分される。第一は、国外で難民認定を受け、豪州に飛行機で到着する人々（offshore applicants）である。本書の主な対象はこの人々である。この人々は世界各地の難民キャンプに身を寄せていて、そこからUNHCRに対して第三国定住への意思表示を行い、UNHCRの推薦を受けて、豪州政府が受け入れる。[47] 旅費は豪州政府が負担する場合と、身元引受人（難民の親類や親族等を含む）が負担する場合がある（第2章を参照）。本書の事例研究の対象となるカレン人の出身国であるビルマ（ミャンマー）に加えて、シリア、アフガニスタン、イラク、アフリカ各国等出身の難民を中心に受け入れがなされている（図2を参照）。この人々は入国の段階で、滞在期限の定めのない難民ビザ（サブクラス200, 201, 202, 203, 204）が発給される。

　難民認定者は、「難民としての出自を持つ人々」、あるいは、「難民出身者」といっても良い。ただ単に「難民」というと、庇護を求める人ないし避難民という意味合いが強くなり、現在も避難を続けているイメージが付きまとう。本書の執筆にあたり、「人道移民（humanitarian entrants）」という表現を用いることも検討したが、豪州国内で難民認定を申請中である難民申請者（asylum seekers あるいは onshore applicants）との混同が避けられない。そのため、本書では、難民認定者として表現する。

　国内での難民申請（onshore application）による難民認定数は、国外で認定された人と比較すれば少ない（図3と第1章を参照）。国内での難民申請者は大別すると、第一のパターンに、観光ビザや学生ビザなど、何らかの有効なビザを有して一旦航空機で合法的に入国し、その後、豪州国内で難民認定を申請する場合がある。申請期間中、次の滞在ビザの発給に関する決定が下りるまでの間は、一時滞在ビザ（bridging visa）が発給され、豪州での滞在が認められる。この期間は出身国などに

47　Scanlon Foundation and Markus（2012: 3, 30）による調査では、「国外にて難民申請がなされて、国外で難民認定を受けた上で難民を受け入れる」ことに関しては、豪州国民の75％（4人に3人）が支持しており、反対とする意見は9％（10人に1人）であった。この数値は、豪州における技能移民や家族移民などの通常の移民受け入れ制度を肯定している人の割合と一致する（ASRC 2010も参照）。この調査が実施された2009年は、ボートピープルの到来が政治問題化していた時期に近い。この時期は、ボートピープルに対する決して前向きとはいえない描写が、テレビや新聞などのマスメディアに数多く登場し、この問題の政治的な論争が活発になされていた。このような時期であっても、正規の難民を受け入れること自体は、国民の多くが、少なくとも反対はしていないことがわかる。ただし、この調査で「ボートピープルに永住権を与えても良い」という人は26％（4人に1人）であった（Scanlon Foundation and Markus 2012: 3）。なお、この財団による調査は別の年度にも行われているが、同じ設問が継続して問われているわけではない。難民のことが尋ねられているのは、この年度に限られている。

送還されることはない。第二のパターンは、有効なビザやパスポートなどを持たずに、船舶で到来する人々である。この人々はボートピープルとも、不法上陸者（Illegal Maritime Arrivals）と呼称されたりもする。豪州政府は、この人々を不法移民とみなして処遇してきた。

難民申請者のことは、本書の中心的な題材とはしない。豪州政府による難民申請者への対応は、冷遇していると考えられる論点が複数存在しており、難民認定者とは様相を異にしている。このことは本書の射程を大きく超えるため、難民申請者に関しては、稿を改めて論じる必要がある。なお、難民認定を申請中の者に対して、ビザを更新するために地方部で労働・就学することを要求する制度が最近まで存在していた。この点は、本書でも論考している（第2章を参照）。

難民に関するカテゴリ別のビザ発給件数は、図3に示した。図2は、豪州における第三国定住による難民認定者の人数の推移を示している。2011年以降は、世界的な難民の急増もあり、豪州国外での認定者数（offshore）を含めて増加傾向にある。豪州国内で受け付けた申請分（onshore）と合算すると、2012年は全体で2万件にまで達している。2010年から2018年までの期間、技能移民や家族移民を含めた全体の移民受け入れ人数は、約16万人から19万人の間で推移している。豪州全体の移民受け入れのうち、難民認定者は6.7%から10.3%を占めている。

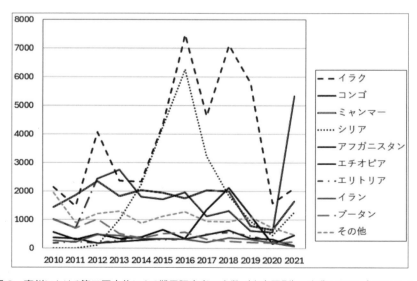

図2　豪州における第三国定住による難民認定者の人数（出身国別）。出典：DHA（2022d: 1, 2021b: 19, 2019a: 19–20）より作成

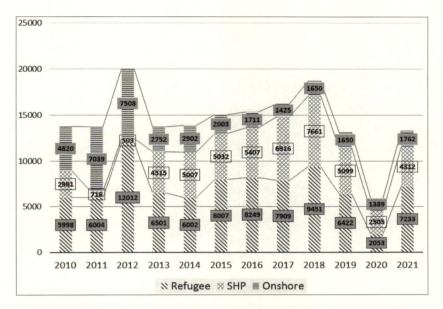

図3　難民ビザ発給数に関するカテゴリ別の推移。出典：RCA（2018a: 25, 2014: 35）, DHA（2022a: 10, 2019a: 14）, DHA and DSS（2019: 14）
① Refugee には Refugee (200) と In-country Special Humanitarian (201)、Emergency Rescue (203)、Woman at Risk (204) の各サブクラスのビザが含まれている。② SHP は Offshore Global Special Humanitarian (202) ビザである。③ Onshore(国内申請) は Onshore Permanent Protection (866) と Resolution of Status (851) の各サブクラスのビザの総和である。

②カレン人とは何者か

　本書の事例研究（第5章から第7章、第9章）にて登場するカレン人とは、ビルマ（ミャンマー）の少数民族の1集団である。ビルマには大別して8つの民族集団が存在しており、詳細に区分をすると民族の数は135にもなる。そのなかでもカレン人は約360万人が存在すると推定されている。[48] カレン人には、仏教徒の集団とキリスト教徒の集団があり、仏教徒の方が多数派となる。キリスト教徒には、バプテスト派が多い。その理由は、ビルマでカレン人に最初に宣教をしたのが米国バプテスト教会のアドニラム・ジャドソン（Adoniram Judson）であったことに遡る。

48　国勢調査がビルマで定期的になされていないことと、国外に脱出している者もいることから、推計となっている。

なお、仏教徒の集団はポー・カレン語、キリスト教の集団はスゴー・カレン語を使用する者が多い。スゴー・カレン語話者によると、ポー・カレン語はほとんどわからないという。言語が多様な環境の中で、ビルマではビルマ語が共通言語として使用されている。

ビルマでは第二次大戦後から現在に至るまで、70年以上も内戦が続いていて、現在でも現地の治安は悪い。豪州に受け入れられたカレン人の多くは、東部のカレン州でビルマ国軍からの攻撃を受けて、タイの国境地帯にある難民キャンプに逃げ込んだ人々となる。カレン人は2020年末時点で、110万人が難民となってビルマ国外に脱出している。国内避難民は2021年時点で80万人を超えている。難民キャンプのカレン人はUNHCRの第三国定住によって、米国、カナダ、豪州に逃れている。日本でも、カレン人を含むビルマ出身の難民に関して、2010年から2022年3月までの期間に、54世帯（約200名）を第三国定住事業によって受け入れている。[49]

③一時移民とは何か

本書で用いる「一時移民（temporary migrants）」とは、滞在期限付きのビザを保持する国外出身者のことを指す。「一時移民」は、豪州において2種類の人々のことを指す。第一は、永住権につながらないビザの保持者である。具体的には、第4章で論じる「太平洋諸島労働協定（PLS）」の利用者やワーキングホリデー（WH）渡航者である。第二は、一定の滞在期間の後に、永住権の取得に開かれている人である。技能移民に関しては、3年間の就労・滞在期限が定められており、そこから雇用主の推薦をもとに永住権を申請することが可能となっている。技能移民に関しては第3章で詳述するが、1996年までは、豪州では入国当初から滞在期限の定めのない永住移民を受け入れることが標準的であった。豪州国内の論考や研究成果では、「一時移民」という表現は、1996年まで標準的であった永住移民の受け入れの在り方と対比させる意味で用いられることが多い。

④「主要都市部」、「地方部」と「農村部」の定義

本書での「主要都市部」、「地方部」、「農村部」の区分は、豪州での現地の定義に沿ったものとなっている。本書での「主要都市部」とは、州都とその都市圏を指す。「地

---

[49] カレン人の間で優秀な人が先進国に脱出するため、カレン人の自治に影響が出ているなど、ビルマでのカレン人の状況は極めて複雑な様相を呈している（Rogers 2004など）。ヤンゴンなどの都市部では、ビルマ人とカレン人は日常的な場面において、共存できているといわれる（Thawnghmung 2012: 71）。

方部（regional）」とは、主要都市部（州都）以外のすべての地域を指す。すなわち、「地方部」には、「農村部（rural）」や地方都市も含まれる。[50]「農村部」は目安として人口10万人以下で、第一次産業（主に農業）を主とする地域である。[51]「農村部」は「地方部（regional）」の一部を構成する。「農村部（rural）」の自治体に居住する人々も、自らの居住地域を「regional Australia（地方部）」と表現することが多い。この区分のもとでは、本書で事例研究とする自治体は、「農村部」に該当する。

この他に、豪州では土地利用の方法というよりも、行政や医療など各種の公的サービスの提供拠点からの距離と人口規模で決められる区分がある。豪州統計局は、豪州各地を「主要都市部（Major Cities）」、「地方部（州都圏内［Inner Regional］）」、「地方部（州都圏外［Outer Regional］）」、「へき地（Remote）」、「遠隔地（Very Remote）」に区分している（ABS 1991）。このなかで、「地方部」の「州都圏外」と「州都圏内」を分ける基準は、州都の都市圏に隣接しているかどうか、と見て良い。従って、「地方部（州都圏外）」は、ケアンズやウーロンゴンなど、州都から離れた地方都市も含まれる。

3）カタニング、ダルウォリヌ、ニルを事例とする意義

本書において主な事例研究の対象とするのは、西オーストラリア（WA）州のカタニング（Katanning）とダルウォリヌ（Dalwallinu）、ビクトリア（Vic）州ニル（Nhill）、の3つの農村自治体である。本書で登場する3つの自治体には、以下に示すような数多くの共通点がある。これらの性質から、本書で事例研究の対象とする自治体は、比較研究の対象としても有効であるとともに、研究の実施に際して考慮すべき変数が少なく、「社会の実験室」としての様相を有している。

第一に、地理的な特色に関して、i）農業と牧畜業を軸とした農村である。ii）周辺に大都市がなく、近隣の自治体からも隔絶している。iii）前項にて論じたABS（1991）の地域区分では、すべて「地方部（州都圏外）」に区分される。いずれの自治体も、州都までは、高速道路での自動車移動で3時間以上を要する。

第二に、住民の構成に関して、iv）多様化が急速に進行している。難民認定者や

50　また、本書で「農村部」というとき、「農林業的な土地利用が大きな割合を占め、人口密度が低く、農林業を通じた豊かな二次的自然及び土地、水といった公共財的資源を有している地域」とする農林水産省（1997）の定義が参考になる。
51　この点は、ABS（1991）、Galligan et al.（2014）、Gray and Lawrence（2001）、Withers and Powell（2003）を参照。

移住者を受け入れる以前の段階で、現地住民の約90％が英語を母語としている。それまでの海外生まれの住民は、英国とNZの出身者に限定されている。[52] v）難民認定者の受け入れ事業の開始から、自宅で英語以外の言語を使用する住民の割合が大きく増大している（表4を参照）。2006年と2021年の比較では、カタニングは7.1％、ダルウォリヌでは17.7％、ニルでは16.2％の変化となっており、WA州（同6.5％）、Vic州（同7.2％）、全国（同6.5％）と比較した際に、その変化の割合は顕著であることがわかる。

　第三に、移住事業に関して、vi）難民認定者の誘致の開始時期が一致しており、2009年前後から順次開始されている。vii）いずれの自治体も、連邦・州政府による資金援助プログラムを受けていない中で、誘致事業を実施した。viii）難民認定者の誘致と定住に成功した事例では、カレン人難民を受け入れて、現地の労働集約的な部門（主に食肉加工業）に雇用している。ix）難民認定者といった外国人労働者の受け入れを経ながらも、失業率の上昇が見られない（表5を参照）。x）若年層の流入が高齢化を抑止させている。

表4　事例研究とする各自治体における、英語のみを使用する世帯の割合(％)。出典: ABS（Various Years）

	2001	2006	2011	2016	2021
カタニング	82.1	77.1	77.9	70.1	70
ダルウォリヌ	94.7	92.8	92.9	80	75.1
ニル	94.5	95.3	91.6	86.1	79.1
WA州	84	81.8	79.3	75.2	75.3
Vic州	75.3	74.4	72.4	67.9	67.2
全国	80	78.5	76.8	72.7	72

表5　事例研究とする各自治体における、失業率の推移（％）。　出典：ABS（Various Years）

	2001	2006	2011	2016	2021
カタニング	6.6	4	5.7	6.1	5.2
ダルウォリヌ	3.7	2.5	1.5	3.3	1.9
ニル	3.7	2.8	2.2	3.6	2.5
WA州	7.5	3.8	4.7	7.8	5.1
Vic州	6.8	5.4	5.5	6.6	5
全国	7.4	6.9	5.6	6.9	5.1

特に、カタニングとニルは豪州の各地で行われている難民認定者の受け入れの中でも顕著な成功例をなしている。カタニングでは難民コミュニティが主導する形で移住がなされた（難民コミュニティ主導型。第5章）。ニルでは、現地の雇用主が移住事業を牽引した（雇用主主導型。第7章）。この2つの自治体では、難民認定者が現地の労働集約的な部門（主に食肉加工業）に就業し、雇用主が雇用機会を提供するだけでなく、難民認定者の定住と統合に向けた支援にも主導的な役割を果たした。さらに、現地の住民によるボランティアベースの献身的な支援が存在したという共通点がある。[53]

　ダルウォリヌは、現地住民のリーダーシップのもとで、当初の計画では難民認定者を受け入れる案が立ち上げられ、現地行政の協力のもとで誘致計画が進行していった（住民主導型。第6章）。ダルウォリヌは、結果として、難民認定者の受け入れという観点では、定着が実現しなかった事例ではある。しかし、代わりに、フィリピン出身の技能移民が定住するようになった。ダルウォリヌでも、現地の住民によるボランティアベースの献身的な諸活動が存在した。ダルウォリヌの事例は、農村部で難民認定者を始めとした移住者を招致するうえで、数多くの政策的な教訓を残す内容となっている。

4）定住の成否をどう判定するか

　本書では、難民認定者が受け入れられた自治体にそのまま定着をしていれば、難民認定者に対する定住支援は成功していると見なす。難民認定者や外国人労働者（技能移民）といった「新しい住民」が移住先で強い不満を抱えている場合は、その場所を静かに去り、転出していくことが多い。これは「足で投票する（vote with one's feet）」という表現がされるが、本書もこの事実を重視する。難民認定を受けた者は、豪州社会のフルメンバーとして対等な権利を有しており、特定の地域への居住義務はない。難民認定者も豪州国民と同様に、より良い生活機会を求めて自由

52　カタニングの場合、クリスマス島やココス諸島からマレー系の住民を受け入れる前の1971年の段階で、この状態に近い状況にあった（Lyas and van den Vaag 2015: 12）。
53　本書で題材とする事例の他にも、類似の試みが豪州各地でなされている。例えば、クインズランド（QLD）州トゥーウンバやVic州コラックでは、アフリカ出身の難民認定者を誘致し、食肉加工業に登用している（SBS 2018, Taylor and Stanovic 2005）。また、Vic州のシェパートンは、コンゴ出身の難民認定者とイラク出身者が集住する自治体となっている（Margaret Piper and Associates 2007）。そして、NSW州オーブリーでは、ブータン出身の難民を中心に、農業分野への登用がなされている（Moon 2022, O'Regan 2015）。

に移動できる。[54]「新しい住民」がその場にとどまり、生活地盤を形成している場合は、成功事例として判断して良いと考える。

　難民認定者が口にした不満を抽出して、それをあたかも代表的な意見のように扱い、現地社会の在り方や定住と統合に向けた支援を批判するような描き方をするのは問題である。難民としての出自を持つ住民が、現地での生活に不満を抱えていることは考えられる。実際、調査中にも職場環境や現地社会での人間関係について不満を漏らす研究協力者に複数出会った。第三国定住によって定着した難民認定者に限らず、一般論として、職場も居住地もすべてが完璧で、生活のすべての側面において満足し、幸福に生きている人は、ほぼいないはずである。すべての人は何かしらの不満を抱えながら生きているのではないか。その不満の語りを以て定住支援や現地社会の在り方を批判するのは適切ではない。

　新しい住民が新天地である豪州の農村部での生活に、どの程度の満足度が得られているのか、定住支援は成功しているのか、といった問いは、質問紙調査と聞き取り調査の実施によって解決できると思われる。しかし、この質問紙調査や聞き取りには、「この町に居住を続けたいか」、「この町の生活にどの程度満足しているか」、「もし不自由なく居住地を選択できるとしたら、どこに住みたいか」、「いまの職場に満足か」、「本当はどんな仕事をしたいか」、「豪州人の友人は何人いるか、どの程度の付き合いがあるか（すなわち、エスニック集団の外と交流があるか）」といった質問が中核をなすことになる。このような質問を重ねない限り、住民の満足度は測定できないだろう。

　しかし、難民認定者は、場合によっては難民キャンプで10年以上の年月を過ごし、教育を受けたくても受けられず、履歴書に書くことのできる学歴もなく、英語力に課題があり、自らが望んだ職業に就けていない場合が多い。[55] 出生国の社会情勢に翻弄され、自分の人生を設計する機会を奪われ、英語力や専門職能を身につけるだけの教育を受けられず、現在の状態に至っている。就業機会も限定され、現地の住民や雇用主とも満足にコミュニケーションが取れない中で、現在の職業に従事している場合も多い。現地で難民認定者と話をしていると、笑顔を見せる一方で、何か

54　これは難民認定者に限定したことではなく、技能移民に関しても、永住権の取得などの目的を果たせば、主要都市部に転出する傾向は見られる（第3章を参照）。

55　実際、対面での英語による日常会話が成立しない場合も複数回経験した。フェイスブックのメッセンジャーでの簡単な英語のやり取りでも、困難が生じる場面があった。ただし、この点は、筆者が難民認定者の使用するスゴー・カレン語やビルマ語を充分に使えないことに起因する問題でもある。言葉が充分に通じないなかでも、研究にご協力頂いた方々は、誠実に筆者を迎え入れてくださり、丁寧にご対応を頂いたことを強調しておきたい。

に動揺しているように見えたりする場面などに幾度か遭遇した。

　このような質問紙調査や聞き取りの実施は、難民認定者とそのコミュニティを大きく傷つける可能性が高い。なぜなら、こうした調査によって得られる回答として、「本当は別の仕事がしたいけれど、現実的にはできない」、「夢を諦めるしかなかった」、「正規の教育を受けたかった」、「本当なら自分の言葉で不自由なくコミュニケーションが取れれば良いのに」、「迫害される経験なんて誰も望まない」、「本来ならあの場所に住んで、こういう仕事・活動をしたかった」「本当なら亡くなってしまった家族と暮らしたかった」、「出身国に残してきた家族を早く呼び寄せたい」という趣旨の回答が得られることが予想されるからである。筆者はここまで無神経にはなれなかった。このような調査を仮に実施する場合には、今後の現地調査をもとに、慎重に判断したい。

5) 本書の方法

　本書にて採用した研究方法は、以下の通りである。第一に、対面とオンライン、国際電話による、一対一の聞き取り調査を行った。聞き取りに際しては、半構造化インタビュー法を採用した。聞き取り調査の実施期間は、2019年8月から2024年3月までである。2020年3月以降、コロナ禍による渡航制限が実施されていた折の聞き取り調査は、国際電話とスカイプ（Skype）、フェイスタイム（Facetime）、メッセンジャー（Messenger）を用いた方法に限定された。コロナ前と渡航制限の解除後は、国際電話やオンラインに加えて、対面での聞き取りを実施した。いずれも機縁法によって、聞き取り調査にご協力頂ける方（研究協力者）をご紹介頂いた。また、移住事業において中心的な役割を果たされた現地住民の方や、難民認定者コミュニティのリーダー格の方のご厚意によって、キーパーソンを複数ご紹介頂ける機会に恵まれた。

　結果として、難民認定者を誘致し、定住支援を実施するにあたって、中心的な役割を果たしたリーダー格の住民、自治体の首長と議会議員、現地行政の職員、難民支援を行う団体の職員、エスニックコミュニティのリーダー、雇用主、連邦・州政府職員に対して、合計38名の方々に、それぞれ30分以上の聞き取りを実施できた。聞き取りは1回だけでなく、ご厚意で3回も4回もお付き合い頂いたケースが複数あった。聞き取り後もeメールやメッセンジャーでのやり取りを複数回させて頂くことが多かった。

　移住事業に従事した38名に対する個別の聞き取りに加えて、32名のカレン人の

難民認定者の方々に聞き取りをさせて頂くことができた。カレン人への聞き取りは、コミュニティリーダーが聞き取りの機会を設定してくださり、各家庭を訪問させて頂いたり、一定の場所に集まって頂いたりした。そして、コミュニティリーダーや英語を得意とする方、同居するご家族の方が、その場で通訳をしてくださった。カレン人への聞き取りは、英語とスゴー・カレン語を用いて実施した。なお、30歳代までの若い世代のカレン人には、英語での聞き取りを実施できた。

　第二は、文書や映像、音声資料の検討である。まず、先行研究（学術論文や文献）のレビューに立脚しながら、豪州のシンクタンクや現地自治体の発行したレポート書類、ならびに、現地の新聞記事を検討した。また、豪州国内の公共放送であるABC（Australian Broadcasting Corporation）やSBS（Special Broadcasting Service）にて放送されたドキュメンタリーやニュース、インタビューの検討を行った。ドキュメンタリーは映像作品に加えて、ラジオドキュメンタリーも対象とした。さらに、現地自治体や難民・移民支援団体がユーチューブ（YouTube）等に投稿した動画において、当事者本人が発言している場合や、豪州国立図書館等のアーカイブにインタビュー記録が収録されている場合にも、研究資料として採用した。

　この文書資料や映像・音声資料の分析の手法を最も多く用いたのは、第7章のニルの事例研究である。ニルに関しては多数の取材記録やシンクタンクによる現地社会の分析が存在しているため、レポートや報道資料等の分析で、目的をほぼ達成することができた。補完的な質問は国際電話にて実施した。

　また、本書を刊行するにあたり、登場する人々に本書の英訳を送付し、掲載の可否を尋ねている。その際、実名でご登場頂くことについても許可を仰ぎ、ご承諾を頂いた場合はそのまま記名させて頂いている。本書の登場人物は、マスコミに取材を受けていたり、公に表彰されていたり、現地行政のレポート等に実名が掲載されているなどして、インターネット検索によって比較的すぐに特定ができてしまう。このことも、実名でご登場頂くかどうかの判断材料とした。ただし、許可を頂けなかった場合は、記名をしていない。特に、本書の事例研究で登場する人物の活躍は特筆に値するものであり、献身的に町と住民、移住者のために尽力する姿は、記録としても残しておく価値がある。

　この点と関連して、本書で登場する地名はすべて実在するものである。豪州の地方部において難民認定者や移民が定住する過程を扱った先行研究では、地名を架空のものに変更してしまう大変残念なケースが見られる。例えば、Schech（2014）では「カントリータウン（Countrytown）」となり、Wilding and Nunn（2018）では「ホームタウン（Hometown）」となっている。2010年頃までは、実際の地名が学術論文

に登場することは多く、現地のキーパーソンがそのまま実名で掲載されているケースも複数見られている。

　地名を特定できないようにすることは、その場所の地理的・歴史的な設定を消去してしまうことと同義であり、現地調査によって得られた研究成果の価値を大きく損ねる措置である。特に、その自治体の社会変容から政策的な示唆を得ることは困難になる。豪州の社会変容の理解には、地理的な条件と、その土地の歴史を無視することはできない。ここでいう地理的な条件とは、その場所の位置（大都市や海岸からの距離）、気候（雨量や夏季・冬季の気温）、産業構造、耕作物の種類、人口規模や住民の構成割合（海外生まれの住民の比率など）が含まれる。土地の歴史には、入植の時期と開発の過程、その際に流入してきた移民の出自や社会活動などが含まれる。その自治体や場所の置かれた地理的・歴史的な条件が、その地域の発展にどう影響するか、そのダイナミズムを解明することは、豪州社会の研究が有する最大の魅力のひとつである。従って、本書では地名を消去することなく、実在のものを掲載している。

5. 本書の構成

　本書の構成は以下の通りである。本書の概要は図4に示した。前半の第1章から第4章、ならびに、第8章は、難民認定者、技能移民（高度人材）や非熟練・半熟練労働力の受け入れと定住に向けた支援に関する政策分析となっている。第5章から第7章は、難民認定者の受け入れを試みた農村自治体の事例研究となる。第9章は、本書の内容と難民当事者への理解を深めるための、カレン人コミュニティリーダーのライフストーリー分析であり、事例研究のひとつともいえる。

　本書に取り組んで頂くにあたり、第1章から第4章、第8章の議論は移民政策論として、抽象度の高い内容となっている。そのため、第5章から第7章、第9章の事例研究から始めて頂くのも一案である。これらの具体的な話題をもとに、第1章から第4章の議論を検討して頂ければ、イメージが湧きやすくなると思われる。ご関心のある章から取り組んで頂ければ幸いである。なお、豪州になじみのない方にも、親しみを持って頂けるように本書を執筆したつもりである。

　第1章では、豪州に受け入れられた難民認定者に対して、どのような定住と統合に向けた支援策が用意されているのかを考察する。第一に、連邦政府による支援策を中心に考察する。代表的な支援策として、受け入れられた段階から最長18ヶ

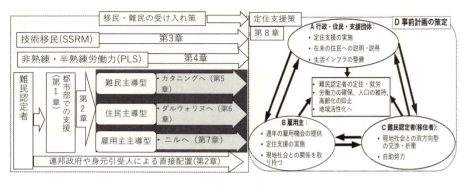

図4 本書の概要

月まで重点的に実施される「難民認定者集中支援プログラム（HSP: Humanitarian Settlement Program）」の特色を分析する。この重点的なサポートの後も、最長5年まで、追加的な定住支援を受けられる。第二に、社会経済的なハンディキャップを有する豪州市民として受けられる支援策を考察する。まず、所得給付金を始めとした社会保障制度による支援と、住宅の取得に関する援助策を中心に論じる。次に、障がいを有する者に対して社会参加を促進するための支援プログラムである「連邦障がい者保険制度（NDIS: National Disability Insurance Scheme）」の特長を論じる。さらに、現地の言語運用能力に課題を有する生徒に対する修学支援を考察する。

第2章では、難民認定者がどのようなパターンで地方部に移住していくのか、その背景にいかなる政策的措置や実践が行われているのか、を考察する。第一に、「第二次移住」、すなわち、一旦主要都市部にて定住支援がなされて、都市部での定住が図られた後に、難民認定者のコミュニティや、現地住民、雇用主が主導する形で、地方部への移住計画が立案され、移住が実現するパターンが存在する。本書の第5章から第7章にかけて考察される事例研究は、この「第二次移住」に該当する。第二に、身元引受人が直接的に難民を受け入れる場合がある。このケースでは、身元引受人が地方部に在住する結果として、難民認定者が地方部に定着する。この場合、受け入れに係る費用を身元引受人が全額負担することが多い。この制度は、身元引受人の意思を反映できる民主的な制度であるとの解釈も成立する一方で、難民受け入れのアウトソース化・外部化との批判もあり得ることを論じる。第三に、連邦政府の施策として、豪州社会に親戚や友人などの伝手（つながり）のない難民を中心に、地方部の受け入れ拠点に直接的に難民認定者を配置し、定住支援を行う政策を考察する。この政策には地域活性化が意図されており、西欧諸国と対比させながら、

この政策の特色を論じる。

　続く第3章と第4章では、豪州における難民認定者の地方部での労働力登用が、地方部への外国人労働力の配置を促す政策の中で、どのように位置づけられるのかを探究する。第3章では技能移民、第4章では非熟練・半熟練労働力の受け入れに関する政策実践を考察する。第3章では、第一に、豪州における技能移民の受け入れの在り方の最大の特徴は、永住を前提としていた点にあったものの、1996年から「経済的な効率性」を拡大させる傾向が強まり、滞在期限の付いた労働力である「一時移民」の受け入れを拡充させてきたことを考察する。そして、「経済的な効率性」を重視した移民政策の一環として、社会保障制度へのアクセスが制限され、移民本人の自己負担分が増加するとともに、家族移民が削減される方向となったことを論じる。第二に、「経済的な効率性」を重視する一環として、この時期に、技能移民（熟練労働力）の地方部への配置を促進する方策である「地方部への移民促進制度（SSRM: State-Specific and Regional Migration Scheme）」が採用された。地方部で就労する場合に、語学条件を中心にビザの発給条件が緩和される施策であるSSRMの特長とその効果を主に分析する。第三に、受け入れる技能移民の属性・特性を考慮することや、居住義務を設定することによって、地方部に一旦受け入れた技能移民が現地に残留する割合も変化しうることを論じる。

　第4章では、農村部を始めとした地方部への非熟練・半熟練労働力の配置方策として、「太平洋諸島労働協定（PLS: Pacific Labour Scheme）」による太平洋諸島（9カ国）から労働力を招へいする方策の特長と問題点を論じる。本章では、第一に、PLSの導入がなされた経緯を考察する。PLSは農業部門を中心に、帰国を前提とした滞在期限付きの労働力（一時移民）を受け入れる制度であり、先に指摘した1996年以降の移民制度の改革を反映した内容となっている。帰国を前提とする、滞在期限付きの労働力の確保は、日本では広く採用されている。しかし、このような形態での非熟練・半熟練労働力の確保の方策は、「永住移民を受け入れ、一時移民を忌避する」という、1996年までの豪州の移民受け入れの在り方とは大きく異なっている。第二に、PLSの意義と特長を論じるとともに、この制度の問題点を労働者の視点から論じる。対外援助を名目としたこの制度は、一定期間、労働者に安定した雇用機会をもたらし、雇用主も労働力を安定的に確保できる。しかし、労働者としての権利が制限されており、雇用主の変更が困難であることに加えて、労働現場で不適切な処遇がなされていたりすることを考察する。PLSは新制度である「太平洋・豪州労働協約（PALMS: Pacific Australia Labour Mobility Scheme）」へと発展的に改組されており、PALMSでどのような労働者への保護策が講じられているのかを分析する。

なお、農村部における非熟練・半熟練労働力の確保の手段として、ワーキングホリデー（WH）制度があるが、この点は藤岡（2017）で考察されているため、本章では同書で扱われていない論点のみを取り上げている。

第5章では、WA州カタニングにおける、難民コミュニティ主導型によるカレン人難民の移住事業の展開を考察する。現地の主要な産業部門のひとつである羊肉の食肉加工業が牽引する形で、カタニングには1970年代からクリスマス島やココス諸島のマレー系ムスリムの労働者が流入するなど、異なる文化的な背景を持つ人々が共存してきた。2000年代の後半には、カレン人難民のコミュニティリーダーがこの町を「発見」し、現地の行政や雇用主、住民ボランティアとの調整をもとに、移住を進めていった。その結果、現在では、カタニングにはカレン人が約50世帯居住するようになった。カレン人難民がどのような支援を受けてきたのかを移住者本人、支援者、行政従事者、雇用主の語りから分析する。

第6章では、WA州ダルウォリヌの「地域人口増強計画（Regional Repopulation Plan）」の展開と帰結を考察する。ダルウォリヌの場合は、住民主導型の受け入れ事業であり、当初はパースに在住するカレン人難民の受け入れを試みた。2011年に「地域人口増強計画」は地域住民によって考案がなされた。この「地域人口増強計画」では、現地行政やWA州政府、政治家、カレン人コミュニティのリーダー、難民・移民支援団体を巻き込んで運営委員会が結成され、カレン人の移住の実現に向けた折衝が進行していった。しかし、この計画は複数の制度的な障壁に直面することとなり、カレン人の移住は最終的には実現を見なかった。一方で、ダルウォリヌに拠点を置く製造業者が鉱山開発ブームに乗って事業を拡張し、フィリピンから技能移民（高度技能人材）を招へいすることになった。結果としてフィリピン出身の新しい住民が移住してきたことにより、町の人口が15%も増加した。「地域人口増強計画」は当初の意図とは、やや異なった形を取りながらも、紆余曲折を経て成功を見た。ダルウォリヌの移住事業は、難民認定者を含む国外からの移住者を受け入れる上での数々の教訓を残している。

第7章では、Vic州ニルにおける雇用主主導型によるカレン人難民の受け入れ事業を考察する。ニルにおける食肉加工業の経営者が、自ら経営する工場での人手不足の補填と人道支援の両方の目的で、カレン人をメルボルン西部のウェリビーから呼び寄せた。カレン人の移住に際して、雇用主が現地住民や現地行政に協力を要請し、移住への同意を取り付けていった。カレン人の受け入れと定住支援は、当初は困難を伴うこともあった。しかし、現時点で200名以上のカレン人住民が在住し、現地経済にも大きな貢献が生まれている。現在では、カレン人住民がボランティア

活動にも積極的に参加するなど、カレン人の受け入れは成功を見せている。

　第8章は、本書の議論と豪州各地の事例や学術研究をもとに、農村部を含む地方部において難民認定者を始めとした移住者を招へいし、定着・定住してもらうためには、どのような方策が必要となるのかを考察している。本章の知見は、日本での外国人労働者の受け入れの方策を構想する上でも、有用な資料となる。第一に、難民認定者を始めとした移住者を招へいするにあたっては、具体的かつ詳細にわたる事前計画の策定が必要である。その過程で、現地の企業や諸団体、地域住民を含めたすべての関係者に対して、事前に移住事業の計画を説明し、同意を得ることが求められる。その上で、それぞれの主体が有機的なコミュニケーションを円滑に取れる状態を維持し、移住者を歓迎する空気を醸成し、受け入れ後も持続させていく必要がある。第二に、通年にわたる安定した雇用機会が必須となる。季節性のある就業機会では、移住者の定着を促進することは極めて困難となる。そして、雇用主の側が、積極的かつ具体的に移住者の定住を支援し、現地社会への橋渡し役（アンバサダー）となることが望ましい。第三に、難民認定者が必要とする医療機関、公共交通機関、入手可能な住宅、といった支援インフラが充分に存在するかどうかも受け入れの成否を左右する重要な指標になる。人口減少によって、一定の支援インフラが消失してしまった段階では、難民認定者に限らず、技能移民の招へいも困難となる。そして、各種のイベントの開催やボランティアの活動をサポートするためにも、移住事業の推進に対して、政府による資金援助がなされることが有効であることを論じる。

　第9章では、本書に登場する主要人物の一人であるポール・ジョウ（Paul Kyaw）のライフストーリーを分析する。一般論として、現代日本において難民認定者と関与する機会は、極めて少ない。難民本人の経験を見聞する機会は、さらに限定される。カレン人であるポールは、1988年の民主化運動でビルマ国軍から指名手配され、出身国を追われ、最終的に1994年に豪州に至ることになった。ポールのライフストーリーを紹介し、難民として国を追われるとはどういうことか、どのような経緯で第三国へと到来するのかに関して、理解を深める一助としたい。なお、ポール自身の経験は、本書の議論（特に第5章と第6章）を通底するものであり、本書の内容の理解を深める一助にもなる。

　農村部を始めとした地方部において、難民認定者を含む外国人労働者を受け入れて地域活性化（地方創生）を図る場合に、移住者に対して、どのような支援方策が必要となるのか。現地社会への統合と定着を成功させ、地域社会の一員として国外出身者を迎え入れるために、いかなる方策が有効であるのか。本書は、地方部にて

外国人労働者としての難民認定者を受け入れるという革新的な試みを行った豪州の農村自治体の実践を分析し、日本における国外出身者の定住と統合に向けた支援の政策を構想する第一歩とする。豪州は多文化主義的な政策が最も充実しており、課題先進国でもある。海外での事例をそのまま日本に適用できるわけではなく、日本への応用には何段階かに及ぶ修正作業が必要になる。しかし、海外の課題先進国の成功例や失敗例から学ぶことのできる本書の知見は、現場での支援に関わる人々、そして政策立案に携わる者にとっても有用な内容となる。単なる地域研究にとどまらず、日本の外国人労働者や難民の受け入れにおいて、役立つ政策的示唆を提供したいと考えている。

第 1 章

難民認定者に対する定住と統合の実現に向けた支援策

1. 本章の課題：難民認定者を受け入れる際の政策的実践とその特色はなにか

　豪州政府は、難民認定者の受け入れに際して、いかなる支援策を用意しているのか。豪州に正式に受け入れられた難民認定者がどのような支援を受けて、国民の一員として迎えられ、現地社会への統合が図られていくのか。本書の主題のひとつは、豪州における難民認定者への支援策の考察である。本章では、主に難民認定者個人に向けた支援策を考察対象とする。[1]

　本章で考察する支援内容は、多文化主義の中でも福祉主義的な側面となる。多文化主義の福祉主義的な側面とは、「エスニックマイノリティの文化・言語への原初的愛着をより重視して、個々の異文化・言語・宗教の維持発展を認めるとともに、生活・社会参加と文化維持のために必要な支援を行い、多様なエスニック文化と主流社会のナショナルな文化との共存を図り、異文化からの難民・移民（場合によっては先住民族も含まれる）と主流国民との間の相互交流と理解を進めて、円滑な『多文化共生』を実現すること」である（括弧内筆者、関根 2009: 22）。

　近年では、技能移民の受け入れを拡大・自由化して、外見や出自に関係なく公平に競争させ、経済発展を図る「多文化競生」という側面はある（関根 2009:

---

[1] 豪州社会では、移民コミュニティへの支援策が、連邦政府と州政府のレベルでそれぞれ存在する。この移民コミュニティには、難民認定者の集団も含まれる。例えば、WA 州政府では「コミュニティ助成金プログラム（Community Grants Program）」によって、移民コミュニティの活動への財政的支援がなされている。第一に、祭典を開催する場合には、申請と審査の後に、最大 1 万ドルの資金援助が提供される。例えば、WA 州の日本人会が主催した祭典に対しては、2022 年度に 1 万ドル、2020 年度に 5 千ドルの資金拠出がなされている（OMI 2022）。そして、3 月下旬のハーモニーウィークにおける各地の祭典にも、最大 2 千ドルの助成金が審査を経て拠出される（OMI 2023a）。第二に、「移民集団の運営能力の構築（community capacity building）」には、審査の後に、最大 5 千ドルが付与される。これは祭典以外のイベントの開催など、広く移民コミュニティの活動に対する経済的な支援となる（OMI 2023b）。この他にも、連邦政府からは「現地密着型多文化主義プロジェクトプログラム（Local Multicultural Projects Program）」として、自らの宗教施設や文化施設を建設したり、改築・修繕したりするための助成金が用意されている（DHA 2023a）。これらはあくまで一例である。移民コミュニティは、新参の豪州国民として、在来の国民や市民団体に向けた各種の助成金への応募資格を有している。

23–24)。豪州の多文化主義政策の変容に関して、「市場化」や効率化、「新自由主義化」などとして批判がされることもある。しかし、これは支援サービスの提供における効率化と、さらなる成果の達成を意図したものであり、全体として、支援内容やその質が低下したわけではない。

　本章では、第一に、連邦政府が用意している難民認定者への定住と統合に向けた支援方策を考察する。難民認定者が入国時から18ヶ月に至るまで受けられる「難民認定者集中支援プログラム（HSP: Humanitarian Settlement Program）」の内容を考察するとともに、HSP の終了後に必要に応じて提供される「特定分野追加支援サービス（SIS: Specialised and Intensive Services）」と「中長期定住支援プログラム（SETS: Settlement Engagement and Transition Support Services）」による、定住と統合に向けた支援の内容を考察する。第二に、社会活動への参加に困難（ハンディキャップ）を抱える豪州市民として受けられる、社会経済的な公正の確保を意図した支援策の内容を分析する。特に、各種の所得支援、子どもへの修学支援、障がい者への支援策、の特長を考察する。第三に、社会経済的な困難を有する豪州市民として得られる支援内容を分析する。社会保障制度による支援策を考察するとともに、難民認定者の住宅取得に向けた支援の実施状況に注目し、聞き取り調査をもとに論考する。

2. 豪州政府による難民認定者への定住支援策

1) 到着初期の定住支援：「難民認定者集中支援プログラム（HSP）」とその支援内容

　連邦政府による難民認定者に対する定住支援は、内務省（DHA: Department of Home Affairs）による「難民認定者集中支援プログラム（HSP: Humanitarian Settlement Program. 旧称 HSS: Humanitarian Settlement Services）」を通じて行われる。[2] HSP は難民認定者に対する最も主要な支援プログラムであり、「独立した、主体的な市民としての技能や知識の構築」を主眼に置いている（DHA 2020a）。[3]

　HSP は難民認定者に対して、入国から起算して 6 ヶ月から 18 ヶ月までの期間、住宅の手配を含めた現地社会への統合と定住の実現に向けた支援を行う。HSP は連邦政府が委託した支援団体によって実施される。現在、HSP の実施団体は、全

---

[2] HSPを受けられるのは Refugee（サブクラス 200, 201, 203, 204）と Global Special Humanitarian（202）で入国した人々である（第 2 章を参照）。

国に5つ設定されている。[4] HSPの支援内容は以下の通りである：

1. 空港での出迎え
2. 到着時の宿泊の提供と、最初期のオリエンテーションの実施
3. 食料や生活必需品の供与（衣服を含む）
4. センターリンク（Centrelink）、国民皆保険制度（Medicare）や銀行などへの登録・接続と、各種支援サービスの解説[5]
5. 緊急時における対処法や、通訳・翻訳サービスの利用方法の説明
6. 中長期的に居住できる住居の確保に向けたサポートの提供
7. 豪州市民として利用できる施設・設備や諸機関、各種プログラムに関する情報提供と、そうした諸機関やプログラムへの斡旋・紹介
8. 「成人移民英語教育プログラム（AMEP: Adult Migrant English Program）」への参加をサポートし、必要な英語能力を修得してもらう
9. 必要な職能訓練の機会を提供し、出身国で有していた専門資格が豪州で認定されるための手続きを支援する
10. 各種の就業支援

上記の各項目に関して、具体的な支援内容は以下の通りとなる。まず、豪州に受け入れられる難民認定者は、出発前の段階で、すでに支援措置が開始されている（上

---

[3] HSPには、2018年度に1億2981万ドル、2019年度に1億2470万ドルの予算が充てられている（DHA and DSS 2019: 20, DHA 2019b）。これは国民一人あたりでは、2018年度は5.15ドル、2019年度は4.88ドルの負担となる。また、HSPは難民認定者への支援の根幹をなす代表的な制度であるため、国内外の各種レポートや研究成果で言及されることも多い。日本国内では、HSPとその前身の制度がアジア福祉教育財団（2005）、塩原（2020, 2008b）、森（2017）、森谷（2016）にて紹介されている。森谷（2016）は、難民支援プログラムの形成に至る歴史の一部を扱っている。この他、豪州の難民支援政策の全体をレビューした成果にFozdar and Hartley (2013), Fozdar and Banki (2017), Higgins (2009)などがある。

[4] HSPでは、連邦政府の職員、支援団体のケースワーカー、市民ボランティアが参加している。市民ボランティアは、支援団体を通じて、その団体の一員として参加することとなる。また、HSPを実施する団体となれるかどうかは、各支援団体が立候補し、連邦政府による審査を経て、各州に1団体が委託されることになる。委託を受ける支援団体は、競争的な審査によって選出されている（Kandasamy and Soldatic 2018: 112）。

[5] センターリンクは、各種の社会保障の給付金を取り扱う窓口である。豪州国民と永住権保持者は、センターリンクから必要に応じて、生活支援の給付金を受け取ることができる。国民皆保険制度（メディケア）の加入者は、通常の医療診療を無料で受診することができる。自ら先端的な医療措置を受けることを希望する場合は、その分の費用は自己負担となる。

記の項目 2)。難民認定を受けた者は、豪州への出発前に、「豪州の文化に関するオリエンテーション（AUSCO: Australian Cultural Orientation）」を受講する。このオリエンテーションでは 3 日間（計 15 時間）にわたって、出発に際して必要な情報、豪州での生活の実態、定住の実現に向けた道筋の説明と、いかなる支援と社会保障サービスを受けることができるか、の解説がなされる（DHA 2019d, Higgins 2009: 3）。[6]

住宅支援（項目 6）に関しては、6 ヶ月以上居住できる物件を確保できたか、あるいは、同等の契約を締結できたかどうかで、成功したかが判断される（Flatau et al. 2014: 6）。家具や家電の支給も、この住宅支援の内容に含まれる。この住宅の確保に向けた支援活動は、本章の第 5 節にて別途、考察する。

「成人移民英語教育プログラム（AMEP. 項目 8）」は、永住ビザを有する 18 歳以上の新しい住民に向けて、原則無料で提供される英語教育プログラムである。AMEP の受講資格を得られる在留ビザは随時変更となる。現在は、受講資格を得られる在留ビザの対象が拡大されており、難民認定者に加えて、投資家ビザ（サブクラス 160 〜 165, 188）や、地方部での技能移民が用いる就労ビザ（サブクラス 491, 494）の保有者や、難民申請中の者（サブクラス 449, 785, 786）も含まれるようになっている。[7] AMEP が開講される教育機関も全国に 300 以上存在しており、地方部では TAFE（Technical and Further Education. 職業訓練のための州立の専門学校）で開講されていることが多い。[8] AMEP は 1947 年に設立されており、非英語圏から移民を受け入れ始めた初期の段階で、当時の移民省が言語教育の必要性を認識し、導入がなされた（Cox 1996: 22–24）。最近まで、最大 510 時間までの受講制限が存在した。現在では、日々の生活や就業に必要な英語力（vocational English）を獲得できるまで受講が可能となっている（DHA 2023b）。[9]

AMEP の目的は、英語運用能力の向上によって、i）雇用機会の獲得を支援する

---

[6] AUSCO の教材は公開されている（DSS 2016）。しかし、この教材の英語は決して易しくはなく、やや難易度が高い。日本での高校 2 年次修了程度以上の読解力と語彙力が求められる内容となっている。
[7] この理由として、第一に、投資家は所有する資産価値の多寡に応じて在留資格が与えられており、語学試験（IELTS）にて必要とされる点数が 4.5 で良いなど、大幅な緩和措置がなされているからである。現在では、資産価値で 250 万ドル以上を有していることが申請条件のひとつとなっている（DHA 2024）。第二に、地方部にて就労する技能移民は、語学試験における必要な点数が緩和されているため、現地で英語力を強化するための補助的な方策として AMEP が存在している。
[8] 本書での考察対象となるカタニングでは、TAFE にて AMEP が開講されている。しかし、ニルとダルウォリヌでは AMEP が提供されていない。ニルやカタニングといった農村部に移住する以前の段階で、メルボルンやパースなどの主要都市部で AMEP を受講し、移住するケースは多い。
[9] 船舶で移民が渡航していた時代には、出発前や、船での移動中にも、英語教室が開講されていた（Cox 1996: 22–24）。

こと、ii）子どもの学習の援助ができるようになること、iii）近隣の住民との交流関係を構築できること、さらには、iv）授業への参加を通じて友人を得ること、といった現地社会への統合が意図されている。新しい住民の孤立を防ぐことも目的のひとつとなっている。なお、AMEP の授業中は託児所を無料で利用できる。近年では、オンライン形式の授業が導入されているとともに、週末に授業を提供している場合もある（DHA 2023b）。

HSP を実施する各州の支援団体は、難民認定者が雇用機会を得るための支援を行っている（項目10）。[10] 第一の事例として、Vic 州で HSP を実施するエイムス（AMES Australia）では、世話役（メンター）を付けて、職探しの手伝いをしている。連邦政府が運営する求人・求職サイト（Workforce Australia. 旧称 Jobactive）に難民認定者を登録させ、履歴書を書く支援をしている（AMES Australia 2023a）。また、女性向けの職能訓練として、介護士と保育士の養成プログラムを運営している（AMES Australia 2023b）。第二の事例として、NSW 州にて HSP を提供する SSI（Settlement Services International）は、難民認定者だけでなく、難民申請中の人に対しても、雇用を獲得し、就業を継続できるように、在留と就労に関する事務手続き等の支援をしている。各州の HSP の実施団体も、同様の支援を提供している。

国民皆保険制度（メディケア）を受ける資格のある豪州国民と永住権保有者のなかで、英語力に課題を抱える者に対して、24 時間対応の電話通訳サービスが設置されている（項目4と5）。この通訳サービスは、政府機関や医療機関などと必要不可欠なコミュニケーションを取る場合に、無料で利用できる。すなわち、i）医師の診察を受けるとき、ii）薬局にて投薬の説明を受けるとき、iii）難民・移民への支援団体が当該人物をサポートするとき、iv）不動産業者が物件に関することで顧客と意思疎通を図りたいとき、v）各政府の行政従事者や議会議員、労働組合がこの人物とコミュニケーションを取りたいとき、が該当する。[11]

この電話通訳サービスは、特に医療従事者からの利用が多く、医師と薬剤師向けの専用の回線が用意されている。オペレーターの性別も指定できることがある。電話通訳サービスが用いられる理由として、診断や投薬に関する情報を患者の側が理

10　雇用機会を割り当てることによって、難民認定者が社会保障給付金などに依存する事態を回避できる。さらに、失業している状態と比較して、雇用が存在することは、難民認定者の精神的な健康状態に肯定的に寄与する(Mayne et al. 2016)。
11　この電話による通訳サービスの歴史は長く、多文化主義が公式に導入された直後の 1973 年から運用されている(TIS National 2023)。通訳サービスは、これらの場合に該当しなくても、有料で利用可能であり、15 分単位で 27 ドルから利用できる(Translating and Interpreting Service 2023)。

解できない場合に、本人の体調がさらに悪化し、追加的な医療措置が発生したりする恐れがあるからである。また、患者の友人や通訳・翻訳アプリを通じてのコミュニケーションは、公式の通訳者を介する場合と比べて、信頼性と正確性に疑念が生じるからである。

2）追加的な支援プログラム：「特定分野追加支援サービス（SIS）」と「中長期定住支援プログラム（SETS）」

　難民認定者が最長 18 ヶ月の HSP を終えた後は、提供される支援の度合いは下がる。しかし、継続したサポートが必要な者には、以下の 2 つの追加的な支援措置が用意されている。第一に、HSP を実施する団体から「特定分野追加支援サービス（SIS: Specialised and Intensive Services. 旧称 CCS: Complex Case Support）」が継続して提供される。[12] SIS によるサポートを受けるためには、自力では一般の国民向けの社会福祉系のサービスにアクセスできないことを示すことが求められている。具体的には、英語力に課題があること、心身に深刻な問題を抱えていること、ホームレス状態にあるなどして住宅状況が不安定であること、生活費が不足していること、DV の被害を受けていること、家庭が崩壊している状態にあること、などの条件が必要となる。SIS は、このような「複雑なニーズ（complex needs）」を有する人に向けて、短期間に限定して支援がなされる措置であり、一般の国民向けの社会福祉系のサービスへのアクセスを手助けしたり、自らの問題に自力で対処できる技能（スキル）を身に着けさせることを意図している。

　第二に、「中長期定住支援プログラム（SETS: Settlement Engagement and Transition Support Services. 旧称 SGP: Settlement Grant Program）」を関係する支援団体から受けられる。SETS を実施する組織は HSP の団体とは異なる場合もあり、全国で 78 の支援団体に対して連邦政府の予算が拠出され、SETS の提供資格が与えられている。[13] このプログラムは、豪州への到着から起算して 5 年間まで有効である。[14] SETS の実施団体は、ケースワーカーによる個別のサポートを提供している。これには、住

---

[12] 国内での難民申請者（onshore applicants）に各種の一時保護ビザが発給される場合は、SIS を受けられる。この場合、支援内容は部分的かつ短期間となる。対象となるのは、Child（サブクラス 101）、Orphan Relative（117）、Protection（866）、Temporary Protection（785）、Resolution of Status（851）、SHEV（790）、Temporary Humanitarian Concern（786）、Temporary Humanitarian Stay（449）、Temporary Resolution of Status（880）の各ビザ保有者が対象となる。

[13] 2019 年から 2022 年までの期間、SETS プログラムには 1 億 6200 万ドルの予算が割り当てられている（DHA 2023m, DSS 2018: 14）。

居を探す手伝いも含まれる場合がある。

　SETS プログラムは、豪州国内に家族や親族がいなかったり、同胞のエスニック集団によるインフォーマルな支援を期待できない場合に、豪州での定住と統合に向けた過程を追加的に支援する役割を担っている。特に SETS プログラムでは、i) 連邦政府が移民に要求する目標である 3 つの E（英語［English］、教育［Education］、雇用［Employment］）を達成できるように支援すること、ii) 当該人物のニーズに基づいて早期に介入すること、に主眼が置かれている。

　また、SETS プログラムには、移民個人だけでなく、移民集団に向けた援助も含まれており、新興のエスニック集団に対する運営能力の構築（capacity building）も支援内容に含まれている。このエスニック集団に対するサポートは、豪州で移民コミュニティを存続させ、同胞に対してインフォーマルな支援を実施できるように、どのような運営方策が必要になるのかに関して、修得してもらうことを意図している（DHA 2023c）。具体的には、運営に必要な資金源や利用できる施設・設備、相談等ができる人物を紹介したりしている。

3. 社会的公正の確保を意図した支援策：障がい者支援と修学支援を中心に

1)「連邦障がい者保険制度（NDIS）」

　身体に障がいを有している場合、社会的公正を確保するための支援を得ることができる。[15] その代表格が「連邦障がい者保険制度（NDIS: National Disability

---

14　支援の期間が設定されていることに関して、東南アジア出身のケースワーカーは以下のような説明をしていた。豪州では、21 歳になると親元を離れて独立することが期待される。5 年間に及ぶ支援の後は、基本的に豪州政府はその難民認定者に関与しないというのは、この発想と関連があるのではないかと指摘していた。東南アジアや東アジア出身者の場合は、子どもが 21 歳を過ぎても、仮に結婚した場合であっても、親が子どもの家の面倒を見たりして、関与する場合がある。しかし、豪州の場合では必ずしもそうではないという。このことが意味するのは、難民認定者への 5 年間の支援というのは、豪州人の親が子どもを 21 歳までは面倒を見るが、その後は自律した存在として一人立ちすべきであるという文化と無関係ではない、とする説明をしていた(WA 州内の難民・移民支援団体 A の職員への聞き取り[2023 年 3 月 22 日]による)。
15　社会的公正の確保とは、出生地や家庭環境、エスニシティなどに関係なく、教育や医療などへのアクセスを整備し、国民としての社会的な参加の機会を平等に確保しようとする一連の試みを指す。例えば、経済的にハンディキャップを抱える世帯に給付型奨学金を支給したりする措置や、いわゆるアファーマティブ・アクションが該当する。

Insurance Scheme）」である。NDIS とは、障がい者と、その家族や支援者（ケアラー）をサポートする制度である。NDIS に参加できるのは、65 歳未満の豪州国民と永住権保持者となる。[16] 難民認定者の場合では、地雷を踏んで身体の一部が欠損している、拷問や戦闘の影響で視覚障害がある、爆発等の大きな音の影響で聴覚障害がある、事故や怪我等によって車椅子で生活している、などの場合が該当する。

　NDIS では、支援担当職員（ケースワーカー）と面談をしながら、支援内容を自ら決定する。政府の用意した画一的な援助（支給金やサービス）を受給するわけではなく、個別にデザインされた支援がなされる点に NDIS の特長がある。NDIS の参加者は、自らの意思によって、支援の内容や自分自身の目的・ゴールを設定できる。NDIS では、当人の意向を反映できる、民主的な仕組みが採用されている。このようにして決定された支援内容（My NDIS Plan）のもとで拠出される資金は、参加者自身によっても管理・運用でき、後見人や NDIS の側でも管理できる。実際の支援活動は、NDIS に登録された正規の支援提供者（registered providers）によってなされる。

　NDIS の目的は以下の通りである。それらは、i）障がいを有する人の社会的・経済的な参加と自立を支援すること、ii）障がい者に対して、早期の介入による支援を含めた、合理的かつ必要なサポートを提供すること、iii）障がいのある人が自らの目的を追求することに関して、自らの意思で選択・決定をして、自らの状況を統御（コントロール）できる力を持つことを支援すること、iv）自分自身の将来に関する選択・意思決定が、支援内容とその計画に反映できること、である。[17] NDIS では、支援者の側で一方的に支援内容やその人の処遇を決めたり、画一的な所得給付等をしたりはしない。その代わりに、当事者とその家族が自らのことを選択・決定できるようにすることによって、自信を持って将来を計画できるようにすることに、主眼が置かれている（DIG 2009）。

　このような制度の目的とも関連して、NDIS は、制度を利用する参加者に対して幅広い役割を担っており、i）移動手段を提供し、自らの諸活動を展開できるよう

16　NDIS の支援を受ける人は、「受給者（recipients）」ではなく、「参加者（participants）」という表現が使用される。この表現には、NDIS による支援を通じて、社会への参加を促すという制度の目的が反映されている。
17　この他に、NDIS の制度の目的として、v）障がいを持つ人への支援の提供や資金拠出に関して、全国的に一貫性をもたせること、vi）障がい者への支援に関して、質の高い革新的なサポートを実践すること、が挙げられている（NDIS Act 2013, Buckmaster 2017: 2）。すなわち、全国どこでも質の高い支援を提供し、地域格差が生じないようにする、という意味である。

にするとともに、地域社会での活動への参加を実現すること、ii）時に支援を受けつつも、他の人と同じ環境のもとで就業できること、iii）知的障がいや精神障がいを有する者に対する行動支援（behavioural support）を含めた、社会的な自立に向けたサポートを提供すること、を可能にする。[18] 具体的には、i）家庭の環境を維持するための家事を援助すること（例えば、庭の手入れなど）、ii）生活に必要な機材を手配し、利用できるようにすること、iii）家の改造工事の実施（浴室に手すりをつけるなど）、iv）移動を補助する機材（mobility equipment）の確保（車椅子などの提供や、自動車を車椅子に対応できるように改造すること）などに、NDIS を利用できる。[19] いずれも、専門技能を持った職員による支援の手配と調整が付帯する（Buckmaster 2017: 4）。

NDIS は収入や資産・預貯金の額に基づく受給資格の審査がない。NDIS は「保険ベースの仕組み（insurance-based approach）」を採用している。NDIS には支給対象者の人数制限がなく、需要に応じて提供される（Buckmaster 2017: 1）。この点は、豪州政府による社会保障制度の代表格である、国民皆保険制度（メディケア）、医薬品補助制度（pharmaceutical benefits scheme）、センターリンクを通じた所得給付金と同じである。

NDIS の「保険ベースの仕組み」は、福祉給付型の制度設計（welfare approach）と対比される。福祉給付型の制度設計では、経済状況、税収、その他の状況に応じて、障がい者支援のために資金拠出できる額（予算）が変動してしまう。それに対して、NDIS の「保険ベースの仕組み」では、障がいという不慮の事態に対して保険をかけておく、という発想であり、画一的な支援の提供ではなく、「個人の人生設計に照らし合わせた」上で、資金拠出や支援の内容が決まる（Buckmaster 2017: 5, FGF 2023）。

「保険ベースの仕組み」を採用する利点として、第一に、障がい者とその家族にとって、必要なニーズが満たされるという確約と安心感を持つことができる。結果として、当人とその家族にとって、障がいを抱えながら生きることへのストレス

18　NDISによる支援措置により、第一に、医療や教育など、一般の市民が利用している公共サービスにアクセスできるようにすること、第二に、スポーツクラブや図書館といった地域社会の住民向けの施設を利用できるようにすること、第三に、家族と友人、知人からのインフォーマルな支援を維持すること、が意図されている。
19　NDISと関連して、豪州では商業施設を含めた公共の建物において、スロープとエレベーターの設置が義務付けられている。車椅子の利用者などのアクセスを確保することが目的となっている（GWA 2020, Platinum Elevators 2023）。

を減らすとともに、支援疲れを回避させ、家庭崩壊の危険を低減することができる（Buckmaster and Clark 2018: 3）。また、周囲の人々から敬遠されて、孤立することを防ぐことができる。[20] 第二に、早期の介入が可能になり、障がいが診断されてから、すぐに必要な機器などを揃えることができる。第三に、健常者と同様に暮らせるようになることを目指しつつ、絶えず支援内容や社会生活の在り方を見直していくアプローチ（active case management）を採用することによって、公的資金への過度な依存を低減することができる。一連の措置は、NDIS の参加者にとって自立を促し、現地社会や労働市場への参加を促進するための投資とみなされている。そして、長期的に見れば支援にかかる費用は低く済むと想定されている（Buckmaster 2017: 2）。

2）子どもたちへの就学支援

難民としての出自を持つ子どもに向けて、主に中学生と高校生に向けた就学支援プログラムが存在する。[21] まず、「重点的英語教育センター（IEC: Intensive English Centres）」と「集中的な英語教育を提供する指定高校（IEHS: Intensive English High School）」が、各州の州都や地方都市に設置されている。この教育機関での指導内容は、英語教育だけではなく、現地社会の生活に適応できるための各種サポートやオリエンテーションなども含まれる。[22]

入学資格は、以下の通りとなっている。すなわち、i）英語以外の言語を第一言語とし、中等教育（日本でいう中学と高校）への参加に際して、特別な英語指導を必要としていること、ii）豪州に到着して 6 ヶ月以内であること、iii）豪州国籍や永住権を有していること、iv）IEC や IEHS の教育課程を修了した後に、公立高校にて継続して就学する意思があること、である。[23]

IEC と IEHS に入学するパターンとしては、自ら通学を希望する場合と、通い始めた公立学校から推薦されて通学を開始するケースに分けられる。生徒の英語力は

---

20 この記述は NDIS の趣旨の説明を記載しているものであり、筆者は障がい者差別を助長するなどの意図はないことを強調しておく。ただ、このような記述からは、理想論にとどまらずに、障がい者支援の現場で実際に何が起こっているのかを、タブー視せずに具体的に把握し、制度設計に反映させていることが伝わってくる。
21 本項の記述は NSW Government（2023）を参考にしている。
22 WA 州に関しては、小学校では 8 校、中学・高校では 6 校の指定がなされている（GWADE 2023）。
23 この受講要件から、正規の難民認定者が対象となっていることがわかる。しかし、一時保護ビザ保有者も対象となることがある。

入学段階で測定されて、4段階にレベル分けされた教育プログラムへと配置される。通学期間は、通常の場合は3タームとなる。特別な支援が必要な生徒は、4タームまでの参加となる。

　IECとIEHSを担当する学校では、このプログラムを専門に担当する学校長と教職員、スクールカウンセラー、学習支援担当職員（SLSO: School Learning Support Officer）が配置される。IECとIEHSは通常の学校に併設されることが多いが、その学校の学校長や教職員がこのプログラムを兼任して担当することはない。必要に応じて、難民認定者への初期の重点的支援措置（HSP）を提供する難民・移民支援団体などとも連携が図られて運営がなされる。

　毎学期末には保護者に対して、このプログラムでの生徒の達成状況（学業成績）が報告される。そして、このプログラムの修了時には、通常の高校へと編入がなされることになるが、新しい環境に慣れるために、IECとIEHSの教育課程の一環として、数日の学校訪問がなされることがある。

　難民に出自を持つ生徒たちは、長期間にわたって、IECやIEHSの支援を必要とする。この教育課程を通じて英語力を強化することに加えて、修了後は通常の学校でなされる授業内容を理解しつつ、自律的に学習を進めていく必要がある。なお、IECやIEHSを修了した生徒に関して、その後の退学率や大学進学率などの情報は公開されておらず、既存の研究でも正確な数値は言及されていない。ただ、IECやIEHSを修了した生徒の中には、高校を中退してしまう者も一定数存在するという意見を調査中に聞くこともあった。

4. 社会経済的なハンディキャップを抱える豪州国民として受けられる支援

1）所得支援

　難民認定者が社会保障給付金や割引優遇措置を受けるにあたっては、他の国民と同等の受給条件を満たす必要があり、支給額も一般の国民と同額となる。難民認定者のためだけに特別に用意された給付金は存在しない。ただし、難民認定者の場合は、他の移民に課せられる、支給金を受給できない待機期間（免責期間：最長4年、居住条件：最短10年間）が免除となる。[24] この措置の背景には、難民認定者が豪州にて社会経済的な支援を得ることが比較的困難であることが挙げられている（Buckmaster 2012: 6）。難民認定者への所得支援の主要な形態は、失業手当（Jobseeker

Payment. 旧称 Newstart Allowance. 単身者の場合、14 日間で最大 693.10 ドル）、学業奨励金（Austudy や Youth Allowance. 14 日間で最大 562.80 ドル）、障がい者支給金（Disability Support Pension）や老齢年金（Age Pension. 共に単身者の場合、14 日間で最大 1,064 ドル）である（SA 2023, Buckmaster 2012: 5）。[25] これらはいずれも、通常の国民向けの給付金であり、難民認定者が特別扱いされているわけではない。

2）住宅取得に向けた支援

　難民認定者は永住権を有しており、他の永住権保有者と同等の権利を得られる（Buckmaster 2012: 2）。難民認定者は経済的に不利な立場にある豪州の市民として、HSP や SETS に加えて、住宅に関する下記の各種支援サービスを得る資格がある。

①敷金貸出制度

　敷金貸出制度（WA 州では Bond Assistance Loan Scheme）は、入居時の敷金を無利子で融資する制度である。この制度は広く利用されており、総人口 266 万人の WA 州で毎年 1 万件以上の貸し出しがなされている。2 週間おきに最低 25 ドルずつ返済すれば良い。融資を受ける条件として、i) 単身者であれば資産総額が 5,000 ドル以下であること、配偶者がいる場合は、子どもの有無にかかわらず総資産が 10,000 ドル未満であること、ii) 賃借する物件の賃料が世帯収入の 60％以内であること、が求められる（DC 2023a）。

②賃料補助

　家族構成や収入によって受給条件が設定されているものの、条件を満たした者は賃料補助を受けられる。最低限、家賃として自己負担する金額は指定されていて、2 週間で単身者は 123.30 ドル、2 人で同居する場合は 199.40 ドルである。この最低限の自己負担額を超過した分は、75％の補助を上限額まで受けられる。つまり、単身者で 2 週間の家賃が 171.20 ドルの場合は、差額の 48 ドルの 75％である 36 ド

24　技能移民の場合、永住権を取得した後であっても、4 年間に及ぶ免責期間を経た後でないと、社会福祉関係の給付金を受けられない場合が多い。
25　一部の社会保障給付金（失業手当［Jobseeker］や就学奨励金［Austudy］等）の受給条件は、居住地の雇用機会の多寡に左右されている場合がある。農村部の自治体が難民認定者を誘致しようとする際に、その自治体の雇用機会の状況が支給条件に合致しない場合、所得支援の一部を受給できないことがある（第 6 章を参照）。この場合、難民認定者の農村自治体への移住は困難になってしまう。

ルの補助を受けられる。ただし、この支給額の上限は単身者の場合は 138 ドル、2人で同居する場合は 130 ドルまでとなっている（SA 2020a）。この措置は年金生活者や民間の物件を賃借している者が対象であり、公営住宅の入居者は対象外となる（DVA 2020）。

③公営住宅

　豪州でも公営住宅（Public Housing）は存在し、各州が管理している。豪州の公営住宅は日本の UR（都市再生機構）が提供する住宅というよりも、雇用促進住宅や市区町村営住宅に近い存在となる。物件の形態は多様である。公営住宅の家賃は、世帯収入の 25％になるように設定される（DC 2023a, DH 2010: 55）。そして、公営住宅に入居するための主な応募条件として、i）豪州国籍か永住権を有すること、ii）年収制限として、単身者では 38,400 ドル、配偶者がいる場合は 63,800 ドル、60 歳以上の者は、配偶者の有無に関わらず、80,000 ドルを超過しないこと、が求められる（DC 2023b: 3）。

5. 難民認定者が住居の確保に至る過程：支援者からのサポートとアドボカシー活動の存在

　難民認定者が住居の確保に至る過程は極めて多様であり、一般化した議論を展開することは困難である。[26] 主要都市部に人口が集中するなかで、難民認定者の物件探しは現地住民と同様に容易ではない。物件探しも HSP を提供する支援団体などからのサポートが必要となる場合が多い。多文化社会である豪州であっても、家主や不動産関係者による難民認定者に対する偏見が存在する。まず、難民認定者がいわゆる欧州系の住民と外見が異なること、英語能力に課題を抱えていることなどが、差別的な対応を生む。そして、難民認定者であること自体が、自らの物件を貸し出すことをためらわせる。[27] これは不動産関係者の間で、難民認定者に対する正しい理解が不足しているともいえるが、借り手である難民認定者がメンタルヘルス等の健康上の問題や経済的な課題を抱えているといったリスクを考慮している点も関係

26　本節の記述は Flatau et al.（2015, 2014）、Beer and Foley（2003）を参考にしている。現在の動向について、筆者が現地の複数の支援機関に聞き取りを実施したが、これらの研究成果を支持する結果となった。
27　この点は、Beer and Foley（2003: 2）、Flatau et al.（2015: 7, 2014: 24）、Fozdar and Hartley（2013: 44–45）などを参照。

している。

　主要都市部での物件探しにおいて、物件を賃借した履歴や推薦人の存在に加えて、自身の交渉能力と語学力が賃貸契約を得る上での鍵となる。さらに、身分証明書の累積ポイント 100 点分を求めてくる業者もある。パスポートは通例 70 点換算となるが、業者によっては点数が低く設定される（Flatau et al. 2014: 69）。この条件を要求する業者に関しては、パスポートの他に身分証明書を持たない場合は、申請にさえもたどり着けないケースがある。語学力の不足や交渉に関する文化の差もあり、難民認定者は現地住民と比較して不利な状況にある。

　豪州の住宅市場は過熱した状態が続いていて、1 件の空き物件に対して、複数の申請が入る。このなかで難民認定者の申請が勝ち残ることは容易ではない。支援団体は、難民認定者の物件探しを同伴して手伝うとともに、家主や不動産関係者に対しても良好な関係を保つべく、アドボカシー活動を行っている。[28] 家主や不動産関係者との関係を良好に維持することによって、複数の申請の中でも難民認定者がその物件に入れるようにしている。この方策は、実際に効果を上げている。

　住宅価格の高騰は、これまでの難民認定者の居住地をより郊外の周縁部に追いやっている。これには人口の急増による住宅需要の拡大に加えて、都市再開発やジェントリフィケーションも背景にある。パースでは、かつては北部のミラブーカや南東部のカニントンが難民認定者の代表的な居住地であった。しかし、現在の居住地は、さらに都市中心部から離れた場所になりつつあり、北部のクインズロックスやクラークソン、南部のクィナナやロッキングハムなどとなっている。[29]

　先述の公営住宅に入居する場合は、難民認定者も現地市民の一員として平等に扱われる。現在は、人口増加と住宅高騰の中で、家賃を支払えない、安定した住居を確保できないなど、住宅に関して危機的状況に陥る一般の豪州人が多数存在している（Mares 2018 など）。そのため、公営住宅の入居には長い順番待ちが発生している。確かに、待機していれば入居はできる。しかし、待機期間は非常に長く、パースでは 2014 年の時点で約 3 年（158 週間）に及んでいた。2018 年の時点で約 2 年（94 週間）に減少し、状況は改善したとされるものの、希望すればすぐに公営住宅に入居できるという状態にはない（Kagi and Warriner 2019）。

　難民認定者の間でホームレスに陥る人の割合は少ないとされるが、ホームレス状

28　WA 州の難民・移民支援団体 B の職員（2020 年 3 月 18 日）、WA 州の難民・移民支援団体 C の職員（2019 年 9 月 4 日）への聞き取り、Flatau et al.（2014: 71–72）による。
29　WA 州内の難民・移民支援団体 B の職員（2020 年 3 月 18 日）、WA 州の難民・移民支援団体 C の職員（2019 年 9 月 4 日）、WA 州政府職員（2019 年 9 月 6 日）への聞き取りによる。

態になる危険は隣り合わせにある。[30] 公営住宅に入居したことで、住宅状況が改善し、生活全体の満足度が向上しているとする指摘もある。しかし、近隣の住民とトラブルになるなどの理由で、退居してしまう事例もあるという。Flatau et al.（2014: 74）は、メルボルンのホームレス支援団体からの聞き取り調査の成果として、その支援団体に毎朝 20〜30 名の人々が列をなしているとしている。家賃を滞納している者や、退居させられた者が、ホームレス支援団体のもとを訪ねてくる。その列をなす人の中に、難民に出自を持つ者が含まれているとする意見も紹介されている。

また、政府系の支援措置に加えて、現地のエスニックコミュニティが受け皿となるケースは多い。しかし、エスニックコミュニティによる支援は万能というわけではない。英語能力に課題を抱えていることや現地社会の諸制度に詳しくないことなどにつけ込んで、自称リーダー格を標榜する人物が、新参の住民に対して搾取的な行為に及ぶことが報告されている。また、エスニックコミュニティを頼っても、宗教の所属セクトや、民族や部族集団が異なれば、出身国の差別的・排除的な構図が移住先の豪州でも継続することとなる。この場合、受け皿となるはずのエスニック集団によるサポートを受けられず、ホームレスに転落するリスクが高まる。しかし、この段階でホームレス支援団体の介入を受けられれば、ホームレスになることは回避できる（Flatau et al. 2014: 70, 74–75, 78）。

6. 小括

本章では、豪州政府が難民認定者に向けて用意している支援方策を考察してきた。第一に、定住初期に受けられる集中的な支援プログラムの内容とその特色を論考した。到着から 18 ヶ月に至るまでの期間、難民認定者は、「難民認定者集中支援プログラム（HSP）」によるサポートを受けることができる。HSP は出発前から始まり、オリエンテーション（AUSCO）を経て、到着後は、空港での出迎えや衣食住の手配がなされる。その後は、豪州市民向けの各種サービスや社会保障関係の制度への接続がなされ、さらには、英語教育と就労支援まで用意されている。この HSP を終えた後であっても、現地社会への適応と社会参加に課題を有している場合には、

---

30 難民認定者や難民申請者に限定したホームレス関係のデータは存在しない。特に、HSP や SETS による支援期間を経過した後は、難民認定者の動静を完全に追跡することは困難である。

「特定分野追加支援サービス（SIS）」と「中長期定住支援プログラム（SETS）」が用意されていて、最長5年間までサポートを受けることができる。特にSETSには、難民認定者の受け皿となるエスニックコミュニティの育成と持続的な運営の実現に向けた助成や支援も含まれている。

　第二に、難民認定者は社会活動への参加にハンディキャップを抱えた国民として、社会的公正の確保を意図した支援策の対象となる。「連邦障がい者保険制度（NDIS）」では、個別的なアプローチによる社会参加への支援がなされる。障がい者が自らの人生設計を実現するための様々なサポートがケースワーカーを通じて提供される。また、子どもの就学に関して、言語トレーニングを軸に集中的な支援を実施する学校（IECとIEHS）が各州に配置されていて、生徒が重点的な教育措置を受けた後に、現地の公立学校に通学できるように支援がなされている。

　第三に、社会経済的に困難を抱えた豪州市民として、経済的・物的な援助や、住宅の確保に向けた支援策も各種用意されている。社会保障給付金に関して、難民認定者のためだけに用意された給付金は存在しない。しかし、難民認定者は、社会保障給付金の受給に関して、待機期間が免除される。住宅の取得に関しては、社会経済的なハンディキャップを有する市民として、公営住宅の入居対象者となるとともに、賃料補助や住宅取得に向けた支援の対象となる。現在、豪州の主要都市部を中心に、住宅難というべき状態が続いている。しかし、難民・移民支援団体を始めとした支援者による不動産関係者へのアドボカシー活動によって、安定的に住宅を確保できているといって良い状況になっている。

第 2 章

難民認定者が地方部に向かう社会的・政策的な経路

1. 本章の課題：難民認定者はいかなる社会的・政策的な道筋を経て、地方部に向かうのか

　豪州において、難民認定者はどのような社会的な経路、ないし、社会的なつながりで地方部に向かっていくのか。その背景に、どのような政策的な実践がなされているのか。地方部に移住を開始するにあたり、どのようなパターンが存在するのか。本章では、豪州での難民認定者が農村部を含む地方部に移住を開始するパターンと、その背景にある政策的な実践を考察することを目的とする。本章では、「第二次移住」を中心に、身元引受人が呼びよせる場合と連邦政府による直接配置策を併せて論考する。

　序章でも指摘したように、難民認定者を外国人労働力として地方部に配置するという点に関して、豪州では、入国の段階から対等な市民として処遇している。そして、難民認定者を地方部にて労働力として登用することによって、地域活性化や人口増強、人手不足の解消が意図されている。西欧諸国と比較した場合に、このような豪州の難民の受け入れの在り方は際立った特色を有する。

　難民認定者が到着初期の段階において、主要都市部に滞在することには、数多くの利点がある。地方部は、主要都市部と異なり、各種の支援インフラが相対的に乏しい。主要都市部には、難民認定者が必要とする特別な支援インフラが最も集積している。難民としての出自を理解した上で診察をしてくれる専門的な医療機関やカウンセリングサービスもある。成人向けではAMEPによる言語教育など、教育的なサポートにも容易にアクセスできる。子どもたちも、特別教育課程（第 1 章にて論じた IEC や IEHS）を受講できる。その他の支援を受けられる機会も身近にある場合が多い。地方部と比較して、主要都市部では同じ出自を持つ同胞と交流を持つ機会も多く、仲間からのインフォーマルなサポートを受けつつ、豪州での今後の生活の展望を見通すことができる（Piper 2017: 16）。その他、エスニック集団の同胞によるサポートには、就業機会の獲得など、数々の利点がある（Dunn 1993, Viviani 1984 など）。

　しかし、主要都市部での生活は、難民認定者の全ての人に適しているわけではな

い。非都市的な環境を出身とする難民認定者も多く、主要都市部での生活環境に恐怖感を覚えたり、混乱を経験することもある。[1] また、主要都市部で生活するにあたって、様々な困難を経験することも多い。就業機会を探す際にも、現地住民との競争の中で雇用を得ることがいかに困難であるかを感じ取るようになったりもする。住居費を始めとした生活費の負担も、とりわけ近年では顕著に増大している。到着当初の定住支援の期間を経ながら、難民認定者のなかには別の選択肢を模索し始め、地方部での生活や就業に活路を見出す場合もある（Piper 2017: 16, 本書の第5章、第7章、第9章を参照）。

　豪州では、難民に出自を持つ者が地方部に居住地を定めるにあたって、その道筋が大きく3つ（例外的なケースを含めれば4つ）に区分できる（序章の図4を参照）。

① 「第二次移住」：豪州国内の主要都市部にて初期の定着支援を完了した人が、そこから地方都市や農村部に移住していくケースである。この「第二次移住」は、i) 難民認定者のコミュニティの側が自助努力として農村部に移住する場合（難民コミュニティ主導型）、そして、ii) 雇用主が牽引して移住を導く場合（雇用主主導型）、さらに、iii) 現地行政や地域社会における関係者の協力を得ながら、現地住民が主導する場合（住民主導型）、に区分できる。本書の主たる考察対象は、この「第二次移住」である。
② 身元引受人が地方部に居住する場合：地方部に居住する住民が、身元引受人（スポンサー）となって、難民を居住地に呼び寄せる場合がある。これは身元引受人が地方部に居住している結果として、地方部に移住するケースである。難民認定の後に国籍を取得した近親者も、身元引受人になることができる。
③ 連邦政府による直接配置策：豪州政府が直接的に関与して、国外にて難民認定を受けた者を地方部の受け入れ拠点に配置させる場合がある。雇用機会や支援体制が存在するとされる受け入れ拠点（地方自治体）において、難民認定者の初期の重点的な定着支援（HSP）を含めて、現地への定住と統合が図られる。
④ SHEVビザ保持者による地方部での就労・就学：SHEVビザ（一時保護ビザ）を有する難民申請者が、在留資格を更新するために地方部で就労・就学するケースがある。この施策は2023年初頭まで実施されていた。SHEVビザは難民認定を申請中の一部の人々（主にボートピープル）に付与される。そのため、

---

[1] カタニングでの聞き取り調査で、複数の難民認定者がこの点に言及していた。ショッピングモールも最初は何の施設かわからず、その建物の外周を歩いて回ったという話や、バスをどう利用したら良いかわからなかった、といった話がなされていた。

難民認定者を主な考察対象とする本書では、分析に含める必要はないのかもしれない。しかし、無視できない事案であるため、考察に含めることにする。

　本章では、以上の①から④の順番に沿って、考察を進める。上記の①と②の場合は、連邦政府が直接的に関与することはない。他方で、③と④は、連邦政府が影響力を行使する形態となる。これらの施策は、技能移民を含む労働力の地方部への配置の政策的実践の中に位置づけることができる。先行研究では、難民の受け入れと外国人労働力の受け入れを別個のものとして論じてきた。本書は、外国人労働力の確保と、難民の受け入れを接合して論じる。本章の作業をもとに、続く第3章と第4章における、高度技能人材（技能移民）と非熟練・半熟練労働者の地方部での確保と配置に関する施策の考察へとつなげる。

2. 連邦政府が直接的に関与しない形での地方部への移住パターン：「第二次移住」と身元引受人による招へい

1）第二次移住

　第一に、連邦政府が直接的に関与しない形で、難民認定者の地方部への移住が進行するパターンとして、「第二次移住（secondary migration）」がある。「第二次移住」は、国外の難民キャンプ等にて難民認定を受けた者（offshore applicants）が、最初期に主要都市部で定住支援を受け、一定の期間、都市部を拠点とした生活の後に、地方部に転居していく形態である（McDonald-Wilmsen. et al. 2009: 98, Simich et al. 2001）。本書の第5章から第7章にて考察している各事例（カタニング、ダルウォリヌ、ニル）は、この「第二次移住」に該当する。後述する連邦政府による地方部への直接的な配置策との違いは、最初期の重点的な定住支援（HSP）を主要都市部で受けるか、あるいは、受け入れ拠点としての指定がなされた地方自治体で受けるか、という点にある。

　最初期の定住支援を主要都市部で受けた後に、難民認定者が地方部に再移住する「第二次移住」に関して、以下のパターンがみられる。これらの類型は完全に独立しているわけではなく、難民コミュニティ、雇用主、現地自治体の住民、の三者が協力しながら移住事業が進行することもある。

　①難民コミュニティ主導型：難民認定者のエスニック集団の自助努力によって移

住先を発見し、移動を開始する形態である。第5章でのカタニングが該当する。カタニングへの移住は難民コミュニティのリーダーが就業先を見つけて、移住が実現していった。[2]

②雇用主主導型：雇用主が労働力としての難民認定者を招へいする形態である。第7章のニルの事例が該当する。ニルでは、雇用主が自ら主要都市部（メルボルン）から労働者を登用してきた。ニルのように集団ベースで難民認定者を誘致する場合もある。また、雇用主が通常の求人を出した結果として、難民認定者が応募して、移住が進む場合もある。

③住民主導型：現地の住民や地方自治体の主導によって、難民認定者が招へいされる場合がある。第6章のダルウォリヌの試みが該当する。[3] この場合は、現地社会のリーダー的な存在である住民が、自ら主導して運営委員会を組織するなどして、難民認定者を招へいすることが多い。

一旦、先駆者が定住を開始すると、その人に引き寄せられて同胞のエスニックコミュニティや親戚・知人が連鎖的に移住するようになる。この過程でエスニックコミュニティができあがると、そのコミュニティが「重心（gravity）」ないし「磁石」のようになって、他の都市や町村からそのエスニック集団の同胞が移住してくるケースも生じてくる（Piper 2017: 5）。この現象は、現在のカタニングやニル、ダルウォリヌでも見られるようになっている。[4]

2）身元引受人による招へい

第二に、地方部にいる個人や住民のグループ、市民団体、雇用主が身元引受人（スポンサー）になって、難民を国外から直接呼び寄せるパターンがある。このケースには、すでに国籍を取得した近親者や友人、同胞のエスニック集団が呼び寄せる場合も含まれる。この場合は、難民を意図的に地方部に配置するというよりも、身元引受人の居住地に依存する形で、結果として地方部での居住が開始される。近親者

---

[2] ただ、難民コミュニティ主導型の場合は、現地住民側の承諾を得ずに、移住者側の都合によって、一方的に移住が進むことがある。そのため、住民から反発が起こる可能性もある。第5章のカタニングの場合は、すでに受け入れ自治体において、移民や難民を受け入れる素地があったことが、成功の一因になったと考えられる。

[3] NSW州のコフスハーバー、リズモア、アーミデールも、このパターンに該当する（Piper 2017: 5）。

[4] NSW州のオレンジやQLD州のトゥーウンバも該当する。

を含む現地の身元引受人による難民の受け入れに関しては、下記の4つの制度が運用されている。

①近親者や親戚が身元引受人となる「難民招へい特別プログラム（SHP）」

　まず、身元引受人が直接に難民を呼び寄せる「難民招へい特別プログラムビザ（Global Special Humanitarian Visasあるいは SHP: Special Humanitarian Program とも。サブクラス202）」がある。このビザ制度で身元引受人になる資格を得られるのは、原則として近親者（親や子）となる。しかし、身元引受人となることを希望する者が地方部（この場合は、シドニー、メルボルン、ブリスベン以外）に居住している場合は、身元引受人となる要件が緩和され、その人物の親戚（従兄弟や甥・姪）でも身元引受人の資格を得られる（DHA 2023f）。主要都市部での引き受けを含めて、このビザは2018年に7,661人、2019年に5,099人、2020年に2,505人、2021年に4,312人に発給されている（DHA 2022a: 10）。

　このSHPビザの申請費用は無料である。しかし、受け入れに関わるすべての費用（旅費を含む）を身元引受人が負担する。原則として、入国後の身辺の世話なども身元引受人（とその周囲の非公式な支援者）が一手に引き受ける。このプログラムが個人ベース（現地の市民団体を含む）の受け入れであり、以下に述べる「政府指定の難民・移民支援団体（APOs: Approved Proposed Organisation）」の支援がないこともあり、重点的な初期定着支援プログラム（HSP）を受ける道も開かれてはいる（DHA 2023e, 2023f）。ただし、HSPを受けられるのは身元引受人との関係が破綻した場合など、予期せぬ事態が生じた場合に限られる。

②現地市民が身元引受人となる「地域社会による難民受け入れプログラム（CSP）」

　次に、身元引受人が「政府指定の難民・移民支援団体（APOs）」と協力しながら、難民を国外から招へいする「地域社会による難民受け入れプログラム（CSP: Community Support Program）」がある（DHA 2023g）。[5] CSPでは、豪州国内の個人・企業・市民組織（エスニック集団を含む）が難民の身元引受人になることができる（*Sydney Morning Herald* 2019年11月21日）。[6] CSPでは、優先的に選考される

---

[5] CSPの導入の背景には、2018年の「難民に関するグローバルコンパクト（Global Compact on Refugees）」の一環として、民間部門（企業や市民レベル）での難民受け入れを拡充すべきであるという提言があった。この提言により、アルゼンチン、英国、ドイツ、NZでも、CSPと同様の仕組みが導入されるようになった（Kaldor Centre 2020）。

[6] SHPとは異なり、CSPでは、雇用主が直接的に海外から難民を招へいすることも可能になっている。

申請者が設定されている。すなわち、i）18～50歳であること、ii）最低限の英語を運用できること、iii）就労先をすでに確保していること、iv）入国して12ヶ月以内に自立して生活できる道筋が立っていること、v）「優先国」の出身者であること、である。[7] 2018年度には、CSPにおける1,000件のビザ発給上限に対して、1,086件の申請がなされ、563件のビザが発給された。

CSPでは、初期の重点的支援（HSP）を含めた受け入れと定住支援に関わる費用は、実質的に身元引受人の自己負担となる。この制度では、APOs（政府指定の難民・移民支援団体）と「協力」して国外からの難民の招へいを申請することが必要になるのだが、この「APOsからの協力」を得るために、身元引受人は多額の費用をこの支援団体（APOs）に支払わなければならない。APOsは身元引受人と協力しながら、HSPと同等のサービスを12ヶ月にわたって提供する。APOsは難民認定者が12ヶ月後に経済的に自立できるように指導する責任を負っている（AMES Australia 2023c）。

CSPでは、ビザ申請費用に加えて、別途APOsに支払いが生じるため、多額の資金が必要になる。Vic州のAPOsであるエイムスは必要な支払金額を公開している。まず、i）難民の招へいに向けた着手金として275ドル、ii）ビザ申請前の折衝・調整の費用として3,410ドル、iii）ビザ申請段階でエイムス（APOs）に3,190ドル、内務省へのビザ申請費用として490ドル、iv）さらに、ビザ発給の決定がなされた段階でAPOsに5,865ドル、内務省に対しても7,270ドルの追加の支払いが必要になる。v）そして、緊急時におけるAPOsによる支援サービス提供に対する敷金・預り金（deposit）として、5,000ドルから1万ドルを追加でエイムスに納付することが求められている。これらの金額は、総額で25,500ドルから30,500ドルとなる。

この高額な金額でも、以前の制度よりも負担額は減少している。特に、連邦政府への納付額は3分の1になっている。2017年から2022年8月までは、豪州政府に納付する申請費用が、前段落の記述よりもはるかに高額であった。[8] この当時の豪州政府への支払金額として、招へいする難民が単身の場合は3,005ドルであったが、難民の配偶者には追加で16,444ドルが発生し、子どもにも追加で1人あたり2,680ドルずつ発生した。すなわち、APOsへの費用負担に加えて、夫婦で19,449ドル、子連れであれば22,129ドル以上の納付が、豪州政府に対して必要であった。

7　「優先国」のリストは、毎年更新される。現在では、アフガニスタン、イラク、エチオピア、エリトリア、コンゴ民主共和国、シリア、ビルマ、ブータン、となっている。
8　前項のGlobal Special Humanitarian（サブクラス202）を申請し、APOsの支援を得ない場合は、ビザ申請にかかる費用は無料となる。ただし、このビザの場合、待ち時間が極めて長くなる。

2020年7月にCSPに対する見直しがなされた結果、2022年8月19日より、連邦政府への支払額は、単身者は490ドル、2人目以降（帯同者など）に発生する追加費用は、人数に関係なく7,270ドルとなった。すなわち、連邦政府への納付額は、最大でも7,760ドルで済むようになった（DHA 2022b）。それまでの制度で、ビザ申請費用があまりにも高額であるとの批判は、随所でなされていた（Doherty 2021, RCA 2021bなど）。連邦政府へのビザ申請費用が3分の1近くにまで減額されたのは事実ではある。しかし、現行の制度において、申請費用の総額が合理的な範囲に収まったと判断することはできない。

　受け入れに係る全体の費用が高額であることに変わりはない。ビザ申請費用とAPOsへの支払いに加えて、身元引受人が渡航時の医療検査の費用と航空運賃を負担し、到着後は自らの手で定住支援をしなくてはならない。家族5人を引き受ける場合には、APOsへの支払いも含めて、年間で約10万ドル以上の自己負担が身元引受人の側に生じる（RCA 2019）。

　CSPには、豪州難民支援協会（RCA: Refugee Council of Australia）から以下の懸念が表明されている。第一に、難民の身元引き受けは個人（ないし企業）が担っており、市民が組織したコミュニティベース（地域社会単位）での受け入れとはなっていない場合が大半である。個人ベースの受け入れの場合は、身元引受人との関係が破綻したとき、難民認定者が危機的な状況に陥りかねない。さらに、身元引受人が受け入れと定住のための費用の大半を負担するため、受け入れる側も難民認定者の側も、双方にとって金銭的なリスクが高まる。受け入れた後は、身元引受人が優越的な立場に立つため、難民認定者を搾取的に処遇する恐れもある。また、難民認定者が身元引受人以外の人々と広く社会関係を築くことも困難になるのではないか、という疑義が呈されている（RCA 2019）。

　第二に、CSPは「すぐに就業できる（job-ready）人」、「『優先国』の出身者」、「地方部に定住する意思のある人」を優先的に受け入れている。しかし、この点に関して、「すぐに就業できる人」は高学歴で高度技能を有している者である場合が多い。この人々は、具体的かつ明白な危険にさらされていて、直ちに第三国定住が必要である、というわけではない可能性がある。また、特定の国を「優先国」とするのも、別の国でより深刻な危険にさらされている人を看過してしまう可能性もある。さらに、CSPで受け入れる人数は、全体の難民受け入れプログラムの枠内に入るため、身元引受人を得ることのできない難民が豪州に受け入れられる可能性を狭めることになる（RCA 2021）。

③現地市民の組織した集団ベースで難民を受け入れる「市民組織による難民統合・定住プログラム（CRISP）」

　2020年7月におけるCSPの見直しに伴って、2022年半ばから「市民組織による難民統合・定住プログラム（CRISP: Community Refugee Integration and Settlement Program）」が試験的に運営されている。CRISPは、前述の①SHPや②CSPを補完する制度となっている。これは、「UNHCRからの推薦を受けた、豪州とのつながりのない難民」、すなわち、豪州に親戚や友人などがいない難民を対象として、「一般の豪州人（everyday Australians）」の力で、2022年から2025年までの4年間で最大1,500人を受け入れる制度である。[9] 難民の呼び寄せにあたって、受け入れる側が具体的な個人を指名することはできない（CRSA 2023a, 2023b）。受け入れる難民はCRISPの側が提示する。CRISPのビザ申請費用は、人数に関係なく7,760ドルとなる（DHA 2023i）。

　CRISPに豪州市民が参加する場合には、5人以上の成人ボランティアのグループ（CSG: Community Supporter Group）を結成して、難民認定者の受け入れから12ヶ月間、週あたり10時間以上のサポートを提供することが求められる（DHA 2023h）。[10] CRISPでは、国民皆保険制度やその他の難民認定者向けの社会保障関係のサービスを受けられる。しかし、定住と統合に向けた支援は、（訓練を受けた）現地社会の住民グループとボランティアが自己負担で担うことになる（Hawke 2021）。[11] HSPによる支援は受けられない。

　CRISPでは、受け入れる一般市民の側が全面的に支援を行い、逆に難民認定者の側も、市民ボランティアに依存する状況となる（CRSA 2023b）。招へいできる人を選べないというのは、関係性の維持をより困難にする可能性がある。身元を引き受けるグループの側と難民認定者との関係が破綻した場合には、HSPへの接続がなされるとの記載はある。CRISPによって受け入れられた難民認定者の処遇は、連邦政府による正規の受け入れプログラムと比較して、不安定であるといえる。

9　CRISPプログラム全体で、豪州政府によって920万ドルの資金援助がなされることになっている。ただし、この政府が用意した助成金は、受け入れる身元引受人の負担軽減に向けたサポートに使用されるかどうかは公表されていない（CRSA 2021）。
10　Heidenreich（2022）によると、2023年に65世帯、2024年に95世帯の受け入れが予定されている。
11　CRISPにて受け入れた人数は、通常の難民受け入れプログラムの枠に入る。つまり、CRISPで受け入れた分だけ、正規の難民受け入れ人数は減少してしまう。この制度は、政府の負担を軽減させる方策であるという批判は成立する。なお、定住支援に関わる費用は支給されない一方で、難民の雇用を支援することを目的とした企業への助成金は用意されている。

CRISP自体はカナダの制度を見倣って採用したものであり、どのような結末が出るかは調査中となっている。

④専門技能を有する難民を受け入れる移民協定（SRLAP）

2021年から、熟練技能を有する難民を技能移民の枠で招へいする「専門技能を有する難民に対する移民協定（SRLAP: Skilled Refugee Labour Agreement Program）」が開始された。SRLAPは実施から2年間の期間で、試験的に100名の難民を受け入れる計画であったが、現在では、200名にまでその枠が拡大されている（TBB 2021）。SRLAPの利用に際しては、雇用主が身元引受人となる必要があり、このプログラムの運営の一翼を担っている団体である「不遇な人財を世界に（TBB: Talent Beyond Boundaries）」による推薦が必要となる。そのため、難民の側はTBBに登録する必要がある。[12] 登録者のリストをもとにして、TBBが雇用を希望する企業とマッチングをする形となる。

SRLAPプログラムで入国する難民に付与されるのは、技能移民ビザ（サブクラス186, 482, 494）となる。[13] 従って、難民というよりも、技能移民として処遇されることになるため、難民認定者向けの支援（HSPやSETSなど）からは除外される。さらに、難民の受け入れ枠とは独立しているため、SRLAPプログラムで難民を受け入れても、通常の難民受け入れの枠が減少することはない（TBB 2021）。適用となる技能移民ビザの条件に従って、家族を帯同することも可能となる。

また、SRLAPを用いる場合、技能移民ビザの発給条件が緩和される。具体的な緩和措置の内容として、i) IELTSのスコア条件が4.5で可となる（通常は6.0必要）。また、ii) 50歳までビザ発給が可能となる（通常は40歳まで）。iii) 入国時に必要な書類の提出条件にも配慮がなされる。それまでの勤務経験を示す書類や、犯罪歴を示す証明書などの提出要件に配慮がなされている（TBB 2023）。そして、iv) 雇用主の側は、「労働市場テスト」を実施する必要がない。[14] ビザ申請自体も「優先的な発行手続き（priority processing）」の対象となるため、3ヶ月あまりで審査結果が出る（TBB 2021）。

ビザ申請に際しては、通常の技能移民の招へいと同様に1万ドルから2万ドルの費用が発生する。これに加えて、移民エージェントを利用する場合には、そのエー

12　2024年2月現在、78の企業と団体がSRLAPプログラムに登録をしている。
13　これらの技能移民ビザは、SSRMで就労する者が使用するものと同じである（第3章を参照）。
14　「労働市場テスト(labour market testing)」とは、外国人労働力を招へいする前に、国内で求人を出し、国内で人材を確保できないことを証明するための措置である。

ジェントへの費用も雇用主が負担することになる（TBB 2023）。SRLAP はもはや、実質的な技能移民の呼び寄せと同様である。このプログラムの存在自体が、難民を労働者として見なしていることの証左となっている。

3) 豪州市民の意思の尊重か、アウトソース化か

　これらの制度は、前向きに解釈すれば、豪州市民の側が自らの意思で特定（ないし不特定）の難民を呼び寄せることのできる仕組みである。豪州政府を頼りにするのではなく、自己負担をする覚悟があるのであれば、身元引受人の意思で難民の受け入れが可能ということである。これは豪州市民の個人の意思を尊重する制度であると解釈することもできる。

　他方で、この仕組みは、難民受け入れ制度のアウトソース化ともいえる。これらの制度は、連邦政府が設定する難民の受け入れ枠の中で運用されているからである（SRLAP を除く）。豪州市民に受け入れに生じる費用を負担させれば、難民の受け入れ人数を確保し、一見して豪州が人道的な責任を果たしているという外観を維持しながら、それでいて受け入れに係る費用を抑えることができる。ある意味、これらの諸制度は、難民受け入れに関わる支出を抑えたい連邦政府と、難民を呼びよせたい豪州市民の間で、利害が一致し、双方に利益をもたらしているといえるのかもしれない。

3. 豪州政府による地方部への難民認定者の直接的な配置策：現地社会との互恵関係の構築を目指して

1) 直接的な配置の対象となる人と、拠点となる受け入れ先の選定基準

①「豪州とつながりのない難民」を地方部の拠点に送致

　地方部への直接定住（regional resettlement）は、入国したばかりの難民認定者を直接、地方部の受け入れ拠点に向かわせて、最初の定住地とするものである。この施策は、政府主導型による、地方部への難民認定者の移住と配置の方策となる。この場合、連邦政府が明示的に、難民の受け入れ計画と定着後の生活に関与する。地方部に直接的に配置される難民認定者たちは、入国前の段階で連邦政府によって選出される。現在では、21 の地方自治体が受け入れ拠点となっている（自治体のリストは本節の後半を参照）。これらの地方自治体にて、定着初期の重点支援（HSP）

を受けることになる。

　政府主導による地方部への直接的な配置策の対象となるのは、主に「豪州社会につながりのない難民（unlinked refugees）」、すなわち、同胞のエスニック集団や家族・親族、親しい友人が豪州にいない者となる。「豪州社会につながりのない難民」に関して、連邦政府は彼らの様々な要望を聞き、そうした要望に対応できるかを考慮しながら、地方部の受け入れ拠点に振り分けている（Boese 2023, McDonald-Wilmsen et al. 2009: 99, Vanstrone 2004）。一部の「豪州社会につながりのない難民」を受け入れるにあたって、特に「農村部の出身」であったり、「農村部で活躍できそうな職能を有する者」にとって、「地方部への配置は最良の定住の見込みをもたらす」ものとなる（DIMA 2006: 1, Shepley 2007: 6）。

　難民認定者が最初から地方部に送られるケースは、2000年代中頃の導入の初期と比較すれば増加している。しかし、多くの者の最初の定住地は主要都市部となる。連邦政府は、難民認定者を地方部に定住させることに関して、その影響力を及ぼせる範囲は限定的であるとしている（DIMA 2006: 1, Shepley 2007: 6）。[15] なぜなら多くの難民は、すでに豪州に家族や友人がいたり、エスニックコミュニティが存在するなど、何らかの伝手を有している場合が多いからである。豪州に何らかの伝手を持つ難民は、2004年度の時点で7割にのぼる（DIMA 2006: 1）。

　この政策的な実践を経て、地方部の受け入れ拠点において、特定のエスニック集団が一定の規模で形成されるようになっている。移民担当省はそうした地方部に形成されたコミュニティに、新規に入国する同胞の難民認定者を定住させてもいる。そうすることによって、当人にとって同胞から様々な支援を定着初期に受けられることが期待できるからである。

②連邦政府による送致先となる受け入れ自治体の選定基準

　連邦政府主導で難民認定者を地方部に送致して、そこで定住に向けた重点支援（HSP）を行い、定住を図る実践の起源は、2003年に連邦政府が地方部に難民認定者を再定住させることに「新しい関心（renewed interests）」を打ち出したことに遡る（DIMIA 2003, McDonald-Wilmsen et al. 2009: 97, Taylor and Stanovic 2005）。[16] 2003年

15　Piper（2017: 38）によると、難民認定者を受け入れて支援を実行するにあたっては、現地社会の側に大きな負担が生じるため、現実的には、大人数を受け入れることは不可能に近いとしている。
16　後述するように、第二次大戦直後の戦争難民やインドシナ難民を地方部に配置した経験があるため、「新しい関心」となっている。

以降、連邦政府は州政府や地方自治体、雇用主、商工会、難民・移民支援団体、現地の市民団体らと交渉・協議をして、受け入れる自治体が新しい住民となる難民認定者のニーズに応えられるかを調査していった（Galligan et al. 2014: 12, Piper 2017: 5）。連邦政府は、受け入れ可能な地方自治体を新規に開拓し、難民認定者の地方部への定着数を増加させようとした（Shepley 2007: 6）。

また、この連邦政府が主導するプログラムの受け入れ先の選定に関して、難民の受け入れ事業を地方自治体の側が立案して、自ら名乗りを上げる形で、連邦政府による難民認定者の地方部への直接的な定住策を受け入れる事例がある（Piper 2017: 5）。例えば、2003年以降、連邦政府が難民認定者の受け入れ拠点を開拓していた際、Vic州のシェパートンは、連邦政府との交渉過程から協力的であり、現地住民の実行委員会が主導して、地元住民の協力のもとでコンゴ出身の難民認定者（10世帯）を受け入れ、定住・通学・就労を支援した（Piper and Associates 2007: 4, 16–18, Piper 2017: 5）。[17] 現在、シェパートンにはコンゴ出身者が200名以上在住している。また、最近の事例では、NSW州アーミデールにおいて、現地の知識人ピーター・ロイド（Peter Lloyd）とロータリークラブが中心的な役割を果たして、難民認定者の直接的な受け入れとHSPの実施拠点となった。結果、アーミデールにイラクとシリアからの難民認定者が合計600名以上、居住するようになった（Armidale Regional Council 2023, Burge 2023, SBS 2020）。

連邦政府が受け入れ先となる自治体を探索する場合も、地方自治体が名乗りを上げる場合も、受け入れ自治体を新規に選定する際には、i）適切な雇用機会が存在するか、ii）人口の規模や多様性が適切か、iii）適切な住居が確保できるか、iv）定住と統合に向けた支援に関する専門家によるサポートと、通常の市民向けの支援策が得られるか、v）住民の間で移住者を歓迎する雰囲気があるか、という点が考慮される（DIMA 2006: 2, Shepley 2007: 6）。

ただし、連邦政府による直接配置策における各拠点への割当人数や対象者のデータに関して、豪州政府（内務省）に問い合わせをしたが、このデータや詳細は非公開との回答であった。[18] この点に関して、近年では、最初の受け入れ先が主要都市

17　2008年度は、Vic州のバララットとSA州のマウント・ガンビアーにおいて、それぞれ約10世帯の難民認定者が定住にむけて配置された（DIAC 2009: 174）。この他にも、現地の住民や雇用主、地方自治体が主導してメルボルンから難民認定者を招へいした事例に、ワルナンブールやバララットなどがある。いずれも、メルボルンの住宅難や混雑を悪化させないために彼らを追放する、という形での配置ではなく、地域活性化の主体として前向きに受け入れがなされている（Broadbent et al 2007, McDonald-Wilmsen et al. 2009, Shepley 2007: 6）。

部か地方部かという区分のデータは公開されている（表2－1）。自治体別の配置人数に関して、公開されているのは2003年度のみである（表2－2）。州別の割当人数や対象者に関しては、期間が限定されるものの、唯一、RCA（2011: 18）にて見つけることができたので掲載する（表2－3）。

難民認定者の直接的な受け入れ自治体となり、HSPの実施拠点となった地方自治体は、公開されている資料類から以下の通りとなっている：

・現在では、NSW州：ウーロンゴン、ワガワガ、オーブリー、ニューカッスル、コフスハーバー、アーミデール、ACT：キャンベラ、QLD州：ゴールドコースト、タウンズビル、ケアンズ、トゥーウンバ、NT：ダーウィン、SA州：マウント・ガンビアー、Tas州：ローンセストン、Vic州：ミルドゥラ、シェパートン、ジーロング、ウォドンガ、となっている（DHA 2022c）。
・2006年度では、NSW州：コフスハーバー、ニューカッスル、ウーロンゴン、グールバーン、ワガワガ、Vic州：ジーロング、QLD州：ローガン・ビーンレイ・ウッドリッジ地域、トゥーウンバ、タウンズビル、ケアンズ、ゴールドコースト、Tas州：ローンセストン、である（Shepley 2007: 6）。
・2004年度では、NSW州：コフスハーバー、グールバーン、ワガワガ、Vic州：シェパートン、QLD州：ローガン・ビーンレイ・ウッドリッジ地域、トゥーウンバ、タウンズビル、ケアンズ、ゴールドコースト、Tas州：ローンセストン、北西海岸地域、WA州：マンデュラ、である（DIMA 2006: 1）。

表2－1　2018年度から2021年度における難民認定者の最初の定着地の分布（主要都市部と地方部別）。出典：DHA（2022d, 2021b, 2020c）より作成

	2018	2019	2020	2021
連邦政府により地方部に配置 (Refugee Regional)	5,033 (31%)	3,958 (37%)	286 (54%)	1,239 (17%)
連邦政府により主要都市部に配置 (Refugee Metropolitan)	4,259 (26%)	2,183 (20%)	188 (35%)	1,741 (24%)
身元引受人により地方部に定住 (SHP Regional)	1,335 (8%)	807 (8%)	23 (4%)	709 (10%)
身元引受人により主要都市部に定住 (SHP Metropolitan)	5,619 (35%)	3,714 (35%)	36 (7%)	3,612 (49%)
合計	16,246 (100%)	10,662 (100%)	533 (100%)	7,301 (100%)

表2－2 難民認定者の地方部への直接的な割り当て人数(自治体別、2003年度)。
出典：Parliamentary Library（2005: 3）

		難民認定者（難民ビザ保持者）	SHPで受け入れられた難民認定者
NSW州	シドニー市内	564	2,393
	コフスハーバー	8	29
	ニューカッスル	17	88
	ウーロンゴン	34	53
	グールバーン	14	0
	ワガワガ	14	0
Vic州	メルボルン市内	518	2,614
	ジーロング	30	25
	ワルナンプール	4	0
	シェパートン	0	2
QLD州	ブリスベン市内	352	342
	ローガン・ビーンレイ・ウッドブリッジ	79	11
	トゥーウンバ	30	200
	ダウンズビル	19	7
	ケアンズ	24	0
	ゴールドコースト	3	14
SA州	アデレード市内	492	495
WA州	パース市内	526	685
	マンデュラ	10	0
Tas州	ホバート市内	114	130
	ローンセストン	114	20
	北西沿岸地域	68	0
NT	ダーウィン市内	87	37
	アリススプリングス	0	2
ACT	キャンベラ市内	20	67
市部総計		2,673	6,763
地方部総計		468	451

表2−3 難民認定者の州ごとの配置人数の割合（%. 1997年から2009年まで）。出典：RCA（2011:18）

	1997	1998	1999	2000	2001	2002	2003	2004	2005	2006	2007	2008	2009
NSW	42.4	38.1	42.6	36.6	37.4	37.4	33.9	32.0	35.2	34.2	31.1	35.6	32.3
Vic	31.7	32.4	29.2	28.2	28.3	29.6	30.9	29.7	28.3	27.0	29.3	26.1	27.1
QLD	8.2	8.2	7.6	8.9	9.3	9.9	9.6	11.4	11.8	11.4	10.3	10.0	13.0
SA	6.0	8.3	6.8	8.4	8.3	7.2	8.2	9.0	8.8	10.0	8.8	8.7	9.7
WA	9.5	10.4	11.8	13.7	11.1	10.8	12.0	13.2	11.3	13.3	15.1	14.5	11.7
Tas	1.2	1.4	0.5	1.9	2.9	3.2	3.4	2.3	1.7	2.0	2.5	2.6	4.0
NT	0.5	0.5	0.6	1.0	0.8	1.0	1.0	1.0	1.3	1.2	1.0	0.9	1.0
ACT	0.5	0.8	0.9	1.3	1.8	1.0	1.0	1.3	1.6	0.8	1.9	1.6	1.2
合計	100	100	100	100	100	100	100	100	100	100	100	100	100

2）難民認定者を地方部に直接的に配置する政策を実行する理由

①地域活性化を通じた、難民認定者と現地社会との互恵関係の構築

　豪州社会において、現在に至る形態で難民認定者を地方部に配属し、労働力として登用する試みは、狭義には2003年頃から実施がなされている。特に2003年に移民担当省が示した「新しい関心」のひとつとして、地方部での若年層の流出と高齢化の進行による人口減少への懸念がある中で、難民認定者を新しい住民として受け入れることがもたらす利益に注目が集まるようになった（CVWPM 2004, DIAC 2007, DIMIA 2003）。地方部に難民認定者を定住させる政策は、移住者と受け入れコミュニティの双方に対して互恵関係（win-win）になるものと想定されている。すなわち、この政策では、地方部での労働力不足を難民認定者が補填し、難民認定者の側の就労機会を得たいとする希望を満たす、という点で需要と供給が一致し、互恵的な関係を築くことが意図されている。そして、雇用を得ることで、難民認定者の側の自律性を向上させ、自立した存在となってもらうことが想定されている。[19]

18　豪州連邦政府内務省（Department of Home Affairs）との通信（eメール、2023年12月8日）による。本書での連邦政府による直接配置策の考察は、直接配置の対象となる自治体への調査が別途必要になる。本書では、第二次移住を中心的な題材とする。この連邦政府による直接配置策に関する実際の運用は、稿を改めて論じる。
19　この点は、DIAC（2007, 2005b）, Galligan et al.（2014: 3）, McDonald-Wilmsen et al.（2009: 99）, Shepley（2007: 6）を参照。

難民認定者の地方部への配置と分散の方策には、地域活性化が意図されている。地方部の経済成長には労働力が質量ともに必要であることも、その背景にある。移民担当省によると、「『つながりのない難民』は地方部に行かせて、熟練の要らない雇用機会への需要に対応させ、早期のうちに難民にとっての雇用を確保させる」としている（DIMIA 2003: 9, 12）。[20] 難民認定者は、地方部での人手不足の生じている労働集約的な部門（特に食肉加工業）の発展と事業拡大に貢献している（第5章と第7章を参照）。移民労働力の受け入れは連邦政府が担当する分野であるが、州政府と地方自治体が外国人労働力を招へいすることに関心を示すなかで、州政府や現地自治体も移民労働力の受け入れの一端を担うようになっている（CVWPM 2004, McDonald-Wilmsen et al. 2009: 99, 第3章を参照）。

②主要都市部における環境的な負荷の緩和と、地方部での経済発展の促進
　主要都市部に人口集中が生じており、生活環境・自然環境と各種インフラに負荷がかかっていることは事実である。とりわけ賃貸物件の供給が逼迫し、住宅価格が高騰して、住宅難が生じているとの報道は頻繁になされている。[21] 住宅金利も生活費も上昇するとともに、混雑が問題となっている（小野塚 2020a, Wickramaarachchi and Butt 2014: 190）。
　豪州は、日本の20倍にも及ぶ広大な国土の割に、極めて不均等な人口分布を見せている。現在、豪州の人口の84％が都市部に居住していて、全人口の67.2％が州都に集中している（ABS 2023b）。言い換えれば、豪州の3分の2の人口にあたる1745万人が8つの主要都市に住んでいる（ABS 2022）。人口増加も沿岸部の主要都市部で顕著に見られている（小野塚 2020a）。なお、遠隔地（remote or very remote areas）に住んでいるのは、全人口の2.2％である。[22]
　主要都市部（特にシドニーとメルボルン）への移民の集中を回避する措置として

20　難民認定者の地方部の配置に関して、「移民と難民への定住支援サービスの評価（The Review of Settlement Services for Migrants and Humanitarian Entrants）」が2003年5月に開始となり、DIMIA（2003）において、61の推奨事項が提唱された。これは政府機関による定住支援サービスを向上させることを目的とした。この評価委員会による61の推奨事項の中で、特に第29番目には、ⅰ）地方部での難民認定者の定住の機会をさらに探索し、開拓すること、ⅱ）雇用機会があり、地域社会からの支援が得られるような地方自治体において、関係者と密に連携を取ること、とある（DIMIA 2003: 12, Shepley 2007: 5–6）。
21　賃料が高騰した結果、公務員の給与では都市部の近郊に住宅が取得できなくなり、エッセンシャルワーカーが100km以上も通勤しなければならない例なども報告されている（Newsmonth 2018: 5）。
22　序章にて論じたABS（1991）による区分を参照した。

の難民認定者の地方部への送致、という論点は一部の研究で指摘されている（Boese 2010, McDonald-Wilmsen et al. 2009）。主要都市部における混雑の緩和のために、難民認定者を分散させるという側面は存在すると思われる。特に、Boese（2010）は西欧諸国の「分散」政策に言及しながら、豪州でも同様に、都市部への負担を軽減するために、地方部への分散がなされている、という解釈をしている。しかし、その解釈の根拠となる豪州政府の政策や声明、レポートなどへの言及がなく、いわば西欧諸国の事例を引き合いに出して、豪州でも同じことをしているとの解釈になってしまっている。

　一部の移民集団は、豪州の都市部でも一定の地域に集住する傾向がみられるのは事実である（Chiang and Hsu 2006, Dunn 1993, Yoon and Lee 2010）。これは豪州に限らず、世界的に見られる現象である。一部の人々やメディアの間で、「異文化圏からの移民がエスニック・エンクレーブを形成し、豪州の社会秩序や治安維持にとっての脅威となる」とする懸念は、豪州史上で繰り返し登場している（Markus 2011, Wickramaarachchi and Butt 2014: 190）。この言説は少なくとも、1930年代から1940年代にかけてのユダヤ人難民の受け入れ、1970年代のインドシナ難民の受け入れの際に登場したことが確認できている（Blakeney 1985, Rutland 2001, Viviani 1984）。SSRMの導入に関する議論が開始される10年ほど前、1980年代にジェフリー・ブレイニー（Geoffrey Blainey）は「インドシナ難民が主要都市部の一部の地域に集中していて、豪州の社会的な調和と結束を脅やかしている」と表明し、移民受け入れに関する「ブレイニー論争（Blainey Debate）」にまで発展したことがある。[23] このような言明にも、エスニック集団の集住に関する懸念は表現されている（Hugo 1999b: 29）。[24]

　次節にて考察するように、仮に西欧諸国と同様に難民を「分散」させるのであれば、社会問題の解決策として地方部に送致する、という言説になるはずである。豪州の場合では、「社会のお荷物」としての難民の受け入れに関する負担を軽減させる、あるいは、全国レベルで平等に負担を分担することだけを意図して地方部に送致しているのではない。連邦政府のレポートや各書類、先行研究でも、そのような言及はない。その代わりに、生産的な労働力として地方部にて難民を登用させているという説明は複数ある。

23　ただし、この論争を巻き起こした結果として、ブレイニーはメルボルン大学の職を追われることになった。この議論は豪州社会にて好意的に受け止められることはなかった。現在でも、この「ブレイニー論争」は、アジア人に対する差別主義的な言説の表出の事例として言及されることが多い。

難民認定者の地方部での労働力としての登用は、第3章で論じる1996年以降の地方部への技能移民の誘致に関する政策的傾向と併せて考える必要がある。地方部の労働力不足への対処策として、技能移民ビザの発給条件を緩和させることによって、外国人労働者（技能移民）の地方部での就労を促す制度（SSRM）が考案された。技能移民の定住地を主要都市部から「分散」させ、脱中心化させることで、いわば「周縁的」な地域の「効率的」な成長を促すとともに、主要都市部への技能移民の集住による環境的な負荷を緩和させること、が目的となる（Hugo 2008b: 553, 1999b: 30）。ただし、ここでの「環境的な負荷」というとき、具体的な社会問題の回避が想定されているわけではない。

3）西欧諸国の「分散」政策との対比にみる、豪州の実践が有する特色

①西欧諸国における「分散」政策が実施される理由とその特徴

　英国やデンマーク、スウェーデン、オランダといった西欧諸国では、難民（申請者を含む）を主要都市部や入国地点から地方部へと「分散（disperse）」させて、居住させる政策が行われている。西欧諸国が「分散」の政策を導入する理由は、以下の通りである。第一は、住宅の不足であり、住宅供給の逼迫を回避するためである。難民は、主要都市部や入国地点（空港や海港）の近くに身を寄せる傾向がある（Andersson and Solid 2003: 74, Andersson 2003: 21 など）。そうした難民が集中する地域において、難民に現地の住宅を割り当てると、在来の国民が入居できる物件の数が減少し、住宅難が生じうる（Andersson 2003, Robinson 2003a: 9）。それで、難民に居住地を確保すべく、地方部に「分散」させることになる。オランダの場合では、住宅を供給するという理由以外に「分散」させる理由はあるのか、という担当

24　ブレイニーの見解に反対して、集住のもたらす肯定的な役割を強調する研究は複数ある。豪州では、Dunn（1993）, Jupp et al.（1990）, Viviani（1984）, Viviani et al.（1993）などがある。スウェーデン、デンマーク、米国を事例とした成果にはAndersson et al.（2010）, Beaman（2012）, Damm（2014, 2009）, Edin et al.（2003）, Munshi（2003）などが挙げられる。豪州を題材とした研究は、ベトナム人が最も集住しているとされる地域（シドニー市内のフェアフィールド、バンクスタウン、カンタベリー、さらに、メルボルン市内のスプリングベール、サンシャイン、フットスクレイ）といった地域であっても、ベトナム人らが住民の大多数を占める事態にはなっておらず、北米や西欧諸国において、一定の地域を特定の民族集団が占拠している状況とは異なるとしている。他方で、Birrell（1993）は、Blainey（1994,1993: 45）と同様に、インドシナ難民の集住がこのような地域で発生しているとし、問題視している。いずれにしても、Hugo（1999b: 29）も指摘するように、こうした集住の在り方が、エスニック集団の側にとっても、豪州社会の側にとっても、最適な形で取られているか、が重要な点ではないだろうか。

大臣の意見が紹介されている（Arnoldus et al. 2003: 58）。西欧諸国では、現地住民と難民にとっての住宅の確保と、住宅供給の逼迫の回避という点が「分散」を正当化する上での最大の論拠となっている（Robinson et al. 2003）。

　第二は、難民の集住の発生に関して、一部の行政区に過剰なまでの負担が生じてしまう事態を回避するためである。この論点は、空港や海港の近くに位置する自治体や、主要都市部において移民や難民が集住する地区が該当する。難民が集住する行政区や自治体では、医療を始めとした社会保障系のサービス提供が逼迫し、現地住民の生活に影響が出る可能性も考えられる。この点から、難民を受け入れるからには、全国の全ての自治体が公平に負担を分担すべきであるという、いわば民主的な発想が「分散」を正当化させる（Andersson 2003, Robinson 2003a: 8–10, 2003b: 163）。[25]

　第三は、「難民の集住が都市環境や治安を悪化させる」という現地住民の懸念に対処するためである（Robinson 2003b:159）。難民が主要都市部における特定の地域に集住して、自分たちの同胞だけで生活を完結させてしまう状況では、現地住民と関与することがなくなり、結果として社会が分断してしまうという懸念があった。そこで、地方部へと「分散」をさせ、現地で地域住民といわば否応なく関与させることによって、現地社会への統合が促されるという発想があった。この発想は同化主義的な色彩が強く、現在では受け入れられていないとされるが、この想定をもとに「分散」がなされた時期もあった（Robinson 2003a: 22–23, 2003b: 164）。

②西欧諸国の「分散」政策が有する問題点

　ただし、西欧諸国における難民の「分散」を正当化する言説は、人権侵害として批判にさらされている。第一に、住宅や居住地を一方的に指定することは、個人が自ら居住地を選択する権利を剥奪しているのではないか、という意見がある。これはオランダやスウェーデンを始めとした国々において、国会レベルでの議論がなさ

25　「分散」に関する各国の事例と政策実践は、比較研究によって明らかにする必要がある。しかし、先進国の政策的実践とその歴史に関する事例研究の対象は、北米とEU諸国だけで10カ国以上にのぼる。この比較研究は本書の射程を超えてしまうため、西欧諸国の実践に関しては、要点の論考にとどめることとし、別稿にて改めて解明したい。本書では、その最初の段階として、豪州の実践を解明するものである。また、2010年代のシリア危機において、難民が大量にEU圏内に流入してきたことに関連して、ドイツで難民を労働力として登用する動きも見られるようになった。しかし、先行研究からは、2010年代の難民危機の以前には、西欧諸国の間で難民を生産的な存在としてみなす発想は主流ではなかったと考えられる。

れた論点である。[26] 市民権を有しない者にもこの議論を適用したことは、極めて民主的であり、欧州的であるともいっても良いのかもしれない。居住地の選択や住宅をどこに確保するかの自由を実現・確約させるために、スウェーデンでは、難民自身による住宅の手配を認めるというルールを 1994 年に導入した。[27] 結果として、半数以上の難民が、同胞や友人、家族・親戚らの支援を受けながら、自らの住宅を手配した。その結果として、難民が都市部に集住する事態が生まれてしまったのは確かである。しかし、スウェーデンでは、難民が自らの居住地を手配できるようにしたことで、難民の受け入れに係る費用を削減できた（Andersson 2003: 25）。

第二に、「分散」によって、難民に出自を持つ者が、自らの同胞とのつながりを絶たれてしまい、もともと社会経済的に脆弱な地位にあった者が、ますますその地位や状況を悪化させてしまうという指摘がある。だからこそ、すぐに主要都市部に戻ってきてしまうという事態につながるのである。デンマークの事例研究によると、配置された地方部の所在地が、社会的にスティグマの付いた（負の意味を持った）場所であり、そのような地域に居住すること自体が、難民に対するステレオタイプや敵意をさらに強化させてしまう事態を生んだ（Wren 2003: 70–71）。「分散」がなされた移住先では、同胞がおらず、仲間同士で助け合うこともなくなり、強い疎外感と孤独感に襲われ、社会参加も遠のく事態が生じたとする報告がある（Wren 2003: 58）。[28]

また、「分散」によって否応なしに現地の住民と交流させることで、現地社会への統合（あるいは同化）が図られるとする政策的な想定に関しては、そのような結果にならなかったという知見が複数見られる。特に農村部においては、外国人慣れしていない住民が多く、現地住民の間で反発感情が巻き起こる事態につながったこともあった（Robinson 2003b: 166–167, Wren 2003: 72）。ドイツでも、ノルウェーでも、スウェーデンでも、反難民暴動が発生したのは農村部であり、主要都市部ではこのような事態は生じにくいとされる（Wren 2003 など）。

「分散」を試みる初期の段階では、雇用機会の存在する地域に難民を配置できたりする。当初、スウェーデンでは、住宅と雇用機会のある地域に難民を割り当てて

26　この点は、Andersson and Solid（2003: 80–81, 101）, Andersson（2003: 24）, Arnoldus et al.（2003）を参照。
27　オランダのロッテルダムでは、現地行政の側が、難民の居住地を指定できるようにしたが、オランダ中央政府によって、この政策は無効とされた（Arnoldus et al. 2003: 36）。
28　豪州でもインドシナ難民を受け入れた際の地方部への配置策（CRSS）において、同様の事態が発生した（Hirsch et al. 2019: 241–242, Viviani 1984: 207, 219）。

いった。しかし、徐々に「分散」の対象となる難民の人数が増大してくると、住宅を確保するために、別の地域にも追加で振り分ける必要が出てくる（Andersson and Solid 2003）。そもそも空き物件のある地域というのは、雇用機会がなく、都市部に若年層が流出した結果として空き物件が存在している場合も多く、現地国民にとって魅力に乏しい場所であったりする。デンマークでも英国でも、雇用機会や支援インフラ、先行するエスニック集団といった適切な受け皿がない場所に難民を割り当てた場合には、難民が主要都市部に自発的に戻ってきてしまう現象が見られた（Eckert et al. 2022, Robinson and Hale 1989）。[29]

　第三に、「分散」という政策的実践は、難民の受け入れにかかわる「負担の平等な分担（sharing the burden）」を標榜して、難民への住宅の確保、現地社会への統合の実現など、一見して効率的な定住の実現を目指すようでいて、実は多額の費用が発生する非効率的な施策であることが指摘されている。[30] まず、i)「分散」によって、定住支援の拠点を設定してサポートをすることがなくなるため、同じサービスを全国各地の自治体で提供しなければならなくなる。さらに、ii) 難民が配置される定住地へ転居した後も、専門的な医療サービス等の支援措置を受けるために、主要都市部等への中長距離に及ぶ移動が必要になる。また、難民の支援に関する専門的な知識を持つ者も、全国各地に出張する機会が増えることになる。全体として、難民支援における規模の経済が生まれなくなるため、効率的な定住と統合を目指すようでいて、かえって大きな無駄が生じる（Robinson 2003b: 165）。

　さらに、「分散」の政策を正当化する理由として、Robinson（2003b: 159）は、難民が大量に押し寄せ、集住することで、自らの生活空間が侵食され、破壊されてしまうとのモラル・パニックが生じているとする。難民という、異質な存在への恐怖心が「分散」の政策を後押しし、正当化していると指摘する。「自分たちの生活を守りたい」、「自分たちの価値観のもとで生活をしたい」とする有権者の恐怖心をなだめるために「分散」の政策が実施されているのではないかと問題提起をしている（Robinson 2003b: 171）。

29　デンマークでは、1986年から1996年までの期間、首都コペンハーゲンにおいて、賃金上昇率が他地域よりも35％も高く、また就労機会も多く存在するため、「分散」させた難民が主要都市部に戻ってきやすい条件が作り出された（Eckert et al. 2022）。
30　費用面でも、英国政府が「分散」政策を再導入した1999年度では、難民申請の件数は11％の上昇にとどまったのに対して、難民申請者に対する拠出は49％も増加して、3億700万ポンドになった。これは「分散」が多大な追加費用をもたらす政策的実践であることを示している（Robinson 2003b: 166）。

③豪州の実践の独自性と特色

　西欧諸国の場合と対比したときに、豪州における難民認定者を地方部に送致する政策は、以下の特徴を有している。豪州の難民認定者は、都市部の具体的な社会問題の発生の回避や、負担の軽減のために、地方部に追い出されるわけではない。西欧諸国（特に、英国やスウェーデン、デンマーク、オランダ）の場合、財政や福祉制度にかかる負担が一部の自治体に集中する状況からの「分散」を図り、他の地方自治体に平等に負担を分担させるという発想になっている（Boswell 2003, Robinson et al. 2003）。これに対して、豪州の場合は、より前向きな形でこの議論がされている。前向きというのは、人口が伸び悩んでいる地方部において住民の高齢化を抑止すること、人口の絶対数を増大させること、労働力として地域経済に貢献してもらうことが議論の前面に出ていることを意味する（Koziol 2019, Perpitch 2015, RAI 2019, Taylor 2005）。[31] この点は、政府の報告書類、政治家の発言、既存の学術研究を見ても共通する。また西欧諸国の「分散」の政策は、住宅不足という観点からなされてはいるが、豪州での難民認定者は住宅を取得できている（第1章を参照）。従って「分散」させる必要性が比較的少ないとも解釈できる。

　西欧諸国と豪州の場合での難民の受け入れの在り方を比較考察する場合に、以下の二つの社会事情が大きく異なる。第一の違いとなるのは、陸続きで移動できるかどうかである。西欧諸国の場合、2010年代のシリア危機でも見られたように、徒歩や鉄道で移動し、越境できる。また、一旦EU域内に入れば、その後の移動は容易である。さらに、紛争発生地帯である中東、東欧、アフリカ諸国からも、豪州と比較すれば地理的に近接している。この状況で、難民申請をする者が「自発的な意思による難民（spontaneous refugees）」となって西欧諸国に押し寄せるということが、1980年代から見られるようになっている（Robinson et al. 2003）。

　豪州の場合は、海によって隔てられており、難民が発生している紛争地帯からも遠く離れている。航空機を用いる以外に、豪州への到達は困難である。豪州への入国にはビザが必要であり、必要な旅券などの書類を所持していなければ、豪州行きの飛行機に搭乗することはできない。仮にそのような乗客を渡航させた場合は、航

31　Hugo (2013)は、豪州にて難民としての出自を有する者が、特に第2世代で高等教育において顕著な業績を上げるとともに、豪州国民と比較して高い経済的・社会的貢献を果たすことを示している。起業をする者も豪州市民と比較して多く、長者番付でも、難民としての出自を有する人が複数存在していることを指摘している。その理由として、難民としての出自を有する者が相対的にリスクをとることを恐れないことや、起業家精神に富む人がいることなどを挙げている（Hugo 2013: 44–45）。難民に出自を持つ者の中で、経済的に成功する者の割合が現地の国民よりも高いことは、世界各地の研究でも指摘されている。

空会社に対して31,300ドルの罰金が課される（ABF 2023）。別言すれば、豪州では、Hage（2003）などに指摘される「豪州の入国管理は統御不能（out of control）」とする言説はありながらも、西欧諸国と比べれば、入国する者を選択できる立場にあるといえる。

　第二の違いとなるのは、豪州の場合は、都市圏を拡大する余地があることである。豪州は西欧諸国と異なり、主要都市部でも開発の歴史が遥かに浅い。また、各都市には広大な後背地が広がっている。豪州は降水量が少ないため、このような広大な後背地にどの程度の人数を住まわせることができるのかに関しては、限界がある。近年では急速な人口増加のなかで、都市圏が地理的に拡大している（第1章を参照）。この都市圏の拡大に際して、公共交通機関の整備が間に合わず、難民認定者の間で定住支援サービスへのアクセスに課題が生じているなどの問題は散見される。しかし、具体的な都市問題や危機的状態を回避する必要に迫られている段階には至っていない。

4. 難民認定者の地方部への配置に関する歴史的な背景

1）豪州における移民・難民受け入れの「伝統」と「期待」：白豪主義の時代からの連続性

　豪州において難民認定者を労働力として登用しようと試みることは、歴史的な豪州の移民受け入れの在り方と関係がある。豪州では、白豪主義の時代から一貫して、技能移民か、家族移民か、難民かを問わず、受け入れに際しては滞在期限の定めのない永住移民を受け入れ、入国当初から同じ権利を持ったフルメンバーとして処遇していた（Wright and Clibborn 2020: 35–36）。これは低賃金労働力の流入による労働条件の悪化（賃金が上昇しないなど）を防ぐとともに、そうした社会の分断の発生によって社会秩序が乱れたりすることを忌避したためである。1996年まで滞在期限付きの一時移民の受け入れを開始しなかった理由もここにある（第3章を参照）。低賃金労働力を成す異質な階層（アンダークラス）が生まれてしまえば、社会が分断してしまう。仮に、受け入れた難民を放置して、低賃金労働力を形成するアンダークラスとなれば、スト破りをされるなどして、賃上げはなされず、在来の住民の生活水準が上昇しなくなる、さらには、社会秩序が維持できなくなるという懸念が現実になりうる。

　低賃金労働力の流入によって、国民の給与水準や労働条件が悪化するという懸念

は、白豪主義の思想を下支えするに至った。白豪主義に関する説明は、外国人の排斥、アジア人への嫌悪、人種主義と結びつきがちである。ただ、白豪主義は、異質な存在への憎悪や偏見というよりも、自らの生活水準や文化、ライフスタイルを守りたいという側面があり、経済的な理由も制定の根拠として強かったのではないか。一見、外国人嫌悪に見えるような政策的反応も、生活水準や労働環境の維持という側面を考慮に入れる必要がある。[32]

　一時移民が豪州で忌避されるのは、低賃金労働力の流入による労働条件や生活条件の悪化が懸念されるからであり、この白豪主義を支えたいわば集合的な無意識・思想からの連続性がある。低賃金労働力の流入を防いで、自らの生活水準を維持させる、という側面が白豪主義にはあったのであり、単に文化の問題として片付けることはできない（Hawkins 1991: 24, Kunz 1988: 41）。多様な出自を有する人に対しても同じ権利と待遇を与えて労働してもらうとともに、新しい住民が在来の国民と同じように様々な規範や不文律を守りながら生活してくれるのであれば、これまでの生活水準は守られ、労働環境にも悪影響は出ない。白豪主義の発想と多文化主義は、この点で連続性がある。[33]

　難民認定者に対して、心身の疾患がある場合には治療を施して、なるべく独り立ちして、普通の豪州人と同じようになってほしいという点にも、白豪主義からの連続性を指摘できる。受け入れた難民認定者は対等な存在として処遇されるのだが、支援措置を経た後は、特別扱いをしないことに耐えうる存在になるように期待していると別言できる。[34] だから、アンダークラスを形成しないように、5 年間という期限を定めて、懸命にサポートして、自分たちと同等の存在になってもらえるようにトレーニングを施すのである。

　従って、難民認定者へのサポートは、相手のためを思って実施しているだけではなく、自分たちのために支援をしているともいえるのである。難民認定者たちに対

32　白豪主義の導入を論じるにあたっては、豪州という「新しい英国」が、アジア人という異質な存在によって「汚される」ことへの嫌悪感や人種主義的な側面だけを検討したのでは不十分である（Walker 1999 など）。
33　現代の豪州では、幼少期から保育園の段階で、多様な出自や背景、名前を有する子どもたちとともに過ごす。外見やエスニシティなどにこだわっていたら、生活していけないほどである。しかし、組織の昇進では欧州系の人が圧倒的に有利であり、組織のリーダーや管理職が、欧州系の人（いわゆる白人）で 9 割以上を占めているという「竹の天井（bamboo ceiling）」は厳然として存在する。「竹の天井」という表現は「人種の天井」と言い換えても良い。
34　第 4 章でも論じるように、1996 年以降の一時移民の受け入れの拡大で、この傾向に該当しない人々（WH 渡航者、PLS 利用者）も生まれてきている。しかし、全体として、受け入れた移民を最終的には国民として処遇する傾向は変わらない。

して、自分たちと同じように英語を話し、豪州社会の価値を理解して、社会のルールを遵守しつつ、通学をして、就労をして、納税をして、自分たちと同じように自立して自律的に行動し、社会参加してほしいという方向でサポートをすることによって、翻って、自分たちの労働環境や給料水準であったり、快適な現在の生活や文化が守られるのである。

難民認定者を受け入れた後のサポートは、まさに豪州国民としての自立支援であり、自分たちと同じようになってもらうことによって、自分たちの生活を守る・維持するという保守的な要素が含まれている。難民への各種の支援と処遇の在り方は、豪州が全般的に移民を受け入れるときに、自分たちと平等な権利を持った国民を受け入れたいという、白豪主義の発想と無関係ではない。

だからこそ、ボートピープルに対して、世論から強い感情的な反応が生起するのではないか。豪州の難民受け入れのスタイルは、まず国外の難民キャンプ等で豪州政府や UNHCR の係官が審査をして、豪州国外で難民認定をした上で、受け入れるという方式を強く志向している（第 1 章を参照）。豪州社会では、難民申請者が許可なく豪州本土に押し寄せてきて、その人々を国内で審査するというスタイルを極度に嫌う傾向がある（Markus et al. 2009）。そのような感情的な反応が生じる背景として、自分たちの生活水準や社会秩序を守り、労働条件の悪化や賃金の低下を避けたいとする、白豪主義の時代から続く発想が関係していると考えられる。

豪州の場合、難民や移民を受け入れるからには、永住が前提となる。紛争発生国の近隣諸国が、避難民を一時的に受け入れるという形態で難民を受け入れることを豪州はしてこなかった。コソボ紛争の際は、滞在年限を定め、人数を決めて「秩序だった」形で受け入れ、紛争が終結次第、帰国させる措置をとった（Carr 2012, Head 1999: 279–280）。しかし、このような帰国を前提とする一時的な受け入れ措置は例外的であり、特に 1996 年以前までは見られなかった。

難民を労働力として登用するというのは革新的であり、国際社会が学ぶべき論点である。しかし、その背景には、豪州固有の地域的な論理と国民性（あるいは集合的無意識）が存在していることは考慮に入れておくべきであろう。豪州社会が、外国人労働者を永住移民として定住を前提として受け入れてきたことと、難民を労働力として登用することには大きな関係がある。だからこそ、豪州以外の国で、難民を労働力として活用しようとする積極的な試みが少ないのではないか。

2）難民認定者を地方部に送致する歴史的な試み

　豪州政府は、過去にも難民認定者に相当する人々を、労働力として地方部に送致する試みをしている。移民受け入れにおいて、難民というカテゴリが設けられるようになったのは、1970年代のインドシナ難民の受け入れの時からである。それまでは、難民は通常の自由移民として扱われていた（Neumann 2015: 21–22）。難民に相当する者の受け入れ過程の歴史社会学的な考察は、別稿にて詳述するため、本書では要点を論じるに留める。

　代表的な事例は、第二次大戦直後における東欧出身の戦争難民の受け入れである。これは西ドイツに滞在していた戦争避難民を、豪州の遠隔地でのインフラ整備や第一次産業の労働者として呼び寄せたものである。この戦争難民は、豪州への入国から2年間は指定された分野での労働義務（指定労働制）があり、自ら就業分野や労働内容を選択することはできなかった（Hugo 1999b, 関根 1989: 255）。[35] NSW州のスノーウィーマウンテンやTas州における水力発電所の建設事業、WA州での鉄道建設や鉱山開発などに、戦争難民は労働力を提供した（Hugo 1999b: 36, Kunz 1988, 1975, McHugh 2019）。指定労働制では、戦争難民を都市部から地理的に引き離し、人手の足りない内陸部での公共事業に従事させた。そして、就業分野を肉体労働に限定し、社会階層的に隔離することで、現地住民との対立を回避するとともに、都市部での雇用機会を維持することを意図した（地理的隔離と社会的隔離。関根 1989: 284）。指定労働制による2年間の労働期間を終えて、多くの人は主要都市部に移住したが、一定数の人々が現地に残ることになった（Kunz 1988）。この人々はゲストワーカーではなく、入国当初から永住が前提とされ、「新しい豪州人（New Australians）」として定住が促された。[36]

　また、1970年代からインドシナ難民を受け入れた際には、地方部にインドシナ難民（主にベトナム出身者）を配置する試みがなされた（CRSS: Community Refugee Settlement Scheme. Viviani 1984）。このCRSSの研究はほとんど存在せず、

35　この東欧出身の労働者は、例外的に、医師免許等を有するエリート層もいたものの、多くは単純労働者層であった。彼らは豪州に移住してきたことによって、戸建ての住宅を入手するなど、共産圏の出身国では手に入らなかった生活水準を享受することができた（Kunz 1988, 1975）。他方で、医師免許等を有するエリート層は、パスポートがない状況で豪州にとどまらざるを得なかった。そして、豪州のパスポートを得た途端に出国し、米国などに再移民していった者も多く存在した。これは、医師の場合では、当時の豪州の医療水準が西欧諸国よりも低く、先端的な技術が用いられていなかったにもかかわらず、豪州での医師免許の認定に際して、再び現地の医学部に入学することが求められたからである。

確定的な情報が限られている（Hirsch et al. 2019, Hoang 2018: 1, Viviani 1984）。雇用を得られた者は地方部に残る場合もあったが、多くは同胞の難民コミュニティのある主要都市部に再移住する結果になった（Hirsch et al. 2019: 241, Viviani 1984: 219）。CRSS が実施された当時は、公的に多文化主義が採用されてから日が浅く、地方部の住民も難民を受け入れて、定住を促すためのノウハウを有していなかった。CRSS 自体は、インドシナ難民以外にも適用となり、1997 年まで制度の運用は継続した。1997 年以降は、本章で考察した身元引受人による難民の受け入れ制度へと引き継がれていった。なお、インドシナ難民の場合も、帰国を前提とした受け入れではなかった。

5. 難民申請者を地方部へと仕向ける政策：SHEV ビザ保有者を労働力として登用する方策

　2014 年から 2023 年初旬までの期間、SHEV（Safe Haven Enterprise Visa. 一時避難）ビザの保持者を地方部に向かうように仕向けて、労働力として登用を試みる施策も存在した。SHEV ビザは、5 年間有効であり、豪州に上陸したボートピープルが、豪州国内で難民申請（onshore application）をして、その審査結果として与えられていた（ASRC 2022, Curry et al. 2018: 431, Reilly 2012）。SHEV ビザは、労働党アルバニージー政権によって 2023 年 2 月に廃止が決定され、一斉に永住権が付与されることになった（Ghezelbash 2023 など）。現在は、永住権の獲得に向けた事務手続きを当事者や支援団体が進めている。[37] 廃止前の 2022 年 9 月の段階で、約 19,500 人が SHEV ビザで豪州に滞在していた。

　2014 年、SHEV ビザ保持者は、有効期限の 5 年間のうち、指定された地方部にて 3 年半以上、労働や勉学に従事すれば、別種のビザ（non-humanitarian visas）を取得できるとされた。[38] ただし、地方部での就労・就学の期間に、社会保障給付金

36　第二次大戦後から多文化主義が導入されるまでの期間、受け入れられた移民には、「善き隣人運動（Good Neighbour Movement）」という豪州社会への同化を目指した現地住民からの働きかけがなされていた。ここでは、移民は低賃金労働力などではなく、対等な存在・市民であり、だからこそ、早く同化してほしいという思いが反映されている（Jordens 2012=2018, 1997, Jupp 2018: 143）。しかし、英国系文化を優越的なものとして当然視し、いわば上から目線で移民にアプローチするこの運動は、一部のイタリア人には不評であったとされる（Cresciani 2003）。ただ、Jordens（2012=2018）では、肯定的に受け止めたイタリア人移民の意見を紹介してもいる。
37　WA 州における難民申請者の支援団体との通信（e メール、2023 年 3 月 30 日）と Haydar（2023）による。

の一種である「特別給付金（Special Benefit）」の支給を受けた場合、その支給を受けた期間は 3 年半の労働期間にカウントされなくなる。[39]

なお、SHEV ビザの更新に必要な就労内容に、詳細な指定はされていなかった。しかし、仮に技能移民ビザの取得へとつなげるためには、i）雇用主にスポンサーとして身元の引き受けと推薦をしてもらえること、さらに、ii）技能移民としての条件を満たすための職能や英語運用能力、が必要になる。地方部にいる SHEV ビザの保持者は、難民認定者や技能移民との違いが一見した限りでは判別できない。すなわち、すでに永住権を得ている難民認定者が生計を立てるための雇用機会を希望することが多いのに対して、SHEV ビザ保持者は、在留資格の更新と永住権につながる雇用機会を探すことにその違いが現れる（Piper 2017: 5）。

SHEV ビザは、5 年間の滞在の後に、一応はビザ更新への道を用意しているため、一見、人道的な措置にも見える。しかし、SHEV ビザの保有者は様々な困難に直面する。第一に、SHEV ビザ保持者は難民認定を申請中であるため、難民認定者が得られる HSP などのサポートの対象とならない。第二に、英語力に課題がある場合は、職を探すことが非常に困難になる。第三に、在留資格を更新するために雇用が不可欠であることにつけ込んで、雇用主から搾取的な処遇を受ける可能性がある。第四に、在留資格を更新するために、少なくとも 3 年半は職務を継続できるだけの健康状態を維持しなくてはならない。心身に疾患がある場合には、継続した就労は困難になる可能性が高まる。また、国民皆保険制度に加入できないため、医療費は自己負担となり、通院自体に大きな困難が生じることになる。仮に就業の継続が困難になり、「特別給付金」を受ければ、ビザ更新の道は絶たれてしまう。第五に、地方部で活動する場合は、同胞のエスニック集団が周囲に存在しない場合も考えられる。その場合は周囲からのインフォーマルな支援を受けることができない。[40] そのような状況下で、単身で、独立して行動しなければならなくなる場合も多い（Reilly

---

[38] SHEVビザ保持者がビザ更新を得るための就労と就学の対象となる地域は、郵便番号で振り分けられる。Tas 州や NT は全域が対象であった。WA 州もビルバラとパース、ゴールドフィールズ―エスペランス地域を除いて、全域が対象であった（RILS 2020）。

[39] 「特別給付金（Special Benefit）」は、真に生活が困窮してホームレスとなるなど、生命の危機にさらされる状況を回避するために支給される、「最後の砦」ともいうべき制度である。この就業・就学期間中に、以下の社会保障給付金は受給することができ、これらの給付金を得ていても 3 年半の期間にカウントされる（RILS 2020）。この受給可能な社会保障給付金は、医療に関する割引措置（Child Dental Benefits Schedule, Health Care Card）と、家庭内の事情に応じて支給される制度（Care Fee Assistance, Child Care Benefit/ Rebate, Dad and Partner Pay, Double Orphan Pension, Family Tax Benefit, Jobs, Education and Training Child, Parental Leave Pay, Single Income Family Supplement, School Kids Bonus, Stillborn Baby Payment）に大別できる。

2018: 873, 881)。

　また、SHEV ビザ保有者が、地方部にて就学する場合にも、就業する場合と同様に、幾多の困難に直面する。まず、留学生としての学費を支払わなければならない。現在の学費は、文系の多くの分野で、年間約 4 万ドルから 5 万ドルとなっている。また、大学入学にあたっての語学試験（TOEFL や IELTS）の受験料も高額であり、難民申請中の者には大きな負担となる。英語力に課題がある場合は、入学に必要なだけの語学試験のスコアを取得することも困難になる。なお、このビザ制度に関連して、ディーキン大学やアデレード大学を始めとした国内の 25 の大学が授業料を全額免除する奨学金制度を用意したりした（Baak et al. 2022）。[41]

　SHEV ビザ保有者に関しては、定住に向けた支援を得られず、実質的に独力で、地方部という支援インフラの少ない不利な環境での自活を強いられるという点で、批判を呼ぶ内容となっている。また、難民申請中の者を都市部から追い出す仕組みとして捉えることもできる。他方で、難民申請者を地方部の労働力や学生、住民として、豪州社会に貢献できる人材として登用している（あるいは、プラスの貢献ができるかをテストしている）と、好意的に解釈することも可能ではある。

　2022 年 3 月末の段階で、この SHEV ビザから永住権を獲得したのは 1 世帯（計 4 名）だけである（Farrell and McDonald 2022）。それ以外の人々は、在留資格の更新を申請しても審査自体が開始されていなかったりした。つまり、2014 年頃に入国して、一定の期間が経過したにもかかわらず、在留資格が依然として不安定な状況にある人が、かなりの数に上った。この状態で、アルバニージー政権による永住権の一斉付与へと至った。

40　豪州難民支援協会（RCA）は、SHEV ビザ保有者を地方部で就労させて、次のビザへの更新につなげさせようというのであれば、連邦政府や地方行政、現地社会による当事者へのサポートが必要であり、地方部での支援体制を整備すべきであると提言している（RCA 2015）。SHEV ビザの保持者は単身であり、英語力に課題がある場合が多い。また、豪州国民と同等の社会保障を受けられないことに加えて、SHEV ビザ保持者という身分・ステータスによって就業が困難である（雇用主に敬遠される）など、極めて脆弱な立場にある。
41　SHEV ビザといった一時保護ビザの保持者に教育機会を与えないと、将来的に仕事を得られず、生涯にわたって貧困層を形成する可能性が高まるなど、深刻な社会問題に展開しうる、とする意見がある（Hirsch and Maylea 2016）。当事者にとっても、人生が前に進まない、時間を浪費しているという感覚がもたらされることになり、当人に良い影響が生じることはない（Hirsch and Maylea 2016）。政府は奨学金を出したり、授業料を減免する措置をしたり、所得保障をしたりすることによって、一時保護ビザ保持者に通学の機会を保証すべきである、とする提言もある（Hirsch 2015）。

6. 小括

　本章では、豪州において難民認定を受けた者がどのような社会的な経路、ないしは政策的実践の帰結として、農村部を含む地方部に向かっていくのかを考察した。まず、政府が直接的に関与しない形での地方部への移住パターンを論考した。第一に、「第二次移住」には、エスニックコミュニティが自助努力として進めていくパターン（難民コミュニティ主導型）と、雇用主が牽引する場合（雇用主主導型）、現地住民が自治体の協力を得ながら移住を主導するケース（住民主導型）に分けられる。これらの類型は完全に独立しているわけではなく、雇用主や住民、ないし地方自治体が協働して移住が進む場合もある。これらの各類型の事例研究は、第5章から第7章にてなされる。

　第二に、身元引受人が地方部に居住していることによって、結果として地方部に難民認定者が定住する場合がある。受け入れに係る費用は、身元引受人が全額負担するケースが多い。豪州市民が具体的な個人を招へいできる仕組みであるCSPでは、ビザ申請費用と政府指定の難民・移民支援団体（APOs）への支払額が高額になっている。身元引受人を個人とせずに、地域住民の集団ベースで受け入れるプログラム（CRISP）が開始されたり、専門技能を有する難民を受け入れる制度（SRLAP）も開始されている。これらは身元引受人の意思を反映した民主的な制度ともいえるが、真に危機にさらされている難民の保護がなされない可能性もある。また、この仕組みは、連邦政府が難民の受け入れとその費用を民間部門に外部化・アウトソース化していると捉えることもできる。

　第三に、豪州政府が地方部の受け入れ拠点を指定した上で、難民認定者を入国の段階から地方部に直接的に配置する政策を論じた。この施策では、豪州と「つながりのない難民」に関して、事前にその人物や受け入れ自治体の各関係者との協議の上で、配置がなされる。豪州における難民認定者の地方部への直接的な配置という政策の目的や特色は、西欧諸国の実践と対比することで明らかになる。西欧諸国では、主要都市部での集住による住宅不足や社会問題の発生の回避に主眼が置かれており、難民受け入れという「負担」の平等な分担という観点からなされている。しかし、豪州の場合は、送致される難民認定者と、受け入れる地方自治体や現地住民との間での、互恵関係の構築が目的となっていて、地域活性化の主体として難民認定者を捉えている点に特色がある。この背景には、豪州社会が歴史的に、国外からの移住者を永住移民として受け入れ、国民として処遇し、生活水準を維持するという、白豪主義の時代から続く豪州特有の地域的な論理がある。

第四に、難民認定者を主として扱う本書の考察対象からは外れるものの、国内で難民申請をしたボートピープルに付与されるSHEVビザ保有者に対する処遇を論じた。このビザは現在では廃止されている。SHEVビザは、有効期限である5年間のうち、3年半を独力で地方部にて就労・就学をすれば在留資格の更新につながりうる制度であった。一見、人道的な措置にも見える。しかし、社会保障制度による支援を受ける機会の少ない脆弱な地位にある者を、支援インフラの少ない環境に追い出す政策としても解釈でき、批判を呼ぶ制度である。難民申請者を地域の労働力として、学生として、豪州社会に貢献できる人材として登用する試みとして、この仕組みを好意的に解釈することも不可能ではない。在留資格の更新がなされるのか、不安定な状況にある者が多数存在した中で、2023年に永住権が一斉に付与される決定がなされた。

第 3 章

地方部への技能移民の就労と配置を促進する政策的実践

1. 本章の課題：地方部における技能移民の就労を促す政策の特長と帰結はなにか

　農村部や地方都市を含む「地方部（regional Australia）」における経済発展の促進と、労働力不足の解消、高齢化の抑止のために、豪州社会ではどのような人材確保に向けた方策が取られているのか。本章では、技能移民（高度技能人材）に注目し、1996 年から開始された「地方部への移民促進制度（SSRM: State-Specific and Regional Migration Scheme）」を題材として、この制度が有する特色と、導入に至った経緯、この制度がもたらした効果を考察する。SSRM は 2017 年度までこの名称で制度が運用され、その後は名称が変更されながらも同じ発想の仕組みが、現在にまで引き継がれて運用されている。本章にて示すように、SSRM は地方部への外国人労働力の配置において、大きな成果を挙げた。SSRM の運用の結果、技能移民ビザを取得した者のうち、少なくとも 3 割以上が地方部にて就労するようになった。この政策はどのような背景で生まれ、どのような特質を有しているのか。

　地方部への技能移民の就労を促す制度である SSRM の本質は、通常の技能移民ビザの審査において、僅差で不合格となる人に対して、地方部での就労という条件のもとで、ビザの発給条件を緩和し、就労と滞在を認める、という点にある。SSRM では、ビザの発給に際して、就労地に制限が加わるものの、語学要件や年齢要件で緩和措置がなされる。英語能力試験（IELTS）のスコアは通常 6.0 必要となるが、SSRM では、2000 年代前半には 5.0 で良く、さらに条件付きで 4.5 でも良い時期があった（Birrell et al. 2006: 34, 50, DHA2019c）。最初の 3 年間は地方部における身元引受人（スポンサー）となった雇用主のもとで就労し、現地社会と労働慣行に適応しつつ、3 年間の就労・滞在の後に、身元引受人の推薦を得てビザの更新を申請し、永住権を得る流れになっている。その後は、地方部での居住と就労の義務はなくなり、主要都市部を含む豪州のどこにでも居住と就労ができる。

　SSRM は、地方部のなかでも人口成長の速度が遅い地域における経済発展と人口の維持に貢献することを意図した（DIMA 2007: 41, Hugo 2008b: 554）。SSRM は、主要都市部から地理的に隔絶した、いわば相対的に不利な地域において、技能移民

を緩和された条件のもとで招へいすることによって、労働力の確保と経済活動の発展を可能にしてきた。豪州の地方部では、全体的な傾向として、若年層の流出と高齢化によって労働力不足が生じている。移民労働力を確保できることは、地方部における雇用主、州政府や現地行政にとって、大きな利点となる（Hugo 2008b: 553）。SSRMでは、地方部の労働力不足を補填するとともに、できればそのまま技能移民に残留してもらい、地域社会を支える存在となってもらうことが意図されている。[1]

　本章では、第一に、連邦政府が1996年にSSRMを導入するに至った背景を分析する。特に、1996年度以降、ハワード政権の時代に移民制度に大きな変革がもたらされ、「経済的な効率性」が重視されるようになった。この「経済的な効率性」の重視という文脈において、SSRMが導入・施行されたことを示す。第二に、SSRMにみられる技能移民の地方部での就労を促進する方策が、どのように運用されてきたのかを考察する。現在では「移民協定」という形で運用がされているが、SSRMと同様の発想が引き継がれている。第三に、SSRMによって、受け入れた技能移民が、実際にどの程度、主要都市部に転出せずに、地方部に留まっているのか、これまでの調査結果から考察する。居住義務の設定や、受け入れる移民の特性や選好を考慮した上で労働力を招へいすることが、地方部に居住しつづけてもらう上での有効な方策となりうることを示す。

2. 1996年以降の技能移民受け入れ政策の変容：永住移民から一時移民の受け入れへ

1) 1996年までの外国人労働力受け入れの歴史的な特色：永住移民・国民として対等に処遇する

　豪州の外国人労働者の受け入れは、一貫して永住移民を招へいしてきたのであり、永住権の取得を前提としている点に最大の特色があった。[2] 豪州社会は、ガストアルバイター制度などのような、滞在期限付きの労働力（一時移民）の受け入れを歴史的に忌避してきた。[3] 永住権の取得を前提とした移民受け入れの在り方は、連邦政府によって公的に多文化主義を採用する宣言がなされた1973年以降も同様

1　この点は、Birrell et al.（2006: 34, 50），DHA（2019），MCA（2013: 45），Taylor et al.（2014: 3）を参照。
2　この点はCastles et al.（2013: 116），Coates et al.（2022a: 6），Gregory（2015: 1421），Marcus et al.（2009），Mares（2016），Khoo et al.（2003）と本書の第2章を参照。

であった。すなわち、受け入れる移民のエスニシティが多様化していった時期でも、労働者は一旦豪州社会に受け入れられれば、出身国やエスニシティに関係なく、永住権を有する対等な市民として、（場合によっては）労働組合の一員として、社会のフルメンバーとして処遇されていた。

　豪州の労働組合や労働者が、期限付きの労働力である一時移民の受け入れを忌避してきた背景には、i) 国外から低賃金労働力が流入してくることで、賃上げが停滞するなど、自らの労働条件の悪化が懸念されたこと、ii) 異質な存在が流入して、ゲットーなどを形成し、社会の分断による治安の悪化などを恐れたこと、が挙げられる。このような懸念は、遅くとも1930年代から1940年代にかけてのユダヤ系難民（当時では自由移民とされた）を受け入れる段階から存在してきている（Blakeney 1985: 247–252, Rutland 2001）。異質な存在の到来によって、低賃金労働力の階層が形成され、労働条件や労働環境が悪化することを豪州の労働組合や労働者は忌避し、回避しようとしてきた（Freeman and Jupp 1992: 130）。

　そこで、豪州政府は、外国人労働者を受け入れる段階で厳格な選抜を行い、当初から定住を前提とした新しい住民として、国民として処遇することを選択していた。職場でも労働組合でも、対等なメンバーシップを与えて、同じ立場を共有する同僚として接することによって、労働現場のトラブルは回避でき、労働者の賃金水準も維持できた。対等な存在として受け入れる措置を通じて、国外出身の労働者であっても、労働市場で搾取的な処遇を受けたり、周縁化された存在となることが防がれていた。このようにして、社会的な統合を実現し、社会秩序を維持することが意図された。豪州政府が第二次大戦後、1996年頃までゲストワーカー制度を採用してこなかった背景には、以上のような理由がある（Markus et al. 2009: 9, Wright and Clibborn 2020: 35–36）。これは外国人労働者にも、受け入れる側の在来の労働者にも、双方にとってメリットがあったといえる。

3　1990年代初頭に一時的な居住と商用目的のビザ(サブクラス672, 682など)は存在したが、広く使用されることはなかった。1993年度では、観光以外の就労等を目的とした一時滞在向けのビザは13,000件しか発給されていなかった。こうしたビザの発給数は1992年度から1994年度にかけて、平均で12,500件程度であった。そのうち4,000件が2年以上の滞在を目的として使用されていた（MCA 2013: 33）。また、第4章で考察するPLSのように、太平洋諸島民を始めとした外国人労働力を期限付きで受け入れ、非熟練労働力の不足を補填する制度は存在しなかった。

2) 1996年以降の移民受け入れにおける「経済的な効率性」の重視と、一時移民の受け入れ拡大

①遅滞なく労働市場に参加し、経済発展に貢献できる人材の受け入れを重視

　1996年以降、ハワード政権（1996年～2007年）の時に豪州の移民政策が大きく転換し、一時移民を導入するようになった。この一時移民の導入は、豪州の移民受け入れの歴史において、「革命」ともいうべき大きな転換であるとの指摘もある（Markus et al. 2009）。その「革命」ともいえる改革内容は、i) 技能移民の受け入れの方法に関して、3年間の就労と居住を経て、雇用主の推薦によって永住権を申請・取得する形態にしたこと、ii) 技能移民を地方部に意図的に配置する仕組み（SSRM）を導入したこと、iii) WH渡航者や太平洋諸島からの労働者（PLSの利用者）といった、滞在期限付きの労働者の登用を拡大させていったこと、iv) 家族移民の人数枠を削減したこと、v) 新参の移民に対する社会保障制度へのアクセスを制限し、自己負担とさせる割合を大幅に増加させたこと、である。[4] いずれも、「経済的な効率性」を優先させ、移民受け入れによる経済効果を高め、豪州社会にとっての利益（経済効果）を最大化させるために、適材適所の人材配置を図ろうとした結果である。

②テニュアトラック型の技能移民の受け入れの導入

　技能移民に関しては、「2段階」の選抜プロセスを経て受け入れることとなった。まず「第一段階」として、雇用主が身元引受人（スポンサー）となり、3年間の就労を条件とする滞在期限付きのビザを付与し、期限満了時に、「第二段階」として、雇用主の推薦をもとにビザ更新の申請をして、永住権につなげる形態に変更した。この変更は永住権の取得につながっている点で、これまでの移民受け入れの在り方との連続性はある。しかし、永住権の申請において雇用主の推薦が必要となるため、豪州社会での生活と就労に適しているかどうかを試した上で、永住権を申請する流れとなっている。いわば、3年間の豪州市民としての試用期間を経て、永住権を得るテニュアトラック型になったといえる。[5]

　1996年において豪州政府が、このような形態で技能移民を受け入れるようになった理由として、以下の3点が挙げられる。第一に、入国当初から永住を前提として

---

[4] (i)から(v)は、筆者が他の研究成果も総合させて要約したものである。なお、本段落における(iii)の論点は、第4章にて考察する。

[5] テニュアトラックとは、主に大学教員や研究者の人事採用にて用いられる用語である。3年ないし5年の試用期間の後に、終身在職権（テニュア）の審査を経て、任期の定めのない雇用形態に移行する場合が多い。

技能移民を受け入れていた時代には、事務手続きが煩雑で、審査にも時間を要していた。そのような選抜と受け入れの手法を続けたのでは、世界的な高度技能人材の獲得競争に勝てない、とする時代状況があった。[6] 国際的な人材獲得の競争が激化する中で、豪州も後れを取ることはできない。そこで、申請に関する事務手続きと選抜のプロセスを効率化し、受け入れの速度を早めることによって、経済成長に貢献する上で、有益な人材の確保を優位に進めようとした。[7]

第二に、世界の産業や経済をめぐる状況がめまぐるしく変化し、その時代状況や技術革新に応じた人材が必要となる中で、そうした変化に対応できる職能を持った人材を豪州国内で完全に育成することは、非現実的であると考えられた。つまり、新しい時代状況において求められる職能（スキル）を持つ人材は、海外から招へいしてこなければ対応しきれない場合が考えられる。そして、このような場合に、高度人材たる技能移民の受け入れは、迅速かつ機動的になされる必要がある。素早く、臨機応変に対応できる移民受け入れ制度の整備によって、人材確保と併せて、豪州に本社機能を設置することを各企業に促進できるとされた（Khoo et al. 2003: 28）。高度人材の受け入れに時間を要するようであれば、受け入れの速度の高い国に本社機能を移転される可能性があるからである。

第三に、雇用先が確保されていることを前提としたビザ発給とすることによって、入国後（あるいは大学等を卒業した後）に遅滞なく労働市場に参入し、経済発展に貢献できる技能移民を確保し、失業という非効率を削減することが可能になった。1996年以前、ポイントシステムによる審査を通過して入国した技能移民は、入国後、一定の割合で仕事を見つけることができずに、しばらくの間、失業する傾向が見られた（Mares 2013）。技能移民が使用する457ビザ（現在の482ビザ等）やSSRMでの各種のビザの取得には、雇用主が身元引受人（スポンサー）となることが前提

---

[6] ハワード政権前のキーティング政権の時代からなされていた、技能移民の受け入れに関する諮問会議であるローチ委員会（Roach Committee）による政策提言が、この転換をもたらした（Inquiry into the Temporary Entry of Business People and Highly Skilled Specialists 1995, Hugo 2006: 212, Mares 2013）。なお、1996年までは企業内の転勤で豪州に転入してくる場合にも、永住権つきの技能移民と同じ扱いでの審査がなされていた。企業内転勤をスムーズにできるように制度の整備をすることが、政策立案者であるローチ委員会の意図のひとつとしてあった（Mares 2013）。

[7] この点に関しては、Birrell and Healy（1997）, Khoo et al.（2007: 177）, Markus et al.（2009: 62–63）, Mares（2013）を参照。Markus et al.（2009）は、20世紀の豪州の歴史の中では、豪州側が移民の供給源となる国や地域を指定することができたことに加えて、それ以外の地域からの移民受け入れには制限をかけることができたとする。特に、船舶の時代に遡れば、渡航費を援助していたことと、地理的に隔絶していたことによって、豪州社会の側に移民受け入れをコントロールできるという感覚が与えられていた（Richards 2008: 218）。

となる。このような制度設計にすれば、受け入れ当初の失業者・求職者の発生という問題はなくなる（Mares 2017）。また、永住権の申請の際にも、雇用主による身元保証と推薦を前提とすることによって、豪州社会に適合的な人材（少なくともすぐに帰国したり、辞職したりしない人）に永住権を与えることが可能になった。

③帰国を前提とする一時移民の受け入れ制度の拡大

1996 年以降、永住権につながらない、滞在期限付きの一時労働者の登用が拡充されるようになった。第一に、ワーキングホリデー（WH）制度を実質的な非熟練・半熟練労働力の登用の手段として、いわばサイドドアとして利用するようになった。サイドドアとは、本来の渡航目的を名目的・形式的なものとして扱いながら、実質的には労働力の登用手段として運用することである（序章を参照）。WH 制度の場合では、本来の目的は国際文化交流であるが、実質的には、非熟練・半熟練労働力の不足を補填する役割を担わせていることを意味する（藤岡 2017: 124–125）。

WH 制度が地方部での非熟練・半熟練労働力の不足を補填する役割を担うこととなった証左として、ハワード政権の時期に、WH ビザによる滞在期間を更新できるようになったことが挙げられる。地方部にて慢性的な人手不足が生じている指定分野において、約 3 ヶ月間（88 日間）の労働に従事することによって、2 年目の現地滞在が可能になった。[8] 現在は 3 年目へのビザ更新が可能となったが、指定分野での 6 ヶ月以上の労働が必要となる。この指定労働分野はいずれも第一次産業を始めとした、地方部にて慢性的な人手不足が発生している領域となっている。[9]

第二に、2009 年から豪州政府は「太平洋季節労働者受け入れ事業（PSWS: Pacific Seasonal Workers Scheme）」を開始した。この PSWS は、次章で検討する PLS として発展していった。PSWS では、園芸農業部門（horticulture. 青果類や花卉類の栽培）と北部地域の観光業を対象に、非熟練・半熟練部門での労働力を太平洋諸島と東

---

[8] WH 制度が国際文化交流を標榜するのであれば、ビザ更新の条件として、地方部における豪州国民が敬遠する分野での肉体労働を課す必要はない。例えば、語学学校や専門学校等への通学や、都市部でのボランティア活動を含めた国際文化交流としての色彩の強い活動への参加をビザ更新の条件とすることも一案である。地方部における単純労働への従事も、現地の労働文化を学ぶという趣旨にも解釈できるが、その場合には、WH 渡航者に向けて労働者としての権利保護の体制を整備し、労働現場にて豪州人と同等に処遇することが求められるだろう。
[9] 2023 年 6 月から、北部や遠隔地での観光・ホスピタリティ部門も、ビザ更新に用いることのできる指定労働分野となった（DHA 2023k）。指定労働分野は、いずれも地方部における農業、畜産業、漁業、林業、鉱業、建築業、山火事や洪水からの復興業務、さらに、新型コロナウイルスに関する重要な業務（critical COVID-19 work）、となっている（DHA 2023k）。

ティモールから雇用することを可能にした（Golebiowska et al. 2016: 437, 第 4 章を参照）。[10]

第三に、永住権の取得を前提としない留学生の受け入れが拡大した。教育部門が外貨獲得のための産業とみなされるようになった。留学生の獲得は、経済的な利得を得るための手段とみなされる傾向が強まった。学生ビザ取得者は増加し、特に大学では商業化が進んだ。留学生の数は、2002 年に総数 228,625 人であったのが、2019 年には 756,713 人と、3 倍以上も増加している（Edura 2023）。[11] 留学生の受け入れによって生まれた利益は、コロナ前の 2019 年では 400 億ドルと推計されている（Universities Australia 2023）。[12]

また、大学の学士課程において、永住権の取得につながりやすい専攻領域を指定することによって、いわば留学生側が完全に自己負担をする形で、豪州社会が必要とする職能（スキル）を有する労働力になってくれるという現象も起きるようになった。これは 2007 年頃には会計学といった分野で実施されており、この分野で学士号を取得した場合に、永住権を得やすくなるというものである。

④移民受け入れに伴う財政負担の削減：家族移民の抑制と「自己負担」の増大

一時移民の拡充に加えて、ハワード政権期における移民受け入れ制度の改革のもうひとつの柱として、経済成長に直接的に貢献しない移民の受け入れを抑制するとともに、受け入れ社会の側に生じる経済的・財政的な負担の削減が図られた。この措置も「経済的な効率性」の重視の一環となる。

第一に、技能移民とその家族（帯同者）に関して、社会保障関連のサービスを全額自己負担させるようになった。まず、国民皆保険制度に加入できず、民間の保険に加入しなければならなくなった。医療機関を受診する際にも、出産の際にも、費用は自己負担となる。センターリンクからの社会保障給付金も受けることができなくなった（Larsen 2013a: 3）。永住権を取得した後も、社会保障給付金が受けられる

---

10 PSWS、PLS、WH は非熟練労働力を期限付きで登用する制度であるため、SSRM とは関係のない別の制度である。PSWS、PLS、WH は、第 4 章にて改めて論じる。
11 留学生は外食産業等において、労働力を提供している。学生がアルバイトをするにあたって、2007 年度までは就労許可の取得が必要であったが、2008 年度以降は就労許可の取得が不要となった。就労できる上限は、授業期間中は 2 週間で 40 時間以内という制限が加わるが、休暇期間中はこの制限が解除される（Study Australia 2023）。留学生の受け入れによって、学費や滞在費の支出による経済効果を見込めるだけではない。留学生は、ホスピタリティ部門での非熟練・半熟練部門での人手不足を解消してくれる存在でもある。
12 2022 年度は、コロナ禍による渡航制限等の影響があり、利益は 290 億ドルにまで減少した。

ようになるまで、待機期間（主に4年間）が設定された。[13] さらに、子どもの学費も、国外からの留学生として、高額の授業料を支払うことになった。成人移民英語教育プログラム（AMEP）も、すべての帯同家族が無料で利用できるわけではない。定住支援サービスも利用可能ではあるが、有料となることが多い（Larsen 2013b: 4）。

　このことは、技能移民に対して、社会保障や福祉関係の費用を自己負担とさせることで、帯同者（家族移民）がいても、受け入れ社会にとっての負担とさせない、あるいは、帯同者を連れてくることを思いとどまらせる、という意味での「経済的な効率性」の重視であるといえる。[14] この措置は、社会福祉制度の負担となりうる家族移民の受け入れを相対的に削減しているとも解釈できる。同時に、受け入れる雇用主の自己負担による定住支援等のサポートが求められる状況を生み出しているともいえる。[15]

　第二に、この点に関連して、すでに豪州にいる技能移民の家族の呼び寄せ（家族移民）を抑制させる措置が1996年以降、ハワード政権の時代に強化された。[16] 現在は、近親者を呼び寄せるためのビザの発給上限は、年度あたり4,500件となっている。過去には、2011年度から2015年度までは年間8,500件から8,700件で前後するなど、受け入れが拡充された時期もある（DHA 2021a: 13）。しかし、ハワード政権の時代では、毎年1,000件とその数は大きく抑えられていた。特に、ハワー

---

[13] 2019年1月1日以降に永住権を取得した者に関しては、以下の給付金に待機期間が設けられている。4年間の待機期間が設定されるのは、Newstart Allowance、Youth Allowance、Austudy、Parenting Payment、Mobility Allowance、Sickness Allowance、Bereavement Allowance、Special Benefit、Pensioner Education Supplement、Farm Household Allowance、Low Income Health Care Card、Commonwealth Seniors Health Card である。同じく、2年間の待機期間が該当するのは、Parental Leave Pay、Dad and Partner Pay、Carer Payment である。1年間の待機期間が設けられるのは、Carer Allowance、Family Tax Benefit である（DSS 2019）。

[14] ハワード政権期に、高齢化社会における経済成長を達成するために「3つのP」が提唱された。すなわち、労働年齢人口を増加させること（Population）、労働市場への参加の度合いを高めること（Participation）、労働者の生産性を重視すること（Productivity）、である（Khoo et al. 2003）。この「3つのP」を充足できる人を受け入れの対象として、優先させることになった。

[15] 実際、海外から来た技能移民であっても、定住の初期段階での支援は必要であり、その役割を雇用主が担うようになっている。技能移民であっても放置しておいて良いわけではない（Bahn 2015: 2116）。SSRMを利用する労働者の9割が、雇用主から何らかの定住支援を受けているとする報告もある（Hugo 2008b: 560）。

[16] なお、技能移民が入国する際の帯同者の制限はなされなかった（Markus et al. 2009: 59）。技能移民が帯同者を同伴して入国することは可能であり、家族移民は継続されたともいえる。家族移民のカテゴリは、豪州国民や永住権保持者の配偶者（パートナー）が、8割を占めている。帯同家族は本人と同人数かそれ以上存在するので、家族移民を制限しようとする政策的な傾向の中でも、統計上の家族移民の絶対数は一見して変化が見られない。

ド政権の時期であっても、全体の移民受け入れは縮減されたわけではなく、毎年約16万人と現在と同規模で推移していたことを考慮すれば、家族移民の数は大きく抑えられていたといえる。

　国際的に活躍できる高度技能移民の受け入れに関する競争相手といえるカナダや米国、NZと比較して、豪州は近親者や親族の呼び寄せと、身元保証人としての地位の付与に関して、高い制限を課している。家族移民を抑止する政策によって、豪州が技能移民の獲得に関する国際的な競争の上で、不利になっているとの指摘もある。高度技能労働者が近親者を呼び寄せたい（あるいは、親とともに来豪したい）と思っている場合に、豪州を避け、他の先進国を目指すことが考えられるからである（Markus et al. 2009: 60）。家族移民（家族の呼びよせ）を抑制する施策の背景には、家族移民の労働市場への参加率が低く、福祉制度に依存する傾向が強かったためである。呼び寄せる親族が高齢であれば、医療機関等を利用する頻度も増えるなど、社会保障制度への負担が増大することも理由として挙げられた。家族移民の制限の目的は、社会保障制度への過度な負担を回避するためでもあった。

　1996年度以降の移民政策の変化は、受け入れる豪州社会の側からすれば、少子高齢化を改善できる年齢層の人材に焦点を絞り、長期間にわたる労働を通じて社会的にも経済的にも貢献ができ、社会福祉制度の負担にならない人材、の受け入れの重視を意味する。しかし、移民の側からすれば、1996年度以降の移民政策の改革によって、市民としての権利がかなりの程度、縮減・制限されていることを意味する。[17] 出産や通学にかかる費用等を全額負担させたりすることは、すでに見た通りである。1996年以降に鮮明となった「経済的な効率性」を重視する移民受け入れの在り方は、それまで国民として対等な処遇で迎え入れていた時代と比較して、大きな変化をもたらしたといえる。[18]

3）「経済的な効率性」を重視する一環としての地方部への技能移民の配置：地方部での経済成長の実現と技能労働力不足の補填の必要性

　豪州の移民受け入れにおける「経済的な効率性」の重視は、技能移民の地理的な配置にまで及んだ。仮に、受け入れた技能移民が特定の主要都市部に集中し、労働

17　この点はCampbell and Tham (2013)、Clibborn and Wright (2018)、Wright and Clibborn (2020: 35–36) を参照。
18　この点は、第4章で考察する滞在期限付きの一時労働力である、太平洋諸島労働協定（PLS）やWHでの渡航者に関して、より強く当てはまる。特に、PLSの労働者は、職場（雇用主）の変更に大きな制約が生じている。

力の余剰が生じたり、住宅供給や交通インフラ、社会保障関係のサービス等を圧迫したりする場合には、「非効率」が生じているといえる。他方で、受け入れる技能移民を人手不足の生じている場所や分野・業種に、適材適所に、適切な人数で割り当てたほうが、労働力の配置という意味でも、各種の社会的インフラの持続的な使用という意味でも、「効率的」な社会運営が可能になる。

特に、1990年代以降、地方部での技能労働力の人手不足を解消すること、そして、主要都市部の住宅や各種のインフラ、社会保障関係のサービスに対する需要の拡大に対処することは、豪州社会にとっての解決すべき課題でありつづけている。この対応策のひとつとして考案されたのが、SSRMである。SSRMにおいて、多様なビザカテゴリを設置し、技能移民を全国各地に行き渡らせ、都市部への技能移民の集中を緩和し、地方部での人手不足の解消を図った。

そもそも、豪州の地方部での技能労働力の不足は、1901年の連邦結成時から現在に至るまで、長い歴史を有する問題であり続けている（Gerritsen 2010, Taylor et al. 2014）。この問題は、豪州の人口分布の「脱中心化」に関する議論として論じられてきた（Neutze 1963, Hugo 1999b: 28）。しかし、人口を「脱中心化」させ、地方部に配置する試みは、「国民全員にとっての政策だが、誰も具体的な対象とならないプログラム（everyone's policy but nobody's program）」といわれ続けた（Hugo 1999b: 28）。この問題に対する形だけの言及は歴史的になされていた。しかし、地方部に人材を配置するプログラムを具体的に実施に移そうとする試みは、1996年まで、特殊な事例を除いてほとんどなされなかった（Hugo 1999b: 28）。

1990年代半ばに、豪州政府がSSRMに見られるような技能移民の就労と居住の場所に制限を加えつつ、一定の規模の労働力を地方部に就労させようとする政策を打ち出すようになった背景として、既存の政策では、地方部の保守層の支持を得られなくなったことが関係している（Hugo 2008b: 558）。この時期に、特に農村部での労働力不足や地域社会の持続可能性に関する報道がなされる機会が増加していった。この時代、農村部での出生率の低迷に加えて、高齢化が進展し、同時に、若年層が都市部に流出していった結果、現地での技能労働力不足が悪化していった。1947年と2001年の対比で、豪州生まれの人で主要都市部に住む人は10%増加したが、農村部の住民は15%も減少している。海外生まれの住民に関しても、同じく1947年と2001年の比較で、農村部での居住者が14%も減少し、主要都市部に居住する人が20%増加している（Hugo 2008b: 557）。技能移民の地方部での就業促進策を始めとして、地域開発や経済発展を促進するプログラムが1990年代半ばに矢継早に登場していることは、地方部の有権者の支持を得るための政策の導入が

必要であったことと無関係ではない（Hugo 2008b: 558）。

地方部の若年層が流出する傾向が見られるなかでも、地方部での経済成長率は高く、労働力に対する需要は逆に高まった。特に技能労働力の不足が見られたのは、医療関連、教育、建設業、鉱業、観光業の各部門であった。[19] その要因として、i) 主にアジアからの食料需要の拡大によって農業部門での輸出が増加したこと、ii) 観光業の振興によって雇用機会が増大したこと、iii) 国外（主に中国）からの需要の拡大によって、特に 2010 年代に、WA、QLD、SA の各州で鉱業分野が大変な好況を見せたこと、iv) 高齢者や一般の労働者層の間で、主要都市部から自家用車で 2 時間以内に到達できる自然環境の良好な地域に居住する傾向が見られるようになったこと、などが挙げられる。[20]

3. 地方部への技能移民の招へいに関する政策運用：1996 年から 2010 年代後半まで

1)「地方部への移民促進制度（SSRM）」の旗揚げ

1996 年 5 月、連邦政府と州政府の多文化主義や移民関係を担当する大臣の会合において、高度技能人材の地方部への供給・配置の促進と、都市部への集中の回避を実現する方策が検討された。この会合において、地方部にいかにして多くの技能移民を配置し、定住してもらえるか、有効な方策を検討するための作業部会が設置された（Hugo 2008b: 558, 1999a: 32）。

この作業部会の結論として、SSRM の導入が提起され、以下の内容が決定された。第一に、家族移民よりも、技能移民を受け入れたほうが、地方部への定住を実現できる可能性が高い。家族移民と比較した際に、技能移民の定住地は、親戚や家族の居住する場所にあまり影響されないからである。また、家族移民との比較において、技能移民は雇用を得る可能性が高く、地方部にとって経済的な利益が高い、とされ

19　鉱山開発は、人里離れた地域、特に、砂漠のような過酷な気候の中での採掘作業が必要になる場合が多い。周辺に町や村がない中で、人工的に村のような設備を造成し、航空機やバスによる超長距離通勤（FIFO: Fly-in Fly-out, BIBO: Bus-in Bus-out）で鉱山開発を運営する事例も、WA 州ピルバラを代表格として行われている（小野塚・小野塚2020）。また、観光業は非日常を提供するものである。この非日常を経験できる観光地は、地理的に隔絶していたり、特殊な気候や自然環境を有していて、日常的な社会生活を営む拠点として適さない場合もある。従って、人手不足が生じやすくなる。

20　この点は、Burnley and Murphy ed.（2004）、Clark and Connolly（1997）、DIAC（2012）、Hugo（2008b: 559）、Taylor et al.（2014: 3）、Wickramaarachchi and Butt（2014: 190）を参照。

た。[21]

　第二に、SSRM の適用対象となる「地方部」が定義された。すなわち、a) 人口が 20 万人未満であること、あるいは、b) 人口成長の遅い都市部（国全体の人口成長率の半分を下回る場合）、と定められた（Golebiowska et al. 2016: 436, 439, Hugo 2008b: 554）。この基準のもとで、SSRM での「地方部」が定義されたことにより、SA 州と Tas 州、NT に関しては、州都（主要都市部）を含めた全領域が SSRM の適用対象となった。[22] 当時、これらの都市では、移民の受け入れ人数が少なく、それでいて住民の転出者数が多く、結果として低い人口成長率となっていた（Golebiowska et al. 2016: 439, Wickramaarachchi and Butt 2014: 188）。[23]

　こうして、1996 年度以降、連邦政府による SSRM のもとで、労働力の確保に困難を抱えていた自治体や地域に、技能移民を呼び寄せるための複数の取り組みが始まった。[24] SSRM が開始されてから 20 年以上が経過するなかで、現在では地方部への技能移民の受け入れに使用されるビザの名称は変更され、選抜基準も修正されている。ただ、技能移民に一定の緩和措置を設定して、地方部に受け入れるという発想は継続している。選抜にあたって、年齢、語学力、職能のレベル、勤務経験に関しても、共通の基準として常に問われている。

2) SSRM の急拡大

　SSRM は技能移民の受け入れの在り方に大きな影響を与え、地方部への労働力の配置にプラスの効果をもたらした。当初は、技能移民の受け入れの中での SSRM の占める割合は小さく、初年度の 1996 年度は 4% に過ぎなかった。しかし、導入から 9 年後の 2005 年までに、全体の技能移民の受け入れのなかで SSRM を使用す

21　加えて、地方部への技能移民受け入れのメカニズムとして、i) 州政府やテリトリー政府が、自らのニーズに応じて、柔軟に制度を利用できるようにすること、ii) 非差別的にすること、iii) リサーチの結果に基づいていること、iv) 国内の住民の雇用と職業訓練の機会にマイナスの影響を与えないこと、が確認された（Hugo 1999a: 32）。
22　SSRM にて「地方部」から除外されたのは、シドニー・ニューカッスル・ウーロンゴンにまたがる地域や、QLD 州南東部のブリスベンとゴールドコーストであった。WA 州都のパースは、年度によって対象となったり、除外されたりしている（Hugo 2008b: 554–555, Hugo et al. 2006, Wickramaarachchi and Butt 2014: 188）。
23　人口成長の速度が全国平均よりも 50% 以上となれば、これらの都市も「地方部」の指定から除外される。
24　この点は、Cameron（2011）, DIAC（2011）, Hugo（2008a: 133, 1999a: 32）, Wickramaarachchi and Butt（2014）を参照。

る者は、4%から28%（約3分の1）にまで増加し、2013年には38.8%（約4割）にまで拡大を見せた（DIBP 2014, Golebiowska 2007, Golebiowska et al. 2016: 437）。SSRMによって、技能移民の3割以上が、少なくとも最初の3年間は、地方部に居住・就労することになり、移民の定着パターンが大きく変容した。

　地方部への労働力の配置を促進するSSRMは、豪州の技能移民受け入れの主要な要素になったといえる（Golebiowska et al. 2016: 437）。制度開始から9年後の2005年度では、SSRMによって到来した技能移民の割合は、Tas州では51.2%（SSRMが450名、それ以外が429名）、SA州では79.9%（SSRMが7,276名、その他が1,823名）、NTでは32.3%（SSRMが252名、その他が528名）、WA州では12.6%（SSRMが2,226名、その他が15,412名）、QLD州では11.0%（SSRMが2,824名、その他が22,757名）、NSW州では3.3%（SSRMが1,492名、その他が43,169名）、ACTでは47.6%（SSRMが654名、その他が718名）、Vic州では29.5%（SSRMが9,543名、その他が22,757名）となっている。[25] これまで技能移民の確保に困難を抱えてきたTas州やSA州、NTに限らず、Vic州やACTでも、SSRMは顕著な効果と恩恵をもたらした（Hugo 2014: 381, 2008b）。特に、SA州都のアデレードにSSRMが適用された結果、技能移民の流入が4倍にも増加することになった（Hugo 2014: 384, 2008b）。

　受け入れた移民労働力は、現地の自治体の運営に欠かせない役割を果たす。地方部で高齢化が進行するなかで、SSRMの利用者の68%が40歳未満である。そして、SSRMの利用者の就業分野の多くは、専門職（professional）に区分されている。SSRMによって、特に医療系と社会福祉系の部門、飲食業と宿泊業において、人材不足の補填が実現できている（Hugo 2008b: 562）。また、SSRMの利用者の2割が建設業、電気技師、金属加工業（welders）、修理工（mechanics）、商業従事者（tradespeople）に該当しており、地方部でこうした分野の人材が不足していることがわかる（Hugo 2008b: 562）。

3）技能移民の受け入れ政策における州政府や地方自治体の関与の増大

　SSRMの運用の結果として、各州政府による移民政策への関与の度合いが高まることになった。本来、移民の受け入れは、連邦政府が担当する案件である。しかし、

25　これは連邦政府の移民関係担当省からHugo（2008a）の著者が未公開データを取り寄せたものである（Hugo 2008a: 131）。現在、このデータは公開されていない。

SSRM が導入された結果、州政府が、各国で開かれる豪州の移民エキスポに参加するようになるなど、州同士での移民の獲得競争がみられるようになった。[26] この州同士の競争は、豪州の移民受け入れシステムの中での特徴のひとつになった。

Vic 州都のメルボルンは SSRM での「地方部」の定義からは外れるものの、Vic 州政府による積極的な移民受け入れに関するロビー活動もあって、SSRM の一部のプログラムに参加できる状況となった（Hugo 2008b: 555）。これは、当時の Vic 州知事による「より大きな人口を有することによって、豪州社会も Vic 州もより多くの利益を得られる」とする発想に体現されている（Bracks 2003: 40）。[27]

他方で、SSRM の拡大期において、NSW 州は、州同士の移民獲得の競争には参加していなかった。当時の NSW 州知事は、「シドニーに移民を来させない（discourage）ようにしたい。なぜなら、すでにシドニーに存在するインフラや環境に負荷が生じているからである」としていた（*Sydney Morning Herald* 1995 年 5 月 23 日 : 1, 4, Withers and Powell 2003, Hugo 2008b: 555）。この NSW 州の立場は、Vic 州と対照的である。

各州が SSRM に積極的に参加した結果、受け入れた技能移民は NSW 州以外の場所に振り分けられていった。結果として、NSW 州に到着する技能移民の割合は大きく減少した。NSW 州に移住してくる技能移民の割合は、2000 年度には全国の総数比で 43.5% だったのが、2006 年度には 31.2%、2010 年度には 22%、2011 年度と 2012 年度には 20% にまで減少した（DHA 2022, Markus et al. 2009: 61）。[28] 全体の SSRM のビザ発給数のなかでも、NSW 州は 2005 年度に 6% を占めるのみであった。SSRM は、技能移民を地方部に配置する政策として効果を上げたことがわかる。

SSRM の運用は、全国的な移民受け入れの中で技能移民の割合を拡大させることにも寄与することになった。ハワード政権前の 1993 年において、技能移民は移民受け入れ全体の 23.7% を占めていたが、同政権が退陣した直後の 2008 年度には

26　例えば、英国で開催されている豪州への移民セミナー（Australian Futures Events）には、各州政府が参加している。また、1998 年から Working In や Down Under Live という企業が、主に英国や南アフリカなどで移民エキスポを開催するようになっている。

27　Vic 州政府は、SSRM の開始期から地方部への移民の受け入れを積極的に推進していて、2004 年には、「地方部への移民を促進する基金（Regional Migration Incentive Fund）」が地方部への移民誘致の戦略を向上するために設置され、2007 年には「Vic 州地方部における技能労働力獲得プロジェクト（Global Skills for Provincial Victoria Initiative）」に着手がなされた。いずれも地方部の労働力不足の補填と、地域の産業の振興と維持を意図した（Sinclair 2009）。

28　2000 年から 2006 年までの期間、SA 州への国内外からの移住者は 3 倍以上に増えた。他の州でも同様に 2000 年から 2006 年までの間に、Vic 州では 10,500 人増加し、QLD 州では 9,000 人、WA 州では 8,000 人増加した。NSW 州は 3,000 人減少した（Markus et al. 2009: 61）。

62.1％、2010 年度には 67％を占めるまでに増大した。[29] 同時に、家族移民の割合は大きく減少した。1996 年度は 50％以上の移民が家族カテゴリだったが、2012 年度では 32％以下となっている（Phillips and Spinks 2012: 2）。

4) 現在利用できる制度

現在では、特定の地域・産業・企業ごとに「移民協定（migration agreement あるいは labour agreement）」の申請と認定を経て、SSRM と同様に、緩和された条件で技能移民を受け入れることが可能となっている。[30] SSRM と同様に 3 年間の就労の後に、雇用主の推薦（スポンサー）によって、永住権を申請できる。現在の制度運用は以下の通りとなっている。[31]

第一は、特定の地域ベースでの移民協定（DAMA: Designated Area Migration Agreements）である。DAMA では、地方自治体の行政や商工会議所が名乗りを上げて、連邦政府による審査の結果、地域指定を受ける。DAMA の適用地域になることで、移民労働者が就労するにあたって、ビザの発給条件が緩和となる。[32] この指定を得られた地域内の雇用主は DAMA を利用できる。[33]

第二は、個別の企業と結ばれる移民協定（CSLA: Company Specific Labour Agreements と PA: Project Agreements）である。現在、100 以上の企業が CSLA の認定を受けている。CSLA は、労働力不足の生じている企業が、国内で労働力を確保できない場合に、一定数の移民労働力を確保できる仕組みとなっている。また CSLA と PA に関連して、2010 年代前半に運用されていた「事業ベースの移民協定

29　この点は DIAC（2009）, Khoo（2002）, Phillips and Spinks（2012: 3–4）, Productivity Commission（2006）, Taylor et al.（2014: 3）を参照。技能移民の受け入れは 1995 年に 35,000 人だったのが、2010 年には 115,000 人にまで増加した。
30　SSRM は 2018 年度に、PESE（Permanent Employer Sponsored Entry）に一旦名称が変更された（DHA 2020b: 24）。しかし、2020 年度には PESE の名称も用いられなくなっている。
31　ただし、下記の諸制度では、通常の技能移民ビザ（サブクラス 186, 482, 494）が発行されるため、それぞれのプログラム内での個別のデータが存在しない。
32　現在、この地域ベースの DAMA が有効になっているのは、アデレード、イーストキンバリー、ケアンズ、タウンズビル、グールバーン、南岸地域（ワルナンブール）、NT、オラナ、ピルバラ、カルグールリー、ダーダナップである。これらの地域では、商工会議所が DAMA の取りまとめをしている。鉱山開発に関連して、ピルバラ地域の鉱業労働者の生活環境（衣食住）を維持する職務を担う労働者として、フィリピン人を招へいしようとする試みに、DAMA が用いられた。また、ケアンズでは小規模な日本食料理店が DAMA を利用して労働力を確保していたりもする。指定地域内では、個人商店レベルの小規模な組織でも、この制度を利用できる。

（EMAs: Enterprise Migration Agreements）」が話題を呼んだことがある。WA 州の鉱山開発企業であるハンコック・プロスペクティング（Hancock Prospecting）社によるビルバラ地域のロイヒル開発計画（90 億ドル規模）において、EMAs を用いて、鉱山労働者を 1,715 人も海外から招へいする計画が発表されたことがある（Barass 2012, 小野塚・小野塚 2020, Phillips and Spinks 2012: 15 など）。EMAs は、資源採掘部門の技能労働力の不足に対処するために運用が開始された。[34] EMAs は 20 億ドル以上の支出・投資を伴い、かつ、ピーク時に 1,500 人以上の労働者を用いる大規模な鉱山プロジェクトに適用になる（Larsen 2013b: 3, Squire Sanders 2012）。

　第三は、人手不足の顕著な業界・産業との移民協定（ILA: Industry Labour Agreements）がある。ILA に参加するためには、「継続的な人手不足が生じている状況」と「業界内で広く協議がなされた」ことを示す必要がある。最近の事例では、2020 年 1 月 1 日に「園芸農業関連分野の移民協定（HILA: Horticulture Industry Labour Agreement）」が締結された（DHA 2023j）。この他、特定の業界との協定は、酪農業、漁業、食肉加工業、高級レストランのシェフ、広告業界（グラフィックデザイナーなど）にて、締結・実施されている。[35] いずれも、適用対象となるのは、専門技能を有する者のみである（DHA 2023l）。

　第四に、難民を雇用する移民協定（SRLAP: Skilled Refugee Labour Agreement Program）も開始されている。[36] この SRLAP は NPO 法人「不遇な人財を世界に（TBB）」との協力のもとで、2021 年 7 月から 2023 年 7 月までの 2 年間の時限を設けて、200 名を受け入れるべく、試験的に運用されている。雇用主が SRLAP を利用するためには、TBB から後援・推薦を受ける必要がある。SRLAP では、難民であっても技能移民ビザ（サブクラス 186, 482, 494）が発給される。ビザの申請時には、難民という状況が考慮され、犯罪歴を証明する書類の提出などに配慮措置が取られ

33　DAMA の利用にあたっては、i）12 ヶ月以上、当該地域で営業していること、ii）4 週間以上、豪州国内に求人を出すこと、が求められる。それでも労働力が集まらない場合に DAMA のとりまとめ機関からの許諾を得て、労働者を海外から雇用できるようになる。国内での求人広告は、インターネットの求人サイトである Adzuna, CareerOne, Gumtree, Jobsearch.gov.au, LinkedIn のいずれか、あるいは *The West Australian* など州内に広く流通する新聞でも可となる。Facebook などの閉じたネットワークでの求人掲載は不可となる。なお、労働条件は豪州国民を雇用する場合と同等にする必要がある。ただし、この点に関して、Coates et al.（2022b: 84）は DAMA などの移民協定での最低賃金は緩和措置がとられていて、実質的には低賃金労働力を採用する手段となっていると批判している。
34　ただし、EMAs を利用するためには、豪州国内での「労働市場テスト」の実施が必要になる。
35　この他に、「宗教の専門家」もリストに含まれている。
36　SRLAP の詳細は、第 2 章を参照。

る。また、必要とされる英語能力も IELTS にて 4.5 以上で良く、大きく軽減されている。

4. 技能移民を地方部に引き留めるための施策

1) 一定期間におよぶ居住義務の設定による転出の抑止

　SSRM が導入された初期の数年間、地方部に受け入れた移民をいかにして転出から引き止めるかが課題となった。SSRM が導入された当初は、一部のプログラム（SDAS: Skilled Designated Area Sponsored）において、受け入れ自治体における一定期間の居住義務の設定がない場合があった。SSRM の意図は、定着した最初の土地における経済成長への貢献と、地域人口の維持にある。SSRM が成功するかどうかは、一旦受け入れた技能移民が長期にわたってその地域に定着してくれるか、転出を抑制できるか、という点にかかっていた。

　居住義務が設定されない場合は、高い確率で転出されることが調査から示されている。第一に、居住義務のない SSRM のプログラムであった SDAS の利用者のうち、主要都市部以外の地域に労働者が残留するのは、NSW 州と QLD 州では 50% 未満であり、Vic 州では 36% にとどまる、と判明した。[37] 第二に、SSRM 以外での就労ビザ利用者を含めた調査によると、Vic 州の地方部では、豪州に入国して 1 年半（18 ヶ月）後の段階で、同州内の地方部に居住を続けている人は、18% にとどまるとする知見がある（Wulff and Dharmalingam 2008: 148）。第三に、都市部に在住する技能移民に対する調査によると、同様の職務内容と就労条件の雇用機会が地方部に存在したと想定した場合、実際にそうした地方部に移住しても良いとする回答者は、半数以下であった。[38]

　一旦就労先として定着した地方部への定住の促進と、転出の抑止策として、一定

37　この点は、DIMIA（2005b）, Golebiowska et al.（2016: 442）, Wulff and Dharmalingam（2008: 148）を参照。
38　この点は、Birrell（2003: 20）, Hugo et al.（2006: 31）, Hugo（2004）, Wulff and Dharmalingam（2008: 152）を参照。この 3 つ目の調査は、SSRM とは直接関係しない。しかし、この当時の技能移民の間では、地方部での就労が肯定的に認識されていない場合が多いとの趣旨で紹介した。また、SSRM の導入初期には、技能移民の中で、2 つの階級が生まれてしまったとする批判がなされた。すなわち、どこでも自由に居住地を選択できる人と、特定の地域に居住できない人を生んでしまった、とするものである（Birrell 2003, Boese 2010, Hugo 2009）。

期間（3年間）の居住義務が追加された。3年間の地方部での居住と就労を義務とし、その後、雇用主の推薦を得てビザを更新して永住権を得るという「2段階」の過程を踏む形態へと変更になった。この「2段階」の仕組みの導入によって大きな違いが生まれたと報告されている。[39] 技能移民とその家族に対して、地方部で最低3年間の居住を要求することによって、地方部に来た移民とその家族が現地社会と社会的な関係性やネットワークを構築し、現地に長期間居住を続ける見込みが高まるであろう、と意図された。[40]

この点に関して、居住義務が設定されているSSRMを題材として、i) 主要都市部と比較して、一見魅力が乏しいと思われるような地方部において、技能移民がどの程度定着するか、また、ii) どのようにすれば、技能移民が定着してくれるか、に関して、先行する調査研究が存在する。豪州の場合では、NT（北部準州、ノーザンテリトリー）を題材にこのテーマが研究されている。これらの知見をもとに、居住義務の設定がもたらす効果を考察する。

NTは豪州国民や移民にとっても、「魅力に乏しい」地域とみなされることがある。NTはインドネシアに近接し、「苛烈な気候」を有する地域として豪州国内外で知られている。NTの気候は、乾季（5月から10月）と雨季（11月から4月）に二分される。特に雨季において、しばしば天候が荒れることから、「NTの経済は乾季に活性化される6ヶ月経済である」との意見もある（Anwar and Prideaux 2005: 203）。[41] NTに定着を開始した技能移民を考察した成果の知見は、以下の通りである。

1) Taylor et al.（2014）による調査では、2012年の段階で、SSRMのプログラ

---

39 居住義務をもっと長く設定するなど、地方部に就労する技能移民に課す各種の義務を追加的に強化すべきであるとする意見もある（Birrell 2003）。地方部に定住する技能移民は、年齢の若い家族が多くを占めている。そうした世帯においては、配偶者と子どもの生活満足度が居住地の決定に影響を与える（Hugo 2008, Taylor et al. 2014: 4）。主要都市部と比べて、地方部では住宅や教育、医療のインフラが不十分であったり、文化的・社会的ニーズが充足されない場合もある。また、居住義務が設定されない場合には、居住を開始した後でも地域社会への関与が低いままになりやすい（Griffiths et al. 2010）。このような要素によって、技能移民やその家族が地方部から都市部へと転出する傾向が形成されてきた（DIMIA 2005, Griffiths et al 2010, Hugo 2004, Hugo and Harris 2011, Taylor et al. 2014: 4）。地方部での居住義務を始めとした技能移民への義務をさらに強化すべきとする意見は、このような論拠に基づいている。
40 この点は、DIMIA（2005a, 2005b）, Golebiowska et al.（2016: 439）, Wulff and Dharmalingham（2008: 148）を参照。
41 2010年2月（雨季）に、筆者がダーウィンを訪れた際、激しい雨が4日間経過しても止むことがなく、ほどなく近隣のスーパー（ウールワース）が閉鎖となった。日程の都合上、天候の回復を待つことができず、強い雨風の中で現地調査を行ったが、折りたたみ傘を使用しても衣服が下着までずぶ濡れとなり、カバンにカビが生えるなど、大変な目にあった。これはNTにおける雨季の「苛烈な気候」の一例であろう。

ムのひとつである「地方部の雇用主向けの移民プログラム（RSMS: Regional Sponsored Migration Scheme）」を用いて 2008 年から 2011 年に NT に移住した人のうち、93% が NT に残留していた（Rosenman et al. 2021: 261, Taylor et al. 2014: 15）。そのうち 78% が継続して NT に住み続けたい（永住したい）と回答した。その理由として、雇用機会が存在すること、ライフスタイルや気候が好ましいとした。すでに NT から転出した RSMS ビザ保持者の間でも、転出までの NT での居住期間は、平均で 3 年 2 ヶ月（38 ヶ月間）に及んだ。将来的に NT から他の地域に移住を計画している者は、調査対象者全体の 22% であった。

2) Taylor and Bell（2012）の調査によると、SSRM のプログラムである「州の推薦による移民雇用プログラム（STN: State and Territory Nomination）」と RSMS を利用して、NT に転入し、就労した人々は、全体的な NT への移住者の中でも高い定着率を示していて、労働市場への参加率も高い。89% の回答者が NT に居住していて、そのうちの 83% が NT から転出するつもりはないとした。[42] その理由として、雇用機会の存在を挙げた者が 33%、ライフスタイルの適合性を挙げた者が 21%、家族や友人の存在を根拠とした者が 15%、気候の適合性を挙げた者が 14% であった。

3) 2012 年に NT における SSRM のビザ保有者に対して行われた調査では、NT からの転出を計画している人は、全体の 17% にとどまった（Taylor 2018: 12）。

4) Griffith et al.（2010）によると、NT の技能移民の間で、調査に回答した者の 70% が地方部に居住することに関して、肯定的な回答をしている。特にその中でも、地方部での生活の質（QOL）が良いこと、主要都市部よりも地方部の中小規模のコミュニティの方が自らに適合していること、が理由として挙げられている。特に、南アジアと東南アジア出身の移民の間で、NT の高温で、湿潤な気候に関して、自国の気候と類似していると肯定的に捉えている回答が多い。豪州北部の都市が出身国に比較的近接していることも、プラスの要因として挙げられている。しかし、同時に、生活状況に不満を持っている者も 30% 存在しており、生活費（特に住宅費用）が高くつくこと、公共施設の質が低いことを挙げている。ここでの公共施設には、学校や住宅、公共交通

42　この調査は NT 政府の名簿を元に調査対象者に連絡を取っているため、すでに転出した人も調査対象に含まれている。ただし、転出してしまった者のうち、調査に協力する者は多くはない可能性はある。

機関が含まれる。このような南アジアと東南アジア出身者の回答の中では、欧州系の豪州人が NT を敬遠する理由としてしばしば言及する「苛烈な気候」や南部の主要都市からの地理的隔絶性は、生活の不満要素として目立ったものとはなっていない（Rosenman et al. 2021: 262）。

5) 連邦政府の移民関係担当省（DIMIA）の調査では、NT にて 3 年間の居住義務を終えた人のなかで、82% が転出せずに指定地域に残った。そして、将来、NT からの転出を計画しているとしたのは、全体の回答者の 8% であった（DIMIA 2005a, Hugo 2008b: 561）。また、全体の回答者の中で、6% の人のみが失業を経験しており、8 割以上の人が現在の仕事に満足していると回答した（Hugo 2008b: 561）。そして、93% の回答者が到着してから少なくともひとつ以上の地域社会の諸活動に参加していて、平均して、近隣の住民 3.7 人と日常的に交流しており、全く近隣の住民と関わらないというのは 7% にすぎなかった（Hugo 2008b: 561）。回答者の間には、NT での生活に関して高い満足が得られていることが判明した。[43]

さらに、SSRM は中小企業による利用が多い。SSRM のプログラムのひとつだけを利用する雇用主が半数以上に及んだ。そして、SSRM を利用する雇用主に対して、SSRM という制度を 10 段階で評価するように求めた際には、80% 以上の雇用主が 8 以上の評点を付けている（Hugo 2008b: 561）。地方部における一定期間の居住義務を課したことの効果は、転出の抑止だけでなく、労働者にも一定の利益を与えているとともに、雇用主にとってもプラスの影響をもたらした。

2）SSRM 利用者の出自やエスニシティと、定着との関連

技能移民の出身国やエスニシティが、その土地に定住を続ける可能性にプラスに作用することが示されている。以下の研究は、受け入れる移民のターゲットを定めて、特定の国や地域の出身者、特定の選好を持つ者を受け入れれば、現地に定着する可能性が高まることを示している（Taylor and Carson 2017: 13,18）。

SSRM を利用する技能移民のエスニシティは、全般的に多様であることが指摘さ

43　地域社会での諸活動を通じて、地域との関係性（social connectedness）を高めて、社会関係資本を豊かにすることが、技能移民の定着を促進するという研究成果もある（Wulff and Dhamalingam 2008: 152, 158–159）。

れている。SSRMの利用者の8割は、英語を主たる言語としない国の出身である。別言すれば、SSRMの利用者のうち、英国、米国、カナダ、NZ、南アフリカといった英語を公用語とする国の出身者は19.6%である（Hugo 2008b: 562）。実際、NTに在住する国外出身者の中で、東南アジアや南アジアに出自を持つ者は、顕著な増加を見せている（表3−1を参照）。特に、2011年と2021年の比較では、フィリピン出身者は1.78倍、インド出身者は2.63倍、中国出身者（台湾と香港は除く）も1.97倍となっている。南アジアや東南アジアを出身とする者が多いことは、SSRMによって多くの地方自治体に新しい文化的な多様性が導入されているともいえる。[44]

NTにおける技能移民のエスニシティの多様性は、各種の調査からも明らかになる。第一に、Taylor and Bell（2012: 5–6）の調査回答者に関して、SSRMのプログラムのひとつであるSTNビザ保有者の出身国は、インドが19%、ネパールが13%、フィリピンが11%、中国が10%であり、これら4カ国の出身者だけで回答者の約

表3−1　NTにおける海外出身者の推移。出典：ABS（2021）, Taylor and Shalley（2018: 18）

順位／年	2006		2011		2016		2021	
1	イングランド	5,082	イングランド	5,322	フィリピン	5,912	フィリピン	6,391
2	NZ	3,295	NZ	3,968	イングランド	5,584	イングランド	5,053
3	フィリピン	1,871	フィリピン	3,586	NZ	4,635	インド	5,045
4	米国	1,092	インド	1,917	インド	3,595	NZ	4,041
5	東ティモール	1,025	米国	1,054	ギリシア	1,268	ネパール	2,994
6	ギリシア	940	ギリシア	1,012	米国	1,218	中国	1,705
7	ドイツ	880	インドネシア	999	中国	1,196	インドネシア	1,439
8	スコットランド	783	東ティモール	988	ネパール	1,126	ベトナム	1,350
9	インドネシア	764	ドイツ	970	インドネシア	1,119	スリランカ	1,259
10	パプアニューギニア	636	中国	865	東ティモール	1,029	米国	1,195
合計		16,368		20,681		26,682		30,472

本表での「中国」には台湾と香港は含まれていない。イングランド、スコットランドという区分もそのまま表記している。

44　また、南アフリカやジンバブエを出身とする者が地元の人と繋がりを持ちやすいという研究もある（Wulff and Dharmalingam 2008: 157–159）。

半数［53%］となった。また、RSMSビザ保有者でも回答者の出身国はフィリピンが31%、インドが19%、南アフリカが8%、英国が6%であった。[45] ここでも、東南アジアと南アジア出身者だけで過半数となる。第二に、Taylor et al.（2014: 8）の調査回答者は、SSRMを利用してNTに居住する者に関して、最も多い出身国がインド（19%）、次いでネパール（13%）、フィリピン（11%）、中国（10%）となった。結果として、回答者の半分以上が南アジアや東南アジアの出身であった。[46]

転出に関して、2015年に到着したSSRM利用者を対象とした調査では、NTに転入してから1年以内にNTから転出してしまう割合は、豪州国民が17%、イングランド出身者が19%、NZ出身者が16%である。これに対して、東南アジアと南アジアの出身者に関しては、ネパールが10%、インドが12%、中国（台湾と香港は除く）が8%、インドネシアが10%、フィリピンが7%となっている（Taylor and Shalley 2018: 19）。このことは、東南アジアと南アジアの出身者は、豪州とNZ、イングランド出身者と比較して、1年以内にNTから転出する割合が半分近くにまで減少することを意味している。

SSRMで到来した移民労働者がNTでの生活で持つ不満は、生活コストや住宅の費用が高いことにあり、欧州系の豪州人が言及するNT特有の「苛烈な気候」や地理的な隔絶性ではない（Demographia 2010, Taylor and Bell 2012）。特に、欧州系住民が「苛烈な気候」とみなす状態も、東南アジアや南アジアの出身者からすれば、比較的、適合的であるとも考えられる。従って、NTのような欧州系住民が敬遠する場所を、東南アジアや南アジアの出身者も同様に避けたがるとは限らない。受け入れる自治体の気候や生活環境に適したエスニシティや出身国の人を対象とすることで、受け入れた労働力の定着が促される可能性がある。

これ以外にも、「NTのような場所に移民は定着しない」という「悲観主義」は見直される必要がある。興味深い研究成果として、ドイツ人の女性が、約3,000人の規模で、NTに新規に移住し、定住を開始していることが明らかになっている（Maetens and Taylor 2018）。このドイツ人の女性たちは、大卒や大学院卒の高学歴

45　この調査の回答者の平均年齢は32歳であり、8割が配偶者を伴っていた。RSMSビザ保有者の雇用先は、介護部門が25%、医療や社会保障関連が25%、鉱業が15%、宿泊業や飲食業が14%であった。回答者であるRSMSの利用者は、94%が最初の職場での勤務を続けていた。
46　この調査にて、既婚・婚約中・事実婚のいずれかの状態にあると回答した者は60%未満であった。この配偶者を持つ人々のなかで、NTで同居している割合は79%となる。配偶者の労働市場への参加率も高く、SSRMのビザ保持者の配偶者の83%が、毎週20時間以上の労働をしている。そうした配偶者の26%が医療・社会福祉部門に就業していて、15%が事務職、10%が教育関連部門、10%が小売業に従事している（Taylor at al. 2014: 9）。

の人々であり、WH や旅行などで NT を訪れた経験があり、しばしば豪州人の男性と結婚したりして、ドイツから見て地球の反対側の NT に移住している。このような選好を持つ者を発見・開拓し、ターゲットを絞って誘致することも、定住する住民や労働力を確保する上で有効な方策となる。

5. 小括

　本章では、地方部にて生じた人手不足を技能移民の招へいによって補填するための政策的措置を考察した。豪州では 1996 年以降、「革命」ともいうべき移民政策の改革がなされ、「経済的な効率性」を重視するようになっていった。その結果、以下のような変化が生じた。第一に、「経済的な効率性」の重視によって、社会のフルメンバーとしての永住移民を受け入れるという原則を転換させていった。まず、1996 年以降、技能移民は一時移民として「2 段階」での選抜を経て受け入れられることとなった。この場合は、3 年後のビザ更新によって永住権につながる雇用・就労形態であり、永住移民を受け入れるという方針を受け継いではいる。しかし、3 年間の試用期間を設けることによって、豪州社会に貢献できる人材として、継続して就労できるかを試しているといえる。

　現在では、永住権を得たとしても、一定の期間、社会保障関係の費用が自己負担となる。このことは、受け入れ社会の「負担」となりうる家族移民を削減させる方向にもつながっている。これは受け入れる豪州政府の側からすれば、財政負担を削減できることを意味しており、「経済的な効率性」の重視となる。しかし、移民の側からすれば、市民としての権利が縮減されていることを意味する。

　第二に、SSRM の導入に至る背景と制度的な特徴を論じた。SSRM は移民受け入れにおける「経済的な効率性」の重視の一環として、都市部への集中という「非効率」を回避し、地方部にも労働力を配置するという「効率性」の追求を目指した。SSRM は、技能移民ビザの発給条件を緩和した上で、地方部にて就労してもらう制度である。SSRM では、居住義務が設定されることが特徴である。SSRM の導入から 10 年のうちに、技能移民の 3 割強がこの制度を利用して地方部で就労するなど、技能移民の登用と配置の仕方に大きな変化がもたらされた。また、SSRM は 2018 年度に「移民協定」という形態を採用するようになったが、技能移民ビザの発給条件を緩和した上で技能移民を地方部に登用し、3 年後に永住権に申請できるという発想を引き継いでいる。そして、現在運用がなされている DAMA、CSLA、ILA、

SRLAPの特長を論じた。特に、SRLAPは熟練技能を有する難民を技能移民として呼び寄せる仕組みとなっている。

　第三に、SSRMにおいて、地方部に一旦配置した人材をその土地に留めておくために取られている方策を考察した。最初の3年間、地方部での就労と居住を義務づける措置は、転出を抑止する上で一定の効果を上げている。また、実際に受け入れる移民の選好や出自、エスニシティに応じて、地方部への定着の度合いが変化する可能性を示した。特にNTでは、南アジアや東南アジア出身の労働者の間で定着する割合が高いことが判明している。

　本章で扱ったのは高度技能人材である技能移民であったが、地方部では半熟練・非熟練部門を担う人材も必要になる。1996年まで、豪州は期限付きの労働力を導入しておらず、忌避してきたともいえる。しかし、1996年以降、徐々にゲストワーカー制度のような帰国を前提とする労働力の登用を拡大させていった。特に、WH渡航者や太平洋諸島出身者が、地方部での人手不足を解消する手段として用いられるようになった。次章では、非熟練・半熟練労働力の確保の手段として、太平洋諸島から労働力を招へいするプログラムである「太平洋諸島労働協定」を中心に論じる。この枠組みの中で、難民認定者の招へいは考えられる必要があるからである。

第 4 章

地方部における非熟練・半熟練労働力の確保に関する政策的実践：「太平洋諸島労働協定（PLS）」の園芸農業部門での利用状況を中心に

1. 本章の課題：農村部の労働力不足に際して、非熟練・半熟練労働力をどのように国外から確保しているのか

　豪州の地方部において、非熟練労働力や半熟練労働力はどのようにして確保されているのか。特に、人手不足が生じた際に、国内の労働力から補填できない場合に、どのような手段が採用されているのか。本章では、太平洋諸島の 9 カ国から期限付きで労働力を受け入れる「太平洋諸島労働協定（PLS: Pacific Labour Scheme. 現在は太平洋・豪州労働協約［PALMS: Pacific Australia Labour Mobility Scheme］として改組中）」を考察する。[1] この他に、地方部において国外から非熟練労働力を確保する手段のひとつに、ワーキングホリデー（WH）制度での渡航者を労働力として登用する方策があるが、WH 制度に関しては、藤岡（2017）にて精緻な分析がなされている。本章では、PLS を中心に考察することとし、WH 制度に関しては、藤岡（2017）で言及されていない点を中心に論じることとする。[2] 特に、本章では、園芸農業部門（horticulture. 青果類、花卉類の栽培）における PLS の使用状況に注目する。[3]

　新型コロナウイルスの感染拡大に際して、豪州の農村部での労働力不足が問題となった。豪州政府は感染拡大に際して、2020 年 3 月 20 日から非居住者の入国を禁止し、帰国者にも隔離を強制するなどの、いわゆるゼロコロナ政策を実施した。その中で、とりわけ園芸農業部門における収穫期の労働力が不足する可能性が高まった。園芸農業部門の収穫期には、非熟練労働力が大量に必要になる。収穫期では、

1　豪州の学術研究や報道では PALM Scheme と略記されることが多いが、本書では、PALMS とする。
2　藤岡（2017）は、日本の労働社会学としての研究を強く意識していて、意図的に豪州側の社会事情を考察に含めていない部分がある。この点は、Onozuka（2018）を参照されたい。
3　園芸農業部門には、野菜（全体の生産に占める割合は 33%）、果物（同 38%）、ナッツ類（同 8%）などの栽培が含まれる。豪州での園芸農業部門の生産総額は、2018 年度において 144 億ドル（2019 年度は 150 億ドル）であり、農業部門全体（690 億ドル）の約 20% を占める（ABARES 2021, EY 2020）。

園芸農業部門において半熟練労働力が23%、非熟練労働力が40%（計63%）を占める（ABARES 2021, EY 2020）。

　園芸農業部門は、労働力の確保において、コロナ禍による渡航制限の影響を大きく受けたといえる。表4－1は、コロナ前の2019年と渡航制限が実施されていた2020年における園芸農業部門の従事者数をカテゴリ別に表したものである。コロナ前の2019年度において、園芸農業部門に従事する労働者数は、1ヶ月平均でみると全体で148,594人である。その内訳は、太平洋出身の労働者が9,400人、ワーキングホリデー（WH）ビザ保有者が39,022人、豪州市民が71,942人、家族経営の労働者が28,230人となっている（ABARES 2021, Sharman and Howes 2022）。そして、コロナウイルスの感染拡大によって、2020年度では、1ヶ月平均で同部門での労働者の総数は136,694人となった。内訳は、太平洋出身の労働者が8,541人、WHビザ保有者が28,684人、豪州市民が71,489人、家族経営の労働者が27,980人となった。コロナ禍によって、この部門での労働者の確保が困難となり、園芸農業部門の従事者数が減少した。その内訳として、WHビザ保持者が10,338人、太平洋諸島からの労働者が859人、豪州国内の労働者が453人、家族経営の労働者は250人の減少となった。これらの数値は、労働力の補填がなされた後の結果を示している。特に、一時ビザ保有者である、WH渡航者と太平洋諸島出身者が形成する労働力が大きく減少した。[4]

　コロナ禍での人手不足を補填するにあたって、豪州国内からの人材の確保に加えて、太平洋諸島から外国人労働者を追加的に招へいする、という形で解決策が模索された。[5] その理由として、第一に、農業部門の労働力として登用できる、学生ビザやWHビザの国内での保有者が、渡航制限によって大きく減少したためである。特に、コロナ前の園芸農業部門において、収穫期における非正規雇用での労働力を提供していたのは、WH渡航者であった（Howe et al. 2019）。第二に、太平洋諸島

表4－1　園芸農業部門における従事者数の変遷（1ヶ月平均）。出典: Sharman and Howes（2022）, ABARES（2021）

	2019年度	2020年度	増減
太平洋諸島出身者	9,400	8,541	△ 859
WHビザ保有者	39,022	28,684	△ 10,338
豪州市民	71,942	71,489	△ 453
家族経営の労働者	28,230	27,980	△ 250
合計	148,594	136,694	△ 11,900

ではコロナウイルスの感染が蔓延しておらず、この地域から労働者を招へいしても豪州でウイルスを拡散されるリスクが少なかったからである。第三に、太平洋諸島からの労働力の受け入れには、本章で考察する制度がコロナ禍以前から運用されていて、すでに前例が存在していたことが挙げられる。

コロナウイルスによる危機は、それまで潜在化されていた社会問題を可視化させることになった（日本経済新聞 2022 年 2 月 24 日）。豪州において、外国人労働者や国内の人材を農村部に呼び寄せ、人手不足を解消させる問題は、2010 年代以前から課題となってきたからである。本章では、農業部門における非熟練・半熟練分野での人手不足の発生に際して、海外からの労働者の招へいによって補填する場合に、どのような制度が用いられてきているのか、その仕組みにいかなる特長と問題点が存在しているのかを考察する。

本章の構成は以下の通りである。本章では、第一に、豪州政府による一時移民（滞在期限付き労働力）の登用の拡大に関する政策的動向と併せて、PLS の制度的な特質を論じる。PLS の創設にあたっては、第 3 章にて論じた 1996 年以降における外国人労働力の確保の方策に関する移民政策の転換が反映されている。第二に、PLS が雇用主や農業部門の運営にもたらす利点を考察する。同時に、PLS の問題点を労働者の視点から分析する。特に、太平洋諸島の出身者が労働現場において、どのような状況に置かれているのかに注目する。その上で、第三に、問題点の改善に向けて、改組中の制度である PALMS において、いかなる改善策がとられているのかを論じる。また、この新制度 PALMS における労働者への保護方策に関して、いかなる批判が存在し、そのような批判に対してどのような反論がなされているのかを考察する。最後に、連邦結成前になされた太平洋諸島からの労働者の連行（ブラックバーディング）と本制度の関連性を論じる。

4 　コロナ禍の初期段階において、WH 労働者は豪州国内に約 14 万人存在していた。2020 年 8 月の時点で、豪州に滞在している WH 労働者は 71,833 人であり、前年 2019 年 8 月の 127,780 人と比較して、約 5 万人減少している（Topsfield 2020）。コロナ禍によって多くの人々が帰国し、新たな労働力が供給されない状況が生まれた。

5 　玉井（2021a, 2021b, 2021c）は、農業経営者や行政の視点から、コロナ禍における豪州の農業部門の運営に関して、どのような対応がなされてきているか、農業の生産や輸出がどのような動向にあるかを主題として考察が展開されているが、労働者側の視点は分析に含まれていない。また、豪州国民や永住権保持者を農業部門の労働力として採用する上での支援策に関しては、藤岡（2022）による報告がなされている。従って本章では、外国人労働者の確保による人手不足の解消に向けた方策に焦点を当てる。本章は、労働者の視点を含めつつ、移民政策論や地域社会学、地域開発論として、これらの議論の発展に貢献することを意図する。

2. 「太平洋諸島労働協定（PLS）」の特質と導入に至る経緯：農村部の非熟練・半熟練労働力の確保の手段として

　太平洋諸島の労働力を滞在期限付きの労働力として招へいし、農業部門を中心に登用する制度として用いられてきたのは、「太平洋諸島労働協定（PLS. 現在はPALMSとして改組中）」である。PLSでは、太平洋諸島9カ国（フィジー、キリバス、ナウル、パプアニューギニア、サモア、ソロモン諸島、トンガ、ツバル、バヌアツ）と東ティモールの人々を対象として、2つのプログラムが運用されている。第一は、「季節労働プログラム（SWP: Seasonal Worker Program）」である。SWPでは地方部の農業や養殖業、宿泊業において、9ヶ月間の就労が可能になる。第二は、「太平洋労働プログラム（PLS: Pacific Labour Scheme）」である。[6] PLSは現在4年間有効であり、この期間は何度も出入国できる。農業や養殖業、宿泊業に加えて、食肉加工業、高齢者介護、障がい者介護といった分野での就労も対象となっている。いずれも労働分野は、非熟練・半熟練の部門と明記されており、家族の帯同はできない。

　PLSの起源は、2009年から試験的に実施された「太平洋季節労働者受け入れ事業（PSWS: Pacific Seasonal Workers Scheme）」にある。PSWSでは、園芸農業部門と北部地域の観光業の事業主を中心的な対象として、非熟練労働力を期限付きで、太平洋諸島と東ティモールから雇用することを可能にした（Golebiowska et al. 2016: 437）。農業と観光業の他にも、PSWSにおける地方部での就業機会には、林業、漁業、鉱業、福祉関連のケアワークなどがあった。これらの業界の就労内容には、高度技能を伴う部門もあるが、非熟練・半熟練労働力を必要とする場合も多い。

　PSWSの施行に際しては、これらの業界での非熟練・半熟練の分野において、豪州国内からの労働力の獲得に困難が生じていたことが背景に存在した（Hugo 2008b: 568–569）。そして、複数の雇用主の団体が、連邦政府に対して、非熟練・半熟練分野での一時移民の受け入れに関するロビー活動を展開していた。[7] すなわち、海外からの労働力の確保に際して、移民労働者の側に要求する職能・技能等の要件を引き下げ、非熟練・半熟練の労働力を滞在期限付きで受け入れられるように請願がなされた。2008年の段階では、豪州政府は、このような滞在期限付きの労働力（一時移民）の受け入れを許可していなかった。その理由として、i）失業率が4.5%と、一定の数値を記録していること、さらに、ii）これまでの対等な市民

---

[6] 以下、本稿でのPLSとは、短期の「季節労働プログラム（SWP）」と長期の「太平洋労働プログラム（PLS）」の双方を指す。
[7] この点は、Senate Standing Committee on Employment, Workforce Relations and Education (2006: ix–x) を参照。

として永住権の取得を前提とした移民受け入れの在り方と反すること、が挙げられた（Hugo 2008b: 569）。さらなる一時移民の受け入れを要望する圧力が様々な業界で高まる中で、産業に特化したものというよりも、特定の国と地域（すなわち、太平洋諸島）の出身者をターゲットにしたプログラムが運用されることになった。

3. PLS の特長・利点と問題点

1）PLS の特長・利点

①対外援助としての役割

　豪州政府側の発表では、PLS の第一の目的は、対外援助とされている。すなわち、賃金の送金によって、出身地の家族や親類の生活を向上させ、ひいては出身国の発展に貢献することが想定されている。この対外援助という名目は、労働者に永住権を与えずに、帰国を前提とする制度設計と関連している。豪州で養成した人材がそのまま島外に流出してしまえば、出身国にとってマイナスになる、とする発想が背景にある。

　PLS は太平洋諸島の人々に対して、複数のメリットをもたらしていると記されている（PALMS 2022a）。まず、送金によって、労働者とその家族が住宅を新築できたこと、子どもたちを教育機関に通学させることができたことなどが挙げられている。太平洋諸島出身の労働者は、最初の 6 ヶ月間の雇用で 9,000 ドルを送金しているとする試算もある（ABC 2022）。送金の形態は多様であり、直接手渡したり、物品を贈る場合もあるため、正確な金額は明らかではない。しかし、豪州に到着してから間もない段階で、一定の金額を送金できているという試算は、PLS が太平洋諸島出身の労働者に、一定の利益をもたらしていることを示している。

　この制度に参加する太平洋諸国における一般の人々の年収は、1 万ドル前後である。これに対して、PLS を用いて豪州で就労すれば、最低でも時給 23.23 ドルは稼ぐことができる。一定の期間、豪州での労働に従事するだけで、出身国で労働するよりも、はるかに多額の賃金を得ることができる。コロナ禍で賃金水準の高い国々への渡航機会が制限される状況下において、PLS への参加は太平洋諸島の住民にとって、魅力的な選択肢のひとつとして存在していたと考えられる。

　太平洋諸島の経済・社会構造は、かねてから MIRAB 経済論として問題提起がなされている。すなわち、太平洋諸島の経済・社会構造は、MI（Migration: 出移民）、

R（Remittance: 出移民からの送金）、A（Aid: 国外からの公的援助）、B（Bureaucracy: 肥大化した公的部門）、によって特徴づけられるとするものである（Betram and Watters 1985, Betram 1999）。確かに、移民していった国民が、送金によって出身地の住民の生活を物質的に豊かにさせているのは事実ではある。しかし、最大の問題点は、送金がなされ続けることによって、出身地の住民の生活がそれなりに成立してしまうため、現地社会の自発的な発展（産業育成など）が阻害されてしまい、「貧困」とされる状態が改善されない点にある。

　人口が少なく、後背地も狭く、商圏も限定され、所得水準の高い国々からも地理的に隔絶する中で、太平洋の島嶼国での産業の育成には、大きな困難が伴う。航空機や船舶での移動にしても、多大な時間と費用がかかる。また、先進諸国と同水準の通信網を整備することも、容易ではない。このような地理的な現実を考慮すると、国外に移民していった人々が送金をして、現地社会の物質的な生活を支えるというのは、現実的に実行可能な限られた選択肢のひとつなのかもしれない。

　この他にも、第二に、PLS の目的としての対外援助と関連して、労働者の技能の向上が意図されている。特に、労働現場での職能訓練に対して、雇用主に助成金が支給される制度が用意されている。この職能訓練には、初歩的な技能の習得も対象に含まれていて、労働現場での必要最低限の英語能力や身辺の衛生管理の方法、傷病に際しての応急措置の習得から始まり、フォークリフトや自動車免許、専門職能資格（Certificate I–III）の取得、といった発展的な技能の獲得も含まれる。習得させる技能の内容に応じて、雇用主は労働者 1 人あたり、単年度で 150 ドル、あるいは、600 ドルまでの助成を受けられる。豪州で得た技能は、出身国に帰国した際に有効に活用できると想定されている（PALMS 2022b）。[8]

②雇用主は、労働力を安定的に確保でき、労働者は、「安定した職と居場所」を得られる

　PLS の制度上、雇用主が身元引受人（スポンサー）になることによって、労働者は滞在・就労が可能となる。原則として、労働者は、PLS の期間中は同一の雇用主のもとに留まることになる。このことは、雇用主である農業経営者からすれば、低賃金労働力を必要な期間だけ確実に確保でき、退職されるリスクを大きく低減でき

---

[8]　ただし、雇用主が記入する助成金の申請書を検討すると、労働者の得られる技能は、雇用主にとっての利益の拡大に寄与するかという項目が重視されていることがわかる。労働者自身が専門的な職能を身につけ、キャリアアップにつながるかという点は、議論の中心に据えられていない（PALMS 2022c）。

ることを意味する。[9] 特に短期のプログラムである SWP では、最長 9 ヶ月の滞在期間の後に、労働者に帰国義務がある。このことは、雇用主からすれば、農閑期に余剰労働力を抱え込まなくて良いことを意味する。

　PLS の労働者は「法的な保護」を受けた上で就労することになっている。雇用主の側も、PLS への参加に際して、様々な法的な制約を受けることになっている。申請時には、i) 労働者が宿泊・居住する物件の詳細の提示、ii) 雇用主の過去 5 年間の財務状況に関する情報の提供、iii) 労働者への支援方策に関する計画の提出、iv) 労働者が現地社会と関与・交流する方法に関して、現地社会の推薦人の連絡先を示しつつ説明が必要、となっている。雇用が開始された後は、v) 雇用主が法的な給料水準を遵守しながら、最低限の労働時間（週 30 時間）を提供できること、vi) 心理的なケア（pastoral support）を労働者に実施できること、が必須となる（Sherrell and Coates 2021）。このことは、法律上は一定程度の水準の賃金と福利厚生の提供が、雇用主に義務づけられていることを意味する。さらに、雇用に関する法律に抵触した際には、雇用主は PLS において労働者の身元引受人（スポンサー）となる資格を失う場合がある。

　雇用主がスポンサーとなり、滞在・就労が実現していることは、労働者の側からすれば、ビザが有効な期間は解雇の心配が少なく、「安定した職と居場所」を確保できることを意味する。豪州政府側からの制度的な支援も受けられることになっており、労働基準監督署（FWO: Fair Work Ombudsman）による監視・監査、電話によるヘルプラインを通じた支援、現地社会の関係者による援助、などが含まれている。

　さらに肯定的な見方をすれば、とりわけ PLS の長期プログラムは、WH とは異なり、労働者が勤務先を変更する必要もなく、雇用主の側もその労働者を継続して雇用できる。そのため、雇用主と労働者の関係が良好で、お互いのニーズが合致した場合には、双方にとって利益となる状況が生まれることになる。雇用主や豪州政府、さらに PLS の推進派の人々によると、この制度は、雇用主と労働者双方にとってメリットが大きいとされ、雇用主と労働者の間で「素晴らしい関係」が築かれている事例は複数存在するとしている（ABC 2022）。

9　あるアボカド農家は、豪州市民を雇用した場合、素行に問題があったり、3 〜 4 日で退職してしまうケースが多いとしている。また、コロナ禍においては、外食産業の運営規模が大幅に縮小したことによって、アボカドの価格が下落し、労賃を低く設定しないと採算が取れなくなり、結果として、安価な労働力への需要が高まった、とされる（ABC 2021）。

2）PLSの問題点：労働者の視点から

①雇用主を変更できない

　PLSでの労働者は、名目上は豪州国内の労働者と同等の権利を有している。[10] しかし、PLSの労働者は勤務先を変更できない。ジョアンナ・ハウ（Joanna Howe）によると、「PLSには制度設計において欠陥」があり、「労働者が単一の雇用主に縛られる」ことが「破壊的なまでの『権力のインバランス』を生み出す」としている。特に「雇用主と問題が発生した際に、次の職場に移ることができない」ことは、労働者に「法的な保護」がなされているとされながらも、実際には深刻な問題を生んでいるとする。通常の技能移民は自らの労働条件に関して交渉ができたり、雇用先を変更する権利を有している。しかし、PLSの労働者にとって、異なった雇用主への移籍は実質的に極めて困難であり、他のビザや永住権への申請も制限されており、労働組合へのアクセスにも支障が生じている。[11]

　PLSの労働者が相談できる政府の担当窓口は設置されているものの、ほとんどの労働者は不満を表明しないことを選ぶという。その理由として、ハウは「太平洋出身の労働者は労働基準監督署（FWO）などに相談することはしない。なぜなら、相談がなされた場合には、FWOが雇用主に連絡を取り、通報の事実を知った雇用主がその労働者とのスポンサーシップを解消する、と労働者が考えている」からであるとする。労働者が雇用主に直接不満を申し出た場合であっても、労働契約やスポンサーシップの協定が中断され、ビザが取り消され、豪州での就労を継続できなくなるのではないか、という恐怖心を持っているとしている。

　この状況下で、英語力に課題を有していたり、労働現場での諸権利に詳しくない外国人労働者が、現場で不適切な扱いを受けても声を上げられない、という状態に追いやられる。そして、こうした労働者が採用できる選択肢は、期限満了まで我慢すること、あるいは、逃亡する（abscond）ことに限られてしまう。[12] 「法的な保護」があっても、PLSの労働者が制度的な支援にアクセスしたり、実際のサポートを得

10　断りのない限り、本節の記述は、ABC（2022, 2015）、Rose（2021）、Sherrell and Coates（2021）、Wright and Clibborn（2020, 2017）を参考にしている。
11　豪州政府による調査委員会において、PLSでの労働者は、雇用主の変更が可能ではあるのだが、豪州政府による承認（departmental endorsement）が必要であるとの回答がなされた。また、この調査委員会では、雇用主は労働者を不適切に扱わないように監視されている、との担当部局からの回答があった（ABC 2022）。しかし、労働現場が遠隔地にあり、移動や通信の手段が限定され、郵便局へのアクセスも限られるような状況下で、労働者が勤務先の変更の申請を行い、審査結果を待つことは現実的であるとはいえないのではないか。

ることには困難が生じており、労働者が搾取的な処遇を受ける事例はなくなっていない。

　ハウによると、問題なのは、豪州の農業部門に「セカンドクラス（下層労働者あるいはアンダークラス）」が生まれてしまい、自らの状況に関して声を上げられない人々が生み出されている点にあるとする。そして、農業経営者が自らの利益を不当に拡大させるために、PLS を悪用する点に問題があるとしている。

②給料が適切に支払われない
　雇用主が優越的な立場にいて、労働者が勤務先を変更するなどの諸権利を制限されていることが、給料が適切に支払われないなどの搾取的な処遇を受けるといった問題へとつながっていく。農場での労働に関しては、最低でも時給 23.23 豪ドルを得られることになっている。しかし、航空運賃の費用、さらに、国内移動費や宿泊費などと称して、雇用主から賃金を天引き・ピンハネされることが広範に見られている。給料明細書や労働局に提出される書類の文面では、合法的であるかのような体裁が取り繕われているが、実際に労働者が手にできる金額は、最低賃金を大幅に下回る金額となっている事案が見られる。

　給料の天引きがあまりにも多額となり、労働者の手元にほとんど残らないケースがある。[13] 豪州上院の調査委員会で実際に証言をしたセルジオという労働者は、2019 年に来豪し、当初は Vic 州において、ぶどうの収穫に従事していた。セルジオによると、Vic 州で働いていた 12 ヶ月の間、経済的な困難から、朝食・昼食・夕食に即席麺しか食べないという時期が長期間継続したとしている。セルジオの労働期間中には、1 週間に 100 ドルしか支払われず、その 100 ドルからさらに 30 ドルを差し引かれた 70 ドルが渡されたとしている。そこから送金をしようとすれば、手元にほとんど現金は残らない。給料天引きがどのような理由でなされているのか、雇用主からの説明はなかった。

　2017 年に実施された一時移民に関する全国調査は、賃金のピンハネが外国人労

12　このように労働現場にて直面する問題に声をあげないことに関しては、イタリア人労働者の場合でも同様に該当する。その理由として、i) 一時的な雇用機会であるのに紛争状態となるのは割に合わないと考えていること、ii) 雇用主からの報復を恐れていること、iii) 低賃金であっても一時的なものとして受け入れ、我慢するという心性が働いていること、が挙げられる（Campbell et al. 2019）。
13　この他にも、雇用主の私物を借用しただけで数十ドルの使用料を請求された事例、現場への移動費と称して毎週 160 〜 300 ドルを天引きされたケース、飲酒が発覚して 500 ドルの罰金を私的に強制徴収させられた事案、などが紹介されている（ABC 2022）。

働者の間で広範に経験されている実態を明らかにした。調査に参加した 4,322 人のうち、支払われた賃金が時給 15 ドル未満と回答した人は 46% であり、同じく時給 12 ドル未満との回答者が 30% を占めた。賃金ピンハネは様々な産業で行われていて、最も深刻な状況は農業で見られた。特に、園芸農業部門では、外国人労働者のうち、支払われた賃金が時給 10 ドル未満であったと回答した人が 31% を占め、同じく、時給 5 ドル未満とする回答が 15% であった（Berg and Farbenblum 2017: 31）。

　2019 年に、NSW 州の労働組合と Vic 州の移民労働者センターが同様の調査を実施したところ、類似の結果が得られた。1,300 人の移民労働者が調査され、ある時点で賃金が適切に支払われていなかったと回答した人が 78% にのぼった。そして、出来高払いで給料を受け取っている人のうち 34% が、給与の支給方法に関して、いかなる協定・取り決めにも署名することはなかったとしている。出来高払いの給料が最も低かったケース（この場合は、ぶどうとズッキーニの農場）では、日給で 9 ドルしか受け取っていないという回答がなされていた（Migrant Workers Centre and Unions NSW 2022, Rose 2021）。

　この背景には、2022 年 4 月 28 日に至るまで、出来高払い制において、最低賃金に相当する額の給付が保証されていなかったことが挙げられる。出来高払いでの賃金支払い額は、生産性の高い労働者に対しては、1 時間あたり最低賃金よりも 15% 以上（すなわち、時給換算でプラス 3 ドル以上）は多く支払われるようにする必要がある（FWO 2021）。この出来高払い制は、労働者と雇用主が相互に合意した上で、追加の給与額が設定されていれば、労働者にとってのインセンティブとなり、雇用主も生産性の向上が期待できる。しかし、実際は出来高払いの賃金があまりにも低額となる事態がみられていた（Rose 2021）。

③劣悪な住環境

　雇用主は、労働者の居住物件を用意する義務が課されているものの、その住環境が適切な水準に維持されていないケースも複数見られている。ウィリーという労働者によれば、出身国の家族に送金した後は、現金が全く手元に残らなかったとする。50 ドルで 1 週間の食費を賄わなければならないこともあった。ウィリーはホステルに滞在しているが、何人もの労働者と部屋をシェアしなければならない。そのホステルに 50 人以上が居住する中で、6 つのトイレと 6 つのシャワーを男女で共有している。台所では、コンロに火がつかないなどの問題がある。さらに、トコジラミが発生するせいで深夜 0 時から 3 時の時間帯に起こされてしまい、トコジラミ

を駆除しなければならない、とウィリーは証言している。また、先述のセルジオは、1つの部屋を7人の労働者とシェアしている。台所で調理をする場合にも、シャワーを浴びる際にも、かなりの時間を待たされている。

4. 新制度「太平洋・豪州労働協約（PALMS）」における労働者への保護方策が有する問題点と、現状の制度を擁護する意見

1）新しい保護方策が抱える問題点

　PLSの運用時に、これまで論じてきた労働者に対する搾取的な処遇が問題となったことが、PALMSへの制度改善の一因となった。新しいPALMSのもとでは、連邦政府が行政手続きを簡素化するとともに、労働者の権利の保護がなされるように制度を改善させたとしている。しかし、こうした変化が搾取的な処遇を生むような制度上の欠陥に対処できているのか、疑問の声も上がっている（Sherrell and Coates 2021）。

　Stead（2021）は、この新制度において改善がなされた内容は不明確であり、労働者の保護方策に関して、具体的な行動指針を示す必要があるとする。第一に、Payne and Seselja（2021）などに見られるPALMSの説明には、「労働者に対する保護の強化」であるとか、「コンプライアンスの遵守と安心感を確証するプログラム」の実施などと記述があるが、詳細は明らかにされていない。

　第二に、「労働力の移動可能性（labour mobility）」や「柔軟性（flexibility）」とあるが、これは労働者が自らの意思で雇用主を変更できるという意味ではない（Stead 2021）。すなわち、PALMSでの「労働力の移動可能性」というのは、労働者の側が選択できるものではなく、「労働力に対する雇用主側の需要」に応じて経営者が採用できる方策となる。具体的には、毎週30時間の最低労働時間を充足するだけの労働内容を提供できないときに、雇用主の側が、労働者を他の農業経営者のもとに配置換えできるというものである。

　第三に、Stead（2021）の指摘をもとに、PALMSの説明をさらに検討すると、「24時間ヘルプライン（24/7 helpline）」とあるが、この番号に電話して、具体的に何をしてくれるのか、不明確であることがわかる。こうした窓口に通報をしても雇用主との関係が保護されるのか、安全が確保された上で別の労働現場に異動できるのか、といった懸念に関しても説明がない。対応策の内容はこれから明確になるのかもしれない。しかし、労働者の視点に立脚した運用がどの程度なされるのかは不明であ

る。また、労働現場は地理的に隔絶していることが多く、行政やFWOによる介入がどの程度、現実的になされるのかも明確ではない。

　第四に、労働現場や日常生活での問題を「文化の違い」に還元するような記述も目立つ。しかし、労働現場の問題は「文化の違い」に起因するとは限らない。PALMSでの労働者の保護方策として、「労働者の福祉の確保と文化的な配慮がなされる」、「現地社会との関わり合いの中で生活・労働する」、「労働者の福祉・福利の確保を最優先とする」といった一般化された言い回しが記載されている。しかし、具体的な運用に関して、詳細は明らかになっていない。

2）現状の制度を擁護する意見

①労働者との「文化の違い」が問題を生じさせている

　PLSを擁護する代表的な意見は、以下の2点である。まず、太平洋諸島出身の労働者が搾取的な処遇を受け、人権侵害が生じているケースが見られることに関して、農業従事者の代表機関（National Farmers Federation）の幹部は、これらの人権侵害ともいうべき事案は「例外的な逸話」に過ぎないとする（ABC 2022）。この人物がいうには、PLSはすでに制度設計において「チェックとバランスの機構」が組み込まれていて、「政府による厳格な審査」が介在しているとする。従って、「まともな雇用主であれば不法な賃金ピンハネをするわけがなく、仮に給料からの天引きが問題となったとしても、簡単に解決が可能」であるとする。続けて、この人物は、「（労働者の側が解決に向けて）話し合いをすれば良いのに、太平洋出身の労働者はなぜしないのか」とし、労働現場での諸問題は「文化の違い」が生んでいると指摘する（括弧内筆者）。そして、「私はこれを必ずしも権力のインバランスとは呼ばない。[...] 太平洋出身の労働者たちは、自信を持って、雇用主と対話するべきではないか」としている（ABC 2022）。

②現状の制度設計は適切であり、メディアの偏向的な報道が問題である

　次に、豪州国立大学（ANU）クロフォードスクールの教授であるスティーブン・ハウズ（Stephen Howes）は、同大学のウェブサイトにおいて、この制度を擁護する意見を継続的に発信している。第一に、ハウズによると、労働者本人に加えて、太平洋の出身国にとっても、このプログラムがもたらす経済的な恩恵は極めて大きく、対外援助としての重要な役割を果たしているとする。そして、メディアでは否定的な内容の報道がなされているが、当事者である労働者たちは、この制度を肯定

的に評価していることを忘れるべきではないとしている（Howes 2020）。

　第二に、この制度には、すでに労働者を虐待・ハラスメントなどの不適切な処遇から保護するための安全機構（セーフガード）が存在している、とハウズは主張している。WHビザ保有者が農場で労働する場合と比較した際に、PLSの労働者には搾取的な処遇は発生していない（Howes 2018, Jackson 2022）。PLSは相当の制限を受けたプログラムとなっているが、WH制度は、依然として監視の枠組みなど各種の法的な規制が充分に整備されていない（Howes 2020, 2018）。そして、このPLSにおける法的な規制をさらに追加で強化するようであれば、PLSは外国人労働力を確保する手段として使用されなくなる可能性がある。従って、現状の制度設計が適切であるとしている。

5. 太平洋諸島からの労働力の登用は、新しい植民地主義なのか

　太平洋諸島からの労働者の受け入れは、連邦結成前になされていた南太平洋諸島からのブラックバーディングを想起させる。1890年代末まで、QLD州のサトウキビ農園の経営者らを中心に、南太平洋の島嶼国から誘拐に近い形態で、労働者を連行していた時期があった。そして、形式的には契約に基づきながらも、実質的には奴隷のように使役していた（関根 1989: 168–181, Raynolds 2004）。現在でもPLSでの労働者の就労先は、QLD州内が最多となっている。この史実に鑑みれば、太平洋諸島から労働者を登用する現在の制度は、植民地主義の新しい形態であり、現代版のブラックバーディングによって、太平洋諸島の人々を搾取的に処遇している、と指摘することも可能ではある。

　2020年代の現在では、太平洋諸島出身の労働者は、自らの意志で来豪している。出身地である島嶼国において就労先の選択肢が限定されているため、「自らの意志」というよりも出移民をせざるを得ないという状況的な制約はある。しかし、太平洋諸島出身の労働者は、1890年代頃には一般の労働者の賃金水準を大幅に下回る金額しか稼得できなかったのに対して、現在では少なくとも、豪州の最低賃金以上の給与を得られるように法的に保証されている。そして、MIRAB経済論に指摘される問題点はありながらも、出身地の家族や親戚への送金によって、現地の生活水準を一応は改善させており、開発援助のような意味合いを持たせることはできている。従って、19世紀末になされていたブラックバーディングとは様相が異なるのであり、植民地主義という表現を用いるのは、必ずしも適切ではない。

しかし、本章で示したように、国外出身の労働者を法定賃金以下で酷使し、搾取的に処遇する事案が見られるのも事実である。労働者へのハラスメントによって、雇用主は、一時的な利得と嗜虐的な満足感を得て、優越感に浸ることができるであろう。しかし、そのような雇用主や組織は、持続的な利益を上げ続けることができるのだろうか。適切な金額の給与の支払いに加えて、労働者にインセンティブと福利厚生を与え、生産性を向上させていく各種の取り組みを通じて、その雇用主は長期的に、より多くの収益を得られる。その場合、現場で熟練した労働者は転職せずに、定着してくれる可能性が高まる。働きやすい職場には、有能な人材がさらに外部から応募してくる。労働者を大切にする組織は、このような好循環を生む可能性が高い。[14] あたかも焼畑農業のように労働者を酷使し、使い捨てる組織には、有能な人材が定着しない。社会的な評価も下落し、最終的には崩壊に至るのではないか。

6. 小括

本章では、非熟練・半熟練労働力を海外から確保する手段としてのPLSの特質を考察した。コロナ禍のもとで、渡航制限が実施された結果、WH渡航者といった一時ビザ保有者が減少し、豪州の農業部門において労働力不足が生じることになった。その対応策として、豪州政府は太平洋諸島から滞在期限付きの労働力を受け入れて解決を図ろうとした。その上で、太平洋諸国からの労働力を受け入れる制度であるPLSの特長を考察した。PLSには、対外援助としての役割があり、送金と労働者の職能の向上によって、出身国の発展に寄与するとされている。そして、PLSでは、安定的な雇用関係を労使双方の側で構築できる場合もある。

次に、PLSの問題点を主に労働者の視点から考察した。労働者が雇用主を変更できないことなど、労働者としての権利を制限されていることが、雇用主との間での「権力のインバランス」を生み、賃金のピンハネ、さらには、劣悪な状況での生活や労働を強いられる、といった事案を招いている。PLSがPALMSへと改組されることで、労働者の処遇に関して改善がなされているようには見える。しかし、実質的な改良の度合いは不明確である。「権力のインバランス」は改善されておらず、労働者による勤務先の変更は依然として困難であり、改善されたとする労働者への

14　1996年までの豪州の移民受け入れ政策が、永住移民の受け入れによる安定的な社会の運営を目指していたことに関して、この論点も視野に入れていたと考えられる（第2章、第3章を参照）。

一連の支援内容にも曖昧さが残る。それでもなお、この太平洋諸島からの労働力受け入れスキームは、対外援助としての役割を一定程度は果たしており、ブラックバーディングとされる過去の慣行とは様相を異にしている。

　本章では論じられなかったが、農村部の人手不足を解決するもうひとつの方策として、「農業ビザ（ag visa）」の構想が進行中である。この制度は二国間の移民協定に基づいて労働者を招へいし、永住権の取得にも開かれている査証制度である。農業ビザに関しては、現時点で確定的な情報が限られているため、別稿にて扱うこととする。

第 5 章

カタニングにおける難民コミュニティ主導型の移住事業の展開

1．本章の課題：難民コミュニティ主導型の移住事業の特質はなにか

　WA 州の南部に位置する農村自治体であるカタニングでは、特に 1970 年代以降、様々な非英語圏の移民・難民を受け入れながら自治体の発展がなされてきた。人口 4,057 人のカタニングには、総計で 50 以上の国に出自を持つ住民が居住している。カタニングでは、町の人口の減少は抑制され、若い世代が継続して流入してきている。なぜこのような移民・難民をひきつけながら発展を遂げることが可能になったのか。多様な出自を持つ住民が共存しながら自治体の運営を成立させて来たのはどのような要因によるのか。本章では、難民コミュニティ主導型による地方部への移住の事例研究として、カタニングに 2008 年頃から移住を開始したカレン人難民の移住事業を中心的な題材として考察する。

　カタニングは WA 州南部地域（Great Southern region）のほぼ中央部にあり、WA 州都パースの南東 295km に位置している。この地域に小規模な自治体や集落が点在する中で、カタニングは中核的な役割を担っている。具体的には、周辺の村の人々が週末に食料品の買い出しに訪れたり、医療機関を受診する場所がカタニングとなる。カタニングには、スーパーのウールワースや、商店街、政府関係の事務所もある。この町は現地の医療サービスの提供拠点でもあり、比較的規模の大きな総合病院や歯科診療所もある。教育に関しては、小学校 2 校、中学・高校（high school）1 校と、公立の専門学校（TAFE）1 校がある。

　カタニングの主産業は農業と羊肉の畜産・加工業である。農業では、小麦、大麦、オーツ麦といった穀物類の栽培が中心であり、ワインの生産も行われている。畜産関係では、牧羊業と食肉加工業が軸となっており、羊毛と羊肉の生産がなされている。町の行政（Shire of Katanning）が家畜の販売所（primary sheep saleyards）を運営していて、新しい設備が 2700 万ドルを投じて町の東部に追加で建設され、2014 年 5 月 28 日に開業した（Shire of Katanning 2020）。羊の販売所には、約 4 千軒もの飼育農家が羊を卸しに来る。カタニングでの羊の生産規模と生産額は、南半球では最大とされている。年間で販売される羊の頭数は、約 80 万頭から約 130 万頭で

ある。一度に2万6千頭の羊を販売所に収容でき、1日に2度競売がなされて、1日あたり4万頭近くが売却されることもある。

カタニングの周辺地域では鉱山開発もなされている。現在、カタニングの近郊で金の採掘事業（15億ドル相当）が進行中である。また、新規の金の採掘計画も存在していて、2024年から開発が開始される予定である。[1] さらに、カタニングの南部173kmに位置するアルバニーの近郊で、磁鉄鉱の鉱山開発が計画（30億ドル相当）されている。

2001年から2021年までのカタニングの人口は、4,057人から4,210人の間で推移している（ABS Various Years）。周辺の自治体で人口が減少している事例もみられる中で、カタニングでは、人口減少を抑止している状態にある。しかし、1970年代まで、カタニングの人口は減少傾向にあり、高齢化と都市部への人口流出が発生していた（ABC Radio National 2012, Sayer 2015: 35）。農業分野における機械化の進展に加えて、農業自体への相対的な魅力が低下するなど、若い世代を中心に住民が町を離れている状況にあった（Sayer 2015: 35）。

カタニングに総計で50以上の国を出身とする住民が存在するなかでも、カレン人は約50世帯、およそ250人がこの町に暮らしており、一定の存在感を見せるに至っている。カタニングにカレン人が移住を始めたのは2008年頃であり、それまではカタニングにおけるカレン人やビルマ出身者の人口はゼロであった。カレン人は、パースに拠点を置くコミュニティリーダーであるポール・ジョウ（Paul Kyaw）のリーダーシップによって、徐々にカタニングへと移住を開始していった。

本章では、第一に、この町がどのような移民を受け入れてきたのかを考察する。その上で、どのようにして現在のカレン人難民認定者を始めとした非英語圏の人々を受け入れる地盤が形成されてきたのかを論考する。第二に、カレン人がいかなる背景で、どのような過程を経てこの町に到達し、定住するに至ったのかを分析する。第三に、カレン人という新しい住民に対するこの町の支援実践を考察する。雇用主と住民ボランティアによるサポートが、異文化圏からの移住者の定着に貢献してきていることを論じる。

---

1 カタニング町長エリザベス・ガイデラへの聞き取り（2023年3月25日）による。

2. 移民労働者の受け入れと食肉加工業の事業拡大との関連

1）雇用機会に牽引されてカタニングに到来した移民たち

　カタニングの歴史の特色は、多様な移民や難民を受け入れながら自治体としての発展を遂げてきた点にある。[2] 第二次大戦後に関しては、1950年から1960年まではイタリア人移民、次に、1973年から1979年まではクリスマス島とココス諸島からムスリムのマレー系住民が移住してきた。[3] そして、2000年代に入ってからは難民認定者の移住が目立つようになった。2002年から2012年頃まではアフガニスタン出身の難民、2008年からはカレン人難民、2010年以降はブルンジやコンゴ出身の難民を受け入れている（Lyas et al. 2012: 222）。特に、2000年代以降は、東南アジア、中東、アフリカを出身とする難民認定者が町に移住してきたこともあって、人口構成が大きく変化した（Lyas et al. 2012）。[4]

　住民の多様化は、使用される言語に現れている。序章（表4）にて示したように、カタニングでは、家庭で英語のみを使用する人が一貫して減少傾向にあり、2001

表5－1　カタニングにおける英語以外を家庭で使用する住民の人数。
　　　　出典：ABS（Various Years）

	2006	2011	2016	2021
カレン語	0	97	168	193
ビルマ語	0	39	66	55
マレー語	248	261	229	203
中国語	64	99	43	34
その他（未回答含む）	651	429	841	733
英語のみを使用	3,247	3,258	2,804	2,839
合計	4,210	4,183	4,151	4,057

2　第二次大戦前に関しては、1890年から1905年頃まではドイツ出身の移民がSA州から再移住してきた。1905年から1930年までは、英国からの移民が到来した。2000年以降では、2006年に中国人技能労働者が食肉加工業にて就労を開始した。
3　クリスマス島とココス諸島は、豪州本土から遠く離れている（巻頭の地図を参照）。ココス諸島はクリスマス島よりもさらに西方にある。この島々はシンガポール領であったが、クリスマス島は1958年、ココス諸島は1955年に豪州領となった。これらの島民の移住は、国内移動による経済移民と見なすことができる。

年に82.1%であったのが、2021年では70%となっている。また家庭で使用される言語として、ビルマの言語を用いる者は2006年までゼロであったのが、2021年にはカレン語話者が193人、ビルマ語話者が55人にまで拡大している（表5－1を参照）。この他、マレー語の使用者も200名から260名程度存在しているが、マレー語話者はクリスマス島とココス諸島の出身者が中心となっている。

2）移民労働力とともに成長を続ける食肉加工業

　羊肉の食肉加工業者であるワムコ（WAMMCO: Western Australian Meat Marketing Co-operative Limited）は、WA州南部地域における畜産業部門の中核をなす存在である。ワムコは、カタニングにおける最大の雇用創出先のひとつとなっており、300名近くを雇用している。100万頭もの羊が毎年処理されていて、冷凍加工された製品を含めて、35カ国で販売されている。羊肉加工部門の現地への経済効果は1500万ドルと試算されている（Lyas et al. 2012）。

　ワムコで加工される羊肉製品の最大の特色は、イスラム圏のハラール認証に対応していることである。ハラールの規則に対応した形での羊肉加工は、1970年代に到来したマレー系ムスリムの労働者によって可能になった（Sayer 2015: 35, SBS 2019）。マレー系ムスリムの労働者を招へいした意図せざる結果として、カタニングで加工された羊肉は豪州の国内市場にとどまらず、広く世界のイスラム圏に輸出されることになった。商業ベースでの羊肉加工において、ハラール認証に対応しているケースは世界でも少ないという。

　カタニングの主要産業のひとつである食肉加工業において、人材の確保が課題であり続けている。食肉加工業は労働集約的であり、多数の労働力を必要とする。しかし、羊肉の畜産・加工業は、現地住民が敬遠する分野でもあり、一般の豪州人のキャリアの選択肢には入らないとされる。食肉加工業での人手不足は、第二次大戦後から現在に至るまで、慢性的に発生してきている。

　カタニングの食肉加工業は、この労働力不足を補填すべく、様々な出自を持つ労働者を招へいしてきた。特に、その労働力が非英語圏からの移民や難民認定者である点に最大の特色がある。労働力の担い手として難民認定者が登用され、結果

4　カタニングへの技能移民の受け入れは、SSRMの導入から大きく増大した。特に、1997年から2006年までの期間において、「難民以外（non-humanitarian category）」の人、すなわち、技能移民とその帯同者が10倍も増加した（Jordan et al. 2010: 259）。カタニングでは、主に医療部門における専門職分野の労働力不足を補填する手段として、SSRMが使用された（Lyas et al. 2012）。

として難民に出自を持つ人々が町に流入してくるようになった。カタニングにおける食肉加工業の創設の背景に関して、ワムコの前身であるサザンミート（SMP: Southern Meat Packers）の創設者の一人であるロブ・レディマン（Rob Ladyman）は以下のように説明する：

> 1970年代の初頭、農業の業界は限界に来ていたよ。羊だって、一頭あたり50セントとか70セントにしかならなかった。他にも状況は悪かった。それで、食肉加工業を始めることにしたんだ。だから（食肉加工業以外に）選択肢はなかったといって良い。それで、私たちはフレッド・ウィッフルズ（Fred Whiffles）をNSW州の食肉加工場から雇用することにしたんだ。フレッドは仕事を始めてすぐに、自分たちにこういったんだ。[...]「豪州人はちっとも働かないし、ここ（カタニング）には来ないよ」とね。[...] それで、「クリスマス島の連中を連れてくるのはどうだ」と提案してきたんだ。[...] フレッドが労働管理部門の部長なんだから、私も他の従業員も普通に「良いですよ」っていうよね。それで私たちはキャンベラ（連邦政府）に申請を出して、それから6ヶ月もしないうちにクリスマス島の連中がカタニングに移住してきたんだ。（括弧内筆者、SBS 2019）

この当時、クリスマス島とココス諸島の主力産業であったリン鉱石の採掘が枯渇したことも、島民の出移民を促す一因であった（Balen 2014）。クリスマス島やココス諸島の労働者たちは、マレー系のイスラム教徒であり、カタニングの羊肉の食肉加工業の雇用機会に牽引される形で移住してきた。また、ハラール認証に対応した羊肉の加工を実現できることになった点に関しては、以下のように説明する：

> クリスマス島の連中は何人かのムスリムの聖職者を連れてきていてね。それで、ハラールマーケットのための屠畜ができたんだ。このおかげで自分たちの販売マーケットはすごく大きく拡大したよね。ラッキーなことに、屠畜する現場がちょうどメッカの方を向いていて、加工場を改装しなくて済んだ。（SBS 2019）

レディマンによると、イスラム圏に向けて事業を拡大するためにクリスマス島やココス諸島の労働力を意図的に招へいしてきたわけではなかった。ハラール加工が実現したことは、クリスマス島民らを雇用したことによってもたらされた「ボーナス」

であるとしている。そして、クリスマス島とココス諸島の人々を招へいするために「あらゆることを調整し、うまくいくように取り計らう（fall into place）」ことが必要であったのではないかという点に関して、レディマンは以下のように説明する：

> 「あらゆることを調整し、うまくいくように取り計らう（fall into place）」というのは、一種のキーワードだよね。とはいえ、一連のことは「ただ起こったんだ（it just happened）」。そんなに事前計画が必要だったわけではなかったし…。もしかしたら、もっと事前に計画を立てていたほうが良かったのかもしれないけどね。（SBS 2019）

　ワムコの前身であるサザンミート（SMP）において、マレー系ムスリムの労働者の受け入れが成功するなかで、連鎖的にマレー系ムスリムの労働者とその家族が移住してきた。1979年までの期間にクリスマス島とココス諸島から、約300人のマレー系の住民が到来した（Jordan et al. 2010: 272–273, Lyas et al. 2012）。マレー系の人々が初めて移住してきた頃は、豪州政府が公式に多文化主義宣言をしてから間もない時期であった。カタニングでの祭典の際に、マレー系住民が民族衣装をまとい、太鼓を叩きながら行進する姿に、現地住民が困惑する映像も残されている（SBS 2019）。この時期から、カタニングでは、現地の住民、教会、企業・雇用主が、新しい住民に対して、国籍や宗教、文化に関係なく受容と歓迎を示してきたとされる（Sayer 2015: 36）。

　マレー系ムスリムの労働者を受け入れながら、カタニングの羊肉加工業は拡大を続けた。移民労働者の存在があるからこそ、ワムコは年間を通じて操業が可能となっている（Lyas et al. 2012）。ワムコでの移民労働力は非英語圏出身者が80％を占める。2010年頃は、65人が中国人、57人がクリスマス島とココス諸島の出身者、46人がビルマ出身者、12人がアフガニスタン人、同じく12人が南アフリカ人となっている（OMI 2011）。第二次大戦後から一貫して、食肉加工場の運営に移民労働力は欠かせなくなっている（Jordan et al. 2011, Lyas et al. 2013: 222–224）。労働力の招へいに加えて、家族呼び寄せもなされるようになったことで、人口減少の傾向も改善をみせる結果となった（ABC Radio National 2012）。この食肉加工業の雇用機会に、カレン人難民の人々が引き寄せられる形となった。

3. カレン人コミュニティリーダーによるカタニングの「発見」と移住開始に至る過程

1) カレン人の同胞のために職探し

　パースのカレン人コミュニティのリーダーであるポール・ジョウは、1994年に豪州に政治難民（political asylum）としてやってきた。[5] ポールの経験は、第9章にて詳述している。2006年頃、数多くのカレン人が豪州に難民として受け入れられるようになった。これは、UNHCRと豪州政府の協定に基づく第三国定住によるものであった。このカレン人たちはキリスト教徒で、スゴー・カレン語を話すグループである。カレン人は豪州に入国したばかりの頃は、ギラウィーンやバルガ、ミラブーカを始めとしたパース北部に身を寄せていた。

　ポールは、カレン人の同胞（my people）に仕事がない状態を何とかしたいと考えていた。カレン人は難民キャンプで長い年月を過ごしていたため、英語力に課題があることが多い。また、履歴書に書くことのできる内容も限定される。従って、求職は困難を極めていた。ポールは、カレン人コミュニティのリーダーとして、難民・移民の支援団体であるMSCWA（Multicultural Services Centre of Western Australia）の職員（ケースワーカー）として、同胞であるカレン人のための就労先を見つけるべく、パースと周辺地域を奔走し、会う人ごとに「仕事を探しているのです（We want jobs）」と尋ね歩いていた。そして、ガソリンスタンドで給油している際などに、「面白そうなことをしていそうな会社」のトラックを見つけると、その電話番号を書き取って、「自分たちには、才能あふれる、やる気のある労働者が沢山揃っている」と電話で説明して、就労の機会を得ようとしていた（Sayer 2015: 35）。このポールの試みによって、実際に企業側に人手不足が生じたときにはポールに電話があり、ポールがいわばエージェントとしてカレン人を労働現場に送り込んだりしていた。

　ポールがカレン人の同胞のための雇用機会を探していた背景には、「同胞たちがセンターリンクの社会保障給付金の世話になってばかりいるのは好ましいことではない」と、考えていたことに起因する。[6] ポールの勤務するMSCWAの上司であるラムダス・サンカラン（Ramdas Sankaran）は、ポールの職探しを直接間接に支援することになる。[7] サンカランの尽力により、2010年に、MSCWAがビルマ出身の

5　本節の内容の大半は、ポール自身による説明に基づいている。同様の内容がSayer（2015）やBalen（2014）でも、紹介されている場合がある。その際は、参照先として付記した。
6　センターリンクの社会保障給付金については、第1章を参照。

難民認定者の農村部への移住・定住を促進させるための助成金を連邦政府移民担当省（DIAC）から得たことも、追い風に働いた（Balen 2014）。[8] カレン人の同胞は、労働経験は不十分ながらも仕事が必要であり、実際に働きたい、と考えていた。労働経験が不十分である原因は、カレン人難民が70年以上も内戦の続くビルマで、ビルマとタイの国境に位置する難民キャンプに逃げ延びて、長い年月（ときに20年近くの時間）を過ごしていたからである。若い世代の中では、物心がついてから豪州に来るまで、ずっとその期間を難民キャンプで過ごした者もいる。[9]

2）食肉加工業者ワムコとの出会い

　カレン人の同胞は農村の出身者が多く、パースという都市部での生活に抵抗を感じている者も複数いた。パース近郊でカレン人が就業できる雇用機会が限定されていること、そして、都市部での生活になじまない者も一定数いたこともあり、求職の対象は、WA州の農村部に拡大していった。ポールはインターネットで、WA州で労働力不足を抱えていそうな自治体や雇用主を探し求めた。就業機会を探すためのインターネットサーチの中で遭遇したのが、カタニングの食肉加工業者であるワムコの求人であった（Sayer 2015: 35）。

　ポールが、ワムコのもとに電話をかけたところ、現地で面談をすることになった。その際、カタニングの役所など現地の関係者とも面会をすることにした。移住を計画するにあたり、ポールは町を見て回った。乾燥した豪州の内陸部（bush）に位置する町の周囲には、農場が広がっている様子が改めて見て取れた。その光景は、ポールをはじめカレン人がビルマやタイで見慣れたような熱帯の植生が広がる環境とは異なっていた（Sayer 2015: 39）。ポールには、カタニングが良い町だと思えた。ポー

---

[7] ポールが難民・移民の支援業務に携わるようになったのは、MSCWA代表のサンカランがポールをスカウトしたからであった（第9章を参照）。サンカランはインド系豪州人であり、移住して40年になる。サンカランは、多文化主義政策や難民・移民への支援の功績が認められ、2011年にOAM（Order of Australia Medal）を受賞している。OAMは日本では緑綬褒章や藍綬褒章に該当するものであり、市民が得られる勲章としては豪州国内で最高位となる。サンカランにスカウトされる前は、ポールはロイヤルパース病院で清掃員をしていた。カレン人のカタニングへの定住が進む中で、サンカランがパソコンを十数台寄付してくれたりもしたという。
[8] この助成金は、第2章で論じた連邦政府による難民認定者の直接配置策のものとは異なる。
[9] 実際、筆者の聞き取りに協力してくださった方々の中で、難民キャンプにて17年間もの時間を過ごされた方がおられた。難民キャンプに4年間滞在して来豪された方にもお会いできたが、「4年での豪州行きは最速」との説明であった。

ルは初めてカタニングを訪れたときのことを、以下のように振り返っている：[10]

> 私はカタニングのことを 2006 年に初めて知って、最初に来たときは、WA 州の難民・移民支援団体（MSCWA）の職員として来たのです。[...] ライオンズパークにて、一人で昼ご飯を食べていたとき、「ここが自分たちの住む場所になるのではないか」という予感がありました。[...] とても広大な空間が広がっていて、しかもとても乾燥している。しかし、都市部よりもはるかに静かで、私の同胞が気に入るということはわかっていました。[...] 冬には緑が広がって、冷涼な頃には雨が降ることを説明すればわかってもらえると思いました。
> （ABC Radio National 2012, Balen 2014, Sayer 2015: 39）

ワムコや現地の関係者との面談を経て、ポールは非常に良い感触を得て、帰宅することができた。ポールはこの時の様子を以下のように説明している：

> ワムコは工場での労働者を探し求めていました。ワムコは英語力が十分でなくても海外出身の労働者を雇ってくれて、従業員を信用して、生産的な労働者へと育ててくれました。ワムコは、海外出身の労働者を 1970 年代初頭から雇ってきました。それもあって、ワムコは賢明にも、移民労働者に何が必要なのかを理解しています。ワムコ自体も労働者がカタニングに移住を進めるにあたって、その定住の過程を支援することに、とても前向きな様子でした。当時、私はこのワムコの姿勢に胸が躍る思いでした。（Balen 2014）

ワムコの側もカレン人を雇用することに、高い関心を寄せていた。ポールの考えはワムコの雇用方針と一致していた。すなわち、特定の国や地域、民族といった単位での集団雇用とすることによって、集団ベースで面倒を見ることができる、というものである（Sayer 2015: 39）。何年にもわたる経験に基づき、ワムコは、このアプローチが移民労働者の支援には最適であると理解していた。ポールは現地の行政に加えて、バプテスト教会の牧師や、町の様々な組織の人々と面談を重ねた。皆が

---

10 「この町のことを知ったときは、自分の背中を押されているような感じがして、週末に妻と一緒に訪れてみることにしたのです」と振り返っている（Balen 2014）。この当時の様子を、「最初のカタニングへの 4 時間のドライブはとても長く感じましたが、今は WA 州の長距離を運転するのに慣れました。いまや私もすっかり地元民ですよ！」と述懐している（Sayer 2015: 38）。現在では、「若い世代にカタニングのことは任せている」としながらも、折に触れてカタニングを訪問し、支援を続けている。

カレン人の就労と移住に前向きであり、ポールは「この計画はうまく行く」と、確信を持てるほどだった。カタニングに移住する候補者や現地の関係者と何ヶ月もの議論を要することになったが、ポールは「努力に値するアイデア」だったとしている。

　ポールは、パースにいるカレン人コミュニティに対して、カタニングに引っ越して、食肉加工業のワムコに就業することを説明した。最初にカレン人コミュニティの側にカタニングへの移住の計画を提案したときの反応を、ポールは以下のように説明する：

> 彼らはとてもハッピーでした。私の同胞は戦場や難民キャンプで時間を過ごしていたりして、安心して暮らすことができていません。その安心が手に入ることには大きな意味がありました。もともと、ジャングルで焼畑農業をしていた人々がパースに来て生活をするというのは、環境があまりにも違いすぎます。仕事があるということは、自分たちの生活の向上にも欠かせないものでした。[11]

ポールは食肉加工業の仕事については、以下のように説明する：

> 食肉加工業は豪州人のキャリアの選択肢には入っていません。まずにおいが強烈です。加工場から1キロメートル四方で、においがしてくるくらいです。仕事でもにおいが服に付くし、血を浴びる…。それでいて給料も大して良くはありません。このような分野で移民や難民が使用されているという形です。

それでもなお、雇用を探し求めても就業機会がない状況で、ようやく自立するチャンスを得られたことは、カレン人コミュニティにとっては「間違いなく良い知らせ」であった。[12]

3）カタニングへの移住の開始

　カタニングへの最初の訪問から1年が経過して、最初のカレン人のグループをカ

11　ポール・ジョウへの聞き取り（2020年8月21日）による。
12　就業機会が食肉加工業になったことに関して、ポールは不満をこぼしたりはしていなかった（ポール・ジョウへの聞き取り［2020年8月21日など］による）。

タニングの新しい家と職場に連れて行くべく、ポールはレンタカーのバスを運転していた（Sayer 2015: 40）。ドライブが始まった最初の頃は、同乗していたカレン人は笑いながら冗談を言い合っていた。みな賑やかに会話していた。「ポールおじさん（Uncle Paul）」が新しい仕事を探してくれて、「田舎の良い感じの村」に引っ越せることに皆が興奮していた。しかし、2時間ほど運転して、笑い声は消えて、誰も話さなくなった。このときの様子をポールは以下のように説明する：

> 皆、心配そうにお互いを見つめ合っていました。車窓から見える限り、どこまでも開けた農村の風景が何マイルも続いているのを見て、彼らの目はどんどん皿（saucer）のように大きくなっていきました。それで、私は道中で面白い場所を指さし続けて、彼らを安心させようとしました。ですが、彼らは興味を示してくれなくて、代わりに、心配そうな様子で質問してくるのですよ。「ポールさん、私たちをどこへ連れて行くんだい？」、「どうしてこんなに遠いの？」、「どうやってパースの友達に会うの？」、「なんでこの土地にはこんなに何もないの？」とね。（Sayer 2015: 40）

カタニングに到着した後でも、状況は好転しなかった。ポールによると、「それまで彼らはカタニングのような豪州の農村を見たことがありませんでした。これまで知っていた『村』とは似ても似つかないものでした」という。手配しておいたシェアハウスに彼らを置いて、ポールはその週末の間、彼らと一緒に過ごした。現地のスーパーへ連れて行って、必需品を買って、町を見せて回った。カタニングのバプテスト教会のメンバーもやってきて、居住の開始に際しての準備を手伝ってくれて、歓迎してくれた。

　そして、ワムコへの出勤の初日のことに関しては、「職場から迎えが来る」ことを伝えて安心させ、「全てのことが労働現場で説明され、案内がなされる」とポールは説明した。ポールがパースへ帰ろうとするときには、「自分の息子が初めて学校に行く日に手を振って見送るのよりもずっと状況が悪かったですよ！皆が家の前に立って、とてもわびしく、まるで見捨てられたかのように見えました。私がバックミラーをチェックするたびに、彼らが道の端に立って、遠ざかるバスに手を振っていたのが見えましたよ」と振り返る（Sayer 2015: 40–41）。このようにしてカレン人コミュニティのカタニングへの移住は始まっていった。

　その後も、ポールの尽力は続いた。まず、英語ができるコミュニティリーダーとして、「ワムコのチームと協力して何百もの書類を記入」した。この当時、カレン

人労働者の多くは英語を学習している最中であり、英語能力に課題を抱えていたためでもあった。そして、新しい世帯がパースからカタニングに転居する際には、ポールは率先してトラックのレンタカーを手配し、自ら運転した。ポールの家族も、引っ越しを手伝った。レンタカーは「朝借りて、夕方に返さないと、代金が高くつくでしょう。カタニングまで日帰りで行ってくるのは大変でしたよ」と説明してくれた。また、移住が開始された頃、クレジットカードを持つことの出来ないカレン人の同胞が多数いて、ポールのクレジットカードがいわば「コミュニティカード」として皆のために使われていた。

4) 移住の実行に当たっての決定要因

　移住計画を実行に移すに当たっての決め手に関して、ポールはダルウォリヌと対比しながら説明をしていた。[13] 第一に、カタニングには、通年の安定した雇用機会が存在することが決定的な要因となった。雇用機会を得ることが移住をする理由だったからである。カレン人の移住の検討が始められた時点で、ワムコは 30 年近くも様々な文化的な出自を有する労働力を雇用してきた経験があり、労働現場の内外での支援に関するノウハウの蓄積があった。他方で、ダルウォリヌでの雇用機会に関しては、農業部門には季節性があり、通年の雇用機会とはならないこと、さらに、現地の製造業が要求していた技能・職能をカレン人コミュニティが有していないことを挙げていた（第 6 章を参照）。

　第二に、適切な水準の医療機関にアクセスできることも重要な要因であった。ポールは視察の時点で、カタニングには総合病院があること、また、医療用の飛行機が発着できる滑走路があり、非常時には重症患者をパースに移送できることを確認していた。[14] このようなインフラはダルウォリヌには充分に備わってはいない。この点は、ポール自身が医療従事者（薬剤師）であったという経験と深く関係している（第 9 章を参照）。

　第三に、教育機会に関して、カタニングでは小中学校に加えて、高校まで市街地に存在していることも大切な要因となった。カタニングでは、大学に進学するまでの間は、子どもたちがこの町に居住することが可能になる。カタニングには小学校

---

[13] ダルウォリヌからの移住計画の提案は、カタニングへの移住が開始された後であった。
[14] ポールの説明では、この航空機での患者移送は極めて重要であり、カレン人コミュニティとして、このサービスが継続するように、毎年 500 ドルを寄付しているという。

が2校、中学・高校が1校、TAFEも1校存在する。しかし、ダルウォリヌの場合では、地域内の複数の小学校が同時期に閉校になった。スクールバスを用いての通学に多大な時間がかかること、さらに、現地には小中学校しかなく、高校は通信制となることも問題となった（第6章を参照）。

第四に、カタニングの住宅価格は、他の農村地帯と比較して安価であったことを挙げている。ダルウォリヌでは、自治体の側が住宅を建設する場合もあったが、賃貸物件の供給が少なく、カタニングと比較して高額であった。[15] この他にも、カタニングには、適切な規模のスーパーマーケットや銀行、小売店、教会（9軒）もあり、質の良い公共施設が揃っていた。

第五に、レジャーの機会を挙げていた。レジャーに関して、ダルウォリヌの生活とカタニングでの生活を対比させながら、ポールは以下のように説明していた：

> カタニングでは、自分たちのライフスタイルを実践できます。私たちには豚を自分たちで屠殺して食べる文化があります。カタニングなら近くの養豚場で（実際に豚を一頭）買って、それ（自分たちで豚を絞めてその場で食べること）ができたりします。[16] 魚を食べるのも好んでいます。それで、私たちは週末にレジャーを兼ねてカタニングからアルバニーに出かけていくのです。[17] そこで魚を釣ったり捕まえたりして、その場で捌いて食べたりしています。[...] アルバニーの仲間が泊めてくれるのです。[...] サーモンなどいろいろな種類の魚がとれます。これはビルマで行っていたライフスタイルであって、そのような実践ができるというのは大きいですね。（括弧内筆者）

15　実際、家賃を比較すると、カタニングでの賃料の中央値は、カレン人コミュニティが移住を検討していた頃の2006年では105ドル（ダルウォリヌでは80ドル）、移住開始期の2011年では140ドル（ダルウォリヌでは120ドル）となっており、ポールの説明と食い違う印象を受ける。しかし、ダルウォリヌの統計データは、周辺のバンティーンや、ピサラ、ウービンの各地区における安価な物件を含んでいる。このとき、ポールはダルウォリヌの中心部の住宅街のことを指して説明をしていた。なお、2021年における賃料の中央値は、カタニングでは200ドル、ダルウォリヌでは230ドルである（ABS 2021）。

16　「このような行為は、本来的には違法である」とポールは認めていた。パースのような大都市であれば、このような文化的な実践は困難となり、近隣の住民や街の行政関係者が許容しないだろう。しかし、カタニングのようなところであれば、このようなことも一応は可能になる。

17　カタニングから南に173kmに位置する、南極海に面した人口約4万人の町であるアルバニーでは、現在、カレン人が約40世帯も居住している。アルバニーではフレッチャーズ・ミート（Fletcher's Meat）という食肉加工業者にて、カレン人は雇用されている。この雇用先をカレン人に斡旋したのもポールである。なお、アルバニーの海岸の砂は、千葉市の稲毛海岸に輸出されている。

豚を屠畜して、皆で分け合って食べるということには、重要な意味があるという。この点は、文化人類学的な説明が別途必要になるが、生きた豚を一頭養豚場から仕入れてきて、そのような実践を休日に実行できることは、「強い喜び」であると多くのカレン人が説明してくれた。現代日本に住む人が豚を屠畜する場面に出くわすことはほぼない。初めてこの話を聞いたとき、筆者は率直に言って「引いて」しまったが、実際、日本人も魚を刺身にして食べている。[18]文化人類学的な意味合いは異なりながらも、日本人も類似した実践をしている。このような文化的実践は、カレン人が食肉加工業に従事できることと深く結びついていると考えられる。

　この他にも、動物を実際に自ら捌いて食べる様子は、筆者の現地調査中にも目の前でなされていた。私がある日、カタニングの行政従事者にインタビューを終え、ポールの滞在する家にお邪魔した際、誕生日パーティーの準備と称して、裏庭で鶏を解体している最中であった。鶏の毛をむしり、内臓をまさに腑分けするところを初めて目撃することになった。4人がかりで10羽近くの鶏を解体していたのだが、そのうちのひとりが、「（スーパーにてパックで）売っているやつ（鶏肉）は信用できないんだよ」と、筆者に教えてくれた（括弧内筆者）。[19]

　別の機会に見せて頂いた写真には、同じ裏庭で、やはり10名ほどの人々が、それぞれに巨大な魚を解体している場面が映っていた。この家の家主が「オーストラリアンサーモンをアルバニーで釣ってきて、解体して調理するところだ」と説明してくださった。鶏や魚を解体したあとは、すぐに調理したり、冷凍保存したりする。この邸宅には、巨大な業務用冷凍庫が置いてあり、「これに3軒分の肉や魚を冷凍するんだよ」とその家主が教えてくれた。

　コミュニティハブとなっているこの住宅に、筆者も長くお邪魔させて頂いた。カタニングの市街地はコンパクトであり、カレン人はその市街地に居住している。人々が集まろうと思えば、すぐに集うことができる。巨大な冷凍庫の他に、広大な庭があり、ここで動物を絞めたり、分け合ったりする。誕生日があれば、この家に集まる。休日や特別な機会には、この家の居間が教会に早変わりし、皆でお祈りをする。

18　この時、心によぎったのは、難民を受け入れるということは、「第三世界」を先進国の中に抱え込むことになるという国際社会学での言説であった。この言説に倣えば、彼らは「第三世界」での生活実践を移住先でも実施していたことになる。
19　鶏の小腸まで大事に保存する様子を見て、「これはいったい何に使うのですか」と筆者が尋ねると、「魚釣りの餌にするのさ！」という回答だった。

4. カタニングでの支援体制：雇用主とスーパーボランティアによる献身的な支援

1）ワムコによる非英語圏出身の労働者への雇用実践と支援方策

　このような難民認定者を登用するワムコは、卓越した雇用実践をいくつも実施している。ワムコでの業務内容は多様であり、屠畜現場では、骨を取る作業、ナイフで肉を切り取る作業、包装する作業、清掃部門、がある。この他にも、倉庫管理といった業務内容もある。ワムコは求職者と緊密にコミュニケーションを取りながら、適格な職務を割り当てている。さらに、希望者にはワムコが必要経費を負担した上で職能訓練が施され、キャリアアップの機会を提供している。雇用機会は原則フルタイム（常勤）であり、最初の45日間は試用期間となる。作業着はワムコから支給される。カタニング町内から労働現場へのバスによる送迎サービスは、週20ドルで利用できる。賃金に関して、非熟練労働者は一週間あたり719.20ドルの最低賃金からスタートし、皆勤した労働者には週あたり20ドルのボーナスを支払っている（Jarvis and Pladdy 2018: 17）。これは高い離職率に対応するための措置である。

　ワムコは女性の従業員の雇用も推進しており、特に、家族単位でカタニングに移住してきた世帯の女性を雇用しようとしている。なぜなら、そうした労働者の方が、退職せずに残留してくれる傾向があるからである（Jarvis and Pladdy 2018: 17）。また、ワムコは就労できる条件が整っているのであれば、一時保護ビザを保有する難民申請中の者であっても、雇用機会を提供することに強い関心を寄せている。[20] ワムコの現場監督であるトニー・ベッセル（Tony Bessell）は、雇用実践に関して、先述した人手不足と関連させながら、以下のような説明をしている：

　　食肉加工業は、豪州のどこに行っても、移民労働力に大きく依存している分野であるといえます。食肉加工は豪州人のキャリアの選択肢に入っていません。ですから、必要に迫られる形で、海外から来たその階層の人々（難民・人道移民）にターゲットを当てて雇用してきました。いまでも豪州の食肉加工業は、全般的に、人道支援プログラムで来た人々の労働力に依存しているといえます。（括弧内筆者、ABC Radio National 2012）

20　ベッセルによると、移民労働者なしでは、加工場を通年で操業することは不可能であるとしている。現場での訓練や通訳・翻訳、ビザ手続きなどで手間や費用はかかるものの、そうした手間や費用に見合うだけの経済的・社会的なリターンが生じているとのことである。

1970年代からマレー系ムスリムの人々をクリスマス島やココス諸島から受け入れて雇用したことにも関連させながら、文化的な違いや宗教的な実践をどのように尊重してきたのかについて、ベッセルは以下のように語っている：

> ワムコは当初からマレー系の人々を雇用してきましたが、今日であっても、私たちの雇用契約は、宗教上の制約を始めとして、文化的な決まりごとやイベントを反映させた内容にしています。クイーン（当時のエリザベス女王）の誕生日は祝日ですが、（その祝日に出勤した場合は）その祝日分の休暇を、イスラムのラマダンや、メッカ巡礼のための休暇と代替できるようにしています。その他にも、その労働者のコミュニティで誰かが亡くなったときには、葬儀に参列できるように調整したりしています。（括弧内筆者、ABC Radio National 2012）

また、ムスリムの人々の金曜日の祈祷・信仰に関して、以下のような措置を講じていると、ベッセルは説明する：

> 私たちは4日間、月曜日から木曜日までは1日8時間半操業しています。それで、金曜日は6時間勤務の日にして、お昼時には仕事が終わるようにして、イスラムの人々がお祈りに行くことができるようにしています。近年では、別の文化圏の人が働き始めるようになりました。つまり、中国、ビルマ、アフガニスタンを出身とする人々ですね。（ABC Radio National 2012）

この点に関して、ベッセルは別のインタビューでも、中国など新しい文化圏から労働者が来るたびに、「いつも革新的で柔軟であり続けようとしてきた」とし、「中国の旧正月の休暇を認めるなど、それぞれの祝日や文化的・宗教的に重要な日を認知・尊重しようとしている」と説明している。そして、結婚式や葬儀、その他の祝賀行事やイベントの際には、仕事場を離れることを認めてもいる（Sayer 2015: 36）。

また、ワムコによる支援は、柔軟な勤務シフトを組んだりすることにとどまらない。英語の運用能力に課題を抱える従業員に対しても、安全を確保しながら作業ができるように配慮がなされていった。ワムコは、新しく入社した労働者の英語力に課題がある場合でも、その新参の労働者の地域言語を話せる従業員を社内通訳として登用している（Balen 2014）。[21] ワムコにはすでに多様な文化圏の従業員が就業

しているため、このような措置が可能となる。実際、カレン人が就業する際には、作業内容を説明した書類をカレン人の若手コミュニティリーダーがスゴー・カレン語に翻訳し、そのカレン人労働者に母語で、身振り手振りでも説明し、さらに、実地でやって見せて理解させて、作業現場での安全を確保していった。[22]

　職場での多様性への配慮に関して、外部から強制されていることはない。つまり、社内の多様性にどう対処するかは、それぞれの企業・現場に任される。ベッセルらワムコの経営陣は、カタニングの地域社会や移民コミュニティに前向きな貢献をする存在であり、町の多文化主義の実践と擁護に大きな役割を果たしているといえる。ベッセルらは、従業員の国籍取得の申請をサポートして、勤務時間外（休日）であっても、国籍の授与式に出席している（Sayer 2015: 37）。また、ベッセルを始めとしたワムコの幹部は、適切な就労ビザの手配や、必要な書類の準備などに、多くの経験を積んでいる（Sayer 2015: 36）。政府の諸組織と、どのように意思疎通を図るかに関しても深く理解している。

　さらに、ベッセルらワムコの幹部の有する、トラブルへの対応能力も特筆すべきものがある。まず、ワムコで職を得たカレン人がカタニングに移住する最初期の段階において、カレン人はパースに家族を残していた。彼らはすでにパースの住宅の賃貸契約があって、その契約を破棄できなかった。そこで、カレン人の男性労働者がカタニングに移住するにあたって、ワムコが会社側で家賃を負担する形で、現地での賃貸物件を探してきたこともあった。[23] 移住初期の頃から、雇用主の側が住宅の手配をしたのである。[24]

　カレン人以外の場合でも、ワムコには以下の逸話がある。カレン人を登用する前、ワムコは技能移民ビザ（当時の 457 ビザ）を用いて、中国人労働者を一定数、雇用していた（ABC Radio National 2012）。中国人を雇い始めてから少し経過して、中国人労働者の自転車の使用方法が問題となった。ベッセルは早朝、現地の農業従事者から中国人労働者への懸念に関する電話を受けることになった。この農業従事

21　カレン人住民への聞き取り（2023 年 3 月 23 日）による。
22　カレン人の若手リーダー格の住民への聞き取り（2023 年 3 月 24 日）による。
23　ジーン・フィリップスへの聞き取り（2023 年 5 月 26 日）による。
24　最近、ワムコはパースに拠点を置く難民・移民向けの定住支援サービスを提供する団体であるコミュニケア（Communicare）と提携して、永住権を有する難民認定者をワムコで就労できるように手配していた時期があった。コミュニケアが支援している難民認定者 18 名がカタニングに視察に訪れ、結果として、5 名が 2018 年 8 月下旬からワムコでの就労を開始した。この 5 名の労働者は、コミュニケアが確保した物件に居住した。コミュニケアは SETS プログラムの提供団体であり、支援対象に難民申請者は含まれていない（Jarvis and Pladdy 2018: 17, 第 1 章を参照）。

者が夜明け前に、自家用車を運転していたところ、ワムコに勤務する中国人労働者の集団が自転車で通勤しているところに出くわして、事故を起こしそうになった、という内容であった（Sayer 2015: 36）。この当時、中国人労働者はヘルメットを着用せず、無灯火で運転していた。その農業従事者は「危うく車で自転車をひくところだった」とし、「なんとかしてくれ、（あの連中は）ひき殺されていたかもしれないぞ」と電話口でまくし立てた（括弧内筆者、Sayer 2015: 36）。

ワムコの労働者の多くは、町からのシャトルバスで通勤していたが、数ヶ月分の給料を得て、中国出身の労働者は自転車を使用するようになった。中国出身の労働者に対して、ベッセルは道路交通上の安全確保に関して自ら指導するとともに、現地の警察官にも来てもらって、交通ルールを説明してもらった。ベッセルによると、「地元の警察に来てもらって、道路交通の規則と、なぜライト点灯とヘルメット着用が大切なのかを説明してもらいました。メインのハイウェイにはロードトレイン（複数のトレーラーを連結したトラック）が多数通りますし、交通量もあります。中国出身の従業員は、最初は当惑した様子でしたが、中国ではこのようなことは問題とならなかったからではないかと思います」としている（Sayer 2015: 36）。

2）現地のスーパーボランティアの活躍：ジーン・フィリップス（ジーンおばさん）

移住にあたって、ポールは現地の人々に対して、同胞への支援の可否について交渉を進めていった。ポールが現地の収入役（treasurer）の人と話をしていて、その人物に「自分たちカレン人が来れば、面倒を見てくれる人が必要になる。その役割を引き受けてくれますか」と打診をした。その際に、その収入役は「忙しすぎてできない、引き受けられない」という回答であった。そこで提案がなされたのが、「ジーンおばさん（Aunty Jean）」こと、ジーン・フィリップス（Jean Phillips）の存在であった。「だったらジーンおばさんの所に行けば良い。あの人はいろんな国外出身の人の世話をしているからね」という返答だった。

フィリップスは、現在 89 歳で、パースの高齢者介護施設に居住している。介護施設に居住するようになったのは、家族の事情に起因するものであった。そうでなければ、「私は絶対にカタニングを去ることはなかった」としている。[25] 高齢者介護施設に入所するまでの間、1971 年からカタニングに居住を続けた。フィリップ

---

25 ジーン・フィリップスへの聞き取り（2023 年 4 月 10 日）による。

スは、英国ベルファスト生まれで、いわゆる「テンパウンドポム」の一員として豪州にやってきた。[26] フィリップスは、元来、公立専門学校（TAFE）の教員であった。カタニングに居住を開始してから、一貫してボランティアベースで、移民コミュニティの面倒を見てきた。また、先住民コミュニティにも関与してきた。[27]

フィリップスは、カレン人コミュニティが転入してきた最初期の出来事を、以下のように振り返る：

> 最初はとてもたくさんの仕事があったわよ。とにかくたくさんの仕事量よ。ペーパーワーク（書類の記入）もたくさんしなければならなかったし、（各方面に）奔走しなければならなかったし、とにかくたくさんの仕事がありました。それに彼ら（カレン人）はすべてのことを私に尋ねてきたわね。別の国（豪州）に行って、その国の言葉（英語）をうまく話せないという状態でね。例えば、郵便受けに紙が入っていて、ほら、ジャンクメールがあったり、町議会からの情報が入っていたりするでしょ。それに、子どもが学校に行っていれば、いつも配布物をもらってくることになるけど、（保護者が）英語の読み書きもできないし、うまく話せない。その配布物が何なのかもわからないという状態よ。それで私がその場面に介入していくのよ。[...] 問題が生じても、彼ら（カレン人住民）が（問題が何なのかを）理解できなくて [...]、そういうときに、彼ら（カレン人住民）がやってきて、「助けてくれないか」といってきて、その問題が何なのかを一緒に取り組んで、手助けするのよ。（括弧内筆者）[28]

フィリップスによるカレン人に対する支援は、到着直後にとどまらず、継続的に実施されることになった。自らの支援活動に関して、以下のように説明する：

> カレン人の人々を専門家（specialists）のもとに連れて行ったり、書類の記入を手伝ったりしたわね。[...] 子どものいる家族が引っ越してきた時には、子ど

---

[26] 「テンパウンドポム」とは、第二次大戦後、英国人を対象として、1945年から1972年にかけて行われた、渡航費援助を伴う移民誘致計画である。この計画が実施された全期間で、総計100万人以上が受け入れられた。豪州に定着せずに、英国に帰国した者も一定数存在する。テンパウンドポムという名称の由来は、地球の反対側への大移動を伴った移民事業に関して、その事務手数料や渡航費の自己負担分が10ポンドで済んだことに起因する。残りの渡航費は豪州政府が主に負担した。
[27] ジーン・フィリップスへの聞き取り（2023年5月26日）による。Sayer (2015: 44) にも同様の説明がある。
[28] ジーン・フィリップスへの聞き取り（2023年5月26日）による。

もを学校に通わせる手配をしたりしたのよ。子どもを学校に行かせて、小児科を紹介したり…。それで、連絡先には私の名前を登録したのよ。というのも、旦那さんが仕事に行っていて、奥さんが家にいる場合であっても、子どもが体調を崩したとき、学校の側がお母さんに電話しても、お母さんが英語を話せないのよ。それで、学校でどんな問題が起きても、学校の人は私に電話をかけてきたわね。[29]

学校の教員が「ジーンおばさん」に電話をするとすぐに飛んできてくれたと、現地の複数の方から伺うことができた。このようなまさに「よろず」の支援に加えて、フィリップスの支援は英語教育にまで及んだ。

> カレン人に関しては、私が最初にやったのは、英語のレッスンではないのですよ。最初は、家の引っ越しと定住できるためのサポートね。それから(子どもを)学校に通わせて、書類を記入して、そうしたことですね。それから家にいるお母さんたちを集めて英語のレッスンをしましたよ。[…] それでいまは週に3回、午前中にレッスンをしています。それで、高校にも出かけていって、支援の必要な人に英語の援助をしたりもしています。(ABC Radio National. 2012)

また、国籍取得の試験が近づいているときには、45人ものカレン人がフィリップスのもとに助けを求めてやってきた。その45人に対して、フィリップスは「連邦政府のブックレットが学術的な英語で書かれている」ことに関して、簡単な表現に置き換えて説明したりして、国籍取得のためのテストで合格できるようにサポートをした。こうした支援に関して、「私がつぎ込んだ努力よりも遥かに多くのものが返ってきている」、すなわち、多くの報奨を得ているとしている。その証左として、例えば、カレン人の青少年がフィリップスの庭仕事をしてくれたり、フィリップスが「パースに行く用事があるのよ」というと、たちまち数台の自動車が自宅の玄関前に現れて、「私が乗せていくよ」と申し出てくれるという。[30] いうまでもないが、このような見返りを期待して、フィリップスはカレン人の支援をしているのではない。

フィリップスは、本来的には難民認定者に対して、連邦政府による支援がしっ

29　ジーン・フィリップスへの聞き取り(2023年4月10日)による。
30　ジーン・フィリップスへの聞き取り(2023年5月26日)による。

かりとなされるべきであると考えている。この点をフィリップスは「（支援の）構造（structure）」が必要だと何度も話していた。フィリップスはすべてのことを無償でしてきた。英語レッスンにも給与の支払いはなく、バプテスト教会の所有する建物を間借りしてなされたものだった。難民への支援も、難民・移民支援団体のケースワーカーの職務と比較にならないほどの内容と分量の業務を、すべて無償でしてきた。フィリップスは、もうひとりのボランティアであるケリー・パーマー（Kerry Palmer）とともに、知人の政治家の推薦で、キャンベラの連邦議会にて、農村部での難民・移民への支援に関する調査の証人として意見を述べたことがある（Parliament of the Commonwealth of Australia 2020: 14）。その趣旨として、「カタニングのような町には政府の支援金は下りてこない。資金は南部の地方都市であるアルバニーに投下されており、難民・移民向けの支援団体もアルバニーに拠点を置いている。本来であれば政府が提供すべきサービスがカタニングに存在しないことに関して、私たちが無償でそのサービスの欠落を埋めているのだ」と意見表明をしている。

　また、フィリップスは数十年もの期間、カレン人だけでなく、中国人、アフガニスタン人、アフリカ出身者など、カタニングに到来する様々な背景を持つ人々を支援してきた。新しい住民が住宅を探すことにも、英語を習得することにも、フィリップスは全面的に手助けをした。学校関係者やカレン人の当事者を含めて、フィリップスの仕事を、極めて高く評価する者は多い。現地行政にて事務局長（CEO）を務めたディーン・テイラー（Dean Taylor）も、「ジーンおばさんが無私なまでに時間を費やして、カレン人を始めとした新しい住民が、現地社会に定着できるように支援をして、それでカレン人の側がジーンおばさんに見せた信頼こそが、カタニングで多文化主義がうまく機能している理由のひとつだと思います。だからこそ、カタニングがスーパータウンともいうべき位置にあるのです」とまで言い切っている（原文ママ、Balen 2014）。

　フィリップスはどのような場面でも、新しい住民と向き合った。国外出身の移住者を迎え入れることは、新しい住民の生老病死に現地社会が向き合うことを意味する。フィリップスは筆者に、カレン人の一人が不慮の事故で亡くなったときに、葬儀の面倒を見た経験を話してくださった。カレン人がビルマでの様式で葬儀をしようとしたとき、フィリップスは「豪州ではそれはできない」と説得したことがあった。葬儀会社の人とも調整をして、埋葬の過程を完了する手助けをした。また、フィリップスは、ムスリムの人々の葬儀の調整を手伝ったこともあり、「イスラムの葬儀にも詳しい」と筆者に語っていた。[31]

3）バプテスト教会による支援

　現地のバプテスト教会によるサポートも、大きな貢献を果たした。当時、バプテスト教会の牧師であったマルコム・グッド（Malcolm Good. 現在はダーウィンの教会に転籍）がカレン人と関わる契機となったのは、移住が始まる段階でポールがバプテスト教会の事務所のドアをノックしてきたことから始まった。[32] このとき、「ポールは 8 名ほどの男性のカレン人を連れていて、皆が床に座ったので驚いた」と当時を振り返っていた。グッドは、他の教会とも連携しながらカレン人への支援を行っていった。

　グッドによると、バプテスト教会では日曜日の礼拝の際に、午前中には英語での式典を行い、午後の時間帯はカレン人に場所を貸し出して、スゴー・カレン語での式典ができるようにした。この午後の部の式典は、カレン人の中で牧師役を務める人物が基本的に主催していたとするが、グッドも自ら訓話をする機会があった。

　また、言葉が充分に通じない中でも、グッドはカレン人にアプローチを続けた。グッドは、カレン人が重要なイベントを開催する際には、「なにかできることはないか」と支援を申し出た。そして、カレン・ニューイヤーの際には会場を提供したりした。[33] また、カレン人の間で不慮の事故による死者が出た際には、「言葉は通じなかった」としながらも、グッドは遺された家族とともに時間を過ごし、哀悼の意を表すとともに、「あなた方はひとりではない」というメッセージを伝えようとした。

　バプテスト教会の集会には、学校の教職員も数名参加していて、情報交換がなされたりして、カレン人やその他の移民の人々への支援がなされていった。[34] フィリップスもバプテスト教会のメンバーであった。「ジーンおばさんは非常に重要な役割を果たした」と、グッドも指摘していた。

31　ジーン・フィリップスへの聞き取り（2023 年 5 月 26 日）による。
32　本項の内容は、マルコム・グッドへの聞き取り（2023 年 3 月 18 日）に依拠している。
33　カレン人の新年は、毎年 12 月から 1 月に祝われる。この他、バプテスト教会はカレン人に限らず、広く地域社会の住人向けに、夕食をともにする回を月 1 回開催したり、午後、お茶の時間に集える機会を提供していた。主催者の説明によると、このようなイベントにはカレン人はあまり参加しなかったという。
34　カタニングには、小学校が 2 校ある。カレン人は公立のカタニング小学校（Katanning Primary School）に通学しており、もう一方の私立の小学校を利用してはいない。

4）カタニング読み書き教室の活動：識字支援のボランティア組織

「カタニング読み書き教室（Katanning Literacy Link）」はWA州全体で行われている「RWN読み書き支援プログラム（Read Write Now Program）」の一部であり、ボランティアベースで運営されている。カタニングの公立図書館の一室を用いて、週1回、1～2時間、10名程度のグループで英語の指導（実質的には個別指導）が行われる。対象となるのは、「成人で読み書きや話す能力（literacy）を高めたい人」である。何らかの事情で学校に通学できなかった成人の欧州系住民を手助けすることが当初の主眼であった。しかし、運営を進める過程で、移民の人々も支援するようになった。基本的には、受講者の側が何を学びたいか、何を達成したいかを聞き取った上で、その各自の目的に適合した内容を提供している。授業内容には、特定の目的の達成を目指したものもある。具体的には、運転免許の取得、買い物の支援、医師との会話、各種の申請フォームの記入、等を達成できるように、様々な支援を展開している。[35]

「カタニング読み書き教室」の活動に参加するボランティア住民は、教室外でも新しい住民の様々な場面での支援活動を展開している。この教室が拠点となってボランティアを派遣しているのではなく、ボランティア活動の一環として「カタニング読み書き教室」に参加しているという方が正確である。「カタニング読み書き教室」の関係者は幅広く、カタニングに転入してきた国外出身者の世話をしている。

「カタニング読み書き教室」の代表であるマーガレット・レンク（Margaret Renk）は、カタニングに1972年から居住している。レンク自身がガールスカウトのリーダー格だったことが、地域社会の諸活動に関与することの契機となった。この教室内外のボランティア活動を通じて、「新しい住民との交流が増えて、お互いの文化を尊重しながら異文化理解が進むのであれば、それは良いことよね」としている。[36]

また、もう一人のボランティアによると、「新しい住民は決してボランティアの善意に依存するばかりではない」と説明していた。新しい住民たちは定住初期の段階で、あらゆる文書類を携えてやってきて、どう対応すれば良いのかを聞いてきたという。そのたびに、そのボランティアは対応策を教えてあげていた。子育て世代であれば知っておく必要のあることを教えたりと、様々な支援が必要であった。し

---

35 マーガレット・レンクへの聞き取り（2023年3月23日）による。
36 マーガレット・レンクへの聞き取り（2023年3月23日）による。

かし、徐々に新しい住民たちは、自ら対応が必要な書類に関して、自力で解決する姿勢を見せるようになっていった。例えば、病院から医療サービスの提供に関するアンケート調査票がきた際には、そのボランティアによる記入の手伝いの申し出に対して、「いや、いいよ、娘ができるよ」との回答がなされたりもした。

5）SETSプログラムを実施する支援団体による活動

　連邦政府からの助成金を受けて、SETSプログラム（第1章を参照）による難民支援を行う団体もカタニングに事務所を設けている。この組織はアルバニーに拠点を置いている。この団体は、SETSの支援提供団体として、難民認定者として永住権を有している人々を入国から5年間、追加的にサポートする組織となる。難民申請中の人（一時保護ビザの保有者）に対する支援も「事務所に来ればサポートする」とのことだったが、原則として支援の対象外となる。[37]

　この団体は、カタニングでは支援組織として機能しているとはいえない状況であった。筆者はこの団体の事務所にて、お話を伺う機会を頂いた。事務所に照明はついておらず、薄暗い室内に職員は1人だけであり、面談中にも誰も来訪者はなく、顧客はほとんどいない印象であった。アルバニーの本部を含めても職員は3人だけとのことであった。難民認定者を直接的に地方部に定着させる連邦政府の試みに関して、自らの団体が引き受ける意思はあるのか、具体的に誰かと交渉を進めたりしているのか、との筆者の質問に対しては、「していない」との答えであった。「あくまで来たら助ける、それだけだ」とのことであった。一貫して、この団体から情熱や熱意を感じられなかった。[38]

　この団体は、カタニングと周辺地域において、連邦政府から難民認定者の支援に関する助成金を得ている唯一の組織である。この組織の対応からは、あくまでカタ

---

[37] 先述のコミュニケアを含め、難民申請者に対する支援機関はカタニングには存在しない。支援団体職員への聞き取り（2023年3月23日）による。

[38] この団体の職員が聞き取りの時間を割り当ててくださったことに、深く感謝していることは強調しておきたい（2023年3月23日）。カタニングでの定住支援におけるこの団体の役割・関与については、他の論考にて言及がある（Jarvis and Pladdy 2018）。この団体が提供するサービスには、通訳、銀行口座の開設、住宅確保の手伝いが含まれる。この団体を利用する難民認定者の英語能力には、課題があることが大半だからである。この団体からすれば、「ワムコは素晴らしい雇用主である」としながらも、ワムコの労働者に対して、この団体はほとんど関与できていない。なぜなら、この団体の事務所の営業時間は、ワムコでの勤務時間と重なっているからである（Jarvis and Pladdy 2018: 18）。別の見方をすれば、休日などの別の時間帯に難民認定者をサポートしようという意欲は、この団体にはないことになる。

ニングの移民や難民認定者への支援は、ボランティアが担っていて、政府の予算を得ている団体による支援は機能していないようであった。実際、この団体のことに言及する者は、現地の行政関係者でも、難民コミュニティでも、ボランティアでも、誰もいなかった。

6）警察による支援

　警察との関係は、難民認定者にとって大きなストレスとなる場合がある。出身国において、警察や軍隊は難民となる人を弾圧する存在であり、警察や軍隊が守ってくれないからこそ、国外へと脱出を試みる場合も多い。第三国定住をした先でも、警察官を見るだけで、強いストレスを感じることは、しばしば難民研究で指摘される点である。

　カタニングの警察署長であるカルロス・コレイア（Carlos Correia）は、カタニングにおける難民認定者を始めとした転入者に対して、「積極的かつ予防的なアプローチ（proactive approach）」によって関係を構築しようとすると説明していた。すなわち、自ら出向いていって、新しい住民とコミュニケーションを取り、問題の発生を予見し、予防しようとするものである。新しい住民が「私たち警察を信用してくれなければ、彼らの事情を私たち（警察）に話してくれることはありません。だからこそ、信頼を構築することは、現地社会の状況を把握する上で欠かせないのです」と説明する。[39]

　そして、警察として、新しい移住者が来た際に開かれるイベントには出席し、新しい住民とコミュニケーションをとると説明していた。これは難民認定者の集団が転入してきたときに限らず、技能移民が就労に来た際にも同様に対応するという。最近では、コロナ禍において、太平洋諸島出身の労働者が転入してきた。その際にも、スポーツイベントに顔を出し、参加者と会話する機会を設けた。[40]

　このように警察が自ら出向いていって、一般の市民とコミュニケーションを取りにいくというのは、日本の警察ではまず考えられないことである。2023年3月25日に、カタニングにて開催されたハーモニー・フェスティバルで、警察官が警備に当たっている際にも、同僚同士で談笑しながら警備活動を展開するなど、日本と比

---

[39] 「カレン人が問題を起こしたことがあるか」という筆者の質問に関しては、明確に「ノー」と答えていた。カルロス・コレイアへの聞き取り（2023年3月24日）による。
[40] カルロス・コレイアへの聞き取り（2023年3月24日）による。

べてカジュアルな雰囲気での警備・警戒であった。これはパース市内での警備活動でも同様であった。「私たちは日本とは違ったアプローチを採用していると思います」と、この警察署長も話していた。

5. なぜカタニングで社会秩序が維持され、多様な人々が定着しているのか

　カタニングでの難民の受け入れがなぜ成功し、良好な社会秩序、あるいは、治安が維持されているのかに関しては、厳密にはその因果関係を解明するための作業が別途必要になる。警察署長の説明では、民族対立は起きておらず、「誰かを狙い撃ちにしたタイプの犯罪はカタニングでは発生していない。カタニングの犯罪事案は、小売店での万引きや家庭内暴力、交通事故に限られる」との説明であった。警察官として勤務する上でも、「ここは良い町だ」と語っていた。[41]

　現地行政における前任の事務局長テイラーは、カタニングにおいて民族間の対立が生じていないことに関して、「カタニングには57の国籍の人が在住しているが、それぞれの民族集団が大きくはなく、支配的な集団がない。このことが紛争を起こさずに済んでいる要因ではないか」としている。さらに、「カタニングには、50人のアフガニスタン人、70人の中国人、70人のビルマ人、15人のコンゴ人が住んでいるが、これらの集団は自分たちだけで社会生活が完結したり、隔離していられるだけの規模を有しておらず、現地社会と関わらざるを得ないからではないか」としつつ、「もちろん、（多様な出自を持つ）人々の相互理解が平和的な共存を可能にしている」と付け加えている（数値は原文ママ。括弧内筆者。Balen 2014）。

　また、カタニングは「スーパータウン（Supertown）」の指定を受けている。スーパータウン構想は、WA州内の9つの地方自治体を指定し、州都パースと同水準のインフラや施設を整備することによって、その地方自治体における定住人口を増加させ、パースへの転出を抑止し、それによって主要都市部への人口集中の圧力を緩和することを意図している。つまり、最初は雇用機会に惹かれて労働者が転入してくることに対して、文化施設やアメニティなどをパースと同じレベルに充実させることによって、転出の抑止を意図している。また、スーパータウン構想によって、町の畜産業者や製造業者が追加の設備投資をして生産規模が拡大したことなど、様々な波及効果が生まれたと、現町長のエリザベス・グイデラは説明してくれた。[42]

41　カルロス・コレイアへの聞き取り（2023年3月24日）による。

カタニングの事例は、難民認定者に自立の機会を与えた成功事例として報道されることがあり、文献にも登場することがある。とりわけ、ワムコは難民認定者に雇用機会を与えて、生産的な市民としての活躍の地盤を整えた。カタニングにて、難民認定者は現金収入を得て、国籍を取得し、住宅も購入し、大学に通う世代も出現している。その分、カタニングから一旦転出する世帯も存在しているが、難民認定者の若年層は、「普通の豪州人」としてのキャリア形成の道を歩み、労働市場に参加し、社会貢献をしている。この他、移住から15年近くが経過し、子どもたちも成長し、通訳としてだけでなく、独立した存在として現地社会との関係を取り持つようになっている。

　移住事業による町の人口へのインパクトは、本章の第2節で検討したように、住民の多様性の進展という形で明確に表れている。国勢調査によると、町の人口は、2001年にて4,134人、2006年に4,210人、2011年に4,183人、2016年に4,151人、2021年に4,057人と推移している。表5－2は、カタニングにおける年齢別の人口の推移を表している。総人口に占める0歳から19歳までの住民の割合の変化は、カタニングでもWA州の地方部（州都圏外）でも類似した傾向にある。カタニングにおける20歳から44歳までの住民の割合は、WA州の地方部（州都圏外）

表5－2　カタニングと地方部（WA州都圏外）の人口の推移（年齢別。上段がカタニング、下段が地方部［WA州都圏外］）。括弧内は当該地域の住民に占める割合（％）。出典：ABS（Various Years）

	2001	2006	2011	2016	2021
0–19	1,372 (33.1)	1,303 (30.9)	1,281 (30.6)	1,077 (25.9)	1,047 (25.8)
	55,001 (31.2)	52,559 (29.2)	49,446 (28.1)	47,328 (25.8)	44,810 (24.3)
20–44	1,455 (35.1)	1,396 (33.2)	1,273 (30.4)	1,259 (30.3)	1,261 (31.1)
	63,039 (35.7)	58,484 (32.4)	54,604 (31.0)	52,992 (28.9)	51,417 (27.9)
45–64	893 (21.5)	1,005 (23.9)	1,068 (25.5)	1,122 (27.0)	1,007 (24.8)
	39,823 (22.5)	46,962 (26.1)	47,694 (27.1)	51,362 (28.0)	50,721 (27.5)
65–74	235 (5.6)	293 (6.9)	323 (7.7)	378 (9.1)	427 (10.5)
	10,726 (6.1)	12,662 (7.0)	14,066 (8.0)	18,622 (10.1)	21,921 (11.9)
75–	191 (4.6)	216 (5.1)	246 (5.8)	331 (7.9)	332 (8.2)
	7,862 (4.5)	9,600 (5.3)	10,328 (5.9)	12,880 (7.0)	15,369 (8.3)

42　エリザベス・グイデラへの聞き取り（2023年3月25日）による。

と比較して、減少の速度が遅い。また、カタニングの 35 歳以下の人口は、2001 年で 2,195 人、2006 年で 2,083 人、2011 年で 1,995 人、2016 年で 1,827 人、2021 年で 1,822 人となっており、WA 州の地方部（州都圏外）では、35 歳以下の人口は、2001 年に 89,859 人、2006 年に 83,636 人、2011 年に 79,601 人、2016 年に 77,895 人、2021 年に 74,316 人となっている。WA 州の地方部（州都圏外）と比較すれば、若年層の減少の速度は緩やかである。

　また、町民の年齢の中央値は、2001 年で 32 歳（WA 州：34、全国：35、地方部［WA 州都圏外］：34）、2006 年で 35 歳（WA 州：36、全国：37、地方部［WA 州都圏外］：37）、2011 年で 36 歳（WA 州：36、全国：38、地方部［WA 州都圏外］：38）、2016 年は 40 歳（WA 州：36、全国：38、地方部［WA 州都圏外］：41）、2021 年で 39 歳（WA 州：38、全国：38、地方部［WA 州都圏外］：43）となっている。[43] 年齢の中央値の変化は、WA 州の地方部（州都圏外）よりも緩やかであり、高齢化の速度は比較的遅い。

　失業率に関しては、難民認定者を受け入れた後でも、顕著な上昇を見せてはいない（序章表 5 を参照）。カタニングでの失業率は、2001 年の国勢調査で 6.6%（WA 州内で 7.5%、全国で 7.4%）、2006 年で 4%（同州内で 3.8%、全国で 6.9%）、2011 年で 5.7%（同州内で 4.7%、全国で 5.6%）、2016 年で 6.1%（同州内で 7.8%、全国で 6.9%）、2021 年で 5.2%（同州内で 5.1%、全国で 5.1%）と推移している（ABS Various Years）。移住先での雇用機会の存在が、失業率の上昇を抑止したと考えられる。

6. 小括

　本章では、WA 州南東部に位置する農村カタニングを題材に、以下のことを解明してきた。第一に、カタニングは難民認定者を含む多様な移民労働力を受け入れながら、自治体の発展を遂げてきた。特に、1970 年代以降は、現地の食肉加工業者が中心となって移民労働力を町に招へいするようになった。異なる文化圏からの移住者の受け入れは、食肉加工業の発展と並行していた。1970 年代にクリスマス島とココス諸島から到来したマレー系ムスリムの人々は国内移動であり、経済移民と

---

[43]　住宅供給に関しては、2001 年に 1,757 件（家族を有する世帯数は 1,003 世帯）、2006 年に 1,748 件（同 988 世帯）、2011 年に 1,872 件（同 1,051 世帯）、2016 年に 1,821 件（同 950 世帯）、2021 年に 1,831 件（同 983 世帯）となっている（ABS Various Years）。

もいうべき人々である。2000年代以降は、難民認定者を労働力として登用し、結果として、カレン人をはじめ、アフガニスタン、ブルンジなどを出身とする者が町に移住するようになった。雇用機会に呼び寄せられる形として、結果として、住民の多様化が進むとともに、若年層の流入によって、高齢化と人口減少が抑止されることになった。

　第二に、カレン人がいかにしてカタニングに到達し、居住を開始したのか、移住に至る過程と背景を考察した。コミュニティリーダーであるポール・ジョウの発案と行動によって、現地の雇用主ワムコや自治体の各関係者と交渉を行い、自らの手で移住を推進させていった。現在では約50世帯、およそ250人のカレン人がカタニングに居住している。カタニングに移住が開始されてから、40人以上のカレン人の子どもが産まれている。

　第三に、カレン人の定住を実現させた現地の支援体制を考察した。まず、雇用主が様々な文化的背景を持つ労働者に対して、現場での処遇、労働シフトや休暇の取り扱いを始めとして、積極的かつ柔軟に調整を行っている。また、現地のスーパーボランティアともいうべき住民がよろず相談や英語教育を含め、全面的に支援を行った。さらに、現地のバプテスト教会の支援があったことも、大きな貢献を果たした。雇用機会に牽引される形で、この町の多文化化は進んでいった。雇用主と現地住民による献身的な支援により、カレン人ら新しい住民はこの町の新しい現実の一部を構成している。

第 6 章

ダルウォリヌの「地域人口増強計画」にみる住民主導型による難民認定者を受け入れる試み

1. 本章の課題：住民主導型の難民受け入れ事業の特質はなにか

　広大な平原の中を走るグレート=ノーザン・ハイウェイの沿線に、WA 州の農村ダルウォリヌはひっそりとたたずんでいる。ダルウォリヌはパースの北東 263km に位置する、人口 1,379 人の小規模な自治体である（ABS 2021）。通常の旅行者は、通過してしまうか、休憩で一時停止するために立ち寄るような町である。この町は小規模ながらも広大な面積（7,236km^2）を有しており、その面積は静岡県や熊本県とほぼ同等である。

　ダルウォリヌは WA 州の穀倉地帯（Wheatbelt region）の一部を成している。WA 州の穀倉地帯が産出する農産物の市場価値は、小麦（約 14 億ドル）、オーツ麦（約 1.2 億ドル）、大麦（約 7.7 億ドル）となっている。羊毛生産に関しても、約 7.7 億ドル相当の製品を産出している。この地域は、牧羊業とあわせて、WA 州における食糧供給の拠点となっている。また、それぞれの農場主の所有する田畑の面積が非常に広大であり、自ら数千ヘクタールの農地を耕作する場合も多い。この地域では、年間 100 万ドル以上の売り上げをたたき出す農家が、全体の 4 割を占めている。いわば「豪農」たちがひしめいている、といっても良いだろうか。ダルウォリヌの周辺では、見渡す限り、地平線まで小麦類の畑が広がる。

　ダルウォリヌでは 2010 年頃まで、若年層の流出と高齢化が止まらない状況にあった。[1] 機械化と栽培技術の進展によって、農業に必要な人手が相対的に少なく済むようになった。また、在来産業としての農業への従事に魅力を感じない地域住民も一定数存在する。このことから、ダルウォリヌから人口が継続的に流出し、高齢化が同時に進行する事態が生じていた。町の子どもの数は年々減少し、小学校が閉校の危機にさらされるようになった。公民館やレクリエーション施設など、町のイン

---

[1]　農業従事者は 1966 年に 547 人だったのが、1996 年に 393 人まで減少した（Tonts 2001: 314）。人口も 1966 年に 1,829 人だったのが 1996 年に 1,002 人にまで減少している。

フラも使用されなくなっていく状況が生まれていた。

　この事態に対して、町のコミュニティリーダーともいうべき人々が立ち上がった。本章では、第一に、若年層や労働力人口の流出と高齢化に対して、地域住民のスチュアート・マクアルパイン（Stuart McAlpine）らが主導した「地域人口増強計画」の展開を論じる。この計画は、当初はカレン人難民を WA 州都パースから招へいすることを意図した。難民認定者の招へいを試みるにあたって、マクアルパインと現地の行政は、住民に説明会を実施しながら、事前に移住計画を立案していった。そして、WA 州政府の公認と後援を得ながら、カレン人コミュニティとの協議を継続していった。第二に、この「地域人口増強計画」の直面した困難を考察する。難民の招へいを試みるこの事業に対して、連邦政府や州政府からの資金援助がなされなかった。結果として、現地の支援インフラの整備に支障が生じることになった。さらに、難民認定者たちが受給していた社会保障給付金の一部が支給されなくなるという、制度的な障壁にも直面することになった。第三に、「地域人口増強計画」は、技能移民の誘致へと方針を転換させ、結果として、地域の人口の増加と高齢化の抑止につながったことを示す。技能移民の誘致という方針の転換にあたっては、現地の製造業部門における技能労働力の不足が背景に存在した。紆余曲折を経て、当初の予定とは異なる人々が町に定住することになったが、現地企業の人手不足が解消し、町の総人口も 15％増加するなど、「地域人口増強計画」は一定の成功を収めている。

2.「地域人口増強計画」の旗揚げ：プロジェクト立案と折衝の開始

1）農場主スチュアート・マクアルパインによるプロジェクト立案

　ダルウォリヌにおいて、人手不足と高齢化の問題を難民認定者の招へいによって解決しようと考案したのは、ダルウォリヌのバンティーン地区に在住する農業事業主スチュアート・マクアルパインであった。マクアルパインは、プロジェクト立案の時点で 37 年間の農業分野での従事経験があった。この町の若年層が主要都市部に流出を続ける中で、難民認定者（特にカレン人）の受け入れによって定住人口を確保することを 2010 年に思い立った。カレン人を招こうとした理由は、カタニングに先行した受け入れ事例があったからであった。

　カレン人がカタニングにて再定住を試みた過程は、第 5 章にて論じた通りであ

る。カレン人は、すでにUNHCRとの協力の下で難民認定を受け、正規に永住権を有する住民として、WA州都パースに居住していた。カタニングに移住したのはその一部の者である。マクアルパインらは海外から直接、新しい住民を誘致しようとはしなかった。その理由は、カレン人が豪州社会への適応をすでに完了しており、ダルウォリヌに招へいする際も支援の必要性が少なく、国外から直接招へいする場合と比較して、低コストで誘致できる、と考えたからであった。また、カレン人の多くは出身国のビルマで農業によって生計を立てていたため、現地の農業部門に従事する上で、抵抗感は少なかったとされる（Shire of Dalwallinu 2014, *The West Australian* 2015年4月12日）。

「地域人口増強計画」の推進者が、難民認定者を住民として招へいしようとした背景には、ダルウォリヌでは技能労働力というよりも、定住してくれる住民を求めていたことも関係している。技能労働者であれば、在留資格を更新して永住権を得たり、一定額を出身国に送金したりするなどして、自らの目的を果たせば、町から転出してしまう可能性がある。ダルウォリヌの農業経営者たちは、それまでワーキングホリデー（WH）労働者を用いて農業部門の季節労働力を確保することが多かった。しかし、WH制度は、安定した労働力の供給を保証できる制度とは必ずしもいえない部分がある。現場に来てくれるWH渡航者の数は年度によってばらつきがあり、勤務態度もまちまちであった。カレン人が定住してくれるのであれば、安定的に労働力を確保できる可能性が高まる。[2]

2）「地域人口増強計画」の策定と運営委員会の結成

ここでマクアルパインは、町の現地行政（Shire of Dalwallinu）とともに、「地域人口増強計画（Regional Repopulation Plan）」を作成した。[3] この計画をもとにマクアルパインらはWA州政府の多文化関係担当局（OMI）と難民・移民支援団体（Metropolitan Migrant Resource Centre）へとロビー活動を行った。結果、この計画はWA州政府による協力と後援のもとに行われることになった。2011年11月、ダルウォリヌとパースの双方の側に、プロジェクトチームである「地域人口増強実行委員会（Regional Repopulation Advisory Committee）」が組織された。「地域人口増強実行委員会」は、WA州政府の地方自治・多文化関係担当大臣であるジョン・カ

---

[2] スチュアート・マクアルパインへの聞き取り（2023年3月27日）による。
[3] 本項の記述はShire of Dalwallinu（2014）に依拠している。

ストリーリ（John Castrilli. 当時）の公認のもとに旗揚げされた。

　町のプロジェクトチームで主要な役割を担ったのは、リーダーとしてマクアルパイン、町長であったロバート・ニクソン（Robert Nixon）、町議会議員のスティーブ・カーター（Stephen Carter. 後に町長）、事務局長のピーター・クリスピン（Peter Chrispin）、経済開発担当職員（Economic Development and Marketing Officer）であったリチャード・ミロイ（Richard Milloy）とテス・スロット（Tess Slot）、リエゾンオフィサー（Community Liaison and Support Officer）のロイス・ベスト（Lois Best）である。[4] さらに、移住者側の代表として第5章で登場したポール・ジョウが加わり、WA州政府の関係者や町議会の他のメンバーも、参加することになった。[5]

　2011年11月、「地域人口増強計画」の運営委員会は、シンクタンク（Paddi Brown and Associates）とともに、2回にわたるワークショップを共催した。このワークショップでは、以下の6つの課題が共有され、移住プロジェクトの推進にあたって、解決すべき問題として結論づけられた。

①居住物件の確保：入手可能な住宅が不足している。既存の建造物の有効な再利用を同時に検討する必要がある。
②雇用機会の確保：新しい住民は、主に農業分野にて雇用を得る予定である。しかし、その雇用機会は、移住者にも自治体にとっても、意味を見いだせる内容でなくてはならない。
③教育機会の拡充：新しい住民への長期的な視野に立った教育が必要である。対象は子どもだけでなく、成人も含まれる。移住者に対する追加的な言語の支援が必要である。新しい住民に向けた、成人への英語教育はより発展的に拡充されるべきである。初期の段階では、スピーキングと地域の「ダルウォリヌなまり」を理解することに重点が置かれるべきである。
④試験的な事業（パイロットプログラム）の実施：最初期において、少なくとも3世帯に移住してもらうことによって、この先駆者が橋渡し役となり、他の人々をこの地域に連鎖的に連れてくることを促すと考えられる。

4　リエゾンオフィサーの役割は、後述するように、移住者である「新しい住民」と現地社会の住民との関係を取り持つ、アンバサダー・橋渡しとしての役割を担う。適切な訳語が存在しないため、本書ではそのままリエゾンオフィサーと表記する。
5　難民認定者の誘致と定住に関しては、現地行政の管轄案件ではないため、運営委員会はWA州政府を始めとした様々な政府機関の人から構成された（ロバート・ニクソンへの聞き取り[2020年3月16日]による）。

⑤専門担当職員の雇用：このプロジェクトを推進するためには、最低限 1 名を（常勤で）雇用する必要がある。ボランティアにばかり依存することは望ましくない。

⑥住民との事前協議の必要性：現地住民に、このプロジェクトの計画や現況、進捗状況を明確に知らせておく必要がある。これは、新しい住民に対する期待を現実的なものとし、移住者の現地社会への統合と定着をスムーズに進ませるために必要である。（Shire of Dalwallinu 2014: 9–10 をもとに、一部の説明を加筆した。）

これらの事項を向こう 5 年間のタイムスパンで取り組んでいくことが参加者の間で確認された。

当初の段階から、移住者のことを「新しい住民（new residents）」と表現して、「移民（migrants）」という言葉を使用しないようにした。それには、「新しい住民となってくれる人であれば、出自や出身地を問わずにこの町は歓迎する」という意図もあった。マクアルパインと町長のスティーブ・カーター（聞き取り当時。現在は副町長）によると「英国人であれ、韓国人であれ、フィリピン人であれ、それらは関係ない」とのことであり、「それに移民は国内移動の場合もある」、すなわち、移民といってもすでに国内に居住していて、国内移動としてやってくる場合もある、との説明であった。新しい住民に町で働いてもらい、現地社会に貢献してもらうことを期待する意味でも「新しい住民」という言葉遣いは大切であった。[6]

3）「地域人口増強計画」の住民への説明会の開催

「地域人口増強計画」の実行にあたって、カレン人難民認定者を招へいすることに関する住民への説明会を開催することになった。こうした住民集会は、主催者側であるマクアルパインとカーターによると、「基本的には成功であり、反応も前向きだった」としている。これに関して、マクアルパインは以下のように説明する[7]：

> 最初の頃は概念的（conceptual）なものとして始まったのさ。表だって口には出さなかったけれど、「白人でない人」がこの町にやってくることに対して懸念を示す少数の人々がいたんだ。しかし、そういう人は本当に一握りであって、

---

6 スチュアート・マクアルパインとスティーブ・カーターへの聞き取り（2020 年 3 月 17 日）による。

7 スチュアート・マクアルパインとスティーブ・カーターへの聞き取り（2020 年 3 月 17 日）による。

（反対意見を）口に出して言う人も少なかった。もちろん、実際に懸念を持っていた人は、さらにもっといたのではないかと思うけどね。[...] 年長の人々はこの計画を支持しないだろうと予想していたのだけれど、反対意見もなくて、肯定的だったのが実際、驚きだったね…。その理由として、僕たちはすでに3世代にわたってこの地域に住んでいて、人口が劇的に減少していってしまうと、僕たちが当たり前に享受してきたものが得られなくなるということに対する危機感があったんだと思うね。特に医療関係とかだと、人口が減ればそうした組織の運営は難しくなるよね。（括弧内筆者）

同席していた町長カーターは、マクアルパインに同意しつつ、以下のように続けていた：

（移住計画の）初期の段階で、移民をたくさん受け入れて町がどうなるかについて、恐怖・懸念（trepidation）が存在したんだ。でもね、もともとこの地域はイタリア人を始めとした移民で成立してきたんだよ。（「地域人口増強計画」を実行するという提案は、）全体としては良く受け入れられたと思うよ。確かに、この計画に反対する人はいて、「仕事が見つからずに苦労しているのに、それにもかかわらず難民を呼ぶのか」という人もいたよ。でも、そういう人の職業と、移住してくる人が就く仕事はバッティングしない（奪い合いにならない）から、あまりこちらとしても懸念として取り扱わなかった。むしろ怨念（resentment. ルサンチマン）というようなものだね。（括弧内筆者）

住民への説明会を開催するなかで、初期の段階では、難民認定者を一定数招へいするという案について、「地元住民から多数の意見が寄せられた」とカーターは説明する。「ダルウォリヌは難民キャンプになるのか」などという意見もあった。[8] 住民への説明会と並行して、カーターらは住民向けのイベントを複数回開催することにした。その目的は、「住民に分断を作らないようにするため」と、「『新しい住民』も普通の人々であることを体感してもらうために、住民を教育しよう」という意図であった。その一環として、ダルウォリヌの現地行政と豪州職能訓練学校協会

---

8 この説明会が開催された2010年前後は、ボートピープルの到来がマスメディアに頻繁に取り上げられていた。ダルウォリヌを含めた豪州国民の感情は、必ずしも難民申請者に対して好意的とはいえないものがあった。

（Australian College of Training）は、町の住民に対して、新しい住民の職能訓練に関するプレゼン（Migrant Training Presentation）を行い、新しい住民となる難民認定者を労働者として雇用するように訴えた。このプレゼンでは、非英語圏出身者の労働力登用に焦点が当てられた。このタイプの職能訓練は、技能移民ビザの保有者を対象としたものではないが、当時の関心はカレン人難民認定者であり、適切であった（Shire of Dalwallinu 2014: 8）。

4）カタニングへの視察とカレン人コミュニティとの折衝

　次の策として、「地域人口増強計画」の運営委員会は、2011年7月にカタニングへ2日間、視察に赴いた。カタニングでの現地視察を通じて、「成功した移民誘致のプログラムに触れたことは、とても有益であった」と、2011年当時の町長であったロバート・ニクソンは振り返る。[9] カタニングへの視察を通じて、ダルウォリヌの運営委員会は、新しい住民に対して英語のサポートが必要であり、英語教室だけでなく、翻訳・通訳者の配置も必要であることに気づかされた。

　視察団は、カタニングへの訪問を通じて、ダルウォリヌの行政や学校、現地住民の側が、「地域人口増強計画」に対して同意し、好意的に支援してくれることが、事業の成功には必須であると感じ取った。そして、「新しい住民」である移住者の家族の支援に関して、サポート役となる特定の住民を割り振って、支援に従事してもらうことの必要性が確認された。カタニングの場合では、現地行政が任命したリエゾンオフィサーと現地のボランティア住民が直接的に連携して支援にあたるように設定されていた（Shire of Dalwallinu 2014: 8、第5章を参照）。[10]

3.「地域人口増強計画」が直面した制度的な困難

1）政府による資金援助の不在と、資金難の中での独自のプロジェクト運営

　この「地域人口増強計画」は、一貫して制度的な問題と困難に直面することになっ

9　ニクソンはカーターの前任者である。
10　ただし、カタニングでのリエゾンオフィサーはボランティアで無給であったと、この役職を務めた本人から説明があった（カレン人若手コミュニティリーダーへの聞き取り［2023年3月25日］による）。

た。ここで課題となったのは、マクアルパインが「イノベーションを起こすようなアイデアにはつきものである」としながらも、「この企画（地域人口増強計画）が既存の資金援助モデルに合致しなかった」（括弧内筆者）ことである。WA州政府からはパースでのワーキンググループの結成や会議の開催、といった形での間接的な支援は得られたものの、直接的な資金援助や、このプロジェクトを推進する職員の雇用のための資金援助（ないし、州政府で同様の職員を配置してくれる）という形での支援は得られなかったとする。[11] WA州の担当大臣カストリーリ（当時）は「地域人口増強計画」の運営に対して、州政府による公式な協力を表明してはいた。しかし、拠出できる資金はないとした。

　「地域人口増強計画」の運営に必要な資金を確保するべく、2011年初頭に、町長ニクソンによるリーダーシップのもとで、町の現地行政がWA州政府による「公共事業の実施のための地域助成プログラム（R4R: Royalties for Region funding）」に申請した。このR4Rプログラムは、地域活性化・地方創生を意図しており、公共施設の建設といった公共事業に対して助成金を提供するものとなっている。結果、11軒の住宅を建設するための資金をR4Rプログラムから得ることができた。本来、地方自治体の行政は住宅の建設に関与することはない。[12] しかし、あえて「地域人口増強計画」の推進のために、町長ニクソンが自ら主導してR4Rに申請し、採択された。

　同時に、このR4Rプログラムにおいて、「地域人口増強計画」自体に対する資金援助の申請もなされたが、こちらの結果は不採択であった。現地行政は、移民担当職員（Migrant Attraction and Retention Officer）の雇用を実現するために、11万ドルの拠出を申請した。不採択となった理由は、R4Rプログラムが施設の整備等を中心としたインフラ整備を主眼としており、申請内容が、助成金の支給となる条件や対象に合致しなかったからである。

　「地域人口増強計画」の推進のための資金確保は大変難航したと「地域人口増強計画」に関与した主要人物は口を揃える。当時の町長ニクソンは、「WA州政府は賞をくれて、名誉をたたえてはくれたが、何もしてくれなかった」と振り返る。[13] マクアルパインは、「間接的な物的支援はしてくれた」としており、パースでのワー

11　スチュアート・マクアルパインとスティーブ・カーターへの聞き取り（2020年3月17日）による。
12　現地行政の事務局長（CEO）であるジーン・ナイトの説明によると、「住宅の整備は、通常は町の現地行政が関与する分野ではない」とする。しかし、ニクソンは町長として、住民を増やすためには住宅が不足している状態を解消することが先決であると考え、町長としての職務範囲を超えて、住宅の整備を率先して実施した。

キンググループの結成といった支援はあったとしている。しかし、実質的な「現金での支給はなかった」としていた。[14] マクアルパインとニクソン、カーターも、資金援助の不在が、難民認定者を招へいする試みにおいて、「非常に大きな障壁」になったとしている。「最終的には、州政府も連邦政府も、このプロジェクトで恩恵を得るはずなのに残念だった」と、「地域人口増強計画」に関与した人々は振り返っていた。

2) 独自の資金拠出によるプロジェクトの進行

「地域人口増強計画」への資金援助がなされない中でも、町の現地行政は、あきらめずに自らの自治体の予算で、独自に「地域人口増強計画」を財政的に支援し、プロジェクトを存続させることにした。町長であるニクソンは、カタニングへの視察やパースのカレン人コミュニティとの交渉を経る中で、ダルウォリヌには新しい住民を受け入れるための支援インフラが不十分であることを理解していた（*The West Australian* 2015年4月12日）。そこで、第一に、英語クラスの運営に資金を提供し、第二に、リエゾンオフィサーや、経済開発関係、コミュニティイベントを担当する職員を雇用できるようにした。

第三に、住宅が町に不足していることは喫緊の課題だった。住宅不足に対して、現地の行政は、先述した住宅整備に関する政府の助成金を得ながらも、自治体の資金で最初期に9軒、最終的に合計11軒の物件を建設した。すべて家族向けの規模の住宅である。町の現地行政による住宅整備について、自ら推進した前町長のニクソンは「形だけ（token gesture）のようなものであり、全体の住宅供給に比べれば少ない」としている。[15] 国勢調査によると、当時の町の総住宅数は、2006年で631軒、2011年で677軒、2016年で705軒となっている。最初期の移住者を住まわせることを考えれば、適切な規模での初期投資であった。

町長のニクソンは、政治家や各種団体へのロビー活動などを通じて、プロジェクトを成功させるべく、奔走することになる。外部資金を得ながら住宅が建設されたりしたが、基本的には、ダルウォリヌの自治体の予算によってプロジェクトが続行

13　「地域人口増強計画」の運営委員会は、WA州政府による「地域での多文化主義推進アワード（Implementing Multiculturalism Locally Award 2013）」を受賞している。
14　結果として、マクアルパインは自身のボランティア精神でプロジェクトに出資を続け、私費で「10万ドル近く（one hundred grand）をつぎこんだ」と説明している。

となった。しかし、住宅といった支援インフラの整備は、本来は州政府や連邦政府が主体となって取り組む課題である。農村部の地方自治体が、支援インフラの整備に資金拠出を継続することには無理があった。この他にも、「地域人口増強計画」を担当する専任職員を常勤で雇用できる予算が確保できないという点も、プロジェクトの存続に大きな影響を与えた。

3）生活支援に関わる社会保障給付金へのアクセスの問題

この他に「地域人口増強計画」が直面した制度的な障壁として、センターリンクによる所得支援の一部が、ダルウォリヌでは受給条件に合致しないという問題があった。求職者手当（Jobseeker Payment）と若年者手当（Youth Allowance）は、雇用機会が多数存在する地域（higher employment prospect）において支払われる（DSS 2023）。パースからダルウォリヌに転居することは、センターリンクによる生活支援金の一部の支給が打ち切られることを意味した。

現地行政のリエゾンオフィサーを務めたロイス・ベストによると、ダルウォリヌのような農村部に、難民としての出自を持つ人々が移住するにあたっての最大の困難のひとつは、センターリンクの支援体制にあると指摘する。[16] 雇用機会が一定数存在すると見なされる地域でないと、センターリンクの所得給付の一部は受けられない。雇用機会が潤沢に存在する都市部からダルウォリヌのような農村部に移住することは、雇用機会の少ない地域に移動することを意味する。難民認定者は貯蓄がないことが多い。さらに、英語力にも課題があり、失業していることもある。また、就業していたとしても賃金は高くない。従って、難民認定者たちは生計を立てるにあたって、センターリンクの所得給付金に生活の多くを依存している場合も多い。そうした給付金が打ち切られてしまうことは、難民認定者にとって大きな問題とな

15　この発言は、町長ニクソンの謙虚な人柄を良く表現している。ニクソンは「地域人口増強計画」に従事した関係者から高く評価されている。「ロバートがいなければ、このプロジェクトは形となった成果を見ることはなかった」と、この計画にて中心的な役割を果たしたテス・スロットは振り返る。「スチュアート（マクアルパイン）はアイデアマン（blue sky thinker）でしょ。それを実地で実現させたのがロバートなのよ。ロバートは政治家にロビー活動をしたり、パースに何度も足を運んで、この町のために頑張ったのよ」としていた（括弧内筆者）。スロットへの聞き取りの時点で、筆者はニクソンに電話でインタビューを済ませていたため、電話での発言を紹介しつつ、筆者が「ミスターニクソンは自慢話をしないし、自分を大きく見せるような話もしなかった。謙虚な感じの方だった」というと、右手の中指と親指をパキッと鳴らして、「そうよ。ロバートはそういう人なのよ」とのことであった（テス・スロットへの聞き取り［2023年3月27日］による）。
16　ロイス・ベストへの聞き取り（2020年3月25日）による。

りうる。

　農村部に引っ越した直後の最初の3ヶ月でさえも、所得給付金の支給対象とならないことを、ベストは嘆いていた。ベストは、「最初の3ヶ月の支援があれば、彼らは自分のビジネスを始めること」もでき、「定住は可能であったはずだ」とする。アフリカ出身の移住希望者がダルウォリヌのバンティーン地区（ダルウォリヌ市街地から北に車で40分）に視察に来て、案内をしていたとき、彼らと話していたことが強く記憶に残っているという。[17] アフリカ出身の移住希望者が「ここならコーヒーショップを開ける。金曜にはダンスセッションもできるし、そこでアフリカンバーベキューをすればお金も稼げるね」といっていて、ベストは「そうですね、もちろんここでできますよ」と返答していたという。しかし、センターリンクの所得給付の一部がダルウォリヌに移住した途端に打ち切られることが、彼らの移住計画の実現に影響したと、ベストは説明する。[18]

　このアフリカ出身の家族が移住を検討している間に、バンティーン地区の小学校が閉校されることになった。閉鎖を待って欲しいというマクアルパインらの請願に対しても、WA州政府は頑なであった。バンティーン地区への移住を予定していた家族の間には14人もの子どもがいた。従って、学校の運営は可能であるはずだった。しかし、WA州政府による閉校の決定は、追加的な児童の獲得という事実を前にしても、覆ることはなかった。「地域人口増強計画」が進展している時点で、バンティーン地区に加えて、ダルウォリヌのピサラ地区（ダルウォリヌ市街地から南に車で15分）、ウービン地区（同じく北に車で25分）でも小学校が閉校になってしまった。[19]

　ベストとマクアルパインによると、バンティーン地区に新しい住民としての難民認定者に移住してもらう計画を立案するにあたっては、この地域の小学校の閉鎖を阻止し、学校を存続させることも意図していた。しかし、バンティーン地区の小学校が閉校になった結果、子どもたちは片道35キロもの道のりをスクールバスで1時間かけて通学しなければならなくなった。このことは6歳や7歳の学童が毎日2時間もバスの中で過ごすことを意味する。

17　アフリカ出身の難民コミュニティを招へいしようとする試みは、カレン人コミュニティを呼びこむ試みの直後に、短期間なされた。
18　ロイス・ベストへの聞き取り（2020年3月25日）による。
19　マクアルパイン自身は、自らの出身地であるバンティーン地区の学校を存続させたいという思いが強かった。移住者の視察先にもバンティーン地区を含めるなどした。そして、移住者に対しては、マクアルパインの農場の一部を譲渡し、家禽類の飼育や、農産物の生産を通じて、自律的な生活を営んでもらうことを選択肢のひとつとして構想していた（スチュアート・マクアルパインへの聞き取り［2023年3月27日］による）。

一旦、小学校が閉校になり、通学が数十キロに及ぶ長距離となれば、その地域に移住者は住まなくなる。ベストによると、新しい住民は遠距離通学を好まず、学校の近隣に居住を希望する傾向があるとする。近くに小学校がなければ、アフリカ出身の人々を含めた新しい住民の誘致は、より困難になるとしていた。

　アフリカ出身の難民認定者のコミュニティをダルウォリヌに視察に招いたのは、カレン人の招へいを試みたのとほぼ同時期であった。ダルウォリヌへの移住に興味関心を示しているアフリカ出身の難民コミュニティに対して、スロットが移住の機会に関する説明会を開催した。そして、WA 州政府の多文化関係担当局（OMI）から助成金を得て、視察に来てもらうためのバスを手配した。視察の際には、マクアルパインも参加し、バンティーン地区には、様々なインフラがあることを説明した。[20]

　ただし、スロットによると「地域人口増強計画」が行われていた 2010 年代の初頭は、豪州の農村部で、「空き家を 1 ドルで譲ります」というようなキャンペーンを展開する自治体が複数あり、メディアでも紹介されていた時期であったという。アフリカ出身の難民認定者の側が、ダルウォリヌでも同様に住宅を無料で提供してくれて、様々な身の回りの世話をしてくれるのではないか、と一方的に期待を寄せている部分があったという。[21]

4）カレン人の移住を難航させた要因

　「地域人口増強計画」にて、新しい住民として迎える予定であったカレン人の移住は難航した。それには、先に言及したセンターリンクによる所得給付が制限されることに加えて、以下の理由があった。第一は、全体的な現地のインフラの不足である。まず、公共交通手段がダルウォリヌにはない。この場合は、ボランティアが車を出すか、移住者自身が運転免許を取得し、自家用車を運転しなければならない。カタニングでは、カレン人の商店経営主が自動車運転免許の指導員の資格を有していて、カレン人住民はこの人物からスゴー・カレン語で指導を受け、免許を取得している。こうしたことをダルウォリヌで実現することは困難であった。

　第二に、病院に関しても重症患者に対応できる医療機関が近隣にない。[22] ダルウォ

20　小学校が閉鎖になった後、マクアルパインはこの学校を保全するために、私費で買収している。
21　スロットの手配した事前視察に参加した男性たちが、実際には配偶者や家族に何も伝えずに町を訪れていたことも多かったことが後で明らかになった（テス・スロットへの聞き取り［2023 年 3 月 27 日］による）。

リヌには常駐の医師が1名しかおらず、農村部を巡回する医師が来るまで予約を入れて診察を待つことになる。他にも、例えば、歯科医を受診するためにはウォンガンヒルズ（南に75km）や、ノーサム（南に170km）にまで移動しなくてはならない。医療機関が不十分であることは、ダルウォリヌへの移住を阻む要因となった。

　第三に、教育機関の問題もあった。ダルウォリヌには8年生までの学校はあるものの、9年生の指導は通信教育となる。そして、地域の小学校が次々に閉校になっていったことも、マイナスに働いた。カレン人たちはパースにおいて、すでに子どもたちを通学させていた。ダルウォリヌに移住する上での困難をポール・ジョウは以下のように説明する：

> ダルウォリヌには9回も行きました。9回もですよ！ [...] ダルウォリヌは平和で、穏やかな町です。ただ、住宅が高価で、店も少なくて、4つくらいです。それに高校がない。8年生までの学校しかない。私が交渉しているさなかにも、現地の小学校が閉鎖になってしまいました。また医療施設の問題もあります。カタニングであれば病院もあって、飛行機で重症患者をパースに送ることもできます。それに、ダルウォリヌの仕事は農業であり、季節性があります。安定性がないのですよ。[23]

カタニングへの移住はすでに開始されており、順調に進行していた（第5章を参照）。カレン人コミュニティにとっては、いわば「第二の選択肢」としてダルウォリヌは存在した。しかし、この「9回も行った」という点や、ダルウォリヌの抱える問題点は、現地調査の際にともに時間を過ごさせて頂く中でも、メッセージのやり取りの中でも、ポールが折に触れて強調していた点であった。これらの点はポールを始めとしたカレン人コミュニティの側も、移住の可能性を真剣に検討していたことの証左である。[24] また、週末の活動に関して、以下のように続ける：

22　ダルウォリヌの病院は2つある。第一は、ダルウォリヌ医療センター（Dalwallinu Medical Centre）であり、ナイジェリア出身の医師が常駐している。第二に、ダルウォリヌ広域病院（Dalwallinu District Hospital）には、定期的に医師が都市部から派遣されて、専門的な診療が行われる。歯科診療も同様であり、歯科衛生士が地方部に派遣され、農村部を巡回して歯科検診等を行う。筆者がカタニングに滞在していた際に、この巡回診療の業務に従事する歯科衛生士と出会うことができた。1980年代には、農村部で歯科診療に一定期間従事すると大学の授業料が免除となったことなど、この数十年の間の歯科医師や歯科衛生士への待遇の変化や業務内容について、お話を伺うことができた。

23　ポール・ジョウへの聞き取り（2020年3月17日）による。

ダルウォリヌは海から遠いのですよ。レジャーで海に行くとき、（ダルウォリヌから）ジェラルトンまで行くのは大変ですよ、遠いのです…。[25] カタニングからアルバニーまではそんなに遠くありません。[...] アルバニーにはカレン人の仲間もいますから、泊めてもらうこともできます。[26]

　第四に、雇用機会のミスマッチが挙げられる。当初、雇用機会として提示されていた農業は、季節性があり、安定性に欠けていた。また、次節で考察する現地の製造業を運営する企業が、住宅を用意し、賃料補助をする場合であっても、カレン人の側が雇用主の要求する職能を有しておらず、雇用が不可能となった。そのため、製造業の雇用主が用意する住宅にも居住できないことになった。カレン人の生活の地盤がすでにパースに形成されており、パースでの賃貸契約が存在したことも、カレン人が農村部に再移住する上での障壁となった。

　移住者に対する所得給付金の支給条件の問題、病院や学校などのインフラの問題、移住事業を推進するための資金提供の不在、といった移住を実現する上での制度上の障壁は、現地住民やプロジェクト推進派の人々の責めに帰さない問題である。移住者側と現地社会の側との協議は継続されたが、難民認定者の受け入れは実現しなかった。しかし、物別れに終わったというわけではなく、カレン人コミュニティの側も、移住計画を推進した人々も、現在に至るまで良好な関係を維持し、交流を続けている。

4.「地域人口増強計画」の新たな展開：現地の製造業部門による技能移民の招へい

1)「地域人口増強計画」開始時の現地の経済状況と、技能労働力の不足：フィリピン人労働者の到来

　農業部門に加えて、ダルウォリヌでの雇用機会を提供していたのは、製造業を営

24　ポールの勤務する MSCWA の上司であるラムダス・サンカランも、この移住計画と町の様子を説明してくれた。ポールだけでなく、周囲の支援者もこの町の移住事業と、実際の移住の可能性を最後まで真剣に検討していたことが筆者に伝わってきた（ラムダス・サンカランへの聞き取り[2023 年 3 月 22 日]による）。
25　ジェラルトンは、パースの北 424km のインド洋沿いに位置する、人口 3 万 7 千人の町である。ダルウォリヌからは 307km である。カタニングからアルバニーまでは 173km である。
26　ポール・ジョウへの聞き取り（2020 年 3 月 17 日）による。

む現地企業であった。ダルウォリヌには製造業が4社存在し、人口約1,300人の町において、総計で300人近くの雇用を創出している。ダルコン社（Dallcon）は、鉱業部門で使用する各種コンクリート製品の製造・加工を行い、コアルコ社（Coerco）は、プラスチック製の貯水タンクの製造を手がける。シャーマック社（Shermac）は、鉱業業界向けの改造車両や作業用具を製造している。コンクエスト社（Conquest）は、トラクターなどの農機具のアタッチメントといった鉄の加工製品を供給している。ダルウォリヌの製造業は、2000年頃から10年程度の短期間で急成長し、地域経済を牽引する存在となっている。

「地域人口増強計画」が発足した2010年頃は、鉱山開発ブームの影響で、ダルウォリヌの製造業が大変好調であった。そのなかで、この製造業部門は労働力不足に陥り、パースやマンデュラ（パースの南71kmに位置する地方都市）やバンブリー（パースの南170kmに位置する自治体）などから、製造業における専門的な職能を有する労働力を招へいしようとした、しかし、豪州国内の労働力を確保することはできなかった。[27]

ダルウォリヌの製造業部門が必要としていたのは、金属加工の溶接やデザイナーなど、高度な技能を有した労働力であった。カレン人は長期間難民キャンプで暮らしていたため、英語力に課題があり、現地企業の求人内容に応じた職能も持ち合わせていなかった。ダルウォリヌの製造業が必要としていた労働力の不足において、ニクソンやベストは「当初の計画と実際に必要な人材の間でギャップがあった」と説明している。カレン人を招へいすることが現実的でなくなってきたことと相俟って、現地企業の雇用主は、技能移民ビザを用いて人手不足を補填するようになった。

ここで「地域人口増強計画」は新しい展開を見せることとなった。難民認定者の誘致が頓挫した代わりに、製造業の経営者たちは、技能移民ビザを用いてフィリピンから技能移民を呼び寄せたのである。最初にフィリピン人を雇用したのはコアルコ社である。フィリピン人を招へいした背景に関して、現地製造業の幹部の1人は、「これについては（外部の人には）言えない」としながらも、当時の移民エージェントの職員の一人が、フィリピンに視察に出向いて調査をするなどした結果、この

---

[27] マクアルパインは、国内からの労働力をダルウォリヌに招へいすることに困難が生じている理由のひとつとして、豪州人の間で、海岸沿いに住むライフスタイルに、強い愛着が存在していることを指摘していた。マクアルパインは、「海岸沿いの生活は確かに魅力的で、実際にやってみるとかなり良いライフスタイルだよね」としている。ダルウォリヌに海岸がなく、内陸部に存在していることは、「マイナスの思い込みをもたれる要因（stigma）」であるとしている。しかし、マクアルパインは、「実際に農業事業主として、WHの人々を雇用して、住んでもらう中で、WHの人々も豪州の農村部の生活を気に入ってくれる」としている。

エージェントを使って、「ある程度フィリピンに焦点を絞って求人を出した」という回答であった。[28] 結果として、ダルウォリヌに到来した新しい住民は、フィリピン人が多くを占めることになった。

2）製造業部門の経営者：プリマス・ブレスレンの人々

　ダルウォリヌの製造業を営むのは、キリスト教プロテスタントのプリマス・ブレスレン（Plymouth Brethren. Exclusive Brethren とも表記されることがある。以下、ブレスレンと略記する）の人々である。ダルウォリヌの製造業4社すべてが、この宗教団体の人々によって経営・運営されている。ブレスレンには教祖のようなリーダーがいて、どのようなことをすべきかについて、命令を下すという。このリーダーは、現在ではジョン・ヘイルズ（John Hales）である。ブレスレンの人々は、1930年代からダルウォリヌに居住を開始し、農業を営んでいた。1980年代には、追加でパースなどの主要都市部からブレスレンの人々が移住してきて、この町の人口減少は「独特な形態」で抑止されることになった（Tonts 2001: 314–315）。しかし、農業だけでは、生計を立てるための資金が不足したため、ブレスレンの人々は他分野の経済活動にも進出していった（Tonts 2001: 311）。ダルウォリヌのブレスレンの人々は、突如として農業を辞めるようにリーダーから告げられ、鉱業や農業に関連した製造業に従事するように命じられた。これはにわかに信じがたい、作り話のように聞こえる。しかし、この点を町長、リエゾンオフィサーに加えて、Tonts（2001）も論じているため、事実のようである。

　また「俗世間のもの（worldly）」を「悪」とみなして、世界から交流を絶つことがブレスレンの教義において中核のひとつをなす。[29] 第一に、ブレスレンの人々は自分たち専用の学校をダルウォリヌの市街地に建設して、子どもたちを通学させている。この人々は自らの教会を町に所有しているが、この教会には窓がない。ブレスレンの子どもたちは、現地の子どもや地域社会とは関わっていない。第二に、

28　製造業の幹部への聞き取り（2023年3月28日）による。
29　様々な方法を試みたものの、ブレスレンの人々は聞き取りに応じてくれなかった。しかし、現地の研究協力者の伝手でその内の1名と面談ができた。この人物からは、「名前を明かさないでくれ」と何度も念を押された。筆者の研究協力者の同席のもとで、3名でなされたインタビューの際も「それについては話せない（I can't tell you this）」と何度も前置きをされながらも、聞き取りがなされた。それでもなお、この人物は、自社の雇用方針や従業員の特質などを説明してくれた。この面談の実施も、直前の50分前になって、ようやく許可が下りたという状況だった（2023年3月28日）。

Tonts（2001）の分析によると、ブレスレンの人々は、テクノロジーや高等教育を悪として退ける。彼らはインターネットを使わず、テレビも見ないとされる。日本からブレスレンのウェブサイトにアクセスしてもブロックされてしまうことも、その証左のひとつであると考えられる。高等教育を悪として退けるからこそ、ブレスレンの事業が、労働集約的な製造業となる（Tonts 2001: 316）。この労働集約的な製造業は、必ずしも高等教育を必要としないからである。

　しかし、「地域人口増強計画」に携わった研究協力者によると、この人物が初めてブレスレンの人と話をした時、「彼らは4時間も時間を割いてくれて、自らの事業のことをしっかり説明してくれた」という。ブレスレンの経営者たちは、「自分のことを『大いに卑下（very humble）』」しているような感じさえしたとする。「メディアの報道では、ブレスレンの人々はネガティブな描写をされるが、実際にはそうではない」としている。[30]「彼らの宗教上の都合から、議会の会合に出席できなかったり、一般の人と実地で協働できないといった制約はあるものの、彼らがしっかりビジネスをして、町に貢献していて、寄付をしてくれたりすることは、大いに評価すべきことである」と、この人物は説明していた。[31]

　リーダーの指示によって創業・操業が開始された、という背景はありながらも、結果として、この家族経営による製造業は、大きな成功を収めて、「数億円を稼ぎ出す産業（multimillion dollar industry）」になっている。現在でもダルウォリヌでは、ブレスレンによる宗教活動を密接に反映した製造業がもたらした恩恵を受けている。

5．「新しい住民」と現地社会の橋渡し役としてのリエゾンオフィサーの活躍

1） 現地社会との健全な関係の構築に向けて

　2012年9月、新しい住民と現地住民の橋渡し役を担うリエゾンオフィサーとしてロイス・ベストがパートタイム（非常勤）で雇われた。[32] その役割は「人口が増

30　ブレスレンの信徒には、様々なルールが存在している。例えば、信徒以外の人と食事をともにしてはならないという決まりがある。また、避妊は禁忌となっており、実際にブレスレンの世帯には子どもがたくさんいたりする。この他にも、ルールを破ると破門され、家族とのコミュニケーションを一切とれなくなり、実質的に勘当されることなどが、1998年に現地の新聞にて特集されたことがある（The West Australian, 1998年6月5日、6月6日、Tonts 2001）。
31　「地域人口増強計画」に携わった現地住民への聞き取り（2023年3月27日）による。

加する中で、より強いコミュニティを作りあげるべく、地域社会と新しい住民をつなげて、支援すること」にあった（Shire of Dalwallinu 2014: 19）。ベストがこの職務に採用されることになったのは、プロジェクトを推進していたスロットと、ダルウォリヌの公立図書館にて、ふとしたきっかけで会話したことにあった。[33]

　ベストは、偶然にも英語教員であり、ダルウォリヌの出身であった。日本にも滞在経験があり、2000 年代の初頭に宮崎県都城市で英語を教えた経験もある。リエゾンオフィサーとして、現地住民と移住者の橋渡し役としての最初の戦略は、「企業、学校、地域社会（コミュニティ）と、新しい住民との関係を再構成すること」であり、「これらの人々の関係の再構成のために、何が必要とされているのかを特定する」ことにあった（括弧内筆者、Shire of Dalwallinu 2014: 19）。ベストは、フィリピン出身の新しい住民の細々とした日常の諸手続きを支援するとともに、英語の教師として、自治体が新規に運営する英語クラスを担当することになった。

2）新しい住民の定住と統合に向けた支援の実施

　ベストは「新しい住民」の日常生活における様々な場面での「よろず」の支援を行った。子どもの入学手続きを手伝ったり、帯同者の仕事の応募をサポートしたり、就労許可の申請をする手助けをしたり、住宅関係から、銀行や行政関係の手続き、運転免許の取得に関する助言まで、ベストの支援内容はすべての側面に渡った。

　特に、ベストは新しい住民へのサポートの一環として、よく郵便局や銀行に連れて行ったとする。ダルウォリヌでは、郵便局が町の唯一の中央政府系の機関であり、在留資格に応じて必要になる手続き書類も郵便局に置いてあるからである。ここで、必要な書類を揃えるのを手伝い、在留関係の申請手続きの援助を行った。また、町にひとつだけ存在する銀行（Bankwest. WA 州の地方銀行）で、口座開設の手伝いもした。

　また、新しい住民の子どもたちを通学させるにあたって、保護者たちはどのように手続きを進めたら良いか、不明であるケースが目立ったという。ある日、ベストが「通学するための登録はしたの？」と尋ねると「まだやっていない」と。そして、

32　この点に関連して、新しい住民にはスロットによって、ウェルカム・パック（welcome pack）が用意され、現地の主要な機関の連絡先や受けられる支援内容の情報が提供された。
33　本節第 1 項から第 3 項の内容は、ロイス・ベストへの聞き取り（2023 年 3 月 10 日、2020 年 3 月 25 日）に依拠している。

翌日も「登録はできた？」と訊くと「まだできていない」と。それでベストは「いま、お昼時だから時間あるでしょ。一緒に行くからやってしまいましょうよ」と提案し、新しい住民の側も「それはありがたい、やってくれませんか」というような形で、その場その場で、新しい住民の手助けをしていった。

　また、ベストは政府系の機関などに電話で問い合わせをしたりして、様々な手続きを代行することが多かった。その例としてベストが言及したのが、フィリピン出身の新しい住民が「タトゥーショップ」を開業したいと申し出たときであった。ただ、この出店希望者は、ベストが保険の話を持ち出すと、「そういうことはわからない。自分が調べたり、手配したりするのは無理だ」という反応を見せた。そこで、ベストが代わりに保険業者に電話をかけ、「タトゥーショップ」の営業において必要な保険について問い合わせて、開業を希望する者に、その内容を説明した。入れ墨は皮膚に加工を施すものである。皮膚組織を破るような加工が伴うと、保険金が高額になり、店主が1年間に約1万ドルを負担しなければならなくなる、という回答であった。このように電話をかけて問い合わせたりするのは、自らが英語の母語話者であることに加えて、豪州の社会制度を理解している現地住民として、新しい住民の定住と統合を円滑に進めるために行っていた。これらの支援は勤務時間外であっても、ベストの自主的な努力とボランティア精神でなされていった。

3）自治体独自の英語教室の開講

　新しい住民に向けて、自治体が独自の英語クラスを提供することになった。この英語教室は、連邦政府の成人向け英語教育プログラム（AMEP. 第1章を参照）とは異なり、町の現地行政が資金拠出をして主催した。ダルウォリヌでは、AMEPを提供するための拠点となる公立専門学校（TAFE）などが存在しない。英語教室では、3週間程度のプログラムを編成して授業が行われた。各クラスの受講者は18名を上限とし、多い場合でも25名とした。開講された場所もダルウォリヌ市街地と東部のカラニー地区（ダルウォリヌの市街地から東に車で35分）で週2回ずつだった。当初は自治体が授業料を負担していたが、後に参加者にも費用負担を依頼するようになった。多くの場合、雇用主が代わりに負担した。[34]

　英語講座の受講者たちは、フィリピン出身の男性労働者が中心であった。家族を

34　ベストはブレスレンの人々と個人的なつながりがあり、ブレスレンの人とも橋渡し役を担った。ちなみに、授業料を徴収するようになった理由のひとつは、出席を促すためでもあった。

呼び寄せた段階では配偶者も参加するなど、その時々に応じて、クラスメートの顔ぶれは多様であった。確かに、新しい住民は技能移民ビザを有している。このビザの取得には、英語運用能力テストである IELTS で 6.0 以上（SSRM において地方部での就労に用いる技能移民ビザの場合は 5.0 以上）が必要である（第 3 章を参照）。そのため、英語はある程度できる。しかし、フィリピン人はアメリカ英語を習っていて、豪州の現地特有の英語表現には詳しくない場合が多かった。

　そこで、ベストがこの数週間のプログラムで行ったのは、現地特有の英語表現と現地文化の紹介であった。もともと、英語クラスを主催した自治体側の意図は、「『地域のなまり』がわかるように」という点にあった。現地特有の表現の例として、ベストが筆者に教えてくれたのは "you winnen'?" であった（原文ママ）。これは労働現場での作業中に、現場監督が後ろから労働者にかける言葉である。正しくは、"Are you winning the machine?" であり、機械と労働者が競争していることに見立てて、「おまえは機械に勝っているか？」転じて「うまくやっているかい？」、「仕事は順調かい？」の意味である。すでにある程度の英語力を有する労働者たちに、こうした表現を教えるとともに、現地文化も併せて紹介していった。[35]

4）新しい住民と在来の住民が交流できる機会の確保

　現地文化の紹介に関しては、教室の中での口頭の説明にとどまらなかった。「農業展示ショー（agricultural show）」が開催される際は、この祭典の目的を説明し、当日の参加を促した。[36] この展示ショーは農村部の収穫物や栽培技術を改良させた成果などを発表したりする、豪州各地で開催される定番の祭典である。祭典の当日、ベストは実際に農業展示ショーに赴き、自らの受講生がいた際には、声をかけるとともに、その生徒が話し相手を見つけられるようにした。

　この他にも、現地行政と協働して、様々なイベントを企画し、新しい住民と現地

35　ダルウォリヌの公立図書館に、当時の英語クラスの様子が写真アルバムに収められている。町長であるカーターが刈ったばかりの羊毛を持ち込んだりして、現地の文化を紹介している様子が写真に収められている。講義担当者であるベストも受講者も、生き生きとした様子で授業が展開されている様子が、これらの写真から伝わってくる。数枚の写真であっても、教室の雰囲気は伝わるものである。ベストは教員としても、その能力を発揮していたことがわかる。
36　豪州政府によると、農業展示ショーは、農業従事者が都市部などで自らの家畜や作物を展示したりする「農業部門の活動を刷新させ、継続させるために大切なイベントである」と説明をしている（DAFF 2023）。豪州政府は、全国各地の農業展示ショーの開催を支援するために、総額 8,000 万ドルの開催助成金を拠出している。

住民が交流する機会を得られるようにした。例えば、コミュニティ・バーベキューを定期的に開催した。また、クリスマスの時には、野外パーティーに皆が招かれた。さらに、屋外で映画を観るセッションも開かれた。³⁷

　このような現地社会のイベントへの参加を促す意図的な試みの背景には、新しい住民と現地住民の関係性をより良好にする必要があったからである。地元住民のすべてが移住者の到来を必ずしも肯定的に捉えていたわけではなかった。ベストからすれば、「ダルウォリヌの住民はかなりの程度レイシスト、率直に言ってしまえばね」とする。農業展示ショーなどのイベントで顔を合わせた人、さらには、町中の人から、新しい住民に対する偏見やステレオタイプを払拭することが、ベストのリエゾンオフィサーとしての重要な職務のひとつであった。ベストはリエゾンオフィサーとして、「新しい住民も『人間』であり、それも『非常に有能な人間』である」と説明して回った。そして、リエゾンオフィサーは、「皆に安心感を与える外交的な仕事である」と回顧している。ベストの表現を借りれば「徐々に、徐々に（gradually, gradually）」、新しい住民の存在は、現地住民の理解を得るようになっていった。³⁸

　「地域人口増強計画」の推進者たちは、このようなイベントを開催することにも意義はあったとする。しかし、町長であるカーターは、ベストの主催した英語クラスに「もっと現地の住民を招待するべきだった」と振り返っている。当時、町長はこの英語クラスに幾度か足を運んでおり、「大変啓発的な経験であった」としている。町長からすれば、「この教室をもっと開放的なものとすれば、新しい住民同士の交流に加えて、もっと気楽に新旧の住民が関わる機会を創出できた」と思われるからである。英語教室に関しては、「現在は（自治体による）資金拠出はできないが、英語クラスは戻ってくる（再開される）べきである」と、町長は説明している（括弧内筆者）。³⁹ ベストの試みは、「地域人口増強計画」の推進者たちも高く評価し、新しい住民からも好評を得ていた。そして、ベストの尽力がなければ、「地域人口

37　この段落の内容は、ロバート・ニクソンとロイス・ベストへの聞き取り（2020年3月16日、2020年3月25日）による。また、ダルウォリヌの事務局長（CEO）によると、クリスマスパーティーは現在も実施しているとのことであった。フィリピン人コミュニティのリーダーであるジムウェル・クルーズがDJ役を引き受けてくれて、音楽もフィリピン人コミュニティの側が用意してくれる。このパーティーには沢山の人が来場する。なお、現在ではコミュニティ・バーベキューは実施していないとのことであった。すでに多くのフィリピン人が定着し、互助の仕組みができあがっているため、ベストが実施したような初期の定住支援は必要のない段階になっている、と事務局長は説明していた。この事務局長によると、移住事業の最初期だったからこそ、ベストの英語教室を始めとした各種のサポートが、特に効果を上げたのではないかとのことであった（ジーン・ナイトへの聞き取り［2023年3月27日］による）。

38　ロイス・ベストへの聞き取り（2020年3月25日）による。

39　スチュアート・マクアルパインとスティーブ・カーターへの聞き取り（2020年3月17日）による。

増強計画」がここまで成功することはなかった、と筆者の研究協力者は意見を共有していた。

5）現地行政の主導で、家族呼び寄せのためのセミナーを開催

2012年8月、現地行政の主催で、家族呼び寄せを実現するためのセミナーが開催された。この時期は、フィリピン出身者を始めとした新しい住民がダルウォリヌに定着を始めた頃であった。「地域人口増強計画」の主眼は、新しい住民として定住人口を確保することにあり、単に労働力不足を補填することではなかった。先に論じた英語教室に参加していた外国人労働者たちは、単身でダルウォリヌに来ていて、出身国にいる家族に賃金の一部を送金していた。ダルウォリヌに単身で居続ける場合には、家族への一定額の送金を完了させたり、永住権を得たりすれば、いずれは転出されてしまう可能性が高まる。他方で、労働者が家族を呼び寄せれば、転出は容易ではなくなり、定住してもらえる可能性は高まる。転出を防ぐために、家族を呼び寄せて、定住するように町を挙げて促した。

家族呼び寄せのためのセミナーを開催する機運は、連邦政府の農村部開発担当技官（Rural Development Officer）がダルウォリヌを訪れた際、スロットが面談をする機会を持ち、家族呼び寄せのためのセミナーの実施を提案した時に生まれた。この連邦政府の職員は、スロットの提案と「地域人口増強計画」に賛同し、独自に連邦政府の許可を取り、セミナーを特別に実施した。このセミナーはダルウォリヌ市街地と東部のカラニー地区で2度にわたり、開催された。対象となったのは、新しい住民と雇用主である。

主催者であるダルウォリヌの行政からすれば、「行政として、住民に何かをやれと命令することはできないので、命令口調にならないようにした」ことなど、セミナーの開催方法には様々な工夫が必要であった。そして、フィリピンなどに「暴利を貪る移民エージェント」も存在することから、そうした組織に騙されないように、適切な情報を提供したりもした。[40]

このセミナーは「とてつもない（phenomenal）効果をもたらした」とスロットは振り返る。この当時のフィリピン人住民は60名ほどであった。このセミナーの甲斐もあって、労働者や雇用主が家族呼び寄せに必要な手続きを理解し、多くの労働者が家族を呼び寄せ、家族とともにダルウォリヌに定住するようになった。元町長

40　テス・スロットへの聞き取り（2023年3月27日）による。

のニクソンは、家族の呼び寄せの奨励は、「ダルウォリヌの将来のため」であり、「特に長期的な視点で小学校や中学校を向こう 15 年や 30 年の単位で存続させる」ことに目的があるとした。[41] 実際、家族呼び寄せによって、現地の学校に通学する子どもの数も大きく増加した。

6) フィリピン出身者の定着要因

　家族呼び寄せが実現した背景には、「地域人口増強計画」のメンバーによる支援活動があった。呼び寄せたいと思うような環境でなければ、家族呼び寄せはなされなかった可能性もある。現地行政は定住人口を増やすことを推進しており、自治体全体として、移民労働者が家族を呼び寄せることに肯定的であった。製造業の経営者たちは特定の集団で構成されており、「家族志向」の経営である。[42] 現地の行政に加えて、雇用主も新しい住民の定住に肯定的であり、「地域人口増強計画」に携わる人々が、すでに住民への説明会などを経て、現地住民の同意を得ていたことは、フィリピン人の定住の実現に前向きに働いた。[43]

　フィリピン人の現地社会への定着に関して、ダルウォリヌのフィリピン人協会「ワン・ピノイ」の副会長であるジュリアン・ダイアー（Julian Dyer）は、以下のように説明する。まず、最初期に移住してきた労働者の中に、「インフルエンサー」となるジムウェル・クルーズ（Jimwell Cruz）が含まれていたことは大変な幸運であったとしている。クルーズが現地社会と雇用主、フィリピン人コミュニティの三者の関係を取り持つ役割を果たした。さらに、インフルエンサーとして、この町の就業機会をフィリピンの知人らに宣伝し、その伝手で追加的な労働者がフィリピンから次々に連鎖的に到来するようになった。クルーズの存在は現地社会に広く知られており、「ワン・ピノイ」の会長であるとともに、2023 年のダルウォリヌの町議会議

---

[41] *The West Australian*（2015 年 4 月 12 日）、テス・スロットへの聞き取り（2023 年 3 月 27 日）、ロバート・ニクソンへの聞き取り（2020 年 3 月 16 日）による。
[42] 各企業のウェブサイトや求人案内に、この点は共通して強調されている。
[43] ベストによると、新しい住民にとって、「豪州のライフスタイル（Australian Way of Life）は、出身国と随分異なる」ことに気づかされるという。特に、ダルウォリヌのような農村部では、「マニラのような大都会」から来た人々にとっては「大きな衝撃」がもたらされるとする。しかし、「長く居住するにつれて、本国との生活水準や収入の違いなどもあって、（現地に）定住する傾向が強まる」とベストは説明する（括弧内筆者）。ベストが数々の支援活動を行ったのは、フィリピン出身者が中心であった。また、中国出身の住民を数名、相手にしたこともある。韓国人も居住していたが、教育機会のためにパースに転出してしまったとする。彼らの多くは技能移民ビザの保持者であった。

員選挙で当選し、議員となっているほどである。

　新しい住民が来る前は、現地の製造業だけでなく、小売業やホスピタリティ部門でも全般的に労働力不足が生じていた。[44] 家族呼び寄せによって帯同者が町の住民として加わり、追加的な労働力を形成するようになった。結果として、帯同者が現地の小売店や薬局、カフェ、清掃業といった分野に従事するようになった。町の小売店やサービス関係の部門は、人口が増加したことによって、より充実し、活気を見せるようになった。副会長であるダイアーが自ら経営するホテルでは、清掃員など 10 名のフィリピン人を雇用している。[45]「フィリピン人労働力がなければ、このホテルの経営はまず成り立たない。とても恵まれていると思う」とダイアーは説明する。[46]

　製造業の経営者がどのようにして従業員を離職から引き留め、現地社会に定着をさせるようになったのかに関しては、この副会長が以下のように説明していた。まず、従業員向けの住宅を建設し、住宅の取得に困らないようにしている。住宅不足のため、従業員に 1 泊 160 ドルもする副会長のホテルの部屋を割り当て、3 年間も住まわせるくらい、製造業の運営は順調にいっているという。そして、製造業部門の幹部の一人は、「従業員が 2 世代にわたって弊社で勤務している」と説明しており、技能移民が親子で勤務する事例が見られるようになっている。[47] このようなことは、この企業の労働条件や待遇が良好でなければありえないことであろう。

　製造業部門の業績が良く、賃金も良く、職能に見合った業務が割り当てられ、「雇用主が従業員の面倒をよく見ている」こと、また、現地に移民コミュニティが存在することが、この町への定着につながっていると、雇用主、副会長や、行政従事者らが指摘していた。実際、ダルウォリヌのフィリピン人コミュニティは、250 名以

44　スロットは、農業部門において、バックパッカー（WH 渡航者）などの一時的な労働力に頼らなくて良いように、定住してくれる人材を連れて来られないか、調査を試みたことがあった。その調査には、雇用機会が町にどの程度存在するかに関して、農業従事者への調査も含まれていた。しかし、実際には、農業経営者の協力を十分に得られなかったことや、その他の「リソース不足」で調査を完了できなかったとのことである。さらに、スロットは、連邦政府の「移民協定」への参加を計画していたと説明していた。本人から直接的な言及はなかったものの、第 3 章にて考察した DAMA への参加を試みたのだと思われる。
45　筆者による「WH 渡航者をこのホテルで雇っているか」という質問に対して、ダルウォリヌでは「見た目・容姿の良いバックパッカーの女性を現地のパブの主人が雇用したりして、それで現地の男性がその女性を目当てにそのパブに通って、付き合い始めてそのまま結婚して、バックパッカーがこの町に住み始めたというケースはかなりの数に上る」との回答であった。その女性たちは、主に英国人が多いとのことであった。
46　ダイアーは、自らのホテルの敷地でフリーマーケット（car boot sale）を開催していて、「好きなものを売るスペース」を提供している。フィリピン人コミュニティ自体はフォーマルな組織ではないが、時々ダイアーのホテルに集まって、イベントの企画会議や移民コミュニティとしての運営会議をしたりしている。
47　製造業部門の幹部への聞き取り（2023 年 3 月 28 日）による。

上の規模になっている。フィリピン人コミュニティに現地行政も資金援助など各種の支援を提供するようになった。11月にフィリピン独立記念日の祭典が行われる際には、100人ほどが集まり、パレードが行われたりもしている。[48]

　移民コミュニティの存在と雇用機会に加えて、現地行政や雇用主の側が、国籍と住宅の取得を積極的に支援していることが、フィリピン出身者を町につなぎ止めている要因のひとつとなっている。ダイアーによると、製造業の経営者らがフィリピン人労働者に提供している支援策で、「極めて大きな役割」を果たしているのは、「ビザのエージェント（移民エージェント）を雇って、フィリピン人を連れてくるだけではなく、正しくビザを更新したりするために、そのエージェントを使って、そうしたたくさんのペーパーワークをやらせていることである」とした（括弧内筆者）。フィリピン人の定着から時間が経過した現在では、「雇用主が在留資格等に関する行政手続きを代行できる業者を雇用している」ことが「とてつもなくプラスの恩恵（tremendously positive effects）をフィリピン人にもたらしている」とのことであった。[49]

　フィリピン人が移住してきたことは、町に利益をもたらしただけではなく、移民の側にもプラスとなった。具体的には、本国では入手できなかった戸建ての住宅や自家用車を所有したり、豪州での教育を受けて豪州人として生活することを実現できたからである。[50] 離職者に関しては、「いるにはいるが、これは家族の状況が急変して仕事を辞めなければいけない場合に限られていて、（永住権を得るまでの）3年間だけいて、送金だけして辞めて行ったのは最初期に1人いただけだ」（括弧内筆者）という雇用主による説明であった。[51]

　結果として、現地の製造業部門が牽引する形で労働者を招致してきて、様々な波及効果が生まれた、という構図となった。この企業群は人口約1,300人の自治体の2割強にあたる約300人を直接的に雇用している。町長のカーターとフィリピン人協会副会長のダイアーによると、「こうした製造業分野は他の町にはなく、これがあることがダルウォリヌの恵まれていて、ラッキーな要因である」としている。[52]

48　その後は、フィリピン人コミュニティ内でのカラオケ大会やバスケットボール大会が開催される。バスケットボール大会は数週間の週末を用いてなされる。このような特別な機会の他にも、普段からダイアー自身がバスケットボールのコーチ（sports competition clinic）をしたり、自ら英語をフィリピン人に教えたりしている。また、2023年3月のハーモニー・デイの際には、フィリピン人の女性が、一人一種類、合計で25種類の料理を持ち寄り、現地の子どもたちが大勢集まって、そうした料理を食べるといった催しが開かれた。
49　ジュリアン・ダイアーへの聞き取り（2023年3月27日）による。
50　テス・スロットへの聞き取り（2023年3月27日）による。
51　製造業部門の幹部への聞き取り（2023年3月28日）による。

この製造業での雇用機会によって、人口減少の抑止と若年層の増加は実現できたとしている。

6. 「地域人口増強計画」の帰結と今後の展望

1) 町の人口構成の変化と失業率の変遷

　WA州の現地紙の取材に対して、町長のカーターは「地域人口増強計画」は「とんでもない大成功をおさめている（hugely successful）」としている（*The West Australian* 2015年4月12日）。実際、この10年にわたって、様々な出自を有する新しい住民が町に移住してきて、歓迎されている。新しい住民の出身国はフィリピンが最多であるが、インド、ビルマ（カレン人以外）、タイ、中国、フィンランド、英国、韓国、シンガポール、スリランカ、ベトナム、アイルランド、アフリカ諸国、NZなど、70の国と地域にまで多様化している（RAI 2019: 1, *The West Australian* 2015年4月12日）。

　「地域人口増強計画」を通じて、2011年から2015年の期間では、町の人口は186人増加し、15％増となった。2015年の段階で、2012年末と比較して、追加で47人の児童・生徒がこの地域に居住するようになった。2014年には小中学校に5人の教員が追加で雇用されている。また、2015年12月までの時点で、新しい住民のうち43人が永住権を得た。移住が開始されてから2024年1月までの時点で、国籍を取得したフィリピン人は107名となっており、フィリピン人が新規に購入した戸建ての住宅は30軒ほどになる。[53] 特に、フィリピン人コミュニティは2010年には0人だったのが、2023年には250人を超える規模になり、人口の20％近くを占めるようになった。[54]

　フィリピン人という国外出身者を受け入れても、失業率は低い状態で推移してお

---

[52] 2010年代の鉱山開発ブームが、町にどのような影響をもたらしたかという問いについては、「最初は有能な人材が多数流出してしまった」と町長カーターは説明する。しかし、鉱山開発ブームによって、町の製造業部門を中心に、現地企業の状況が好転した。結果として、町に雇用が生まれ、ダルウォリヌ出身の労働力が回帰してきたり、新しい住民が増加したりして、最終的には前向きな結果になったとしている。現在でもダルウォリヌから鉱山開発の現場へと、航空機を用いて、数千キロにおよぶ長距離通勤をする人々が存在している。鉱業分野での超長距離通勤については、小野塚・小野塚（2020）を参照。

[53] 国籍取得者に加えて、永住権取得者は、追加でさらに存在する。

り、上昇を見せていない（序章表5を参照）。ダルウォリヌでの失業率は、2001年の国勢調査で3.7％（WA州内で7.5％、全国で7.4％）、2006年で2.5％（同州内で3.8％、全国で6.9％）、2011年で1.5％（同州内で4.7％、全国で5.6％）、2016年で3.3％（同州内で7.8％、全国で6.9％）、2021年で1.9％（同州内で5.1％、全国で5.1％）と低水準で推移している（ABS Various Years）。この背景には、移住先の雇用機会の存在に加えて、広範な労働力不足が発生していたことが、失業率の上昇を抑止したと考えられる。また、2011年から2015年の期間では、83もの追加の雇用機会が創出されて、失業率は1％以下となった（Fleming 2015）。

　国勢調査によると、町の人口は、2001年に1,665人、2006年に1,368人、2011年に1,266人、2016年に1,429人、2021年に1,379人と推移している。また、町民の年齢の中央値は、2001年で31歳（WA州：34、全国：35、地方部［WA州都圏外］：34）、2006年で36歳（WA州：36、全国：37、地方部［WA州都圏外］：37）、2011年で39歳（WA州：36、全国：38、地方部［WA州都圏外］：38）、2016年は38歳（WA州：36、全国：38、地方部［WA州都圏外］：41）、2021年で39歳（WA州：38、全国：38、地方部［WA州都圏外］：43）となっている。特

表6−1　ダルウォリヌと地方部（WA州都圏外）の人口の推移（年齢別。上段がダルウォリヌ、下段が地方部［WA州都圏外］。括弧内は当該地域の住民に占める割合［％］）。出典：ABS (Various Years)

	2001	2006	2011	2016	2021
0–19	589　(35.4)	411　(30.0)	299　(23.3)	349　(24.4)	346　(25.1)
	55,001　(31.2)	52,559　(29.2)	49,446　(28.1)	47,328　(25.8)	44,810　(24.3)
20–44	596　(35.8)	463　(33.8)	420　(32.7)	497　(34.8)	456　(33.1)
	63,039　(35.7)	58,484　(32.4)	54,604　(31.0)	52,992　(28.9)	51,417　(27.9)
45–64	325　(19.5)	332　(24.2)	377　(29.4)	381　(26.7)	359　(26.0)
	39,823　(22.5)	46,962　(26.1)	47,694　(27.1)	51,362　(28.0)	50,721　(27.5)
65–74	97　(5.8)	82　(6.0)	100　(7.8)	112　(7.8)	118　(8.6)
	10,726　(6.1)	12,662　(7.0)	14,066　(8.0)	18,622　(10.1)	21,921　(11.9)
75–	56　(3.3)	82　(6.0)	87　(6.8)	94　(6.6)	99　(7.2)
	7,862　(4.5)	9,600　(5.3)	10,328　(5.9)	12,880　(7.0)	15,369　(8.3)

54　ジーン・ナイトへの聞き取り（2023年3月27日）と通信（eメール、2024年2月26日）、ジュリアン・ダイアーへの聞き取り（2023年3月27日）による。

に、同じ区分となる WA 州の地方部（州都圏外）と比較した際に、高齢化の抑止が図られていることがわかる。

　表 6－1 は、ダルウォリヌにおける年齢別の人口の推移を表している。ダルウォリヌでは、0 歳から 19 歳の人口の占める比率が、移住事業が開始される 2011 年頃までは減少傾向にあったが、その後は微増に転じている。そして、20 歳から 44 歳の人口は、減少せずに概ね同じ比率で推移している。WA 州の地方部（州都圏外）において、0 歳から 44 歳までの人口の比率が、一貫して減少傾向にあることとは、相違をなしている。また、高齢者層（65 歳以上）の人口の占める割合の変化も、WA 州の地方部（州都圏外）と比べて、緩やかになっている。これらのことから、ダルウォリヌでは、若年層の流入によって、高齢化を抑止できているといえる。

　また、現地行政の事務局長によると、国勢調査の 2021 年のデータでは、ダルウォリヌでの住宅が 300 件も少なく計上されていたり、フィリピン出身者の人数が 200 人も少なく表示されていたりするなど、数値が正確でなく、行政として豪州統計局（ABS）に問い合わせをしているとのことであった。[55] 従って、2021 年の住民の総数や、若年層人口の値は、この数値よりも大きく増加する可能性が高い。

2）新しい住民に対する期待と要望：自治会のボランティア活動に参加を

　現町長カーターと前町長ニクソンが強調していたのは、新しい住民によるボランティア活動への参加に関する期待と要望であった。ダルウォリヌのような農村では、住民が少ないこともあり、救急や消防活動もほとんどが住民ボランティアで成立しているという。ニクソンは、「そうした活動に参加してもらえるかどうかが、住民であるかどうかの試金石になるだろう」としている。[56] そして、「（救急や消防での）ボランティア職員になるためには、英語ができないといけない。英語力に加えて、（そうした緊急時の活動に関する）訓練も知識も必要」であるとする（括弧内筆者）。[57] また、町長カーターからすれば、「新しい住民はとても信仰心が厚くて、教会に集まっている。それはそれで結構である。しかし、地域社会にも貢献して欲しい」としている。[58]

55　ジーン・ナイトへの聞き取り（2023 年 3 月 27 日）による。なお、住宅供給に関しては、2001 年に 664 件（家族を有する世帯数が 409 世帯）、2006 年に 631 件（同 355 世帯）、2011 年に 677 件（同 329 世帯）、2016 年に 705 件（同 344 世帯）、2021 年に 610 件（同 309 世帯）、となっている (ABS Various Years)。
56　ロバート・ニクソンへの聞き取り（2020 年 3 月 16 日）による。

新しい住民に対して、地域社会の諸活動に貢献して欲しいという期待は、町長だけでなく、移住者の受け入れ推進派の人々の多くが表明していた論点であった。町長カーターは、「もちろん、ダルウォリヌという新天地で生活を安定させることが第一の目標であるのは理解できる。しかし、それだけではなく、新しい住民には現地社会の文化を自らに採り入れてもらう必要もある」としている。そして、「もっと無私に、利他的になって、まわりの仲間を助けて欲しい」としていた。

　ボランティア活動への参加を促進するために、町長は自ら「バディ・システム」という試みを実践している。これは、新しい住民をボランティアの仕事に同伴させて、業務内容を紹介しつつ、参加を促すものである。「バディ・システム」は、「新しい住民と地域社会をつなげる試み」のひとつであるとする。住民とのつながりの維持や交流機会の確保に関して、「現在でも、どうやってコミュニティを一緒にできるか、つながりを持てるか」について模索していると町長は説明する。それには、バーベキューやパーティーなどの余暇時間の共有だけでなく、ボランティアといった日常生活の維持に必要な活動にいかに参加してもらい、ともに過ごすことができるか、という点も含まれている。

3）「地域人口増強計画」の現在

　「地域人口増強計画」にて中心的な役割を担ったテス・スロットは、このプロジェクトは様々な「思いがけない幸運（serendipity）」が重なって、一定の成功を見たのだと、感慨深そうに振り返っていた。[59] スロットは常に計画の中枢にいて、先述の家族呼び寄せのためのセミナーを主催し、製造業の経営者たちとも緊密に連携し、カレン人コミュニティや移住希望者との交渉にも当たった。

　元来、スロットはこの町の出身ではなく、家族の事情でダルウォリヌに転入したのであり、「地域人口増強計画」のプロジェクト開始時点で、転入して間もなかった。スロットは、「地域人口増強計画」に関して、以下のように振り返る：

---

[57] だからこそ、英語力に課題のある難民よりも、英語ができて、心身ともに健康で、「課題のない人」を新しい住民として連れてきた方が良い、という言外のニュアンスが見て取れた。また、生命に関わる重要な業務の遂行を住民ボランティアに頼らざるを得ないという事実が、この町のインフラが不十分であることを逆に示している。

[58] スチュアート・マクアルパインとスティーブ・カーターへの聞き取り（2020年3月17日）による。

[59] テス・スロットへの聞き取り（2023年3月27日）による

この町に移住してきてから、10ヶ月位経った頃に、スチュアート（マクアルパイン）と知り合って、このプロジェクトのことを知ったのよ。［…］本来だったら、町役場の職員として1週間のうち、半日位を費やせば良い位だったのだけど、この（「地域人口増強計画」）アイデアが気にいってね、ずっとこのプロジェクトに給料に関係なく関わるようになったのよ。［…］町の行政で、「地域人口増強計画」のビジョンを共有してくれて、実行に移してくれるトップ（リーダー）がいなければ、人口を増やすようなプロジェクトは実現できませんよ。（括弧内筆者）

　本章で論じてきたスロットやベストによる諸活動が可能になったのは、現地行政のトップが「地域人口増強計画」に関連して、部下が多様な活動を展開する必要性があることに理解を示していたからである。ビジョンを持って行動する町長であるニクソンと、当時のCEOであったクリスピンが全面的に支援してくれたからこそ、スロットやベストは英語教室の開講や、視察団の招待、家族呼び寄せセミナーの開催、よろずの生活支援など、様々な分野に取り組むことができた。
　スロットが町の図書館で偶然、ベストと会話したことで、ベストはこのプロジェクトにリエゾンオフィサーとして参加することになった。また、アイデアマンであるマクアルパインは、町長ニクソンの行動力と実行力に支えられて、そのアイデアの実現に向けて協働することができた。技能移民を招へいする段階に至っても、最初に移住してきたフィリピン人住民の中に、インフルエンサーとなる人物がいて、移住者コミュニティのリーダーとなっている。この他にも、家族呼び寄せのためのセミナーを開催するにあたっては、連邦政府の有能な職員に出会えたことを含め、「思いがけない幸運」の連続であったと、スロットは振り返っている。
　スロットもマクアルパインも、「現在の視点から振り返れば、プロジェクトは成功であった」としている。マクアルパインは、これを豪州の表現で「最終的にとりあえず問題ない（she'll be right Jake）」と表明していた。しかし、マクアルパインもスロットも、「プロジェクトは結果的には成功といって良いが、もっと上手くやることはできた」と口を揃えていた。特に、「地域人口増強計画」を長期的に管理・運営する人が必要であり、この点に問題があるとしていた。マクアルパイン自身は、「これまでずっとボランティアベースで、このプロジェクトを牽引してきた。それを引き継ぐ職員が必要であり、そうでないと他のことができない」としていた。[60]

60　スチュアート・マクアルパインとスティーブ・カーターへの聞き取り（2020年3月17日）による。

難民認定者を受け入れるという当初の目標は、技能移民の受け入れへと方針を転換することになった。最終的には「地域人口増強計画」の目的である、定住人口の増加は達成された。確かに、難民認定者を受け入れるという試みは実現しなかった。しかし、カレン人コミュニティの側も、9回も現地に赴いて、視察や交渉を重ねたということは、カレン人の側も切実な関心を示すとともに、双方の側で敬意と誠意を持って接していたことを意味する。実際、ポールもマクアルパインを「本当に良い友達」と表現し、マクアルパインもポールのことを「素晴らしいコミュニティリーダーだ」としており、現在でも交流を続けている。

7. 小括

本章ではWA州の農村ダルウォリヌにおける「地域人口増強計画」の着想から実際の事業の展開を考察してきた。「地域人口増強計画」は定住人口の獲得を目的とし、カタニングへのカレン人難民の移住事業に触発され、当初はカレン人を中心とした難民認定者を受け入れようと試みた。また現地の視察には、カレン人以外の難民コミュニティも訪れた。「地域人口増強計画」は、WA州政府の公認と後援を受けながら、ダルウォリヌとパースの2つの拠点で開始された。

しかし、支援インフラの不足に加えて、様々な制度面での障壁が当初の計画の実行を困難にさせた。第一に、州政府や連邦政府からの資金援助がなされなかった。町長のリーダーシップのもとで、住宅の供給において別の資金源を充当させたりしながら、移住者の受け入れのためのインフラ整備が試みられた。しかし、「地域人口増強計画」は、プロジェクトを推進する専門職員の雇用を始めとして、多くの場面で、現地行政や推進側の住民の自己負担での運営となった。また、新しい住民としての難民認定者が受給できる一部の所得給付金の支給条件をダルウォリヌが満たしていないことは、移住者を引き寄せるにあたっての障壁となった。これらは受け入れる現地社会の側の責めに帰さない問題である。制度的な困難にもめげずに、町長を中心とした自助努力が重ねられていった。

第二に、難民認定者の雇用機会に関して、移住者側の有する職能とのミスマッチが課題となった。農業部門では、カレン人の就業は可能ではあるものの、季節性があり、通年に及ぶ安定した雇用機会ではなかった。現地の製造業での人手不足に際して、カレン人の有する職能では対応できなかった。結果として、現地企業は技能移民ビザを用いて労働者を招へいすることになり、フィリピン出身者を始めとした

技能移民が町に到来することになった。

　第三に、フィリピン出身者を中心とした外国人労働力が町に到来したことに際して、新しい住民が現地社会に適応するにあたって、リエゾンオフィサーの無私なまでの活躍が定住の成功を下支えした。日常生活の「よろず」の支援に加えて、行政が英語教室を主催するとともに、現地住民と交流する機会を意図的に創出した。さらに、現地行政が家族の呼び寄せを積極的に奨励し、町主催のセミナーまで開催した。結果として、家族の呼び寄せによって地域の人口はさらなる増加を見せた。雇用主である製造業部門も好調であり、従業員への様々な支援をしていることも、技能移民の転出を抑止することに貢献している。フィリピン人コミュニティには、現地の日常生活を支えるボランティア活動への参加が課題として存在してはいる。しかし、最終的に、肯定的な意味での紆余曲折を経ながらも、ダルウォリヌは定住人口を 15％も増加させることができた。「地域人口増強計画」を通じた地域活性化は成功したといえるのである。

第7章

ニルにおける雇用主主導型による難民認定者の受け入れ事業の展開

1. 本章の課題：雇用主主導型による難民認定者の受け入れ事業が有する特質はなにか

　雇用主や現地企業が主導して難民認定者を受け入れる試みの特質は何か。本章はVic州西部の自治体ニル（Nhill）におけるカレン人難民認定者の受け入れの試みを成功事例として考察する。ニルの事例は、雇用主が主導する形で、難民認定者が地方部に定住するパターンの代表的な事例となる。雇用主がいわばカリスマ的なリーダーシップを発揮し、現地住民を巻き込む形でカレン人コミュニティの受け入れの同意を取り付けた。そして、雇用主が自ら率先して職場内外でのサポートを実施し、現地住民や行政の関係者からの協力を得ながら、定住へとつなげた。

　ニルは人口 2,401 人の農村である。Vic州都メルボルンの北西 390km に位置し、SA州都アデレードとメルボルンの中間地点にある。この地域は、Vic州の中でも地方部（州都圏外 [outer regional]）に区分されている。メルボルンやアデレードからの電車とバスはそれぞれ 1 日 1 往復である。町に公共交通機関は存在しない。ニルはヒンドマーシュ行政地域（Hindmarsh Shire）の中心的な機能を有しており、役所が設置されている。また、ニルに最も近い地方都市はホーシャムであり、車で約 1 時間の距離に位置する。

　ニルと周辺地域の土地利用は農地が大半を占める。耕作作物は小麦、大麦、オーツ麦、ルピナス、ひよこ豆を始めとした豆類、キャノーラである。第一次産業に関連した分野に加えて、雇用機会は、公的セクター（地方行政、医療関係、教育部門）に集中している。

　ニルは 2009 年にカレン人難民認定者を呼び寄せる事業を開始するまでは、人口が減少傾向にあり、高齢化に歯止めがかからない状況にあった。人口は 2006 年から 2011 年の間に 2,550 人から 2,278 人へと減少した。その当時、市街地のビクトリア・ストリートには 13 軒の空き店舗があった（Webb 2013）。そして、カレン人の移住が開始される前の 2006 年の時点で、海外生まれの住民は 5.3%（136 人）と少なかった。全国平均では 22.2%、Vic州平均で 23.8% であるから、この数値は極めて低い。

この町で、いまや人口の1割近くがカレン人となっている。

　本章は、以下の構成を取る。第一に、現地の食肉加工業者ラブアダック（Luv-a-Duck）の経営者であるジョン・ミリントン（John Millington）がカレン人をメルボルン（主に西部のウェリビー）から招へいするに至った過程を考察する。第二に、雇用主と現地住民による支援策を考察する。ニルでは、事前の計画段階から現地の各関係者の協力関係が有機的に機能してきていることを示す。第三に、移住計画がもたらしたインパクトを地域総生産や雇用機会の観点から考察する。

2. カレン人難民認定者の受け入れ過程：自ら経営する工場における労働力として

1）自社工場の人手不足

　カレン人をニルに呼び寄せたのはカモ肉（duck）の生産・加工業者であるラブアダックの経営者ジョン・ミリントンと妻のマーガレット（Margaret Millington）である。[1] ラブアダックは現地で40年以上操業を続ける、ニルで最も存在感のある民間企業であり、南半球でのカモ肉の生産・加工業者としては最大である。ラブアダックのカモ肉の加工製品は、豪州各地のスーパーマーケットや飲食業にて流通している。また、同社の製品は、香港や東南アジア諸国を中心に輸出されている。イスラム圏に向けて、ハラール認証に対応した製品も販売している。

　経営は一貫して順調であった。2000年代の後半、国内外の市場規模の拡大に伴って、飲食業界にカモ肉を提供するだけでなく、スーパーや精肉店にレトルトの製品を供給するところにまで事業を拡張しようとしていた。2015年には、ラブアダックは加工工場と関連分野で合計200人以上を雇用しており、繁忙期には1日に2万羽ものカモを加工するときがあった。

　経営者であったジョンは、熟練・非熟練双方の分野での労働力を探していた。ジョンは、近隣に居住する労働者を雇用するべく、「何千もの」求人広告を出した。しかし、ニル周辺の労働力人口は少なく、誰もニルに引っ越してきて業務に従事してくれるようではなかった。また、第5章にて論じたように、一般の豪州人の間では、

---

[1] ニルにおけるカレン人難民の受け入れ過程については、現地のジャーナリストによる取材記録や支援機関による報告が残されている。本節（第2節）と次節（第3節）の記述は、AMES and DAE (2015)、Bearup (2018)、CGTN (2018)、Forde (2020)、Nowell (2019a, 2019b)、McCormack (2016)、Romensky (2016, 2015)、Simons (2017)、VG (2019) に依拠している。

食肉加工業はキャリアの選択肢には入らない。ジョンは「非熟練の労働力を探すのは、熟練労働者を探すのと同じくらい難しい」と語る。求人広告を何度も発出しても十分な労働力を確保できないことは、これまでのラブアダックの経営の中でもしばしば経験していた。

ニルでの労働力不足は当時の失業率が示している。町の高齢化と若年人口の流出を反映する形で、2001年の国勢調査におけるニルの失業率は3.7%であり、2006年には2.8%、2011年では2.2%にまで下がっていて、「絶対的」ともいうべき人手不足が生じている状況だった（序章表5を参照）。労働力が不足する中で、ジョンはかつて南アフリカからディーゼル技術者を招へいしたことがあった。このときは求人広告を一度出しただけで人材を確保できた。

2）「難民を支援する農村住民の会」の会合への参加を通じて、カレン人難民招へいの着想に至る

2009年に、難民支援団体である「難民を支援する農村住民の会（RAR: Rural Australians for Refugees）」が、ニルの近郊に位置するホーシャムで集会を開催することになった。そこで、ジョンに対して、南アフリカからの労働者を招へいした経験に関して、講演してほしいと依頼があった。この会合に参加する中で、ジョンはカレン人難民のことを初めて知ることになった。[2] カレン人がビルマでの長期にわたる迫害の末に豪州に受け入れられ、メルボルン西部のウェリビーに身を寄せていること、雇用機会も運転免許もなく、英語という言語の壁に阻まれて、所得支援等の申請フォームにも自ら記入ができず、豪州での新しい生活環境の中で、孤立しているかのような状態にあることを知った。[3]

ジョンはこの集会の後、会場となった豪州合同教会（Uniting Church hall）の前に駐めた車の中で一人考えたという。カレン人のことは、「これまで知らなかったが、助けを求めていることは明らか」だった。そうであるならば、「カレン人をニルに連れてきたらどうか」と考えたと振り返っている。そして、帰宅後、妻のマーガレッ

---

[2] 2005年から2013年の間に、7,000人以上のカレン人が豪州に定住しており、そこからさらに追加でカレン人が受け入れられるようになっている。4,000人ほどのカレン人がVic州に住んでいて、そのうち約2,000人（2014年時点では1,450人）がウェリビーの位置するウィンドハム地域に居住している（AMES and DAE 2015: 7, Bird et al. 2012, Nowell 2019a: 4）。
[3] 実際、カレン人難民にとって、公共交通機関の切符を買うのも新しいことであり、各種の申請フォームにも記入ができなかった。メルボルンはもうひとつの難民キャンプのようであった。英語の運用能力に課題があることも、自らが閉じ込められているかのように感じられる理由をなしていた（Simons 2017）。

トとともにグーグル検索をかけて、カレン人の窮状と悲劇的な諸経験を知ることになった。この時の様子をジョンは以下のように説明している：

> カレン人のことを知ったのは、電球に明かりがつくような瞬間だったね。このカレン人という人々のことをもっと学ばないといけないと思ったよ。それでグーグル検索でカレン人のことを調べて、彼らの経験を自分なりにまとめて整理してみたんだ。[...] カレン人は最悪ともいうべき経験を耐え抜いてきて、助けを必要としていた。そこでニルのような場所はうまく適合するんじゃないかと思ったね。

それまで、ジョンがビルマのことについて知っていたのは「アウンサンスーチーと『王様と私（*The King and I*）』だけ」であり、具体的な知見を有していたわけではなかった。しかし、ジョンは南アフリカからディーゼル技術者を招いた経験なども踏まえて、移住してきた労働者とその家族たちが、i) 歓迎されていると感じること、ii) 自分たちの同胞が周囲にいるという安心感と快適さを享受できること、そして、iii) 地域社会（コミュニティ）に統合するための道筋をつけてあげること、が必要であると考えていた。

3) メルボルンにて、カレン人コミュニティに向けて移住説明会を開催

ジョンは、メルボルンの難民・移民支援団体であるエイムス（AMES Australia）に連絡をとった。エイムスは、Vic 州内において難民認定者に対する定着初期の重点的支援（HSP）を実施する団体であり、同州内の人道支援組織のなかでも最も大きな影響力を持つ、草分け的な存在である（第 1 章と第 2 章を参照）。エイムスは難民認定者に雇用機会を斡旋することも支援活動の一環としている。[4] ジョンは、エイムスに連絡を取り、難民コミュニティからどのようにして労働力を登用すべきか、助言と協力を求めた。

2009 年 12 月、エイムスの協力のもと、ミリントン夫妻はメルボルンのカレン人コミュニティに対して、ニルへの移住説明会を開催することになった。[5] このメル

---

[4] エイムスは、現地の行政やカレン人コミュニティとも連携し、移住を支援することになる。
[5] ミリントン夫妻によるカレン人の誘致が開始されて間もない 2011 年 11 月 4 日において、笹川平和財団のイベントにカレン人難民出身のエイムスの職員が招かれている。その際に、ニルのカレン人移住事業は初期段階のうちに日本に紹介されたようである（笹川平和財団 2011: 16）。

ボルンでの移住説明会には想定を超える反応があった。当初、ミリントン夫妻は「12人くらいの来場があれば良いだろう」と考えていたが、実際には150名近くの参加があった。ミリントン夫妻は自作のパワーポイントを用いて自らの計画を発表した。まず、ジョンがラブアダックの企業概要や雇用機会に関する説明を行い、最初期の段階で5名を試験的に雇用したいと表明した。説明会の時の様子を、ジョンは以下のように説明している:

> ニルがどこにあるか地図で見せて、「境界の近くにある」と説明したんだ。この「境界」というのはSA州との州境のことだよ。だけど、カレン人たちはタイとビルマの国境のことを思ったのか、心配そうな様子だったね。

カレン人にとっては、「境界の近く」に住むというのは、ビルマ国軍や武装組織が展開していて、身の危険にさらされることを意味していた。

続いて、マーガレットは、現地自治体の有する学校、病院、スポーツ競技場、教会といった施設・設備と、現地での生活について説明をした。[6] この説明会の最中に、クリップボードが回覧され、ニルへの移住に興味関心のある者は名前を記すようにいわれていた。説明会の終了時には、その回覧板に書き込むスペースがなくなるほどの、多数の記名がなされていた。

翌月の2010年1月、13名のカレン人の乗ったバスがニルに到着した。移住前の視察が目的であった。彼らは1泊の日程で、ラブアダックの工場を視察するとともに、現地の主要人物と面会した。その1週間後、5名の労働者とその家族(計10名)がニルに移住し、ラブアダックでの常勤(フルタイム)の労働を開始した。[7] 帯同者らは仕事の機会を得られるまで自宅で待機することになり、子どもたちは現地の学校に入学することになった。

---

[6] マーガレットは、このときの心境を「(私たちが)町に何もしなければ、誰もしなかったと思います。地平線の向こうから白馬の騎士が現れることはありませんからね」と語っている(Bearup 2018)。

[7] この最初期の新しい住民の選定にも、エイムスは協力した(Nowell 2019a: 4)。

3．ミリントン夫妻によるプロジェクトの主導と現地の関係者との調整

1）現地住民の説得と世話役の任命、住居の確保

　ミリントン夫妻を始めとした現地住民による多面的な支援活動によって、カレン人難民が定着する道筋が作られた。まず、ミリントン夫妻は、カレン人を招へいする事前の計画段階において、自ら経営するラブアダックでの雇用計画と移住計画について、現地の行政従事者、議会議員、学校、警察、事業主など、町の自治体運営に携わる関係者や、広く住民に説明して回った。その際に、30人もの現地の住民に対し、世話役（メンター）を引き受けてくれるように依頼していった。ミリントン夫妻は「地元の友好的な人々に、新しい住民が支援を必要とするときにサポートしてくれる役割を担って欲しかった」としている。

　現地住民の間では、カレン人の移住に関して、様々な意見や憶測も飛び交ったが、協力してくれる住民は複数存在した。[8] 確かに、構想段階では、地元住民の間で「そんなとんでもない計画を実行するなんて、どうかしているんじゃないか、おまえはクレイジーか」であるとか、「町の雇用が奪われてしまう」というような反発もあった。しかし、新しく移住してきた家族には、住民ボランティアが世話役・案内役として、銀行口座の開設、賃貸契約の締結、各種書類の記入、子どもの就学手配を始めとした支援をすることになった。

　まず、カレン人が最初期に居住する住宅を確保するために、ジョンは通称「ビッグハウス」とよばれる空き家に目をつけた。この建物は、以前、隣接する病院の外科医が手術や重症患者の処置のために使用していた。[9] ジョンの友人でもあるその病院の医師は、このビッグハウスを無償で貸し出せる、と回答した。しかし、ジョンは「きちんと住人に家賃を支払わせた方が良い」として、週50ドルの家賃を設定した（ただし、求職者は賃料を免除とした）。カレン人が到来して数年の間に、

---

[8] ミリントン夫妻は1983年にニルに移住して以降、様々な市民活動に従事してきている。カレン人の受け入れと、定住と統合に向けた支援の他にも、交通事故に関する啓発活動と、医薬品の処方の在り方の改善に関する活動でも現地メディアに取り上げられている。一連の活動が評価されて、ミリントン夫妻は叙勲（Order of Australia）を受けている（Romensky 2015）。これは日本では藍綬褒章や緑綬褒章に該当する。AMES and DAE（2015: 25–27）によると、ミリントン夫妻は現地社会から強い尊敬を集めており、カレン人という「異質な存在」の誘致に対しても、住民の反発を比較的回避できたのではないかとしている。
[9] カレン人の到来にあわせて、この病院は難民としての出自を持つ者に対する精神的なケアやスゴー・カレン語での対応など、特別なニーズに対する理解を深める機会を得た。現在、この病院ではカレン人の看護師や補助員が雇用されている。

この家には 12 名以上の移住者が居住してきている。

　ジョンはビッグハウスの向かいに住む老夫婦に対して、カレン人への支援を要請した。カレン人住民は「祖父母のような存在」、つまり、頼れる人、助けてくれる人が必要であるはずであり、日常生活の世話をして、カレン人住民が帰属感を感じられるようにサポートしてほしいと依頼した。この老夫婦は顔が広く、町のあらゆることに詳しく、町で何が起こっているかを全て把握しているというような人だった。この老夫婦は、実際に新しい住民と良好な関係を構築することに成功し、毎日欠かさずに、カレン人を支援してくれた。このことが初期の定着の成功に大きく貢献したと、ジョンは振り返る。

　この老夫婦は、別の隣人たちにカレン人住民を紹介した。このうちのひとりの住民は 90 歳代と高齢であり、独居していた。カレン人が邸宅の芝生を手入れしてくれたりするのを見て、カレン人のことを気に入り始めていた。この住民は、高齢のため介護施設に入所する際、家屋と洗濯機やテレビなど、全ての家財道具をカレン人に寄付することを決めた。この家は、カレン人コミュニティセンターとして使用されていて、ニルへの新参の家族が次の住居を確保できるまで、無料で宿泊できる。

　ミリントン夫妻自身も、積極的に新しい住民を支援した。マーガレットは、カレン人に対して、「いつでも電話をかけてきて良い」と伝えていた。実際、カレン人はいつでもどのようなことでも電話をかけてきた。カレン人は、すべてにおいて支援を必要としていた。買い物から役所の手続きまで、新天地での文化の差は極めて大きなものだった。夜間には、ミリントン夫妻は、自宅の居間でカレン人の子どもたちの宿題の手伝いをしたりもした。

2）現地の生涯学習センターによる支援活動

①移住者に対する英語教室などの教育活動の展開

　住民による組織的な支援としては、現地の生涯学習センターであるニルコミュニティラーニングセンター（NCLC: Nhill Community Learning Centre）の活動が挙げられる。もともと NCLC は現地住民に対して、年間 1,600 時間の市民講座を開講していた。カレン人が到来してから需要が急増し、NCLC の活動は再活性化することになった。2019 年時点で、50 名以上のカレン人が、NCLC を毎週利用している。有給の職員と 5 名のボランティア（ときに 20 名近くにもなる）が、NCLC のクラスと諸活動を支援するために出入りしている。[10]

　現在では、NCLC はカレン人の支援に関して、現地での中心的な存在となって

いる。NCLCの代表アネット・クリーク（Annette Creek）は、NCLCに来るカレン人の女性たちのことを知るにつれて、自分たちが当然と思っていたことについても、追加的な支援が必要であることに気づかされた。NCLCでは、英語クラスに加えて、豪州の食材を用いた現地流の調理法や、銀行口座や金銭の管理・運用、非常事態への対処法、住宅の取得に必要な手続きやルール、デジタルリテラシー、就労に必要な諸技術（job skills）の習得など、年間で通算18,000時間に及ぶ講座を開講するに至っている。[11] いずれも英語習得と、現地文化や慣習の修得を通じた現地社会への統合が目指された内容になっている。[12]

②パウ・ポーの運営

　NCLCの代表を務めるクリークは、市民講座の運営に加えて、カレン人女性に向けた自立支援事業であるパウ・ポー（Paw Po）の世話人を引き受けている。パウ・ポーとはスゴー・カレン語で「小さな花」という意味である。パウ・ポーではカレン人の使用する伝統的な布地を用いて、エプロンやワインバッグ、クッションカバーなどを手工業で生産し、販売をしている。現在では、メルボルンやシドニーの業者からの問い合わせもあり、需要の多さに対して、供給を追いつかせることが課題となっている。

　パウ・ポーは、現地での生活への適応に困難を感じていた帯同者に対して、手工業による就業機会を提供すると同時に、普段の居場所としても機能している。パウ・ポーを創設した当初の意図は、帯同者である女性たちが家にこもりがちであること

10　カレン人が利用を始めるまで、NCLCはVic州政府による生涯学習事業の運営資金（Adult Community and Further Education）に関して、年間11,000ドルを得ていた（AMES and DAE 2015: 21–22）。かつては、NCLCでは、ITの基本や手芸を題材としたワークショップを主に開催していた。しかし、カレン人が移住してきて、運営資金の配分が10倍も増加して、NCLCでは英語の授業を始めとして、様々な市民講座を開講できるようになった。英語クラスに関しては、エイムスが初期の教室設営などの開講準備をサポートした（AMES and DAE 2015: 21–22）。
11　2010年、あるカレン人女性が住宅を購入したがっていた。銀行に融資を依頼に行ったところ、この人物の口座に貯蓄歴が全くないことが判明した。その理由として、この人物は、ラブアダックからの給与が入金されると、銀行口座からすぐに全額引き出して、バッグに入れていたからであった。カレン人の出身地では、家を買うのは通常の買い物の一種であるとされる。こうした出来事がNCLCにて、住宅の取得方法に関する講座を開講する契機となった。カレン人の住宅取得にあたって、融資を受けられるように現地の弁護士（solicitors）と銀行員が支援をした（Simons 2017）。
12　2016年の国勢調査の際には、NCLCはカレン人を集めて、調査用紙の記入を手助けした。結果、ニルに在住するカレン人住民の動向について、全員分の調査票の提出が可能になった。この他にも、運転免許の取得方法を解説したり、保育所に入所するためにはワクチン接種の履歴を提示する義務があることを説明するなど、NCLCの職員たちは業務時間外にも支援活動を継続した。

に着目し、自ら手に職を得るためのステップとして、裁縫技術を教えることにあった。ラブアダックの従業員の配偶者は、英語力に課題があり、現地で雇用を得ることが困難である場合が多かった。[13] この状況に対する打開策のひとつとして、この裁縫教室が開設された。クリークによると「最初期の頃は、教える側も教わる側も、多大な苦労があった」とし、「彼らはミシンを見たこともなければ、使ったこともなかった」と振り返る。[14]

そして、女性たちの社会的・経済的な自立を促すために始められた裁縫教室が、カレン人の使用する伝統的な布地を用いた工芸品の生産へとつながっていった。当初はビルマとタイの国境地帯に位置する難民キャンプから布地を仕入れていた。しかし、カレン人が使用する機織り機を入手できたことで、自ら布地を織ることができるようになった。

2015年、町の祭典である「ニル・航空ショー（Nhill Airshow）」で、これらの製品を試しに出品・販売してみた。カレン人の女性もこの露店で熱心に商品を販売した結果、たちまち売り切れた。このときの評判から「ネイバーフッドハウス（Neighbourhood House）」という市民団体が、定例会議で使用するためのバッグを注文してきた。この時からパウ・ポーの活動の一環として、毎週会合を開くようにして、どのような機材を調達して、どのような製品を販売していくか、といった企画を運営するようになった。パウ・ポーの活動は、次第に軌道に乗っていった。

現在は布地を用いた工芸品に加えて、ニルの現地の花を利用したフラワーアレンジメント製品も販売するようになっている。パウ・ポーは街の名所として定着しており、観光地としても機能している。そして、パウ・ポーやNCLCは複数の表彰を受けている。[15]

③コミュニティ・ガーデンの運営

コミュニティ・ガーデン（共同農園）である「パッチ（The Patch）」もNCLCによっ

---

[13] パウ・ポーに出入りする、ある年輩のカレン人女性は、ニルに移住してきてから、最初の数ヶ月を自宅にて独りで過ごしていた。トラウマ経験とカルチャーショックの影響で、家の外に出られなかったためである。この女性は、自らの事業を立ち上げようとしていて、パウ・ポーにて女性の着物を販売しようとしている（Simons 2017）。パウ・ポーの活動が女性の社会参加と現地への統合を促進した一例である。

[14] NCLCでの英語教室の受講者の間で、英語運用能力に大きな差があった。スゴー・カレン語の他に、ビルマ語とタイ語を話すことのできる人などもいた。しかし、子どもとは異なり、成人が英語を学ぶことは容易ではない。それで成人の女性に、裁縫教室に来ることを勧めた。縫い方の技術やパターンを共有したりするその過程で、参加者は英語を学んでいった。縫い物教室は、英語クラスとしての意味合いもあった（Forde 2020）。

て運営されている。この「パッチ」の目的は、「現地社会への参加と社会統合の促進」にある。スローガンとして「育て、食べ、共有する (grow, eat, share)」を掲げて、カレン人住民が自ら農産物を育てている。この活動には、現地の個人や団体からの寄付も集まっている。「パッチ」では、各種のプログラムが柔軟に運営されていて、豪州の農産物や花卉類の栽培方法に加えて、そうした農作物の豪州流の調理法、さらに、生ゴミ処理と堆肥づくり (composting) のワークショップも開催されている。もともと NCLC で開講していた英語教室と関連させる形で、庭園での活動を通じて、現地社会とのつながりを強化しようとしている。

3）カレン人と現地住民とのトラブルへの対応

　現地社会とカレン人共同体の間で問題が発生したときも、クリークは住民に対してカレン人の側に立って説明する役に回ることもあった。その一例として、カレン人住民が近隣の河川で捕獲した魚を干物にする際、悪臭が漂い、住民とトラブルになったことがある。カレン人は干物にした魚を好んで食用にすることが多い。この時に、クリークは「これは文化的なものであり、良いことでも悪いことでもない」と説明した。

　この点と関連して、カレン人は魚釣りをする際に焚き火をする習慣がある。カレン人は屋外にて、採った魚を捌いたり、調理したりする。この火の取り扱いは、とりわけ乾季では山火事 (bushfire) につながりうる。そこで、現地の消防署とカレン人住民のコミュニティが協力して、火の取り扱いに関する注意事項と具体的な対策に関して、スゴー・カレン語と英語で警告を促す動画を作成している（CFA 2018）。

　現地の警察もカレン人の定着を支援している。カレン人にとって、「警察」は自分たちの味方になってくれる存在であるとは限らない。ビルマ政府の警察は、カレン人の弾圧にも加担してきているからである。従って、当初は、カレン人の間で警察に対する不信感が存在していた。そこで、最初期にカレン人がニルを視察してい

15　NCLC は 2018 年に、パウ・ポーの製品販売に関して、「ウィメラ地域ビジネス賞 (Wimmera Business Award)」、2017 年にはエイムスによる、「多様性と革新アワード (Diversity Innovation Award)」、2015 年には Vic 州職能訓練アワード (Victorian Training Award) における「年間優秀職能訓練提供団体賞 (Community Training Provider of the Year)」、2013 年 5 月には、Vic 州より「多様性とボランティア貢献に関するアワード (Celebrating Diversity Award at the Volunteering Recognition Awards)」を授与されている (AMES and DAE 2015: 19)。

たときには、ジョンがあえて警察署の前にバスを停め、警察官がそのバスに乗り込んできて、フレンドリーに挨拶をしてもらう時間を持った。このとき、カレン人の側からは安堵のため息が聞こえたという。

また、カレン人が居住を始めた頃、現地のベテラン警官がカレン人と交流する機会を持とうとして、サッカーの試合を企画したり、バーベキューを開催したりした。この警官は、カレン人が出身国の軍隊や警察に迫害された経験があることを知り、豪州の警察は信頼できる存在であることをカレン人に伝えたかったとしている。警察署長であるカリリン・ヘイトレイ（Karyleen Hateley）は、「カレン人は法を遵守する人々であり、現地への統合は順調に推移している」とコメントしている。

カレン人がニルに来たことのマイナス面があるかという問いに対して、ジョンは少し黙って、「悪い点はないと思う」と回答している。「彼らのことは、言葉で説明しきれないほど素晴らしいが、悪いことを言うコメントは聞いたことがない」としながら、「最初期には現地の仕事が取られるとか、町が乗っ取られるとか、そういうことを言う人はいた」と、ジョンは説明する。そして、「明白な対立はこれまで発生していない」と付け加えている。

4. カレン人という新しい住民による地域貢献活動と定住の実現

1） カレン人住民によるボランティア活動

ジョンとマーガレットによると、カレン人は地域住民に対する返礼の精神を持っているとしている。[16] カレン人住民がボランティアベースで高齢者の住宅の庭仕事を手伝ったりしていることは、すでに論じた通りである。この点をジョンは以下の

---

[16] ニルの場合では、移住者の質に恵まれた、とミリントン夫妻は指摘する（Ferguson 2020）。カレン人の生活様式や文化的実践と、現地での生活の間に、比較的大きな齟齬が生じなかったことが定着を成功させた要因のひとつになったとしている。また、カレン人が豪州社会と親和性を有する点として、カレン人難民認定者の多くが、キリスト教徒（バプテスト派）であることを挙げている。マーガレットは「宗教に関係なく私たちは心を開いていたと思うが、他の人にとっては（もし彼らが全く異なった文化圏の出身だったら）難しかったかもしれない」と述べている（括弧内筆者、Simons 2017）。カレン人は、地元の教会の集会にも参加し、なじんでいる。ちなみに、ジョンはボートピープルを全員、豪州に受け入れることには賛成ではない。「ボートピープルは難民キャンプでまだ待っている何千人もの人の機会と場所を奪ってしまう」としており、ボートピープルが難民受け入れ枠を占めてしまえば、切実に避難が必要な人にとっての居場所を奪うことになる、と論じている（Simons 2017）。

ように説明する:

> カレン人は助けてくれるし、地域社会に貢献してくれる。マンパワーが必要なプロジェクトがあるときは、カレン人にその旨を伝えれば、カレン人は集団で現れて、すぐにその仕事を完了させてくれる。[...] カレン人はコミュニティ（地域社会）の財産だし、コミュニティの重要な部分をなしているね。（括弧内筆者、Nowell 2019a: 14）

ニルにおけるカレン人によるボランティア活動での貢献に関して、複数のエピソードがある。代表的なものを2点、紹介する。第一に、2014年、環境保全活動を行う市民団体（ランドケア［Landcare］）が、ニルの湖岸に植林を行うにあたって、約200名の会員がアデレードやメルボルンから集結し、週末に作業をした。[17] しかし、その週末だけで作業は終わらず、5,000本もの苗木が余ってしまった。

そこで、ジョンは、これらの余った苗木を植えるために、次の土曜日に5名のカレン人に来てもらえないか、と現地のカレン人リーダーのカウドゥ（Kaw Doh）に打診した。カウドゥは快諾し、仲間のカレン人に依頼を出した。そして、その土曜の午前7時半に町役場で待ち合わせをしたところ、次から次へと自動車が現れ、あたかも「葬送の行列」のようになった。ジョンたちはこの車の大行列とともに、植林の現場に出かけていくことになった。この日、50名以上のカレン人住民が参加し、彼らは民謡を唄い、鍋料理を作りながら作業を進めた。結果、5時間のうちに5,000本の苗木を植えてしまった。「通常であれば、午後4時頃までかかる作業が、信じられないほどの早さで終わった」とジョンは振り返る（AMES Australia 2021, Romensky 2015）。

第二に、町の公園であるジェイペックス・パーク（Jaypex Park）の木製の遊歩道が老朽化し、側壁が崩れ落ちたりするなど、補修と修繕が必要な状況にあった。現地のロータリークラブは、この遊歩道を保存し、継続して使用することを決定した。しかし、通常の業者を用いて修繕作業を行うのでは、完了までに3年から4年はかかると予想されていた。

そこで、ジョンを含むロータリークラブのメンバーは、カレン人住民に手伝ってもらうことを思い立った。そして、土曜日の午前中の時間帯に作業を手伝ってほし

17　ランドケア運動（Landcare Movements）は、農業従事者や環境保護家が中心となって、土地と水資源の劣化の問題に取り組む、1980年代後半からなされている市民運動である。

いと、カレン人コミュニティに依頼したところ、毎回50名以上のカレン人が作業現場に現れることになった。遊歩道に用いられている厚い木製の板は、総数で数万枚にもなる。老朽化した厚い木板を、釘を抜きながら撤去し、新しい木板に付け替える作業を行った。カレン人の助力もあり、3〜4年かかるとされたこの作業は、1年と1ヶ月で終了した（AMES Australia 2021）。[18]

また、カレン人はこのようなボランティア活動に参加する他にも、自らの祝賀行事に現地住民を招待している。定住が進んでいくなかで、カレン・ニューイヤー（毎年12月から1月頃）の祭典が毎年開催されるようになった。祭典に訪れた人には、伝統食が無料で振る舞われている。この新年の祝賀の一環として、竹を用いた伝統舞踊（bamboo dance）が披露される。かつてはプラスチックのパイプ（poly pipe）で代用していたが、現在は良質な竹材を探しているという（Simons 2017）。

定着初期の段階でも、カレン人は自らのコミュニティ内だけで社会的な関係を完結させようとせず、現地の住民と交流を持とうとした。そのエピソードとして残っているのが、アンザック・デイでの出来事である。カレン人がアンザック・デイのことを聞きつけて、退役軍人会（RSL）に何も予告をせずに、カレン人の伝統衣装を身に着けて明け方の行事に現れ、一緒に行進しようとした。この時、ニルの現地住民は、第二次大戦中に、カレン人が英国軍と豪州軍と連帯して、日本軍に立ち向かったという史実を知ることになった（Simons 2017）。

2）カレン人への定住支援の成功に関する、地域ボランティアによる考察

カレン人が定住するようになったことに関して、支援に従事してきたクリークは以下のように語る：

> いまや、カレン人は現地社会の一部というところにまで来ていて、（カレン人の存在は）とりたてて話題にならないくらいになっています。[...] その状態こそがまさに（私たちが）望んでいたことでした。[...] 10年以上に及んで、カレン人の子どもたちが町で成長しました。見た目を除いて、（カレン人の子どもたちは）豪州生まれの町の子どもとは変わるところはないですね。[...] カレン人は、町のネットボールチームやその他のスポーツチームのメンバー

---

[18] この他にも、庭の手入れに困難を感じている高齢者の邸宅にて、自ら進んで芝刈りをしたりするなど、様々なエピソードが存在している。

になっています。[...] 先日、プレゼン大会（school presentation night）が学校で開かれたとき、カレン人の子どもと地元の子どもが同点になったりもしました。（括弧内筆者、Nowell 2019b）

カレン人が定着してから、ネットボールの他にも、町で初めてサッカーチームが結成され、カレン人が活躍を見せるようになっている。移住事業が開始されて10年余りが経過し、「とりたてて話題にならない」位にカレン人が現地社会に溶け込むための支援を主導した人物のひとりとして、クリークは、「当初、想像していたよりも、持続できる形で定住を実現するのは遥かに難しいプロセス」だったとしている。そして、定住と統合に向けた支援の実施に際しては、町の「外部からの助けを借りながら運営をしていく」という発想が必要であり、「実際に、外部からの支援がある程度なければ成立しないくらいに、難民の受け入れに伴う支援の実践は困難」であるとしながら、以下のように語る：

> 10年前、ニルでは、カレン人コミュニティは目立つ存在でした。今や私たちは本当の意味での多文化の町になったといえます。[...] 最初期における大きな問題は、（難民認定者の定住と統合に向けた）サービスがなかったことでした。また、そのような支援サービスを提供するための資金もありませんでした。私たちはボランティアにかなりの程度、依存することになり、現地住民からのサポートにも頼る形になりました。こうした（住民の善意に依存しなければならない）状況が（受け入れ事業の）運営を困難にしました。[...] 小さな町に移民コミュニティが定着するためには、とてつもない量の泥くさい（grassroots）仕事が必要になります。ですから、受け入れ社会の住民は、早い段階で手を挙げて、「援助が必要だ」と声を上げる必要があると考えます。[...] 確かに、（難民の受け入れはそうした外部からの援助がなくても）運営と実行は可能ではあるのですが、（実際の受け入れ事業には）本当に心と魂を入れ込まないといけません。自らの安全地帯の外側に出て（行動計画や支援計画を）考えて、それで、（支援を実行するための多様な）リソースを（町の）外部から得られるようにして、（受け入れ事業が）うまく運営していくことができるように方法を考えなければなりません。[...] もし現地社会のレベルでも、全国レベルでも、（支援に必要な様々な）リソースを早期の段階で投入できるのであれば、（難民認定者の定住は）持続可能な成功を収めることができ、将来（の世代）に長期的な（良い）影響を残すことができるでしょう。（括弧内筆者、

Nowell 2019b）

クリークは、「自分自身が、他者の人生に変化をもたらしていることを知るのは、とてもやりがいのある経験」であるとしていて、「カレン人が町の一部となり、彼らが成功を収める瞬間を共有できることは、とても誇らしい経験である」としながら、以下のように続ける：

> もし我々（住民ボランティア）がいなければ、カレンの女性は地域社会から疎外されていて、居場所がなかったと思います。カレン人の家族は、お金を貯めてしまえば、この町から去ってしまったでしょう。しかし、実際はより多くの家族が移住してきて、いまやメルボルンに滞在しないで、ニルに直接来る人もいるくらいです。[...] それに、ニルでの（カレン人と地域社会との）社会的なつながり（social connections）を構築したことに（私は）個人的に誇りを持っていますし、（そのような）社会的な関係性は本当に向上したと思います。地域全体がこの状況（カレン人の到来によって多文化化が進展したこと）に適合したからですよ。これ（カレン人の台頭）についての不満はほとんど聞かれないですし、地域の人々は自らの視野を広げることになって、ニルが新しいライフスタイルを有することになったことを喜んでいるのではないでしょうか。（括弧内筆者、Forde 2020）

5. 人口構成の変化と経済効果：高齢化の抑止と住民の多様化の進展

1) 人口減少と高齢化の抑止の実現

　ニルでの雇用主と住民ボランティアによる支援の実践と並行して、メルボルンからニルに向けて、カレン人難民認定者が次々に移住を開始することになった。ニルでのカレン人住民は、2011年11月の時点で約70人、2012年2月で約150人、2014年1月で約160人、2020年には約200人の所在が確認されている。特に2014年の時点では、現地の子どもの数は65人増加しており、30名のカレン人の子どもが現地の学校に通学し、9世帯が住宅を取得した。[19] また、2019年の時点で、カレン人の子どもの総数は79人で、そのなかで現地の学校に通学している子どもの数は46人となる。[20] これは、現地社会の高齢化が進行する中での少なからぬ貢

献となっている。これらの子どもたちは、将来的には地域の労働力として活躍する存在となりうる。

　カレン人が移住する前は、非英語圏出身の人々は、ニルにはほとんど存在していなかった。カレン人が移住する数年前の2006年の国勢調査では、ニルの家庭で英語のみを話す人口の割合は95.3％であった。この割合は、移住開始後には、2011年に91.6％、2016年に86.1％、2021年に79.1％と推移している。これらの数値はVic州の平均（2006年：74.4％、2011年：72.4％、2016年：67.9％、2021年：67.2％）や、全国平均（2006年：78.5％、2011年：76.8％、2016年：72.7％、2021年：72.0％）と比較して高い変化率を示しており、英語以外の言語を家庭で用いる世帯が大きく増加していることを示している（序章表4を参照）。[21]

　また、カレン語（Karen）の話者は2011年の国勢調査から顕著な増加を見せていて、2006年の国勢調査では0人であったのが、2011年には48人となり、2016年では136人、2021年では228人となっている。2021年時点で、カレン語話者が町の人口の9.5％を占めており、これはVic州と全国の数値が0.1％であることを踏まえれば、極めて高い割合である。最新の国勢調査（2021年）の時点で、カレン語話者の人口は、英語に次ぐ第二位となっている（ABS Various Years）。

　結果として、国勢調査によると、町の人口は、2006年に2,550人、2011年に2,278人、2016年に2,184人、2021年に2,401人、となっている。[22] 表7－1は、ニルとVic州の地方部（州都圏外）の人口を年齢別に表している。ニルでは、0歳から19歳までの人口の占める比率は、減少傾向にはあるものの、移住の開始された2011年以降は減少の速度が鈍化している。そして、20歳から44歳の人口は、概ね同じ比率で推移、ないしは微増となっている。このことは、同じ区分となるVic州の地方部（州都圏外）にて、これらの年齢層の人々が一貫して減少傾向にあるこ

19　ジョンは半分以上冗談だと思われるが、「『3つの災難（three catastrophes）』を抱えているかどうかが、労働者として頑張ってくれるかの大事な点」であるとしている。第一に、「奥さんがいるか」、第二に、「子どもがいるか」、第三に、「住宅の負債を抱えているか」、である。これらのうち「どれかがあれば、奥さんがその労働者を会社へと無理矢理にでも送り出すだろうから、仕事を続けるし、本人たちにも利益になる」としていた（AMES Australia 2021）。
20　母子健康に関する医療的なケア（Maternal Child Health Services）にも需要が増えた。西ウィメラ保健センター（West Wimmera Health Services）は、難民向けプラン（Refugee Plan）を定めて、カレン人コミュニティへのサービスの提供を行っている（Nowell 2019a: 9）。
21　2006年の時点では、海外生まれの人はニルに141人（人口の5.3％）、Vic州は23.8％、全国は22.2％）のみであり、その出身地は英国とNZが中心となっている。
22　住宅供給に関しては、2006年に1,205件（家族を有する世帯数は684世帯）、2011年に1,123件（同610世帯）、2016年に1,121件（同580世帯）、2021年に1,145件（同617世帯）、となっている。

とは対比を成している。また、高齢者層（65歳以上）の人口の占める割合に関しては、Vic州の地方部（州都圏外）にて一貫して増加しているのに対して、ニルでは目立った上昇は見られない。

町民の年齢の中央値は、2006年で44歳（Vic州：37、全国：37、地方部［Vic州都圏外］：42）、2011年で46歳（Vic州：38、全国：38、地方部［Vic州都圏外］：44）、2016年は48歳（Vic州：37、全国：38、地方部［Vic州都圏外］：46）、2021年で47歳（Vic州：38、全国：38、地方部［Vic州都圏外］：47）となっている。[23] 一見、大きな変化が見られないが、35歳以下の人口を見ると2006年で946人、2011年で807人、2016年で787人、2021年で934人と、一定の人数を維持しており、減少を見せてはいない。

ヒンドマーシュ地域の現地行政の事務局長（CEO）であるトニー・ドイル（Tony Doyle）は、カレン人の受け入れに伴う社会経済的な効果に関して、以下のように説明する：

小売部門で、商店が閉鎖してしまうというのは、街全体の活気に悪い影響を

表7－1　ニルと地方部（Vic州都圏外）の人口の推移（年齢別。上段がニル、下段が地方部［Vic州都圏外］。括弧内は当該地域の住民に占める割合［%］）。出典：ABS (Various Years)

	2006	2011	2016	2021
0–19	635（24.9）	517（22.7）	454（20.7）	495（20.6）
	64,840（26.8）	61,609（25.5）	56,262（23.1）	56,228（21.8）
20–44	664（26.0）	572（25.1）	517（23.6）	653（27.2）
	66,288（27.4）	62,057（25.7）	60,731（24.9）	66,038（25.6）
45–64	630（24.7）	580（25.5）	606（27.7）	607（25.3）
	67,599（27.9）	70,461（29.2）	70,574（28.9）	71,035（27.6）
65–74	271（10.6）	281（12.3）	268（12.2）	263（10.9）
	22,636（9.3）	25,686（10.6）	31,698（13.0）	36,710（14.2）
75–	349（13.6）	328（14.4）	343（15.6）	381（15.9）
	20,444（8.4）	21,819（9.0）	24,563（10.1）	27,686（10.7）

2001年度はニルのデータの採られた地理的範囲が大きく異なるため、含めていない。

23　ニルでの高齢者の割合は、全国や州平均よりも高い。この原因は、在来の労働力人口（特に20〜44歳の年齢層）が転出しているからである（AMES and DAE 2015: 11）。

与えるものです。もしホーシャムにまで買い物にわざわざ行くのであれば、すべてホーシャムで買い物をしてしまったほうが良くなりますよね。［…］（人口の減少は、）学校や病院にどのくらい（州政府や連邦政府から）予算がおりて、その結果、どのようなサービスが提供できるようになるかという点に影響してきます。［…］カレン人コミュニティは主に非熟練労働力を提供してくれていて、大きな規模で労働市場に参入しているといえます。カレン人が来たことで、町の商業活動やサービス提供にもプラスの影響が生まれています。カレン人の定住は私たちにとって、大きな利益となっています。ラブアダックが成長して、会社は追加的な労働力を必要として、結果として人口減少も食い止められることになったのですから。（括弧内筆者、Nowell 2019a）

さらに、ドイルは、カレン人が移住してきたことによって、「経済的にも文化的にも多大な貢献があった」ことに加えて、「現地住民の考え方も懐の広いものとなり、新しい住民により心を開くようになった」とする。そして、「新しい文化が持ち込まれたことでニルはより住みやすい場所になった」としている。

2）経済効果と失業率の動向

　カレン人の移住は、現地経済にもプラスの影響をもたらしている。カレン人の定着がもたらした経済的な貢献に関して、第一に、地域総生産（GRP）が増大を見せている。まず、移住開始からの5年間（2009〜2013年度）で4149万ドルの経済効果がもたらされ、同期間に70.5もの常勤（フルタイム）の雇用機会が生まれた（AMES and DAE 2015: 13–14）。[24] また、2020年時点で1億500万ドルの経済効果が生まれていて、カレン人住民が21の異なる事業主のもとで雇用されている。また、2020年時点で、移住事業が開始される前との比較で、156もの雇用機会が創出されたとする試算もある。[25] この156という数字は、町の雇用機会が全体で10％も

24　ニルの位置するヒンドマーシュ地域の地域総生産は、2012年度の時点で2億7500万ドルであったが、2013年度には、カレン人の再定住によって地域経済に追加で1200万ドルが付加された（AMES and DAE 2015: 14）。この数値は、ヒンドマーシュ地域の地域総生産の4.4％に匹敵する。
25　カレン人を受け入れるにあたって、従業員を新規に採用する機会が生じたときにはカレン人を雇用するように、ジョンは現地の事業主に促した（Piper 2017: 9）。また、移住から6年が経過して、84の新しい雇用機会がニルに生まれた。44人のカレン人がラブアダックに直接雇われて、20人がカモの生産事業者のもとに雇用を得て、さらに追加で20人が別分野での就業機会を得ている（McCormack 2016）。また、カレン人が到来したことでサービス産業部門の雇用機会がさらに増えている。

増加したことを意味する（Ferguson 2020）。

　カレン人という国外出身の移住者の受け入れは、失業率の増加につながらなかった。すでに指摘したように、ニルの失業率は、移住事業の開始前から低く、「絶対的」なまでの人手不足が生じている状況にあった。ニルでの失業率は、2006年の国勢調査で2.8％（Vic州内で5.4％、全国で6.9％）、受け入れ事業開始後の2011年で同じく2.2％（同州内で5.5％、全国で5.6％）、2016年で3.6％（同州内で6.6％、全国で6.9％）、2021年で2.5％（同州内で5％、全国で5.1％）と低水準で推移している（ABS Various Years）。移住先の雇用機会の存在に加えて、自治体全体の人口が減少傾向にあったことによって、労働力不足が発生していたことが失業率の上昇を抑止したと考えられる。

　カレン人が移住してきたことにより、様々なサービスへの需要が増大し、以下のような貢献をもたらしている。第一に、現地の医療施設や教育機関は、閉鎖せずに操業し続けることができている。これにはカレン人の利用者が増えただけではなく、カレン人が医療・福祉等の分野にて労働力を提供していることも寄与している。

　第二に、小売業に正の影響がもたらされている。例えば、現地のスーパーマーケットであるIGAでは、カレン人が到来してから、毎週5,000ドルの増収となった。このIGAでは、カレン人に需要のある商品の在庫を増やそうとしている。特に、メルボルンまで買い出しに行く必要のある商品を意識的に揃えようとしている（AMES and DAE 2015: 19, McCormack 2016: 2）。

　第三に、不動産市場にもプラスの貢献が見られている。カレン人が移住してきてからの住宅や商業物件の供給総数は、1300万ドル相当の増加を見せた。現地の不動産業者によると、カレン人が移住してきてから賃貸契約の件数が顕著に増加し、所有物件のうち、20〜25％がカレン人に賃貸されているとしている。空き物件が減り、賃料も週あたり10ドルから30ドルの上昇が起きた。もともと、主要都市部よりもニルの賃料は安く、全国的な住宅難というべき状況と比較して、住宅事情は良好な状態にある。なお、カレン人は賃料を期限までに支払っており、不動産業者が電話で連絡を入れる際にも、子どもが通訳をして、返答が来ることも多いとのことである。不動産業者からのカレン人共同体への評価は高い（AMES and DAE 2015: 12, 19）。

6. 小括

　本章では、Vic州ニルにおける雇用主主導型によるカレン人難民認定者の誘致事業を題材に、開始に至った経緯と、事業の進展、さらに、カレン人の移住がもたらした社会経済的な効果を考察してきた。本章では第一に、現地のカモ肉の食肉加工業者ラブアダックの経営者であるジョン・ミリントンと妻のマーガレットがカレン人難民を呼び寄せるに至った過程を考察した。「難民を支援する農村住民の会（RAR）」の会合への参加を機に、カレン人のことを知り、自ら妻とともにエイムスの協力を得ながら、メルボルンにて移住説明会を開催した。同時に、現地の行政関係者といった主要な人物や市民団体に対して、自らの移住計画を説明し、協力を要請するとともに、移住事業をサポートしてくれる人を開拓していった。最初は10名のカレン人の受け入れからスタートしたが、その後、カレン人の移住は次々に進んでいくことになった。

　第二に、ミリントン夫妻や現地の生涯学習センター（NCLC）の活動を中心に、カレン人たちにどのような支援がなされているのかを考察した。雇用主であるミリントン夫妻が自ら現地社会との橋渡し役（アンバサダー）となったことに加えて、自らもカレン人の身辺の世話を引き受けた。そして、NCLCは移住者の帯同者に向けた支援活動を展開し、英語クラスを始め、豪州の生活に必要なスキルを教えていった。就業機会につなげるトレーニングの一環として始められた裁縫教室は、パウ・ポーの活動へと発展していった。パウ・ポーは工芸品の生産と販売を通じて、カレン人女性に社会参加の機会を与えるとともに、居場所としても機能している。パウ・ポーの活動やNCLCへの参加を通じて、帯同者（主に女性）の現地社会への参加と統合が促されている。

　第三に、社会経済的な側面を中心に、ニルへのカレン人の移住がもたらした効果を考察した。移住が開始されてから5年の期間で、顕著な経済効果が生まれ、雇用機会も大きく増加した。新しい住民の流入によって、現地の小売業は増収となり、全体的に現地の経済活動が再活性化していった。若い世代が流入したことによって、高齢化と人口減少は抑止されている。そして、町の人口構成は大きく多様化することになった。10年以上に及ぶ定住支援を経ながら、カレン人はニルの人口の1割近くを占めるにまで至った。

第 8 章

外国人労働者としての難民の受け入れにあたって、受け入れ社会側に求められる施策

1. 本章の課題：事例研究からどのような政策的・理論的知見が得られるか

　本章では、これまでの議論をもとに、普遍化した形で、難民認定者を始めとした移住者の受け入れと、定住と統合に向けた支援に際して、どのような方策が必要になるのかを考察する。これまで本書では、外国人労働者としての難民認定者を農村部に受け入れる場合、どのような受け入れと支援の方策が必要になるのかに関して、政策分析と事例研究を行ってきた。本書で扱った事例のほかにも、豪州の各地で難民認定者の受け入れ実践の報告がなされており、移住者に対する必要な支援方策の提言に関して、一定の議論の蓄積がある。

　特に農村部では、都市部と異なり、定住支援に必要なインフラが不足する場合が多い。どうすれば難民認定者を始めとした移住者が、受け入れた自治体に定着してくれるのか。農村部での受け入れに必要な諸実践は、地方都市や主要都市部にて同様の事業を実施する場合にも当てはまる。農村部という支援インフラの不足する環境で、最も定住支援を必要とする難民認定者を新しい住民として、労働者として受け入れるこれまでの議論は、外国人労働者や広く移住者の受け入れ策と支援策を構想するにあたって、有用な知見をもたらす。

　一旦地方部に受け入れた移住者をとどめ置くためには、意識的な試みが必要であり、受け入れた後に放置しておいて良いのではない。持続可能な形で地方部にて国外出身者に活躍してもらうためには、様々な政策的な施策と現地社会の住民による具体的な支援方策が必要になる。外国人労働者（移住者）は使い捨てのモノではない。現在の日本の施策に見られるように、滞在期間の定めのある外国人労働者を受け入れて人手不足の解消を図るのは、短期的な地域経済の活性化につながるものではある。しかし、現地社会の人口減少や高齢化への対応策とはならない。豪州では、一度地方部に受け入れた外国人労働者が、永住権の取得という当座の目的を達成した後は、当初の勤務先を退職し、同胞のいる主要都市部に転出してしまう現象が一部に見られている（第 2 章と第 3 章を参照）。このような事態は、豪州に限らず、

日本でも各地でも生じうる。しかし、本章で論じる方策を実践することによって、農村部を始めとした地方部において、一旦受け入れた労働者に定着してもらえる可能性が相対的に高まる。

　本章で論じる内容の骨子は図8−1に示した。本章にて示す各論点は、いずれも、現地行政・雇用主・住民・支援団体・移住者コミュニティとそのリーダーといった、現地社会のすべての関係者の間で有機的なコミュニケーションをとれる状態を構築し、相互に同意を形成しながら課題を解決していくことを目指す内容となっている。移住者の定住と統合に向けた支援は、対人サポートというよりも、地域づくりというべき内容となっている。

　本章の構成は以下の通りである。第一に、通年の安定した雇用機会の必要性を論じる。季節性のある雇用機会では、新しい住民の定着の実現は極めて困難になる。雇用主が新参の労働者を職場の内外で支援するとともに、現地社会との橋渡し役となることが望ましい。第二に、現地行政・雇用主・住民・支援団体など現地社会の構成員と移住者を巻き込んで、詳細な移住計画を事前に策定する必要性を考察する。ここで、受け入れる側が移住者の処遇を一方的に決めないことが大切になる。関係者間の有機的なコミュニケーションを維持し、現場での問題提起を受け止め、発展的に支援と共存の実践を進めていく必要がある。そして、受け入れ社会の側に移住

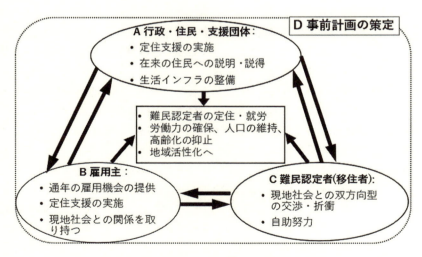

図8−1　本章の概要：難民認定者を始めとした移住者の定住と統合の実現に向けて必要な施策

者を歓迎する文化を持続させることが求められる。第三に、政府による資金拠出の必要性を論じる。公的な資金拠出がなされることによって、現地のボランティアの疲弊・燃え尽き（バーンアウト）を予防できる可能性が高まる。また、公的な資金拠出がない場合には、移住事業の実行に必要なインフラの整備にも困難が生じることになる。

2. 雇用機会の提供と、雇用主による支援の必要性

1）通年に及ぶ安定した雇用機会の必要性

　安定した通年の雇用機会は必須である。安定した通年の雇用がない場合は、難民認定者に限らず、広く移住者が定住・定着する可能性は大きく低減する。不可能になると言い切っても良いほどである。移住者が地域社会に包摂され、統合されることが定住の成功に必須であるとする意見もある（Cheung and Phillimore 2013 など）。この点は事実ではある。しかし、それ以前に、雇用機会の存在こそが、難民認定者を始めとした移住者の現地社会への統合と定住の実現にあたって、最も重要かつ唯一の要因とまで言いきる意見も複数ある。[1] 適切な雇用機会の存在は、現地社会と新しい住民の双方にとって利益になる状態（win-win scenario）を実現する上で欠かせない条件である（RAI 2019: 18–19, Taylor and Stanovic 2005 など）。季節性のない、安定した通年の雇用機会があることで、移住者の現地社会への統合が促進され、長期にわたる定着が可能になってくる。[2]

　雇用機会が通年で存在する場合であっても、i）労働者にとって満足のいく、意味を見いだせる勤務内容であるか、ii）業務の内容が変化していく見込みがあるか、iii）職場における昇進の可能性があるか、キャリアパスを描けるか、という点も、

---

[1] この点は、Ager and Strang（2008）, Bloch（2004, 2000）, Colic-Peisker and Tilbury（2007）, Curry et al.（2018: 433）, Galligan et al.（2014: 4）, Lamba（2003）, Phillimore and Goodson（2006: 1719）, Valtonen（2004）, Waddington（2008）を参照。特に Ager and Strang（2008）は、現地での移住者の統合に必要な支援インフラが何かに関して、モデル化して論じているが、どのような具体的な措置が必要かに関しては言及がない。本章では、現場での必要な措置は何かという観点から、この研究を進展させる。

[2] 2021年から日本で「特定地域づくり事業協同組合制度」が開始された。これは、季節性のある労働機会をつなげて、シーズンごとに異なる分野に就業してもらい、実質的に通年の雇用機会を提供する試みである（総務省 2021: 2–3）。この方策は通年の雇用機会の創出に有効であると考えられる。管見の限り、同様の仕組みは豪州には存在しない。

長期的には重要な問いとなってくる。地方部の労働市場は大きくはなく、雇用の種類も限定されることが多い。しかし、移住者に現地住民が敬遠する内容の業務をさせている場合、その労働者を好ましくない処遇（「第二次労働市場」に近い状態）に置いたままで良いのかという問いは生じてくる（Colic-Peisker and Tilbury 2006: 203–204）。受け入れ先での労働内容と、自らの職能や勤務経験が一致しない場合、新しい住民はその土地に定着せず、転出する可能性がある。

特に、出身国の専門資格の認定や再取得を容易にすることは、現地での定着を促進する上でも必要になる。自らの専門資格や職能、得意分野を生かしつつ、雇用機会を満足の行く内容とすることが、定住の実現において重要な指標となる（Curry et al. 2018: 433, Major et al. 2013: 97, Schech 2014: 608）。移住者が意味を見いだせる雇用機会は、経済発展に貢献することに加えて、新しい住民に自立を促し、自律的な存在として主体性を発揮することを可能にする。豪州でも、国外（特に非英語圏）にて取得された専門資格や学歴の認定は容易とはいえず、歴史的に問題となっている。[3] 試験で再取得を認めたり、資格認定の要件を緩和するなどして、移住先で自らの専門性を発揮できるようにすることが大切である。本書で扱った食肉加工業などの労働集約的な部門への従事を出発点として、専門資格の再取得に取り組み、本来の職能を取り戻すなど、新たなキャリアへの足がかりとできることが理想である。

継続したキャリアアップに向けた職能教育や高等教育の機会に、道を開いておくことは重要である。自らのキャリアパスを明確に描けることは、将来を楽観的に見通すことを可能にする（Broadbent et al. 2007: xiii）。キャリアアップに向けて、職能教育を受けることによって、産業構造や経済状況の変動に伴う雇用機会の減少にも対応できる可能性が高まる。かつて豪州社会がインドシナ難民を受け入れた際、最大の雇用機会を提供していたのは製造業であった。しかし、1980年代以降のいわゆる知識労働の増大と脱工業化の中で、労働集約的な部門が大幅に縮減し、失業者が大きく増加することになった（Viviani 1984: 189–190, 211）。そのような産業構造や経済状況の変容に伴う影響を可能な限り回避するためにも、必要に応じて、転職・転業ができるようにしておく必要がある。別言すれば、難民認定者の就業先は、産業構造や経済状況の変化に伴う影響を受けにくい分野が望ましいともいえる。

3　WA州多文化関係担当局（OMI）職員への聞き取り（2019年8月22日）による。

2）雇用主による支援の必要性

　農村部を始めとした地方部においては、新しい住民を支援する組織やインフラが不十分である場合も多く、雇用主が意識的に新参の従業員をサポートしていく必要がある。雇用主は、職場内における就労環境の改善や福利厚生の充実に取り組むことが求められる。具体的には、就労現場において、i）移住者の言語での作業の説明、ii）同じ言語を話す者同士でチームを結成すること、iii）在来の従業員との良好な関係の構築と維持、などといった工夫をする必要がある。そして、福利厚生に関しては、住宅や移動手段の提供、各種の手当の充実化、などが講じるべき措置となる。加えて、社外の現地社会に対しても、社内の人間関係を越えて、従業員と現地社会との橋渡し役（cultural ambassador）、リエゾンオフィサーとして、良好な関係の構築に向けた役割を担うことが望ましい（第5章と第7章を参照。Boese 2015: 401, 407, 409, RAI 2019: 19）。

　全体として、雇用主の間で、労働者の定住を支援する必要性を理解していない、あるいは、理解していても実行に移さない事業主が一定数存在する（第4章を参照）。仮に、雇用主が難民認定者を含む外国人労働者に対して、言語能力に課題があり、異議申し立てが困難であるなどの不利な条件につけ込んで、賃金ピンハネや長時間にわたって酷使するなどの不正行為に及ぶ場合には、その労働者は、その職場や就労分野でのキャリアパスを描けず、いずれ離職し、その自治体から転出していく。雇用主が新しい従業員をどのように処遇するかは、現地社会への定住と統合を成功させるにあたっても、極めて大きな役割を担っている。

　第5章にて論じたカタニングのワムコでは近年、経営陣が交代となった。新しい経営陣は、カレン人に対する理解を積極的に深めようとしないという。すなわち、カレン人の出自や、なぜカタニングに移住してきたのか、その背景を理解しようとせず、ポールを始めとしたカレン人コミュニティの側と積極的にコミュニケーションを取ろうともしない。[4] コロナ禍の際に、豪州各地の観光業・ホスピタリティ分野が苦境に立たされる中、同部門で余剰となった太平洋諸島出身の労働者が、カタニングの食肉加工業に就業することになった。太平洋諸島出身の労働者は、カレン人よりも英語能力が高い。そこで、ワムコの新しい経営陣は、太平洋諸島出身の労働者を優遇する一方で、カレン人やビルマ人（ビルマ族）の労働者にはきつい、汚

4　カタニングでのカレン人若手コミュニティリーダーとポール・ジョウへの聞き取り（2023年3月24日）による。

い労働分野を担当させるようになり、ビルマ出身者を抑圧的に扱う状況が生まれている。[5]

かつてはカレン人労働者の側で英語のできる者が、ワムコでの労務内容を説明した作業マニュアルをスゴー・カレン語に翻訳し、従業員本人に説明し、実地でやって見せて、その上で作業に従事させていた。こうして作業中の安全を確保し、労災の発生を防いでいた。しかし、現在では、労働者が英語能力に課題を有している場合であっても、ワムコの現場監督が、ただ単に英語で書かれた作業マニュアルを労働者本人に渡して、「作業要領の内容を理解し、承諾した」というサインをさせるだけであるという。2022年12月に、ワムコにてアフガニスタン出身の労働者が作業中に死亡する事故が発生した（Hampton 2022）。これは、羊肉の不要部位を破砕する機械に巻き込まれてしまった事故であり、この従業員の遺体は判別不能であった。[6]

現地調査の最中に、ワムコにおける職場での処遇や就業環境の変化に不満を漏らすカレン人やビルマ人に複数出会った。実際、カタニングにおいて、ビルマ人はかつて14世帯が居住していたというが、現在では4世帯しかいないという回答であった。[7] 現在では、カタニング近郊の別の羊毛・羊肉の加工業者であるムージェピン・メリノズ（Moojepin Merinos）に転業する者も現れている。[8]

現在、ワムコに勤務するカレン人は、40歳代以上の年長世代が多い。この年長世代の人々は、英語力に課題を有している者が多い。現地の言語運用能力に課題がある場合は、職能教育やキャリアアップに向けた支援措置の実施が困難になる。また、現地の言語運用能力が不十分であったり、職能教育が十分に施されなかったりする場合には、産業構造の変化や景気の変動、就業環境の変化が生じた場合に、労働者本人の側で臨機応変に対応することが困難になる。カタニングのカレン人住民は全体で見れば、看護師や看護師補助、電気工、上下水道工事技師、ファストフード店やカフェなどの飲食店の店員、自らアジア系雑貨店を営む者など、複数の分野に就業するようになっている。しかし、カレン人の間で、就業機会を多様化できているのは、英語のできる若い世代が中心となっている。

カタニングにおけるカレン人の年長世代の人々が、豪州に移住して16年近くが

---

5 カタニングのカレン人住民、カレン人若手コミュニティリーダー、ビルマ人コミュニティリーダーへの聞き取り（いずれも2023年3月24日）による。
6 カタニングのカレン人住民への聞き取り（2023年3月24日）による。
7 カタニングのビルマ人コミュニティリーダーへの聞き取り（2023年3月24日）による。
8 この新しい就業機会を見つける際にも、ポールや若手コミュニティリーダーらの尽力が必要であった。

経過しても、英語でのコミュニケーションに困難を抱えている理由は様々である。まず、平日の日中に就業する必要があるため、英語学習の機会が限定される。確かに、AMEP はカタニングでもパースでも開講されていて、英語を習得する機会は用意されている。しかし、AMEP は、主に平日の日中に開講されている。仮に、夜間や休日に開講されていたとしても、工場での勤務で疲弊していたりして、出席することに積極的になれない場合もある。また、一般論として、児童や青少年らと比較して、年長者の言語習得は大きな困難を伴う。自らの言語の読み書きも不自由である場合には、言語習得へのハードルはさらに高くなる。これらの点は、カレン人が難民キャンプで 10 年単位の時間を過ごさなければならず、正規の教育を受けたくても受けられなかったことも大きな要因である。本人の責めに帰す問題ではないことは強調しておきたい。

　職能教育によってキャリアの選択肢を広げることは、難民認定者自身を守ることにつながる。そのためにも現地の言語運用能力は大切な役割を果たす。難民認定者は、経済構造の変動や就業環境の変化に脆弱である。雇用主が交代となったとき、事業承継が成功しない場合には、その労働者の置かれた状況は容易に変化してしまう。産業構造の変容によって、その労働分野が不要・余剰となったときにも、失業のリスクが大きく高まる。先に、インドシナ難民が製造業の衰退によって、余剰労働力となり、失業したことを指摘した。この論点は現在の難民認定者の場合でも該当し、類似の事案が発生する可能性はある。従って、継続した職能教育とそれを可能にする現地の言語運用能力の養成が必要になる。

3. 関係者間の調整を通じた事前計画の策定と、移住事業への同意の形成

1）現地行政と雇用主、地域住民の協働による、現実的かつ精密な事前計画の策定

　難民認定者を始めとした新しい住民を迎え入れるにあたって、現地行政・雇用主・住民・市民団体・支援サービス提供者など、現地社会の各成員が協働して、現実的かつ明確な定住計画を事前に策定し、相互に同意を形成していく必要がある。どのような出自を有する者を何名受け入れ、どのような役割を担ってもらうのか、行政が雇用主と連携しつつ、住民とともに事前に計画を立て、承諾を得ていく必要がある（RAI 2019: 10–11, 33）。そして、外国人労働者の受け入れの事前計画の策定において、現地のリーダー（community champions. 首長や企業経営者、受け入れ

を推進する市民など）が指導力・リーダーシップを発揮することが重要になる（RAI 2019b: 35–37）。[9] 事前計画の策定にあたっては、現地の社会経済的な実状を現実的に考慮し、その内容に具体的に反映させる必要がある。これによって、現地住民も、移住者も、相互に明確な期待を形成できる。移住事業を成功させるために、体系的な戦略の策定と実行は欠かせない。

詳細にわたる事前計画を策定し、住民や関係者の同意を得ながら、新しい住民の役割や現地社会で貢献が期待される内容を具体化しておくことは、移住者を歓迎する文化（culture of welcome）の醸成につながる。そのようにして、全体として自治体と現地住民が、移住者を歓迎している空気を醸成することは重要である。[10] 柔軟なプロセスで、現地社会の住民を参加させた上で、どのような支援に向けた方策やインフラが必要になるのか、そうしたニーズを現地社会が解決できるのかに関して、移住者が到着する前に準備を進める必要がある。

現地社会を代表する観点からも、現地の行政が情報のとりまとめと発信において主要な役割を果たす必要がある。外国人労働者の地方部への受け入れや定住への支援に関して、中央政府と地方行政の間で、政策的関心や現場への介入の度合いに温度差が生まれないことが望ましい。仮に、中央政府レベルで地方部への外国人労働者の定住促進に関する政策が存在しない場合であっても、現地の受け入れ自治体の関係者は、移住の実現に向けた過程を牽引していく必要がある（Boese and Phillips 2017: 395–401, van Kooy et al. 2019: 6）。この過程は第6章のダルウォリヌの事例で見られた通りである。

新しい住民を迎え入れることは、移住者の異質な文化的実践や生老病死を受容する必要があることを意味する。移住者を受け入れる際には、ゲスト（お客さま）を迎え入れる感覚になりがちではないだろうか。しかし、ハレとケの区分でいえば、ゲストを迎える場合はハレの場面となるが、移住者を迎え入れる際は、ケの部分に向き合うことになる。こうしたケの部分を受容できるかどうかが課題となる。生きていれば、病気になって入院したり、不慮の事故等で命を落とすことがあったり、犯罪の被害者ないし加害者になることもある。また、人間はいずれ、人生を終える。

9　雇用主や難民コミュニティが主導して、移住者の受け入れ計画が存在しない状態で移住が進んだ場合には、早期の段階で、地域住民や行政を始めとした現地社会の構成員が関与した形で、定住と統合に向けた支援の計画が策定される必要がある。

10　この点は、Broadbent et al.（2007）, Galligan et al.（2014: 4）, Margaret Piper and Associates（2007: 29）, McDonald et al.（2008: 31）, Piper（2017: 3）, RAI（2019: 5–8, 11, 13–14; 2018: 7, 12）, van Kooy et al.（2019）を参照。

従って、受け入れ計画を構想する際には、新しい住民の候補者が、どのような文化的な背景を有していて、どのような生活様式を実践していて、その上で、現地の生活様式になじめるのか、長期間定住できるのか、どのような支援が求められるのかに関して、移住者の生活実践を具体的に想像しながら考案する必要がある。具体的には、i) 病院での治療方針が新しい住民の文化と抵触しないか、ii) 葬儀や埋葬を行う場合に、現地社会との軋轢を起こさない形でできるか、iii) ライフスタイルの食い違いが予期せぬ形で発生したときにトラブルへの対応ができるか、といった事柄が論点となる。

移住者は自らの文化的実践を現地に持ち込み、特有の行動形式を取る。そのための対処も必要になる。一例ではあるが、カレン人は魚釣りをし、鯉などの魚類を干物にしたがる、自らの手で家禽類（豚や鶏など）を捌きたがる、屋外で焚き火をしながら調理をしたがる、といったことが挙げられる。また、一部のアフリカ出身者は道端で井戸端会議をしながら、一定の時間を過ごすことも多い。こうした文化的な実践に対して、現地社会の法律やルール、不文律（マナー）を移住者側に言葉に出して明確に伝えて、理解してもらうことが必要である。移住者側は、自らのライフスタイルや文化的な実践が、移住先で問題行動となるとは考えていない場合がある。独自の文化が持ち込まれることに関して問題が発生する前に、事前計画の段階で対処できることが望ましい。[11]

この点からも、受け入れる現地社会にとって、文化的な背景の異なる諸個人が個別に移住してくるよりも、単一の移住者集団（エスニック集団）が来た方が、歓迎する文化を醸成・維持しやすくなり、問題への対処も比較的容易になる（AMES and DAE 2015: 28）。また、ある程度の集団ベースで誘致することは、移住者同士の互助を実現する上でも有効になる。必要最小数といえるような規模（critical mass）の同胞の人々がいれば、相互支援や社会的なつながりの維持が可能になる（Broadbent et al. 2007, Wulff and Dharmalingam 2008 など）。

これらのことは、迎え入れる外国人労働者としての難民認定者は、慎重な検討を経た上で事前に選定しなければならないことを意味する。迎え入れる移住者は、誰でもよいというわけではない。理想論としては、すべての難民の安全確保と生活の質の向上のために、人道的に受け入れたほうが良い。しかし、受け入れる側の文化

11　実際、カタニングのカレン人コミュニティが WA 州南部のアルバニーの海岸で魚釣りをしていた際、現地の自然環境保全ルール（conservation law）に抵触したことがあった。カレン人側は反則金を支払うことになった。この後、アルバニーから担当職員がカタニングに派遣されて、カレン人側に、何をどのくらい捕獲しても良いのかなどの説明がなされたこともあった（ジーン・フィリップスへの聞き取り［2023 年 6 月 2 日］による）。

と適合性があるか、現地住民の側が気持ち良く迎え入れることができて、持続的に10年単位の時間で共存できるか、といった点も考慮する必要のある論点となる。この議論は排外主義的・差別的との批判もありうるだろう。しかし、これらの点に関する検討は、新しい住民と摩擦や対立を起こさずに、在来の住民の生活を維持しつつ、現地社会を生産的かつ持続的に発展させ、運営していけるか、という責任ある観点からは必要である。対立が生じて、解決がなされずに関係が悪化すれば、移住者にも、現地住民にも、多大な苦痛がもたらされる事態となる。

　難民認定者をはじめ、異文化圏からの移住者を引き受ける場合には、現地社会の有機的な変容に関して、想定外の事態を含めて受け入れられるかどうかが争点となる。特に、一旦難民認定者なり新しい住民が定着すると、その住民が身元引受人となって、家族や親族が追加で連鎖的に転入してくるようになる。これを「成長の機会」と捉えるか、「脅威」と捉えるかを含めて率直に議論を行った上で、中長期的に生じうる自治体の変容に関して準備をする必要がある（Broadbent et al. 2007: xii, xvi）。難民認定者の側も受け入れる住民の側も、このような変化に適応できることが求められる。そのため、難民認定者を対象とした移住事業は現地社会の発展（community development）の視点・方針に立脚し、単に労働力を集めるという形にはせず、移住者の定住によって人的資本・社会関係資本を養成し、有機的に街が育つようにする「地域づくり」の発想でなされる必要がある。

　外国人労働者の受け入れにおいて、住民と協働しながら事業を進めていくことは、地域住民のボランティアベースでの移住者への支援を促進する。特に、農村部では主要都市部のような支援サービスを受けられない場合が多い。そして、農村部では、政府から職員が派遣されて定住支援をしてくれる可能性はほぼないと想定した方が良い。現地住民によるボランティアベースでの支援ができるか、その気運を高めることが必要になる。そして、移住者からすれば、現地のエスニックコミュニティは小規模であり、同胞の人と交流する機会は主要都市部と比較して少なくなる。このとき、現地住民がいかに主体的に移住者と関与しようとするかが、新しい住民の定着と良好な関係性の構築への第一歩となる。[12]

12　本書の事例研究でも、現地住民と行政の行った施策として、英語クラスを運営したこと、バーベキューや映画上映会、クリスマス・パーティーを開催し、招待したこと、移住者の祭典の開催に協力したこと、行政手続きを手伝ったこと、自立支援事業を立ち上げて、参加を促したことなど、様々なレベルで移住者への関与と交流を拡充する試みがなされていることを論じた。

2）受け入れ社会の住民への教育・啓発活動と、新しい住民を歓迎する文化を維持する必要性

新しい住民を歓迎する文化を長期間にわたって維持するのは、大きな課題になる。住民の協力的な姿勢を維持できない場合は、排外運動の発生など、現地コミュニティの分断を招く恐れがある（Piper 2017: 12–15, RAI 2019: 13）。[13] 移住者と現地住民の文化的な距離を縮減し、新しい住民が孤立するリスクを低減するためには、新しい住民を歓迎する雰囲気・空気を持続させることが欠かせない。そのためにも、地域社会の各構成員と事前に協議を重ねて、納得してもらった上で移住者を受け入れることが肝要になる。移住者を歓迎する文化があることは、長期間にわたる定着を促進するだけでなく、地域社会の社会的・文化的・経済的な再活性化にもつながる。

そして、移住先において、新しい住民があらゆる種類の差別や暴力を受けるような事態を生じさせてはならない。そのため、受け入れ社会の側には、偏見や差別を生まないための様々な努力が求められる。差別や暴力を予防し、当事者に被害を与えないようにすることは、新しい住民が安心して過ごせる環境を作る上で必要である。この点は、教育や雇用、福祉などの領域にも関係してくる。難民認定者を始めとした移住者へのステレオタイプを取り除き、受け入れる雰囲気を醸成していくことが、受け入れにあたっての最初のステップとなる。[14]

新しい住民を歓迎する文化を維持するにあたって、移住者自身の文化を実践できる場を確保することは有用な方策のひとつとなる。移住者の持ち込む各種の社会経済的ないし文化的な実践に対する認識を深めるためにも、宗教施設の建設や、各種のイベント（祭典など）の開催を認めて、場所や機会を提供し、さらには資金援助までできることが望ましい。宗教施設など新しい住民が集う場所の存在は、地域

13　フランスの農村カラックでは、新しい住民として難民を受け入れて、高齢化の進む地域社会を維持させようとした。しかし、フランス国内の極右集団が村で反対運動を展開し、移住計画が頓挫してしまった（朝日新聞 2023 年 3 月 17 日）。この点、豪州では、難民を受け入れることは善であり、排除するような言動は悪であり、許されないという強力な規範が存在する。このフランスの事例と類似した事案が発生した場合でも、現地のメディアや議会、住民団体がこのような排外的な言説を公的に否定することが多い。これは人種差別や移民の受け入れに関する、公式・非公式の教育・啓発活動の成果であるといえる。

14　差別や対立を生まないための教育・啓発活動は、移住者の側にも必要となる。難民認定者の場合は、難民キャンプ等での生活環境が本人の行動に影響を与える場合がある。カタニングの場合では、ビルマ人対カレン人の民族対立の構図がそのまま学校に持ち込まれたため、レンクらボランティアが介入し、そうした民族対立を学校や豪州社会に持ち込まないように、長期にわたって説得しなければならなかった。また、ブルンジ出身の子どもが、気に入らないことがあるとすぐに暴力を振るう問題も発生し、対処が必要になった。ブルンジ出身の住民は、後に転出していった（マーガレット・レンク［2023 年 3 月 24 日］とジーン・フィリップス［2023 年 6 月 2 日］への聞き取りによる）。

社会の分断を促進するものではなく、逆に、その場所を拠点として、説明会や各種のイベントを開催することを通じて、現地住民との交流を可能にする（Jordan et al. 2010: 262–264, 274–275）。[15] 移住者が拠点とする場所（宗教施設など）を定期的に開放することによって、地元住民が訪れてその様子を視察したり、質疑応答ができたりすることが有効である。[16]

　祭典などのイベントを定期的に開催することは、現地住民とのコミュニケーションの機会を生むことになる。その祭典は、宗教施設を拠点とすることも考えられる。宗教施設の存在や祭典を開催できることは、移住者が現地社会の一員であるという意識を深める上でも一定の役割を果たす。祭典の開催などを通じた「異文化交流」は表層的であるとして「コスメティック・マルチカルチュラリズム」などと揶揄する意見もある。しかし、祭典などのイベントの場は、現地住民との交流が生まれる数少ない場となる。もちろん、日常の場で交流する機会が生まれることがより大切であることはいうまでもない。新しい住民の持ち込んだ文化を肯定的に受け止めることは、新しい住民の帰属感を醸成する。

　現在ニルとカタニングでは、バプテスト教会の定期集会が開かれていることに加えて、現地社会の公認のもとでカレン・ニューイヤー（12月から1月）とハーモニー・デイ（3月）での祭典が実施されている。ダルウォリヌでも、ハーモニー・デイとフィリピン独立記念日の際には、現地住民に開かれた形で祭典や記念イベントが挙行されている。豪州ではこのようなイベントの開催に対して、州政府や現地行政による助成金が提供され、市民団体による支援もなされている（第1章を参照）。

　祭典のような非日常の場だけでなく、日常の場面でも、新しい住民と現地住民が

15　カタニングにはイスラム教徒のモスクが町の外れに存在している。このモスクは、1981年に建設され、それまでは退役軍人会（RSL）のホールを間借りして、モスクとして機能させてきた。モスクはムスリム住民（移民コミュニティ）の集会場でもあり、現地住民との交流を行う上でも大きな意味を有している（Jordan et al. 2011: 262, 275）。一見、モスクは現地社会では異質な建造物である。しかし、当事者にとっての宗教的なニーズを満たす役割を果たすだけでなく、現地住民とのコミュニケーションを創出する場ともなっており、社会秩序の維持という意味からも肯定的な役割を果たしている。
16　カタニングのムスリム住民の共同体は、ハーモニー・デイの際に、モスクの見学会と説明会を開催していた。若手のイマームがムスリムの日常生活とモスクとの関係を説明したり、質疑応答に応じていた。人口4,067人のカタニングで、参加者は20名程度であり、町外からの参加者が多かった。参加者の人数だけを見れば少ないように感じる。しかし、筆者が参加した2023年3月の時点で、ムスリム住民はカタニングに移住してから半世紀が経過している。それでも定期的にこのような対話の機会を設けている。参加人数が多くないことに関しては、すでにムスリム住民の存在がカタニングの日常の一部となり、特別な存在ではないことの傍証であるともいえる。なお、この説明会の時、若手のイマームは上下スウェットの部屋着にサンダル履きで登場し、話し方も立ち居振る舞いも、普通の豪州人と全く変わるところがなかった。

交流する場や、新しい住民に関する教育・啓発の機会を意識的に創出する必要がある（RAI 2019: 27–28）。[17] その一例として、豪州では多様な出自を持つ人が、図書館などの公共施設にて自らの経験を話す機会を持つことがある。その名も「人間図書館（human library）」と呼ばれる。この運動はデンマークを発祥としているが、豪州でも NSW 州リズモアで開催されたのを契機に、全国的に開催されるようになった（横田 2018: 34, 2012: 157）。当事者が生き字引として自分自身のことや自らの経験を発表し、質疑応答もなされることにより、住民との相互理解が図られ、偏見が低減される。同時に、「本」となる発表者の自己肯定感の増進も、期待できる内容となっている（横田 2018: 37）。カタニングでは、現地の公立図書館と読み書き支援のボランティアが中心となって、難民認定者（主に女性）が自らの経験を綴った絵本が複数冊作成されている。[18]

新しい住民と現地住民が接触を持つ機会を行政や移住事業を推進する側が用意しないと、移住者と住民の溝はより深まっていく。現地住民に対して、文化的な相違や差別に関する教育・啓発活動を継続的に行い、寛容と支援を促すことによって、現地住民による差別感情等も改善に向かっていく可能性が高まる。[19] 特に、それまで移民や難民を受け入れたことのない自治体の場合では、こうした教育・啓発活動がなければ、新しい住民に対する偏見やステレオタイプが解消されずに残存し、新しい住民に対する差別や攻撃的な言動が生じてしまう可能性がある。[20] 新しい住民を単に労働力として使役し、放置するだけでは、一定額の送金を達成したり、永住

17　難民認定者を含む移住者を長期的に住民とつなげる橋渡しの役割として、市民団体（NGO）や教会、職場などの役割も重要であると指摘されている（Boese 2015, Galligan et al. 2014: 4, Kilpatrick et al. 2013）。

18　例えば、Ta Lu Ku (n.d.), Moolay Ta Loh (n.d.) などがある。このプロジェクトの紹介は、WAnderland（2023）を参照。

19　受け入れ社会側の現地住民に対する教育・啓発プログラムが、移住者への偏見や敵意の縮減に具体的な効果をあげることは、Hartley et al.（2012）にて実証されている。住民に対する事前教育の必要性は様々な研究で指摘されており、Broadbent et al.（2007）, Dunn et al.（2004）, Forrest and Dunn (2007), Galligan et al.（2014: 4）, Klocker et al.（2011）, Mansouri et al.（2009）, Paradies et al.（2009）, Refugee Health Research Centre（2007）, Vichealth（2007）にて論じられている。人種差別的な感情が生じることやステレオタイプを持つことが人間の本性の一部を構成していることは、Allport（1958）や Sue（2010, 2003）でも指摘されている。仮にレイシズムや偏見の発生が、人間の本性の発現の一形態であるとするならば、新しい住民の受け入れの際に、現地住民に対して抽象論ではなく、本能に強力に訴えかける形で、具体的かつ明確なメッセージを持った教育が有効になると考えられる。公私を問わずに、人種差別を許容しない、国外に出自を有しているという理由で区別・差別をしないなどの教育・啓発活動が欠かせない。

20　移民や難民を受け入れたことのない自治体で、このような事態が発生することは、各種の先行研究から示されている（Jay 1992, Rex and Moore, 1967, Robinson 2003b: 166）。

権を取得するなど、各自の目的を果たした後は、転出されてしまう場合も多い。

3）移住者側の参加と協働の必要性：受け入れ社会の側が新しい住民の処遇を一方的に決めない

　移住希望者に対して、事前視察の機会を用意することが必要である。その際に、事前計画の策定を進めて、移住者の到来によって生じる現地社会の側の長期的な変化に関する現実的な想定を行い、同意を得た上で、現地社会の側が、歓待の精神を持って移住者の訪問を迎えられるようにすることが求められる（RAI 2018: 14）。そして、移住者集団の側が長期的な人生設計に関する要望を率直に表明しつつ、双方の協議を通じて、現実的かつ明確なプランと期待を相互に形成していく必要がある。移住者と現地住民の双方に対して、いかなる将来像が描けるのかを情報共有することが求められる（RAI 2018: 14,16）。

　また、地方部に生活拠点を変更することによって、難民認定者を含む移住者がそれまでの生活状況を改善・向上できるかどうかも大切な論点となる。すでに主要都市部に生活の拠点を置いている場合、現状よりも確実に生活状況を改善できる見込みがなければ、わざわざそれまでの生活や社会的なつながりを捨ててまで、都市部から何時間も離れた場所に引っ越しはしない。この点、カタニングやニルの場合では、移住先での就業によって、失業状態を脱することができ、生活水準を向上させることができるなど、移住者にとって想像しやすい明確な利点があった。実際、難民認定者たちは、戸建ての住宅やマイカーの所有、質の高い教育を受けられることなど、出身国（あるいは主要都市部）では実現困難な生活水準を手に入れている。[21]

　移住がなされた後も、率直な意見交換を継続することによって、かえって歓迎する文化は維持しやすくなる。特に、移住者をよそ者扱いせず、地方自治の枠組みから排除せずに、自治体の意志決定の場面に参加してもらい、自らの意見を反映させられるという意識を持ってもらうことは、帰属感の醸成を促す。[22] 対等な存在として、実際に交流を持つことと、正しい情報を相互に発信し、受け止めることは偏見の解消を促進する（Wulff and Dharmalingam 2008: 152, 158–159）。現地社会とコミュニケーションを取る機会を通じて、移住者自身が従属的な地位にいるのではなく、その自治体の対等な構成員であり、主体性を発揮でき、そのことが自治体や周囲の

21　この点は、ダルウォリヌにおけるフィリピン人労働者にも同様に当てはまる。
22　この点には、地方議会への参加や発言の権利を確保することが含まれ、究極的には地方参政権の付与も視野に入る（RAI 2016）。ただし、豪州でも国籍がない住民に地方参政権が付与されることはない。

現地住民に影響を与えているという感覚を持ってもらうことは、その場所への愛着や帰属心を醸成する。

受け入れ社会の側による様々な試みを通じて、地域社会の一員であるという意識を持つことができ、居心地が良いと感じられる場所になるのであれば、家族呼び寄せに加えて、他の土地からその場所に転入してくる人も現れるようになる（Curry et al. 2018: 434）。逆に、その場所への愛着が形成されなかったり、個人の生活状況が向上・改善したという感覚が得られない場合には、定住してもらえる可能性は大きく低減する。技能移民の地方部への定住の実現に関して、社会的なつながりや社会関係資本の存在の重要性を指摘する研究もある（Galligan et al. 2014: 4, Kilpatrick et al. 2013, Wulff and Dharmalingam 2008）。地域社会のフルメンバーであるという感覚があるかは、自己肯定感や自尊心を維持しながら移住先で生活できるかという点と密接に関係する（Correa-Velez et al. 2015）。[23] 新しい住民の帰属心を育むように焦点が当てられた政策的実践は、移住者にとって、満足感を得ながら快適に住み続けられるかという意識の形成に寄与する（Curry et al. 2018: 434, De Maio et al. 2014: 9）。

また、現地社会における移住者コミュニティ（同胞のエスニック集団）や支援組織の存在は、新しい住民を転出から引き留める役割を果たす。移住者コミュニティは、現地への定着にあたって、新参者に助言や協力をしてくれる。移住してきた労働者とその家族が支援されなかったり、現地社会と生活様式や価値観が合わないとき、彼らは定着しなくなる（AMES and DAE 2015: 28, RAI 2018: 13, van Kooy and Wickes 2019）。ニルやカタニングでは、食肉加工業を始めとした雇用機会が存在することに加えて、先行するエスニック集団の存在が、カレン人を誘引する要因となっている。これまでのカレン人コミュニティのあったメルボルン西部やパース北部を目指すのではなく、ニルやカタニングに移住するカレン人も出てきている。[24]

23　現地社会の住民がどのように移住者を処遇するかは、民族的なアイデンティティの維持の在り方にも影響する。
24　ポール・ジョウと若手のカレン人コミュニティリーダーへの聞き取り（2023年3月25日）による。

4. 支援インフラの整備の必要性

1) 住居と移動手段の確保と、専門的な医療機関など定住支援の拠点へのアクセスの整備

住宅は、新しい住民の定着において根幹をなすインフラとなる。特に、現地住民の住居と比較しても見劣りしない、適切な水準の物件を拠点にできることは、新しい住民の間での現地社会への帰属感を醸成するとともに、その移住者集団が定住してくれるかどうかの基準となる指標（benchmark）になる（Piper 2017: 10, RAI 2019: 22–24, 2018 など）。

住宅の提供と整備において、現地行政や雇用主が主導的な役割を果たす必要がある。その理由として、第一に、民間の物件を利用する場合には、様々な問題が生じうる。賃料が高額であったり、公共交通機関へのアクセスが良くなかったり、学校からも遠く離れていたりすることもある。農村部の場合は、住宅の供給件数が限定されるため、人口増に対して住宅価格や賃料が高騰する場合がある。第二に、雇用主が住宅を手配したり、自治体が中心となって安価な物件を提供することで、難民認定者が余剰所得を職能訓練専門学校の学費に充てることなども可能となる。従って、受け入れる側が住宅を手配することによって、移住者の職能の向上や、現地での生活状況の改善に寄与できる。第三に、過疎地や人口成長率の低い地域に民間の投資を呼び込むことは容易ではない。地方部の住宅供給を促進したり、物件の取得を容易にするために、住宅関係の税制を改めることも有効である。[25]

次に、難民認定者を招へいする場合には、専門的な医療サービスを受診できるように整備する必要がある。特に、メンタルヘルスや感染症のフォローアップ診療、歯科受診が挙げられる。仮に受け入れ自治体での診療機会の提供が困難な場合は、近隣の地方都市などでの地域の拠点となる医療機関へのアクセスを確保する必要がある。豪州国内では、難民認定者を一旦誘致したものの、家族の健康状態の悪化と医療サービスの不在を理由に、移住者が町を離れてしまった事例もある（Connell et al. 2019, van Kooy et al. 2019: v）。カレン人コミュニティがカタニングへの移住を決断するにあたっては、適切な規模の病院が現地にあることに加え、重篤な患者の搬送に用いる滑走路が整備されていたことが、大きな要因になった。

専門的な医療へのアクセスとも関連して、現地社会での移動手段を確保できるかどうかも、定着を促す上で必須となる。現地での公共交通機関の不在が移住を断念

25　住宅取得や関連する税制に関する問題は、小野塚（2020b）を参照。

させる一因となった事例も存在する。難民認定者は、運転免許の取得や自家用車の入手が困難である場合が多い。ニルの場合では、公共交通機関が不十分であったことに対して、現地のボランティアが自家用車を出して、近隣の自治体だけでなく、約400km離れたメルボルンまで送迎をした事例もあった（AMES and DAE 2015: 24）。カタニングの場合では、自動車免許の指導員の資格を持つカレン人住民がいる。この人物から指導を受けて運転免許を得たカレン人は多い。現地の言語以外に、多言語での免許取得の機会を確保することは有効な方策である。

難民認定者の受け入れには、一定の規模の支援インフラが必要である。この点に関して、現地の生活インフラ（学校、病院、雇用先など）の不足が原因となって、現地住民の若年層が主要都市部などに転出してしまう場合、その問題は移住者にも同様の問題として経験されることになる。このような移住者の受け入れと支援に必要なインフラや人材の有無に関して、豪州では「受け入れ許容能力（absorptive capacity）」という概念で説明がされている。i）専門的な診療をある程度は受診できる病院があること、ii）高校までの教育機会が存在すること、iii）生活必需品が近隣で揃うこと、iv）行政が提供するサービスを受けられる拠点や各施設が近接して存在すること、v）公共交通手段へのアクセスがあること、が最低限の生活インフラとして求められる。これらが整備されていないと、難民認定者を含む移住者の側も、受け入れる側も、多大な負担が生じることになる。従って、受け入れるとすれば、地方部の中枢的な機能を担っている町や地方都市に加えて、そうした場所に短時間でアクセスできる地域が拠点の候補となりうる。そうした生活の拠点から、カタニングのワムコのように、バス通勤などで労働現場へと向かうことは可能である。

2）現地社会と移住者側との橋渡し役となる専門職員やコミュニティリーダーの選出：日常的な交流を維持し、転出を防ぐために

移住者側のリーダーを現地社会と移住者集団の双方の同意のもとで選出することは、現地住民と移住者集団の関係維持のためにも有効である。特に、移住者集団のリーダーが翻訳・通訳者としてだけでなく、現地社会で振る舞うべき姿を実際に実践することが大切である（AMES and DAE 2015: 28, van Kooy et al. 2019: iv）。また、そのリーダーを現地行政によってリエゾンオフィサーとして雇用することも、現地の学校・企業・行政と各種の交渉・調整にあたって、有効な方策となる。[26]

---

[26] カタニングの場合では、無給でボランティアベースではあるものの、カレン人側のリーダーのひとりがリエゾンオフィサーとなり、町の行政と協働することになった。

リエゾンオフィサーやコミュニティリーダーを橋渡し役とすることは、現地住民と移住者の間に、不満が生じる状態を改善させることに寄与する。難民認定者を始めとした移住者のコミュニティとのコミュニケーションを維持し、良好な関係を保つことによって、移住者集団の抱える問題に早期のうちに気づき、介入することができる可能性が高まる。移住者の側が抱える問題は、実際には、受け入れ社会の行政などに問題の実態が伝えられるよりも前の段階で、「足で投票する」、すなわち、転出という行動で示される。[27] リエゾンオフィサーや橋渡し役となるリーダーの存在によって、受け入れる側と移住者側との協力・信頼関係（パートナーシップ）が実現しやすくなる。

また、リエゾンオフィサーの存在は、移住者同士の社会的な関係性の構築と互助の実現を促進する（Major et al. 2013）。特に、リエゾンオフィサーを通じて、帯同者である家族にアプローチすることは有効かつ友好的な方策である。家庭外で労働をしない帯同者にも、オリエンテーションセッションを提供して、ニルのNCLCで実施しているような英語クラスなどに足を運ぶように勧めることが適切である。配偶者（特に女性）と子どもは、現地社会とのつながりを生み出す重要な存在でもある。[28]

3）支援を実行するための資金拠出の体制の整備：支援従事者のバーンアウトを予防するために

豪州では、連邦政府のレベルで地方部に外国人労働力や難民認定者を配置しようとする政策的な傾向はある（第2章と第3章を参照）。しかし、実際には、地方自治体が難民認定者を含めた外国人労働者や移住者の受け入れを促進するにあたって、連邦政府が体系的かつ持続的な資金援助等をするプログラムは存在してきていない（RAI 2018: 2, 8）。連邦政府から資金援助がなされるのは、連邦政府が難民認定者の受け入れ拠点として指定した自治体におけるHSP（定着初期の難民認定者への重点的な定住支援）に関する予算配分と、HSPを終えた後の追加的な支援（SETS）を提供する団体への資金拠出に限定される（第1章を参照）。HSPが実施

---

27 これは企業を退職する場合を想像するとわかりやすい（Broadbent et al. 2007: x）。
28 子どもを現地社会に統合させるにあたって、移住者側と受け入れる側との間で、子どもの育て方の違い、しつけの仕方の違いが懸案事項となることがある。この点も公表して議論の俎上に乗せることによって、相互の理解が不十分であることによって生じる対立などを引き起こさないようにする必要がある（Broadbent et al. 2007: xv）。なお、筆者は女性は家庭で家事や育児を担うべき存在であるなどと主張しているのではない。

されないカタニングやニル、ダルウォリヌなどには、難民認定者を受け入れるための連邦政府による予算が配分されていない。こうした状況の下で、別の目的のグラントを移住者の支援のために転用している自治体もある。[29]

本来は、地方自治体レベルでの難民認定者の招致計画に対して、中央政府による直接的な資金援助や人的支援があるのが理想である（Broadbent et al. 2007: 67–68, van Kooy et al. 2019: iii–iv, 8）。現状では、i) 慈善団体（ロータリークラブやハビタット［Habitat for Humanity］など）による援助、ii) 移住を推進する住民リーダーやボランティアによる自己負担、iii) 地方自治体による独自の予算、に頼らなければならない状況にある。政府から資金拠出を得られることにより、リエゾンオフィサーを雇用するための財源としたり、各種イベントの開催に際しての資金源とすることもできる。

特に、現地の難民支援団体や住民ボランティアにも、資金提供が必要である。ボランティアベースで支援をする人々に資金を拠出することを通じて、現地社会の有機的な発展（community capacity building）と、移住者を受け入れる許容能力の維持と発展が可能になる。難民認定者への支援者たちが無償で労働をするのには限度がある。無償で働いてくれる支援者に過大な負担がかかり続けると、バーンアウトする（燃え尽きる）リスクが高まる。[30] 支援を実施する側にも様々な活動資源（リソース）や資金が必要になる（Broadbent et al. 2007: x）。[31] 従って、燃え尽きを予防し、持続的に移住事業を実践するために、各ボランティアの参加の度合いを適切に采配し、特定のボランティアに依存しないようにする必要がある。

実際に、現地のスーパーボランティアというべき人物に聞き取りをしていると、そのボランティアの人々の拘束時間が極めて長く、そして不規則であることがわかる。支援内容にも、交通事故を起こして加害者となってしまった移住者のサポート、不慮の事故による死者の発生への対処など、強い精神的な負担となるものも含まれている。[32] カタニングでも、フィリップスは、自身のしていることは「本来であれば、政府が構造的に関与すべきことである」としている（Parliament of the Commonwealth of Australia 2020: 14）。強い使命感を感じている人であったとしても、

29　ダルウォリヌの住宅整備における公共事業の実施のための地域助成プログラム（R4R）の資金活用は代表的な事例である（第 6 章を参照）。
30　燃え尽きに関するエピソードとして、カタニングにおいて、マスコミの職員が根掘り葉掘りしつこく何度も質問攻めにしてきたり、また、一部のジャーナリストが現地訪問の際に全面的に依存してきたりするなどして、疲弊してしまったことを、フィリップスやカレン人若手コミュニティリーダーは話してくれた。
31　ジーン・フィリップスへの聞き取り（2023 年 6 月 2 日）による。

燃え尽きることは大いにありうる。

　このような資金援助は競争的資金（グラント）とせずに、持続的かつ安定的になされる必要がある。移住計画は、誰を招くかによって異なるものの、難民認定者の場合は、10年にわたる年月を要する場合がある。[33] 競争的資金とした場合は、採択・不採択が別れてしまう。仮に不採択となった場合は、移住計画に多大な混乱が生じ、移住事業が失敗する可能性が高まる。そうなれば、現地社会において、新しい住民への支援や交流事業の実施に関する秩序が乱れて、社会的な混乱が生じかねない。また、競争的資金の獲得をめぐって、他の自治体との不要な競争が生じてしまう。競争的資金への申請の負担も、一部の関係者に集中することになる。従って、数年単位の競争的資金とせずに、定住が実現するまでの間（例えば10年間）は、安定した資金が割り当てられる必要がある。そして、助成金の使途にも柔軟性を持たせる必要がある（Kandasamy and Soldatic 2018: 111–112）。必要となる費用とその用途は、地方自治体のおかれた文脈に応じて異なるからである。[34] 資金流用や着服などの不正が発生しないか、常に監視し、移住事業の透明性を確保する必要が生じてくるが、定住支援を安定的に実現させるためには、競争的資金としないほうが適切である。

　また、移住者への支援に従事する者を社会的に認知し、報奨する仕組みを整備することも有効である。フィリップスやボランティア仲間のパーマーは「カタニング名誉市民賞（Katanning Citizen of the Year）」という形で褒賞を受けたりして、その様子が公共放送のABCにも報道されたりしている。この他にも、本書に登場してきたポール・ジョウはWA州政府による「多文化主義推進アワード（Multicultural Community Service Award 2009）」、ジョン・ミリントンやラムダス・サンカランは緑綬褒章・藍綬褒章（Order of Australia）など数々の賞を受けている。豪州は公的に多文化主義を採用する社会だからこそ、草の根の支援者を肯定的にサポートし、顕彰する社会的な仕組みと規範が存在している。支援に従事する当人が、この活動

---

[32] 特に、葬儀のあり方をめぐって、移住者に向けて、現地社会の埋葬に関するルールの違いを言葉が通じない中で説明することには大きな困難を伴う。それだけでなく、移住者側に死者が生じたことによる様々なダメージへのケアを行うのも、多大な負担となる。

[33] これは、ジーン・フィリップスやマルコム・グッドらによって表明された論点である。10年間というのは、子どもが成長して現地の言語を習得し、通訳として親との橋渡し役となり、子どもとその世帯が自律的に活動できるまでの年月として読み替えて良いとのことであった。

[34] これまで、実地での定住支援をする上で、現地のボランティアや行政の側が、中央政府と州政府の支援がなされない領域において、隙間を埋める「パテ」としての役割を果たさなければならなかった。これは中央政府と地方行政の連携で改善が見込める点でもある（Broadbent et al. 2007: xvi）。

をしていて良かったと思えるような報奨の枠組みが求められる。[35] このような仕組みは、市民の間に支援活動への参加を積極的に促す規範を形成することにも寄与する。

5. 支援体制の構築と運営において、現場からの提案や提言、実地での創意工夫を奨励し、肯定的に評価することの必要性

　本章では、現地行政・雇用主・現地住民といった地域社会の構成員が、移住者集団とともに、有機的なコミュニケーションを取り、問題を解決しながら、受け入れ事業を進めていく必要があることを論じてきた。しかし、これは日本的な意味合いでの「一丸となって取り組む」こととは異なるので注意が必要である。日本で「一丸となって取り組む」、あるいは「ワンチームになる」というのは、強権的なリーダーのもとで構成員（部下）が同じ方向を向いて、そのリーダーに指示されたことだけを、指示通りに忠実に実行することが求められる場合が多い。[36] リーダーの指示や「方向性」に意見や提言をしたり、現場の判断で独自の行動や処置をすれば、リーダーのメンツを潰したことと解釈されたりして、たちまち追放・排除される場合もある。

　しかし、豪州の事例をもとに論じた本章の内容の場合では、それぞれの行為主体が自ら問題意識を持ち、自分で主体的に考え、行動することが求められる。それはリーダーに擦り寄り、上に立つ権力者が何を求めているのかを瞬時に察知し、その通りに自らの行動を修正する「クリティカルシンキング」などとも全く異なる。支援の現場において、支援従事者による問題提起をリーダーが受け止め、現場の意見を移住事業の運営に反映させて、有機的に状況を改善させていく必要がある。そうした提言には、リーダーにとって批判的な内容も当然含まれる。そうした提言をした者を肯定的に評価するとともに、より良い定住と統合に向けた支援の現場を構築

35　特に、カタニングでフィリップスやレンク、パーマーのような人がスーパーボランティアとして活躍し、その成果が報われた形となったのは、豪州社会が多文化主義を公的な政策原理として採用し、新しい住民をサポートすることを善として肯定する規範が全国に浸透していること、難民認定者向けの各種の支援策が公的に存在していること、に支えられている。フィリップスらによる支援活動も、このような社会規範が存在せず、「いわゆる移民政策は採用しない」というような国であったとしたら、日の目を見ることがなかったのではないか。実際、日本において草の根レベルで国外出身者への支援活動を展開するボランティアが注目を集めることは少ない。

36　こうした日本的な現場での「多様性」とは、あくまで構成員（部下）の出自や趣味、嗜好の「多様性」にとどまる。リーダーには絶対的に服従し、同じ方向を向き、その現場のそれまでの仕事の進め方を踏襲するとともに、些細なことでも必ずリーダーにお伺いを立てる、という権威主義的な単一性は変わらない。

しようとする創意工夫のある言動や実践に対してインセンティブを与えていくことが、適切な支援実践と受け入れの在り方を可能にする。

「一丸となって取り組む」、「ワンチームになる」などというスローガンのもと、ひとたび現場から提言や意見をすれば、「おまえが判断することではない」、「黙って俺の言うことを聞いていればいいんだ」などというリーダーのもとでは、現場で問題が発生したときに、リーダーの指示がなければ、何も対処しない、報告を上げないという風土（事なかれ主義や日和見主義）が容易に生まれてしまう。そして、自ら考え、行動できる、本来的な意味でのクリティカルシンキングのできる有能な人材は、支援の現場を去って行くだろう。

従って、本章で論じてきた豪州でなされているような支援のモデルを日本に適用した上で、成功裏に運用できるかどうかは、疑問の余地が残ってしまう。このような「日本的な理性」を問い直し、支援する側が自らを再教育する必要がある。よほど有能なリーダーと現場の支援者がいない限りは、長期的にこのプロジェクトを運営していくことは困難であるように思えてくる。ただし、裏を返せば、日本的なリーダー（いわゆる、お上）が強権的かつカリスマ的な力で難民認定者の受け入れを推進し、そのリーダーが的確かつ適切な方策を次々に打ち出せるのであれば、受け入れの風土が急速に醸成される可能性もある。ただし、その場合であっても、そのようなリーダーが不在となった後の持続的な事業の運営の在り方が課題となる。

6. 小括

本章では、難民認定者を含めた移住者を農村部を始めとした地方部に誘致する上で、定住と統合に向けてどのような支援方策が必要となるのか、筆者の調査と豪州国内の研究成果の知見に依拠しながら論考した。第一に、安定した通年の雇用機会が必須となる。その雇用機会は、労働者の有する職能と適合していて、キャリアパスを描けて、将来に希望を持てるような内容であることが望ましい。そのためにも、国外で取得した専門資格の認定や再取得を容易にすることが求められる。そして、産業構造の変容や就業環境の変化が生じた場合でも、継続して雇用を得られるように、職能教育や言語教育などの機会を確保することが必要となる。

雇用主は、移住者を招へいする上でも、定住支援を行う上でも重要な存在となる。雇用主は、住宅の整備や福利厚生の充実を通じて従業員をサポートするとともに、現地社会と従業員との関係を取り持つアンバサダーとなることが望ましい。移住者

は言語能力に課題を有していたり、現地社会の諸制度に詳しくないこともある。そして、雇用主よりも立場は弱い。仮に、雇用主が優越的な立場を濫用し、労働者を搾取的に処遇すれば、その移住者は定着せずに、転出していくことになる。そうなると、一時的に人手不足は解消されても、現地の定住人口を増強させ、地域活性化を図るという目的は果たせなくなる。

　第二に、現地住民、行政、雇用主といった受け入れ社会の構成員、さらには移住者側を全員含めた形で、事前の受け入れ計画を精密に立案する必要がある。受け入れ計画を構想する際には、新しい住民の候補者がどのような文化的な背景を有していて、どのような生活様式を実践していて、現地の生活様式になじめるのか、長期間定住できるのか、そして、どのような支援が求められるのかに関して、移住者の生活実践を具体的に想像しながら考案する必要がある。その上で、どのような人をどの程度の規模で招へいし、いかなる役割を担ってもらうのかなどを、現実的かつ具体的に策定することが求められる。その際、受け入れ社会の側が移住者の処遇を一方的に決めずに、移住者を対等な存在として迎え入れて、現地への事前の視察を実施するとともに、事前計画の策定にも参加してもらう必要がある。このような関係者間の同意を得るための一連のプロセスを経た上で、現地行政や雇用主が主導して住宅を整備し、移動手段を確保し、専門的な医療サービスといった定住支援の拠点となる場所へのアクセスを整備する必要がある。

　事前計画の策定の際には、想定外の事態にも対応できるように準備を進める必要がある。新しい住民とともに生きることは、彼らの生老病死や異質な社会文化的な実践を受け入れることを意味する。また、新しい住民の定着に成功した場合には、家族や親族等の呼び寄せによって、さらに移住者が増加していく可能性が高まる。このことは、これまでの町の在り方が、社会的・経済的・文化的にも変化していくことを意味する。こうした長期的な変容を受け入れることができるかが焦点になる。この点において、現地住民に対する教育・啓発活動が必要になる。移住者の受け入れに関して、在来の住民の同意が得られなかったり、新しい住民への理解が促進されない場合には、町が分断したり、移住者への攻撃的言動・ハラスメントなどが発生しやすくなる。

　第三に、移住者と現地の住民が継続的に関与できる機会を意識的に創出する必要がある。その方策として、i) 宗教施設を始めとして、移住者の拠点となる場所の設営を積極的に認めることが有効である。そうした施設の存在は、移住者の居場所として機能するとともに、住民に対して説明会を開催することも可能となるなど、日常的な交流を容易にさせる。そして、ii) 各種の交流イベントを開催することは、

住民と移住者の交流を生む機会をもたらす。さらに、iii）日常生活の場面でも教育・啓発活動や交流を続けることが大切である。そのためにも、「人間図書館」のような、自らの経験や出自を人々に紹介する機会を設けたりすることも有効である。iv）また、受け入れ社会と移住者とのコミュニケーションを促進し、問題を早期に発見・介入し、解決に向けて動くためにも、移住者側のリーダーを選出して、リエゾンオフィサーとして雇用するなどして、橋渡し役とすることが有効である。移住が完了した後も、現地の議会等で発言する機会を確保するなどして、現地社会の一員であるという意識を持ってもらうことで、移住者の帰属心が醸成され、転出の抑止につながる。

　第四に、以上の移住事業と支援実践を実現するためには、政府による資金拠出が求められる。i）資金拠出によって、ボランティアや現地の関係者の疲弊や燃え尽きを予防することも可能になる。地域社会で移住者を交えたイベントを開催したりする上でも財源は必要になる。資金援助がなされることによって、リエゾンオフィサーの雇用の財源に充てたり、ボランティアの人々に対する各種のサポートも可能になる。支援活動への助成金の使途は自治体によって異なるため、この資金は柔軟に運用できることが必要である。ii）このような助成金は競争的な資金形態とせずに、恒常的かつ安定的に支給される必要がある。競争的資金とすると、他の自治体との無用な競争が生じることになる。不採択となった際には、移住計画に大きな混乱が生じる。申請に関する負担も一部の関係者に集中することになる。さらに、事前計画や実際の受け入れの過程においては、現場の意見や創意工夫を肯定的に評価しながら、有機的な連携とコミュニケーションのもとに移住事業を進めていく必要がある。このような一連の方策は、「受け入れ許容能力」の維持と発展につながる。

第 9 章

難民はいかにして「難民」となるのか：カレン人コミュニティリーダーのライフストーリー

1. 本章の課題：難民が「難民」になるまでの過程と、第三国への受け入れに至る道筋はなにか

　難民認定者は、どのような経験を経ながら、第三国である豪州に到達するのか。本章は、本書のキーパーソンの一人であるポール・ジョウが、どのような過程でビルマから豪州に避難してくることになったのか、ライフストーリーを考察する。本章の目的は、ライフストーリーを考察することにより、難民認定者とはどのような存在なのかを知る一助とするとともに、本書全体の理解を促進することにある。

　現代日本に暮らしていて、難民認定を受けた者と関わる機会は極めて少ない。これは日本での難民認定者数が、先進国の中でも少ないことと、日常生活で国外出身者と関与する機会が限定されていることとも関係している（序章を参照）。ポールは出身国のビルマにて、一般の家庭出身ではあるものの、ラングーン大学を卒業するなど、ビルマの知識層・エリート層であり、1988 年の民主化運動における地域リーダーでもあった。ポールの経験は、難民として国を追われるとはどのようなことを意味するのか、そして、難民はどのようにして第三国に受け入れられるのかを知る上で、大いに参考になる。

　本章では、これまでの議論とはトーンを変えて、ポールが豪州に至るまでの経験をライフストーリー分析によって考察する。ポールはこれまでに SBS にてインタビューを受けているとともに、ビルマから豪州へと至る本人の経験が Sayer（2015）にて詳述されている。本章の内容は Sayer（2015）に大きく依拠している。Sayer（2015）に依拠しながら本章を執筆することに関しては、著者であるローズマリー・サヤーとポール・ジョウの両人から許諾を得ている。[1]

　このような形態にしたのは筆者の怠惰からではなく、人道主義的な理由に基づいている。難民当事者が出身国で迫害され、避難・逃亡する過程は、先進国に住む人の想像を大きく超えた経験となる。その過程は大変な苦痛を伴うものであり、本当

---

[1] ローズマリー・サヤーとポール・ジョウとの通信による（e メール、2023 年 7 月 17 日、2023 年 11 月 8 日）。

の意味でのトラウマとなって現在にまで続くことも多い。筆者が興味本位で尋ねた質問が、塞がった心の傷口を開かせることになり、本人と家族を大きく傷つける可能性は高い。性犯罪の被害者に対する取り調べが、その時の被害状況を思い起こさせ、再び苦痛を追体験させてしまうことはセカンドレイプと呼ばれる。同様の状況を回避するために、Sayer (2015) にて論述されている内容に関して、ポール自身に再び同じ質問をすることは避けた。本章を執筆したい旨を伝え、同じ質問をすれば、ポールは誠実に回答してくださるだろう。しかし、これまでのやりとりでも、ともに時間を過ごさせて頂く中でも、ポールは本章での経験を筆者に話そうとはしなかった。それだけ辛い経験であったのだと推察する。

2. ビルマ研究に関する「宿題」：カレン人と日本との関係をめぐって

　筆者が初めてポールと連絡を取るようになったのは、本書の研究プロジェクトが始まる以前の段階に遡る。当時、筆者はWA州ピルバラの鉱山開発と中国や日本との関係を題材に研究を進めていた。ハンコック・プロスペクティング社が、1,715名近くの専門技術者（技能移民）を国外から招へいして鉱山開発を推進するために「事業ベースの移民協定（EMAs）」を申請し、適用の是非が議論されていたときであった（第3章を参照）。この当時、筆者は豪州における技能移民（外国人労働者）の受け入れ政策に関する研究を開始してから日が浅かった。現地調査に際して、技能移民の受け入れに関する実情を知るために、商工会議所、鉱山会社、複数の難民・移民支援団体に連絡を取っていた。研究の過程で、豪州赤十字と並んで、難民・移民支援団体であるMSCWAがWA州の多文化主義的な社会運営の推進と移住者への支援実践において、草分け的な存在であることを知り、MSCWAに連絡を取ったところ、ケースワーカーの方からお話を伺う機会を得た。その際に、私はカタニングやダルウォリヌのことをすでにどこかで見聞していたのだろう。これらの自治体のことを話題にした際に、偶然にもこのMSCWAの職員であったポールを紹介して頂いたのだった。

　MSCWAのケースワーカーの方から伺ったメールアドレスに連絡すると、ポールはすぐに返信をしてくださった。「今週末、カタニングに行くのですが、いつ来られますか。私の電話番号をここに記しますので、電話してください」とのことであった。複数の支援団体に連絡をしても研究が前に進まない中、例外的なまでにポールは当初から好意的に協力してくださった。メールをやり取りしている時点では、ポー

ルがカタニングへの移住を実現させ、ダルウォリヌの人々との交渉を担い、本書の鍵となる人物となることなど、知る由もなかった。筆者はこのとき帰国日が迫っており、ポールと直接面会できたわけではなかった。

　ポールに帰国が迫っていることを伝えると、しばらくして再び返信を頂いた。話題は歴史のことになった。「日本は第二次大戦のとき、自分たちカレン人に甚大なダメージを与えたことを知っていますか。過去は過去、現在は現在です。ただ、過去には日本との間に、こうした出来事があったのです」とメールに記されていた。率直、厄介なことになってしまった、と思ってしまった。ポールはラングーン大学で歴史学を副専攻としており、第二次大戦時のカレン人の経験や、英国軍や日本軍の行動、当時のビルマで活動を展開した日本人の情報に非常に詳しい。ご自宅に伺うと、歴史書や史資料、キリスト教関連の文献が山積みになっている。歴史家といっても過言ではない。

　ポールが筆者にビルマの歴史と日本との関係のことを話すのは、自分たちカレン人（my people）のことをわかってほしい、できれば日本の人に、カレン人のことをもっと伝えてほしい、という思いから発せられていると解釈している。決して、ポールが反日思想の持ち主で、日本人に強い恨みや敵意を持っているのではない。左翼的な政治思想の持ち主でもない。ビルマの歴史に関心を寄せたのも、自らが「ポール」という名を出生時から持ち、ビルマ人ではなくカレン人であり、仏教徒ではなくキリスト教徒である自分の出自を知りたかったことが出発点であった。ポールは事実の探求をしており、史実を曲解することもない。

　実際には、ポールとそのご家族は大変な親日家である。ご自宅にお邪魔すると、富士山のペナントが居間に貼ってあったり、和服姿の女性が描かれた大きな絵が飾ってある。お会いするまでのビルマ史の議論からは全く想像がつかず、筆者にとっては、ポール一家が知日派であることに大変驚かされた。奥様のヘーゼルも日本が好きで、ポールとともに複数回訪ねたことがあるとし、また行きたいといっている。

　初めてお目に掛かる前、筆者が日本で研究を進めているときも、ポールはいくつもの有用な文献や映画作品、ドキュメンタリーを紹介してくださった。これらは、いわばポールから筆者に出された「宿題」であった。Lintner (1994) や Rogers (2010, 2004) にはじまり、Smith (1999)、Morrison (1947)、Ba Maw (1968)、映画『戦場にかける橋』、『ホテル・ルワンダ』を始めとして、次から次に送って下さるそれらの「宿題」に取り組むことは、私にとっては嬉しい悲鳴であった。カタニングにカレン人難民が移住したということを見聞してから、「カレン人は何者なのか」、「そもそもミャンマー（ビルマ）はどのような国なのか」、「なぜカレン人は国を追われ

たのか」という疑問はあった。いわば渡りに船という形で、それらの文献や資料群に取り組むことになった。

　ビルマを含む東南アジアの歴史は大変複雑であり、理解することは容易ではなかった。しかし、ポールが紹介してくださった文献や資料は、カレン人の経験した歴史を理解する上で極めて有益であった。特に、カレン人社会の実情を扱った有用な文献や資料類を日本国内にて紹介してもらうことは困難である。そして、何よりもこの取り組みは、ポールとの信頼関係を築く上で必要なプロセスであると感じていた。読後の感想や考察をポールに送ると、必ず好意的な返信をしてくださり、次の資料を紹介してくださるのだった。これらの「宿題」に取り組んだ結果、当時の勤務校で、ビルマの歴史と社会に関する授業を開講するまでになった。現在でも、ポールは折に触れて、有用な文献やニュース記事を紹介してくださる。

　知り合って間もない頃、ポールは頻繁に鈴木敬司のことに言及していた。「鈴木大佐は稲妻将軍（Bo Mojo）として知られる国民の英雄であり、ビルマの人から尊敬されている」という説明であった。鈴木は、旧日本陸軍の軍人（大佐）であり、日中戦争から第二次大戦期にかけて活動を展開した。ビルマ史の文献では、鈴木はアウンサン（アウンサンスーチーの父）とともに「ビルマ独立義勇軍」を結成し、タキン党系の「30人の志士」とともに、英国軍をビルマ国外に退却させることに貢献した、とされている。アウンサンは英国からの独立運動を展開する中で、当時のウープ政権から指名手配をされており、国外から武器を調達して、独立運動を進めようとしていた。ここで中国共産党からの支援を得るためにアモイに上陸したアウンサンを捕まえて、武器の提供を申し出たのが鈴木であった。実際、この武器提供を始めとした独立運動の支援の背景には、鈴木自身の陸軍内での出世の実現などの思惑があった。しかし、アウンサン自身は鈴木の行動と「支援」に恩義を感じていたといわれており、現在でもビルマ国軍の関係者の間では、鈴木敬司は「英雄」、「恩人」とされているようである（根本 2014: 186–199, 1996）。[2] ミンアウンフラインなどのビルマ国軍関係者は、2014年9月に、浜松にある鈴木の墓参りをしていたりもする。

　ビルマ史の文献でこのように書かれていると、ビルマ社会にとって、鈴木は英国

---

[2] この点に関して、アウンサンは「鈴木や南機関に多大な恩義を感じて」おり、「戦後にBC級戦犯として、鈴木が見せしめにビルマに連行されてきた」際に、「ビルマ独立の恩人に何ということをするのだ、と日本に送還することを強く主張した」という記述がインターネット上に出回っている。これはこの年代を生きたビルマ人らの虚偽の記述であり、あらゆる人が口にする中で、「事実」として定着してしまったという回答を根本敬氏から得ることができた（根本敬との通信［eメール］。2021年10月21日）。

からのビルマ独立を達成する上での「恩人」であるかのように見える。しかし、ポールたちカレン人の視点から見ると、鈴木は決して「恩人」などではないということが、研究の過程で判明してきた。ビルマは大別して8民族、小分類では135以上の民族からなる多民族社会である。しかし、民族同士の関係は決して良好ではない。特にカレン人とビルマ人は、第二次大戦前から敵対関係にある。[3] 鈴木とアウンサンが率いる「ビルマ独立義勇軍」は、主にビルマ人によって組織されており、辛酸を嘗めさせられたのはカレン人であった。

　カレン人は、日本軍とビルマ独立義勇軍による侵略の中で、カラゴン事件などで多数の犠牲者を出すことになった。[4] カレン人は「死の鉄道（the death railway）」ともいわれる泰緬鉄道の建設にも駆り出されて、多くの人が犠牲となった。さらに、英国軍が撤退した際に、カレン人は英国軍に協力したとして、ビルマ独立義勇軍によって、仕返しとばかりに殺害されたりもした。ポールは戦後生まれであるが、親戚がこのような事件の影響を受けたと話していた。鈴木が稲妻将軍などとして仮にも「尊敬」されるとすれば、それはビルマ国軍やビルマ人目線の語りである。カレン人の視点からすれば、ビルマ独立義勇軍や日本軍は自分たちに被害を与えた存在ということになる。[5]

　この点に関連して、筆者がパース在住のポールのもとを訪れた際、ビルマから逃れてきた高齢のカレン人（ビルマ系豪州人）を複数名紹介してくださり、7名の方々と面談をすることができた。そのうちの1名、英系カレン人の女性の方は、5歳のときに左足の小指を日本軍に銃撃され、85歳を過ぎた今でも雨天時に傷が痛むと話されていた。また、Relph and Sheera (2019) の著者にもお会いすることができた。この方はご高齢で介助を受けており、酸素吸入機をつけておられる状態の中で、筆者と面会してくださった。筆者からカレン民族同盟（KNU: Karen National Union）におけるソ・バウジー（Saw Ba U Gyi）と日本との関係に関する質問に話が及ぶと、

3　現在では、武力衝突はカレン州の国境地帯に限定されているという指摘がある（Thawnghmung 2012: 71）。ただし、アウンサンが暗殺された後、カレン人の武装集団であるカレン民族同盟（KNU）は武装闘争を起こし、ヤンゴン近くまで進軍し、ウーヌ政権を大きく苦しめることになった。
4　カラゴン事件は、第二次大戦末期の1945年7月、日本軍が、英国軍と現地の抗日勢力に追われてビルマ南部に撤退した際に、日本軍が起こした住民の虐殺事件である。日本軍の敗色が濃厚である中、追い詰められていた第33師団歩兵第215連隊（高崎歩兵連隊）第三大隊が、インド系住民が数多く居住するカラゴン村において、英国軍に情報を提供した疑いをもたれた村人ら637人（男性174人、女性196人、子ども267人）を殺害した（根本2014: 206）。
5　ただし、ポールはカレン人への迫害や虐殺を止めるように動いた日本人のことも頻繁に話題にしていた。「ドクターキムラ」という人物は鈴木とともに行動し、カレン人への迫害をやめるように取り計らってくれたという。

カッと目つきが鋭くなり、急に凄みを増したのには驚かされた。[6] 当時の様相をスゴー・カレン語でまくしたてる様子は、ただ圧倒され、言葉を失うしかなかった。

ポールは、93歳のカレン人女性にもお目にかかる機会を設定してくださった。この方が教えてくださったのだが、ポールが「日本人が来るから会ってやってくれ」と依頼したとき、当初は「会いたくない」と返答したとのことだった。戦時中の記憶が蘇るのと、日本人への嫌悪感と恐怖心がそうさせたのだ、と説明されていた。[7] 豪州に移民してきてからも、「日本人がパースにいるのは知っていても、関わろうと思ったことはなかった」とのことであった。90歳代の方から、青少年期に日本軍によって不快な思いをさせられたことが、現在にまで影響をしていることを目の前で見聞きし、何も言えなくなってしまった。それも、2020年代の豪州において、このような経験をするとは思いもしなかった。

3. ビルマでの生い立ちと民主化運動への参加：連邦制を実現するために

ポール自身は、1947年1月28日、ビルマ南東部のタヴォイ（ダウェイ）に生まれた。[8] 9人兄弟の末っ子であった。いわゆる普通の家庭の出身で、裕福な家庭に生まれたわけではなかった。ポールが産まれそうになったときに、ビルマ国軍の襲撃があり、ポールの母は塹壕のなかで出産せざるをえなかった。父は地域の警官だった。母が家庭を支えていて、野菜や豚を育てていた。そのため、一家の食料が不足することはなかった。学校に行く前と後には、兄弟それぞれにやるべき家事が割り当てられていた。

ポールは兄弟・親戚の中でも、特に本が好きであり、学習にも最も強い関心を示した。学校での成績も、卓越していた。地域の奨学金を得て、高校にも進学できた。この奨学金という資金援助を得たことは、ポールの一家には大きなサポートとなった。このように早い段階から自らの能力を評価してもらえたことにより、ポー

---

[6] カレン民族同盟（KNU）は現在でもビルマ東部のカレン州を中心に、自治権を求めて、ビルマ国軍との武装闘争を展開している。カタニングで研究に協力してくださった方にも、KNUのメンバーとして内戦を戦われた方が複数名おられた。ソ・バウジーは、KNUの創設者であり、アウンサンと同時代に、自治権獲得に向けて政治活動を展開した人物である。東京でも、一部のカレン人の間で、ソ・バウジーの「殉教」を記念するイベントが夏に開催されており、筆者も参加する機会を得た。
[7] 第二次大戦期における日本軍の軍人たちのビルマでの行動は、根本（2014: 204–209）に詳しい。
[8] 本節以降の記述は、Sayer（2015）に依拠している。なお、ポールが筆者に語ってくださった内容も加筆している。

ルは責任を感じ、ますます勉学に励むようになった。ポールは、「私は家族の中で最初に大学に行った人となりました。私の兄弟は、私のために多くを犠牲にして助けてくれました。私に対する信頼に応えたい思いでいました」と話している（Sayer 2015: 17）。兄や姉たちの協力もあって、大学まで進学できた。[9]

　ポールの進学先はラングーン大学であった。ラングーン大はビルマのトップ校であり、東京大や北京大、シンガポール国立大などに相当する地位にある。入学も卒業も、極めて困難であるといわれる。大学入学に至るまでも、ビルマでは小学校から毎年進級試験があり、進級できない生徒はそこで勉学を打ち切られることが多い（根本 2014: 118-119, 422）。大学入試にたどり着くまでの間に、多くの生徒は落第する。その進級試験で生き残った生徒の中から、ラングーン大への進学を希望する者は大学入試を受験することになる。大学に入学した後も進級試験が待ち受けている。[10] ラングーン大に合格しても、そこから卒業できる学生は25％程度であった。

　ポールはラングーン大学を1972年に卒業した。専攻は薬学と歴史学であった。歴史学を副専攻とした理由はすでに論述した。主専攻とした薬学は、生計を立てるための手段として選択した。卒業後は、タヴォイの病院で、薬剤師として勤務した。ポールは1977年、30歳のときに、同じカレン人で看護師であったヘーゼルと結婚した。彼らはともに病院で勤務を続けた。

　しかし、それからの10年間、ビルマの経済は良好とはいえない状態から、さらに状況を悪化させていった。当時、ネウィンによる独裁のもと、ビルマ経済は悪化の一途を辿っていった。ポールは、通常の病院勤務に加えて、塗り薬や咳止め薬、目薬といった医薬品を自ら調合し、販売を始めた。原料は天然成分に由来したものだった。薬学専攻であったことがプラスに働いた。英語の講師としての仕事も、このときに始めた。ポールは、病院の内外の様々な仕事に充実感とやりがいを感じていた。業務に専念しながら、地域社会にも溶け込んでいった。しかし、ポールはビルマ国軍の政権にますます幻滅していった。

　　毎週土曜日、国のために無償で働かなくてはなりませんでした。ビルマ国軍

9　ポールは英国が遺した学校制度を称賛していた。英語を学んで、英国流の系統だったカリキュラムのもとで学ぶことができた。後にビルマ国軍の軍事政権による「教育改革」によって、このカリキュラムは廃止された（Sayer 2015: 17）。
10　有名な逸話として、アウンサンとウーヌ（アウンサンの暗殺後に首相を務めた）はラングーン大を卒業できた。しかし、その後の軍事独裁政権（BSPPとSLORC）のトップであったネウィンは物理学の試験で落第し、大学3年次で中退となっている（根本 1996: 63, 68）。

主導の経済政策のために、喜んで労働力や収入を差し出す人は、果たしているのでしょうか。ビルマ国軍は、時々病院にやってきて、何の理由もなく（私たち医療従事者に）道路作業をやらせたりしました。本当は患者の面倒を見なければいけなかったのにもかかわらずです。（括弧内筆者、Sayer 2015: 18）

また、ポールはこの当時のことを「多くのビルマの人々が闇の中にいて、自分の国で何が起こっているのか、理解できていなかった状態でした。そうであるならば、国外のことは尚更わかるわけがありません」とし、「私は軍事政権が自分の国にしてきたことを嫌っていました。だから私は民主化運動に携わったのです」としている（Sayer 2015: 19）。

ポールの人生の転機となったのは、1988年の民主化運動である。

何千人もの人々がストリートに繰り出して、その日に反抗の意志を示しました。学生、ビジネスマン、僧侶、教員、主婦、農民、皆が立ち上がったのです。宗教や民族集団を問わず、すべての人々が参加していました。私たちは、ひとつの声を持ったひとつの主体となりました。（軍政への抗議活動は）1988年の8つめの月の8つめの日に始まったのです。[...] 国全体が反乱で爆発しそうに見えました。[...]（抗議活動は）たちまち全国に広がって、何週間も続きました。しかし、事態は次第に悪化していって、ビルマ国軍が感情的な反応を示すようになっていったことを耳にしていました。（抗議活動の参加者への）国軍による対処法はただひとつ、「まず引き金を引け」でした。ビルマ国軍が近くの町で民主化デモを繰り広げている人を撃ち始めたと聞いたとき、私の懸念はますます強くなっていきました。（括弧内筆者、Sayer 2015: 12–13）

ポールはタヴォイの民主化運動の組織（TDF: Tavoy Democratic Front）のリーダーだった。「全ての民主化の推進組織や民族集団の会合を解散せよ、とする命令がビルマ国軍からありました。それで、私たちはTDFの活動をこれ以上継続することはあまりに危険だと判断しました」と、ポールは振り返る。この後、ポールが決して忘れることのない日が訪れる。

1988年9月19日、タヴォイでは晴天だった。人々は緊張感に満ちていて、TDFの事務所の外にもメンバーが集まっていた。このとき、ポールは、勤務していた病院に至急来て欲しいというメッセージを上司から受け取って、その場から自転車で離れ、病院に向かった。

> 私の上司は民主化運動に関与していませんでした。ただ、上司は「向こう24時間で状況が大きく変わるだろう」と私に警告したかったのです。それで、上司には「自分たちは今日の午前中のうちに、TDFの集会を解散させようとしている」と伝えました。上司は私を急かして、「とにかく無事でいるように」と私に促しました。それで私は自転車を可能な限り早く、事務所に向かわせたのです。事務所に向かう途中、私は銃声を聞きました。人々の叫び声が聞こえました。私は何をどう考えたら良いか、わからない状態でした。[...] ビルマ国軍が現場に到着して、集まった人々を解散させようと空中射撃をしているのだと思っていました。自転車をより速く走らせて、ペダルを思い切り、力の限りこぎました。汗が顔を流れて、その騒ぎの音はますます大きくなっていきました。（Sayer 2015: 13–14）

ポールはビルマ国軍が自分の同胞を射撃するとは、一時も考えたことがなかったという。

> それから、血を浴びた大勢の人が私の方に向かって走ってくるのが見えました。[...] 国軍は「解散まで5分待つ」としていたようなのですが、人々が背を向けて逃げ始めたとき、銃で撃ち始めたのです。私がTDFの事務所に戻ったときには、もはや全てが終わっていた状態でした。血まみれの光景に、あまりのショックに思わず自転車の向きを変えてしまいたくなりました。あちこちに死体が転がっていて、[...] 頭部の上半分がなくなっている人もいました。（Sayer 2015: 13–14）

「死というのは、映画のようなものではない」としながら、ここからいかに惨状が展開していたかがポールから説明されるが、ここでは割愛させて頂くことにする。

> 犠牲者の中には私の友人もいました。よりよい生活が欲しいということ以外に、私たちは何も悪いことはしていないのです。（Sayer 2015: 15）

その1988年9月19日に、殺害された友人のひとりはTDFの秘書役であった。国軍から最も狙われやすい、危険な地位にいた。いざという時には書類をシュレッダーにかけて処分する役割だった。ポールもこの場で命を落としていた可能性がある。

偶然にも上司からの呼び出しによって、その場を離れていたときに、軍の攻撃があったからである。

　ポール自身もTDFの主要メンバーであり、国軍から目をつけられていた。ポールは地域の民主化運動を主導し、軍政に対して取るべき行動を人々に吹き込んでいた。英国BBCの海賊放送（pirate radio）を聴取して、翻訳して、ビルマ国外から流れてくる情報を人々に伝えていた。ポールは「世界人権宣言」をスゴー・カレン語に訳し、街頭で配布したりもした（Sayer 2015: 15–16）。

> 1988年の8月と9月の抗議活動で、ビルマの何千人もの無辜の人々が殺害されました。その後、私は（国際社会から）援助がすぐに来るものだと、自分に言い聞かせていました。私は英国軍が来ることを待ち続けていました。米国軍が来てくれることを待っていました。国連が来ることを待っていました。誰かが来てくれることを待っていたのです。しかし、誰もビルマに助けに来なかったのです。なぜ誰も私たちを助けてくれなかったのでしょうか。（括弧内筆者、Sayer 2015: 19）

　このときからポールは故郷を追われて、国外脱出をせざるを得ない状況に追い込まれていく。豪州に政治難民として渡航するまで、6年間に及ぶ自助努力のもとでの難民生活が始まることになる。

4. 隣国タイへの脱出とシンガポールでの生活実態：現地エリートから極貧生活へ

　TDFの仲間が国軍に虐殺された後、ポールはタヴォイから逃げなければならないと感じ取っていた。彼は無事だと妻のヘーゼルにメッセージを伝えて、自転車で逃げ始めた。

> 深い藪の中で溝にはまって、自転車が故障するまで、12マイルほど自転車に乗って逃げました。それからテーラクレイ（Htee Ler Clay）の村まで、3時間歩きました。村人が私を助けてくれました。身体的にも、精神的にも、私は完全に疲れ切っていました。（Sayer 2015: 19–20）

　ポールはその地域のカレン人住民に広く知られていた存在だった。それは主要な病

院にて、ポールが薬剤師として長い間勤務していたことも関係していた。ポールは、キリスト教（バプテスト教会）の宣教師としても尊敬を集めていて、日曜学校の教師役を務めていた。病院では薬剤師として薬を処方するだけには留まらなかった。ポールは通訳者・翻訳者であり、福祉のアドバイザーであり、政府関係の書類の記入を始めとして、行政手続きに援助を必要としている人たちを手助けしていた。問題を抱えている人は、ポールのところに行けば、解決策を教えてもらえると、皆が知っていた。ポールは青年期の頃から、知識人として、「よろず相談」に応じられる人として、人々に信頼されていた。

　いまやポール自身が人々の助けを必要とする側となっていた。しかし、その村に滞在できないことは明らかだった。国軍の兵士がポールを捜索しており、ポールがその村にとどまることは、住民全員が危険にさらされることを意味したからである。村人とポールはジャングルの中を5時間、東の方向に歩き続けた。

> 村人たちは私をよく匿ってくれました。木製の支柱に支えられた高床式の簡素な2メートル四方の高台に1週間、寝泊まりしていました。その高台は狩猟のために使われていた場所でした。私は小さなテントを持っていましたし、竹のはしごで上り下りができました。村人は食べ物を持ってきてくれました。しかし、7日間過ごした後、ここにこれ以上はいられないと思い始めました。私は神に祈り、沢山のことを考えました。ビルマのもとに、誰も助けに来てくれないことは明らかになりつつありました。実際、村人たちは海外からの支援や援助のことを、誰も耳にしていませんでした。代わりに、彼らが聞いていたのは、ビルマ国軍による攻撃のことでした。（Sayer 2015: 20）

その後、ポールは秘密裏にタヴォイに戻って、妻の安全を確かめた。そのときに匿ってくれたのは、勤務先の病院の外科医だった。

> これからどうするかを妻と話し合いました。ヤンゴンに行って、パスポートを取得して、すぐにビルマを離れることが最善と思えました。ビルマ国軍が私を捜していることはわかっていました。私がタイに先に赴き、妻が息子を連れて合流することを計画しました。タヴォイにいれば、家族を危険にさらすことを意味しました。タヴォイを密かに離れるとき、心が引き裂かれる思いでした。一緒に安全に過ごせる場所を見つけられるように、最善を尽くそうと自分に誓いました。（Sayer 2015: 21）

ポールがヤンゴンに到着し、「物事がいかに困難であるかを見出した」際に、通常であればしないことに手を染めなければならない時があった。

> （国外に）脱出できるための有効な書類（パスポート）を得るための唯一の方法は、嘘をついて関係者に賄賂を渡すことでした。私にとって、その書類（パスポート）を入手することは、宝くじを当てるようなものでした。（国外に脱出できた後も）私は気分が悪くていつも心配でした。兵隊が銃を持ってやってきて、私を逮捕してビルマに送還するのではないかと、いつも後ろを振り返っては、気に病んでいました。私はいつも空腹でした。現金も持ちあわせていませんでした。そして、なるべく目立たないように振る舞っていました。（括弧内筆者、Sayer 2015: 23）

タイに脱出を試みていた時、ポールは国軍の兵隊が自宅に押しかけてきて、ヘーゼルを尋問に連行したことを知った。ポールを脱出させるために援助をした学生たちが、逮捕され、尋問を受ける中で、ポールに関する詳細を国軍側に話してしまったのである。いまや復讐心を持ってポールは軍に捜索されている立場にあった。

> ヘーゼルが捕まった時、家はめちゃくちゃにされて、本棚をひっくり返され、あらゆるものが投げ飛ばされました。軍は1日間、ヘーゼルを拘束して脅迫しました。しかし、私たちは運に恵まれていました。その日、担当だった軍の高官は、ヘーゼルが担当したことのある患者だったのです。ヘーゼルはその軍人が白内障の手術を受けるときに、看護を担当していました。その軍人は、尋問室でヘーゼルを目にして、彼女の優しさを思い出していたのでしょう。その軍人はヘーゼルを拘束して、暴力を振るうだけの権限を有していたのですが、あえて行使しなかったようです。ヘーゼルが一連の出来事を教えてくれたとき、私は安心しました。自宅のあらゆるものが捨てられてしまいましたが…。（Sayer 2015: 24）

ビルマ国軍に尋問を受けている時、ヘーゼルはポールを追って出国しようとしていることを認めた。その軍人は、早く準備をすることを勧めた。それから、その軍人は部屋を出ていった。少しの間をおいて、ヘーゼルは釈放された。ビルマ国軍による尋問に直面したときに、ここまで幸運であることはないということを、ヘーゼル

自身もわかっていた（Sayer 2015: 24）。

　ポールとヘーゼルがタイにおいて再会するまでに2年間を要した。これは「タイとビルマ政府の行政システムの効率性」の問題に起因するものだった。離別していた期間を含め、この時期はポール一家には容易な時間ではなかった。2人はタイ北部のチェンマイが居住地として適切であると考えた。[11] 教会のネットワークを始めとして、ポールは自分が仕事を探していることを多方面に伝えていた。結果的に、彼らはハンセン病患者の療養施設である「マッキーンセンター（McKean Rehabilitation Centre、あるいは、Chiang Mai Leper Asylum とも呼ばれる）」において仕事を見つけた。この施設は、ハンセン病患者を村や家族から隔離して療養させるところだった。

　マッキーンセンターの所長は、豪州人の医師トレバー・スミス（Trevor Smith）であった。スミスは、教会のネットワークでポールたちのことを知るに至った。そして、スミスは、ポールの薬剤師としての職能と、ヘーゼルの看護師としての職務経験に興味を持った。この療養施設での給料は良くはなく、ハンセン病の患者の扱いには、大いに苦労したという。しかし、チェンマイにて数年間居住する上で、マッキーンセンターでの就労機会は、居場所と安全を確保するものだった。

> 別の国での新しい暮らしができるように、いつも祈っていました。ほとんどの期間、あらゆることが困難を極めていて、将来を見通すことは不可能でした。頼れるものは何もなく、故郷の家は遙か後方に置き去りにしてきました。どっちつかずの状況にいるようなものでした。故郷に帰れる見込みはありませんでした。ヘーゼルは小さな息子と一緒にいて、特に困難を強く感じていたと思います。（Sayer 2015: 25）

それからしばらくして、ポールはカレン人の友人のネットワークを通じて、シンガポールでの仕事のオファーを得た。ポールとヘーゼルは祈りが通じたと思った。それは薬局での仕事で、ポールは自らの職能を活かせると思った。航空運賃を工面すべく、友人や同僚から多額の借金をして、ポールたちはシンガポールへと向かった。

---

[11] タイは迫害を受けてきた人たちにとっての避難場所であり続けている。現在でもタイの9ヶ所の難民キャンプにて、総勢22万人のビルマ出身者が身を寄せている。さらにキャンプの外にも、追加で50万人が避難民としてタイの国内に暮らしている。カレン人は、タイの現地住民が敬遠する仕事に従事していることも多い。

> とにかく興奮しました！シンガポールの景観は、とても素晴らしいものでした。全てが輝いているように見えました。[...] 良いスタートを切りたい思いでした。ただ、最初の生活条件は最悪でした。他の 30 人のビルマ出身者と一緒に小さなアパートに押し込められていました。そのビルマ出身の人々も仕事を探していて、ビザが発給されるのを待っている状態でした。[...] これは新しい国で移民として過ごす時に、時折生じることだともいえますが。（Sayer 2015: 26）

シンガポールにて、ポールとヘーゼルは「この混雑した部屋に長期間いることはないだろう」と自らに言い聞かせていた。しかし、不幸なことに、仕事の正式なオファーはあったにもかかわらず、シンガポール政府は就労ビザの申請を却下したのである。

> シンガポール政府は何も理由を示しませんでした。理由を開示する義務もないからです。絶望感にうちひしがれました。私たちの選択肢は限られていて、ビルマに戻ることは不可能でした。それでタイに戻ることにしました。これは私たちにパスポートがあったからこそ、可能だったのです。ただ、これは心が打ち砕かれる経験でした。私たちはまた失敗したのです。この時、UNHCR はすでに私たちの難民としての地位を否定していました。1993 年にバンコクで難民申請をしたのですが、UNHCR は私の経験談を信用しませんでした。UNHCR のタイの担当者は、私の話が信用できない、と結論づけました。（ポールが）民主化運動に関与していたわけがない、と。私はこの担当官がどうしてこの結論に達したのか理解できません。しかし、自分の申請は却下されたのです。私は UNHCR の事務所を去るとき、やるせなさと腹立たしさで涙が出ました。なぜ私を信じてくれないのでしょうか。いまやシンガポールは私たちを必要としていないことを突きつけてきました。ビザも発給されない中で私たちはバンコクに戻って、住む家もなく、お腹をすかせて、大いに傷ついていました。（括弧内筆者、Sayer 2015: 26–27）

失意の中でタイに戻らざるを得ず、行き着いたバンコクにて、ポールたちは住む家もなく、帰る故郷もなく、最悪の地点にいる、というべき状況にあった。ポールとヘーゼルはバンコクの貧民街で、他のカレン人の家族たちとともに、荒廃したアパートでルームシェアをしていた。ヘーゼルは他の人が捨てた鶏肉の骨を集めて、煮出

しスープをつくり、麺を加えて、毎日の食事に供していた。次にどのような行動に出るべきかが懸案だった。

5. 豪州への渡航機会の到来と新天地での生活：「政治的な自由」の持つ意味

　数ヶ月後、ポールは豪州政府が導入したとされる 213T ビザの話を耳にした。ポールたちにとって、これはにわかに信じがたい話だった。このビザは難民としての受け入れを希望するビルマ出身者のために、豪州政府が導入したものだった。これが「行き詰まり（dead end）」なのか、あるいは、「新しい家（home）に辿り着く本当のチャンス」なのか、ポールはマッキーンセンターの上司だったトレバー・スミスに連絡した。スミスはポールのために、推薦状を書いてくれた。

> バンコクの豪州大使館での面接のために、一番良いシャツを引っ張り出して、ネクタイを探しました。アポを逃さないために早く到着するようにしました。大使館のロビーは助けを必要としているように見える人々でごった返していました。私は自己中心的にも、この人たちが豪州に行きたいとは思っていないことを願っていました。（Sayer 2015: 27）

面接の感触は良く、ポールもヘーゼルもビザの発給に必要な基準を満たしていた。しかし、また落胆しないように、あまり期待を高めないようにしていた。結果、ポール一家は、豪州に政治難民（political asylum）として渡航できることになった。「豪州が自分たちを受け入れてくれるという知らせを聞いた日を忘れることはありません。こんなに嬉しいことはないくらいでした」とポールは振り返る。

　豪州行きは確約されることになった。しかし、ポール一家が豪州に渡航できるようになるまで、豪州政府側の手続きに 6 ヶ月近くを要した。ポール一家は豪州政府の要求する健康診断を市内の最大の病院で受けなければならなかった。健康診断の費用は自己負担であった。食料を得ることにも大変な思いをしているポール一家には大きな負担だった。さらに、豪州政府は航空運賃を自ら支出するように命じてきたのである。ポールたちは、友人や家族から、追加の借金をしなければならなかった。このとき、マッキーンセンターの同僚までもがその知らせを聞いて、資金援助をしてくれた。

　カンタス航空の便でバンコクからパースに到着したのは 1994 年 11 月 4 日だっ

た。ポールは空港で最後の瞬間まで後ろを振り返って、誰かに呼び止められないかを気にしていた。パース空港に到着して、牧師であるハワード・ハドソン（Howard Hodson）と豪州－ビルマ・クリスチャンフェローシップの人たちに迎えられた。ハドソンは身元引受人（スポンサー）となって、ポール一家の定住と統合に向けた支援をした。

　豪州に到着した後も、ポールはカレン人のコミュニティリーダーでありつづけてきた。当初、ポールはロイヤルパース病院（Royal Perth Hospital）に12年間勤務した。最初は清掃員で、そこから用務員となり、それから看護補助員になって、最終的には薬局補助員となった。ビルマで取得した専門資格やラングーン大学の学位は豪州では認められず、公立専門学校（TAFE）に入り直し、薬局の技術者として職能資格4級（Certificate IV. 現場での管理・運営ができるレベル）を取得した。カレン人を始めとした難民コミュニティでのアドボカシー活動によって、ポールはMSCWAの代表であるラムダス・サンカラン（第5章を参照）に見いだされて、2007年にMSCWAの常勤職員として「中長期定住支援プログラム（当時の名称はSGP: Settlement Grant Program. 現在のSETSプログラムに該当する。第1章を参照）」において、難民と移民を支援する仕事に就くことになった。過去17年近くもの期間、世界各地から到来した何百人もの難民認定者、難民申請者、移民を彼は助けてきた。ポールは難民たちが雇用機会を得られるように、あらゆる方策を考え、実践している。本書で論じたカタニングへの移住やダルウォリヌの人々との交渉は、ポールによる支援活動の一環である。支援者としての仕事を通じて、また、カレン人を含めた難民に関する豪州国民への意識啓発活動とも併せて、これまでに数多くの賞を授与されている。ポールとやり取りをさせて頂くたびに、筆者に対しても不思議と前向きな影響力を与えてくださる気がしている。

　ポールは、豪州政府の与野党の政治家たちに対して、ロビー活動を行ったり、カレン人コミュニティのイベントに招待するなどして、緊密な連携を試みている。その目的は、政治家の間に難民の苦難への理解を促進させるとともに、国内に受け入れた難民認定者の状況を改善させることにある。2023年3月、カタニングでのハーモニー・フェスティバルに一緒に参加していた時に、ポールは数枚の書類を印刷してほしいと、筆者に要望してきた。その書類は、現地住民が集団ベースで難民を受け入れるCRISPプログラムの案内であった（第2章を参照）。祭典の最中、ポールはこの書類を片手に、カタニングの町長、WA州政府の多文化関係担当大臣、近隣自治体の議会議員を相手に、このCRISPプログラムを説明するなど、ロビー活動をしていた。ポールの説明は、常に簡潔で要点を得ている。また、誰に対しても同

じ接し方であり、権力者におもねったり、媚びたりするところがない。[12] 若い世代を軽く扱ったりもしない。こうした点も、人々から人望を得て、支持を集める理由ではないかと考える。

　ポールは近々、MSCWAから引退をする予定である。上司であるサンカランとポールはお互いを尊敬し、サンカランもポールを77歳となる現在にまで組織に引き止めてきた。意図せずに国を追われ、意図せずに豪州に到来し、同胞や助けを必要とする人々を支援した結果として、意図せずに豪州の歴史の1ページを作るような事業を達成したのがポールである。あくまでポールの意図は周囲の人を助けることにあり、功名心から名を残そうとしたのではない。ポールが助けた人には、日本に住む筆者も含まれる。カタニングでのカレン人コミュニティの置かれた状況は、近年、変化している（第8章を参照）。公式に引退はしても、生涯にわたって、ポールは自らの同胞や周囲の人々を支援し続けるであろう。そして、周囲の人から信頼され、尊敬を集める存在であり続けるだろう。

12　カタニングのハーモニー・フェスティバルに参加していた政治家の一人が、カレン人コミュニティに関心を示し、筆者のレンタカーを用いて、カレン人の教会やコミュニティガーデンに案内する機会があった。そのときも、ポールは自分たちカレン人のことだけでなく、地域の抱える問題を簡潔かつ的確に説明をしていた。

終章

1. 本書の総括

　本書では、豪州の農村部において、難民認定者を労働力として、新しい住民として迎え入れる試みと、定住と統合に向けた支援の実践を分析してきた。そして、その背景にどのような政策的な実践が存在しているのかを論考した。本書の前半では、農村部を始めとした地方部に難民認定者を招へいし、労働力として登用する施策を、豪州の移民労働者の受け入れ政策の中で位置づける試みを行った。豪州では国外からの労働力の受け入れに際して、地方部での就労を促す意図的な政策的実践が、労働者の熟練の度合いに対応するような形で存在している。技能移民（高度技能人材）に関しては、「地方部への移民促進制度（SSRM）」や「移民協定」が実施されてきている。非熟練・半熟練労働力に関しても、「太平洋諸島労働協定（PLS）」や「ワーキングホリデー（WH）」といった制度が活用されている。これらの施策の一環として、難民認定者の地方部での労働力登用がある。特に、豪州では難民認定者を対等な存在として処遇しており、地域活性化の主体として、肯定的に地方部での受け入れがなされている。

　本書の後半に関して、第5章と第7章では、難民認定者の誘致と定住に成功したカタニングとニルの事例研究を行った。第6章では、難民認定者の受け入れを試み、異なった結果となりつつも、定住人口の増加という当初の目的を達成したダルウォリヌの事例を考察した。これまでの難民研究においては、主要都市部における難民本人の視点に立った成果が多くを占めている。その中で、本書は受け入れる農村部の現地社会の視点から、難民認定者の招へいと定住と統合に向けた政策と支援の実践を論考した。その上で、第8章では、事例研究と他の自治体での知見を交えて、難民認定者を始めとした外国人労働者、ひいては、移住者の定住の実現に向けてどのような支援方策が必要となるのかに関して、総括的に考察した。第9章では、現代日本で見聞する機会の少ない難民認定者のライフストーリーを取り上げ、難民が難民となり、第三国に定住するプロセスを考察した。そして、本書の内容と難民認定者への理解を深める一助とした。

　序章では、まず、豪州社会を事例として考察する意義を論じた。豪州は「多文化

主義政策インデックス」にて首位であり、多文化主義的な政策実践が最も充実していると同時に、「社会の実験室」としての性質を有している。「社会の実験室」としての豪州社会は、i）近現代社会としての歴史が浅い。ii）地理的に隔絶していて、周囲の国からの影響を受けにくい。iii）事例研究の対象とした自治体も周辺に大都市がなく、周囲からの影響を受けにくい。iv）これらの自治体では、難民認定者や技能移民の受け入れがなされるまで、非英語圏出身の住民が少なかった。これらのことは、研究に際して、考慮すべき変数が少ない、実験室に近い社会環境が存在していることを意味しており、難民認定者という移住者の受け入れに伴う社会変容を考察する好個の題材となる。

　先行研究に関して、既存の難民研究は主要都市部における、難民本人を対象としている場合が大半を占める。研究の対象となる場も、教育現場となるケースが多い。難民に関する研究で、農村部が題材となることは少なく、また、受け入れ社会の視点に立脚した考察は、数えるほどしかない。農村部における難民認定者の受け入れによる現地社会の変容や、受け入れと支援に関する政策的実践を分析する試みは、地域社会学や移民政策論でも研究成果が限られており、展開の余地を残している。

　このような研究状況から、本書の学術的な独創性として、i）難民研究を受け入れる現地社会の視点から発展させたこと、ii）難民認定者といった国外出身の移住者を受け入れることによる農村部の現地社会の変容の研究を通じて、難民研究や地域社会学への貢献をなしたこと、iii）外国人労働力の受け入れの一環として難民の受け入れを考察し、これまで別個のものとして扱われてきた技能移民の受け入れと難民の受け入れを接合して考察したこと、そして、iv）これらの作業を通じて、難民が「社会のお荷物」であり、社会福祉制度に負担をかけ続ける存在であるというステレオタイプを問い直したこと、が挙げられる。さらに、課題先進国としての豪州での難民認定者への定住と統合に向けた支援実践の考察と、地方部への受け入れに関わる政策的措置を網羅的に分析することを通じて、日本の外国人労働者の受け入れと、定住と統合の実現に向けた政策の構想への示唆を探ることを目指した。本書は実地での応用を図る前の段階として、課題先進国の取り組みを考察した。

　第1章では、連邦政府が、受け入れた難民認定者に対して、現地社会への定住と統合に向けて、どのような支援策を用意しているのか、社会参加のサポートと経済的な支援の観点から考察した。まず、難民認定者には「難民認定者集中支援プログラム（HSP）」が、到着から起算して6ヶ月から18ヶ月の期間に集中的に施される。難民認定者が豪州市民として社会参加できるように、英語教育や住居の提供、各種の社会福祉系のサービスへの案内・接続を始めとして、全面的な生活支援が連邦政

府から委託を受けた（正確には、競争的な選抜過程を勝ち抜いた）難民・移民支援団体によって提供される。HSP が終了した後は、豪州への入国から起算して最長 5 年間まで「特定分野追加支援サービス（SIS）」や「中長期定住支援プログラム（SETS）」が用意されており、現地社会への統合に困難を抱える難民認定者に対して追加的な支援措置が取られる。このような措置によって豪州市民として自立し、自律的に活動できるようにサポートがなされる。

難民認定者は、社会経済的な困難（ハンディキャップ）を有する市民に向けた支援措置を受けることができる。第一に、通常の国民向けの生活支援策である、センターリンクによる社会保障給付金の受給対象となる。難民認定者は、技能移民に課される待機期間（免責期間）が免除されるなど、社会保障給付金に早い段階でアクセスできる。第二に、障がいを有する場合は「連邦障がい者保険制度（NDIS）」に参加できる。NDIS は障がい者の社会参加を後押しし、当事者が「自ら望むこと、人生で達成したいこと」を支援するための施策である。第三に、英語運用能力に課題を抱えた生徒への就学支援として、集中的な英語教育等の措置を施す学校（IEC や IEHS）による支援を論じた。

さらに、難民認定者は経済的に困難を抱える住民向けの賃料補助や、公営住宅への入居など、住宅の取得に向けた各種の支援を得ることができる。豪州にて主要都市部を中心に人口が急増し、賃貸物件の需要が高まり、価格高騰が生じている。そのなかで、難民認定者は賃貸履歴もなく、まだ就業していない場合もあるため、難民認定者が自らの力で住居を確保することは容易ではない。しかし、HSP を提供する支援団体とそのケースワーカーらによる不動産業関係者へのアドボカシー活動によって、住宅難の中でも、難民認定者は安定して住宅を確保できている状況にある。

第 2 章では、難民認定者がどのような社会的・政策的な経路で農村部を含めた地方部に移住していくのかを考察した。まず、豪州政府が直接的に介入しない移住の形態として、「第二次移住」がある。「第二次移住」には、難民認定者が主要都市部において HSP を受けて、一定の期間に及ぶ主要都市部での生活を経た上で、i) 難民コミュニティ主導型として、同胞のエスニック集団の伝手で農村部に向かうパターン、ii) 雇用主主導型として、地方部の雇用主が牽引して難民認定者を招へいする場合、iii) 住民主導型として、現地の住民や地方行政が移住事業を牽引するケース、がある。

また、豪州政府が直接的に介入しない形での地方部への移住のパターンとして、身元引受人（スポンサー）が地方部に在住する結果として、地方部に定着する場合がある。身元引受人の意思によって難民の受け入れが可能となる一連の制度は、身

元引受人の個人的な意思を反映させることのできる、いわば民主的な政策であるともいえる。しかし、受け入れと定住支援に関わる費用は、身元引受人による自己負担となることが多い。従って、この施策は難民受け入れを政府外の民間部門にアウトソーシングしているとも解釈できる。また、この形態で受け入れられた難民は、年間の難民受け入れ人数枠の中にカウントされるため、真に危機にさらされている人の移住の機会を削減しているとする解釈も成立する。

次に、豪州政府が直接的に関与して、地方部に難民認定者が移住する形態として、地方部の受け入れ拠点に難民認定者を直接的に送致する施策を論じた。2003年から難民認定者の処遇に関する「新しい関心」が表明され、「難民認定者集中支援プログラム（HSP）」を地方部の受け入れ拠点で実施する試みがなされ、現在に続いている。当初、直接的に地方部に送致される難民認定者は、「豪州とつながりのない難民」、すなわち、先行する親族や家族、エスニック集団のいない難民が中心となった。現在では、一定の規模のエスニック集団が、そうした地方部の受け入れ拠点に形成されており、そこに同胞を新たに配置したりしている。また、豪州国内にて難民認定を申請中の者で、SHEVビザを保持する者を3年半の期間、地方部にて就業や就学をさせることで次のビザ更新への道筋を開く政策も、近年まで実施されていた。

難民を地方部に配置しようとすることに関して、類似の政策は西欧諸国でもなされている。英国やスウェーデン、オランダ、デンマークなど西欧諸国の場合では、一部の地域に難民が集住して、住宅供給が逼迫するとともに、その自治体に多大な財政負担が生じている。そして、難民のための住宅の確保を主たる目的としながら、受け入れに関わる負担を平等に分担することを意図して、難民を各地に「分散」させる政策を講じている。西欧諸国での「分散」のもうひとつの目的として、難民の受け入れによる具体的な社会問題の発生（エスニックゲットーの発生、治安の悪化、社会の分断の発生など）に対する住民の不安感情への対処が挙げられる。

これに対して、豪州の場合では、具体的な社会問題の発生の回避というよりも、難民認定者が地方部に新しい住民として定住することにより、労働力として労働市場に参加し、高齢化を抑止することを通じて、地域活性化を達成し、難民認定者と現地社会との間での互恵関係を築くことが主眼に据えられている。豪州の場合は、西欧諸国と比較して、その目的や意図に大きな違いがある。この背景には、難民認定者を含めた移民全般を、永住移民として対等な存在として処遇することにより、アンダークラス（下層階級）を生じさせずに、安定した社会の運営を図る、とする豪州特有の地域的な論理と歴史的な背景がある。

第 3 章では、技能移民（高度技能人材）を地方部に配置する政策的な実践を考察した。「経済的な効率性」を重視する一環として、地方部にて就労する場合に、技能移民ビザの取得要件を緩和する制度（SSRM）が導入された。導入から約 10 年後の 2005 年頃には、発給された技能移民ビザのうち、SSRM の利用者が 3 割近くを占めるようになった。このことは、新規に技能移民ビザを取得した者のうち、3 割近くが地方部で就労していることを意味する。また、SSRM 以外の通常の技能移民ビザ保持者や、すでに永住権や国籍を取得した技能移民のなかでも、地方部での就労を継続している者がいるため、これらの人数を加えれば、地方部で勤務する技能移民の数はさらに増加する。SSRM の導入によって、技能移民をいかにして地方部に配置するかという政策課題は、一定程度、解決できているといえる。

　2017 年度以降、SSRM という名称は用いられなくなったが、地域や業界、企業ごとに締結される「移民協定」が運用されている。地方部での一定期間の就労と居住を義務付ける代わりに、技能移民を緩和した条件で受け入れるという発想は受け継がれている。新しい制度では、特定の専門分野の労働力を一定数必要とする企業や、深刻な人手不足を経験している地方部の商工会がとりまとめ役となって、緩和された条件のもとで、労働者を確保できるようになっている。この「移民協定」の中で、難民を労働力として呼び寄せるプログラムも存在している。

　受け入れた労働力に定着してもらうことは、地域活性化を図る上での大きな課題となる。特に居住義務を設定したことによって、地方部に定着する技能移民の割合は増加したといえる。また、受け入れる技能移民に関して、どのような出自や選好を有する人々か、ターゲットを絞って招致することも、受け入れた地方部への定着を促進し、転出を抑止する措置となる。

　「経済的な効率性」の追求は、移民が社会保障を受けることを制限する方向にも働いた。確かに、「経済的な効率性」の追求によって、地方部での経済発展に貢献できる有用な人材を確保することができ、移民受け入れプログラムの全体における技能移民の占める割合も増加した。しかし、現在では、技能移民は、社会保障関係の給付に待機期間が設定されていたり、国民皆保険制度にも加入できない。豪州の社会保障制度の利用が自己負担となることは、家族移民を抑制する方向にも機能している。技能移民の視点からすれば、豪州市民としての権利に大きな制約が生じているといえる。技能移民には永住権の取得に道が開かれている。しかし、入国の段階から永住移民として対等な処遇で受け入れるという、1996 年以前まで一貫していた移民受け入れの在り方からは、大きな相違を見せている。

　第 4 章では、非熟練・半熟練労働力を地方部に配置する仕組みとして、「太平洋

諸島労働協定（PLS）」に焦点を当て、滞在期限付きの労働力を招へいする制度の特長と問題点を考察した。PLSでの労働者は、人手が不足する園芸農業部門を中心に登用されている。特に園芸農業部門では、コロナ禍において、WH渡航者や学生ビザ保持者が減少する中で、PLSの利用を通じて労働力不足を補填する傾向が強まった。PLSは対外援助としての役割を担っており、i）豪州での就労を通じて、職能を身に着けてもらうこと、ii）送金によって、家族や親族、ひいては出身国である島嶼部における経済発展を支えること、が意図されている。この制度の利点として、雇用主からすれば、一定期間、安定的に労働力を確保できる。また、労働者からしても、移住先での安定的な居場所と就業先が保証される。

しかし、PLSの問題点として、勤務先の変更が実質的に不可能に近いことが、労働者が不適切な処遇を受ける事態を生んでいる。雇用主による賃金のピンハネやハラスメント等があっても、労働契約やビザの取り消しといった報復や、不利益な扱いを受けることを恐れて、PLSの労働者が声を上げられない状況に追いやられている。また、居住環境が適切に整備されていない事案も生じている。PLSの労働者が雇用主と交渉をすることも一応は可能であるが、労働者の中には英語力に課題を抱えている者もいる。また、労使の権力差がある中で、「対等な立場での交渉」などは実質的には不可能といって良いほど困難である。新制度PALMSにおいて、労働者の保護方策は強化されたとされるものの、内容は曖昧であり、実質的にどの程度、労働者の保護が進むのかは不透明である。

本書の前半にて考察した、技能移民や非熟練・半熟練労働力（特に季節労働力）を地方部にて積極的に就労させる方策は、1996年以降の移民制度改革における「経済的な効率性」の重視の結果として位置づけられる。1996年以降、ハワード政権期において、豪州の移民政策に大きな変革がなされ、滞在期限付きの一時移民の受け入れが拡大していった。この政策的な変更によって、豪州に経済的な利益をもたらす技能移民や非熟練・半熟練労働力を受け入れる割合が拡大した。もともと永住を前提として外国人労働者を受け入れていた背景には、低賃金労働力の階層を形成させないことが意図されていた。低賃金労働者層が存在すれば、賃金の上昇が妨げられることなどによって、自らの労働条件が向上しなかったり、生活環境が悪化したりする可能性があるからである。しかし、現在では、技能移民や家族移民に社会保障制度へのアクセスを大きく制限したり、PLSの労働者には、雇用主を変更する権利を制限するなど、労働者としての権利、市民としての権利に制約がかけられている。これまで豪州社会が忌避してきた滞在期限付きの労働力を、労働者としての権利を制限した形で受け入れ始めたことは、豪州の外国人労働力受け入れ政策のな

かでも極めて大きな変化である。

　本書の後半で論考した事例研究に関して、第5章では、WA州カタニングにおけるカレン人難民コミュニティが主導した移住事業の背景と、定住の実現に至る過程を考察した。2006年頃に一定数のカレン人がWA州都パースに受け入れられた。その中で、カレン人難民コミュニティのリーダーであり、難民・移民支援団体MSCWAの職員でもあったポール・ジョウが、同胞の就業機会を探すために奔走していた。その過程で、いわばポールがカタニングを「発見」し、難民コミュニティが主導する形で、移住に向けた動きが進行していった。現地社会の関係者が協力的であったことに加えて、現地の雇用主であるワムコは、1970年代からマレー系ムスリムの労働者をクリスマス島とココス諸島から雇用するなど、難民認定者をはじめ広く非英語圏出身の労働者を登用する経験を蓄積していた。リーダーであるポールと現地のボランティアであるジーン・フィリップスは、ともに協力しながら、多数の書類の作成を始めとして、全面的な生活支援をしていった。バプテスト教会や、その他の住民ボランティアによる支援も、カレン人の定住を後押しした。定住の過程で若手のコミュニティリーダーが、ボランティアベースで現地住民や現地行政とカレン人共同体を取り持つ役割を担った。

　現在、カタニングではカレン人が250名近く居住し、40人もの新しいカレン人がカタニングで生誕している。子どもたちは現地の豪州人と同様に通学し、大学に進学する者も現れている。カレン人が「第二次労働市場」で低賃金労働力を形成し、社会を分断する、という状況にはなっていない。カレン人はカタニングでの就労を通じて、納税をして、住宅を入手するなど、自立した市民の一員となっている。

　第6章では、ダルウォリヌにおける「地域人口増強計画」の着想に至った背景と事業の展開を考察した。この事業では、当初は住民主導型による難民認定者の受け入れが試みられた。現地住民のスチュアート・マクアルパインが、人口減少と小学校の閉鎖の可能性に直面し、パースからカレン人難民認定者を集団で招へいすることを思い立った。当初は技能移民というよりも、定住してくれる住民を求めていたこともあり、カレン人が対象となった。マクアルパインは、カレン人に自らの農場を貸与して自活してもらうとともに、農業部門での労働力の確保が不安定な状況にあったことから、農業部門を始めとした諸分野にて就労してもらうことを視野に入れていた。この計画は現地行政を動かすこととなり、州政府からの公認と後援を得ながら事業は進行していった。

　しかし、「地域人口増強計画」では、活動の推進に必要な資金の獲得が大きな課題となるなど、様々な制度的困難に直面することになった。州政府や連邦政府によ

る資金拠出が得られない中でも、当時の町長であったロバート・ニクソンは住宅建設のための外部資金（R4R）を獲得し、現地行政の主導で、新しい住民のための住宅を建設した。また、ニクソンは、新しい住民を呼び寄せるにあたって、各種のロビー活動を絶え間なく行った。「地域人口増強計画」の推進者であるテス・スロットはボランティアベースでウェルカムパックを作成したり、移住希望者を募って、案内をしたりもした。

　この試みは、現地住民による一方向的なものではなく、カレン人コミュニティの側も 9 回もダルウォリヌにて折衝を重ねるなど、双方の側で移住計画は検討が重ねられた。同時期に、アフリカ出身の難民認定者で移住を希望する者の視察を受け入れたりもした。しかし、生活支援のための所得給付の一部（Jobseeker と Youth Allowance）を得られないことや、すでに生活基盤がパースにあったこと、カレン人に関しては同胞がカタニングへ移住を始めていたことなど、様々な要因によって移住計画の実現は困難になっていった。

　カレン人や他の難民コミュニティの移住は実現しなかったものの、ダルウォリヌの製造業を運営するプリマス・ブレスレンの人々が技能労働者を国外から招へいするようになり、「地域人口増強計画」は新しい展開を見せた。結果として、フィリピン出身の技能移民がこの町に居住するようになり、現在は 250 名を超えるフィリピン人住民が在住している。最初期において、この新しい住民たちに英語を教え、定住の実現に向けて「よろず」の支援を展開したのはロイス・ベストであった。ベストは現地行政と協力しながら、独自に英語教室を運営するとともに、新しい住民と在来の住民が交流する機会を意図的に創出していった。新しい住民を受け入れていく過程で、家族の呼び寄せに関するセミナーが自治体の主催で開催された。最初期に移住した人物のひとりであるジムウェル・クルーズがインフルエンサーとなり、フィリピン人が連鎖的に労働力としてダルウォリヌに居住を始めるようになった。

　「地域人口増強計画」は、当初の想定とは異なった展開をたどりながらも、村の人口を増大させるという目的は達成された。村の人口は「地域人口増強計画」の開始前との比較で 15% も増大した。フィリピン人コミュニティのリーダー格であり、インフルエンサーであり続けてきたクルーズは、現地議会の議員にまでなっている。フィリピン人コミュニティは地域のボランティア活動への参加といった課題を有しているものの、現地行政の助成を受けるようになるなど、この町の一員として、新しい現実を構成するようになった。

　第 7 章では、Vic 州ニルにおける雇用主主導型によるカレン人難民の誘致事業を考察した。現地の食肉加工業ラブアダックの経営者であるジョン・ミリントンは、

難民支援団体（RAR）の会合への出席を契機として、カレン人のことを知るに至った。難民・移民支援団体のエイムス（AMES）の協力を得ながら、妻マーガレットとともにメルボルンにて移住説明会を開催した。そして、最初期において、試験的に10名の移住者を受け入れ、そこから徐々に新しい住民が増大していくことになった。ジョンは、現地住民に世話役（メンター）を引き受けてくれるように依頼し、現地の行政や主要な関係者とも事前に折衝を重ねて、移住計画を説明して回った。自らも積極的にカレン人の定住と統合に向けた支援を行い、新しい住民の生活を支えていった。ミリントン夫妻は、現地社会でよく知られた存在であり、様々な市民活動を展開し、尊敬を集める存在だったことも、地域社会からの協力の獲得を可能にしたといえる。

また、ニルの生涯学習センターが英語教育に加えて、カレン人女性が孤立せずに社会参加できるように、多様なプログラムを考案し、実行していった。そのなかでも、パウ・ポーは、カレン人が工芸品の作成を通じて社会参加をする場となっており、居場所としても機能している。この生涯学習センターの代表が、移住者がトラブルを起こした際にも現地住民との橋渡し役になったりした。

移住の開始から10年あまりが経過するなかで、現在ではカレン人のことは特に話題にならないほどになっており、カレン人は町の日常生活の一部を構成している。カレン人はボランティア活動にも積極的に参加するなど、地域社会に貢献している。そして、町には若年層が流入し、高齢化と人口減少は抑制されるとともに、雇用機会が多数創出されたり、地域総生産の成長が見られたりするなど、大きな社会的・経済的な効果が生まれている。

第8章では、総括的な議論として、本書の事例研究と他の自治体の経験をもとに、難民認定者の労働力登用と、定住と統合を実現させるために、いかなる施策が必要となるのかを論じた。この方策は難民認定者に限らず、広く移住者全般を受け入れる際にも有効となる。特に、難民認定者を受け入れる場合を考察することで、移住者の支援に必要なすべての方策が網羅される。難民認定者は最も支援を必要とする存在だからである。これらの施策は、移住者と現地のすべての成員の間で、有機的なコミュニケーションを取ることのできる体制を構築しつつ、現地での支援インフラの整備を行い、関係者間の対話を通じて問題を解決していく内容となっている。その内容は、対人支援というよりも、地域づくりといった方が適切である。

第一に、難民認定者を始めとした移住者の受け入れに際しては、通年に及ぶ安定した雇用機会が必須となる。これがなければ、定住の実現可能性は大きく低下する。通年の安定した雇用機会は、労働者の有する職能と適合したものであり、キャリア

パスを描けて、将来に希望を持てるような内容であることが望ましい。労働者が意味を見いだせる就業機会を得られるようにするためにも、出身国で取得した専門資格の認定や再取得を容易にする必要がある。

難民認定者に対しては、職能訓練や言語教育を継続していくことが適切である。産業や経済の構造が変容し、その就労部門における人員が不要となった場合や、経営陣が難民認定者に理解のない者に交代となった場合などには、難民認定者は危機な状況に陥る場合がある。そのような事態に備えるためにも、職能訓練や現地の言語教育を継続し、産業構造や就業環境に変化が生じたときでも、他の職場や、別の分野で就労できるように教育・訓練を施していく必要がある。

雇用主は、移住者を招へいする上でも、定着を図る支援を行う上でも、重要な存在となる。雇用主が労働者を職場の内外で支援するとともに、現地社会との橋渡し役になることが望ましい。難民認定者をはじめとして、移住者は言語能力に課題を有していたり、現地社会の諸制度に詳しくない場合がある。仮に、雇用主が移住者の立場が弱いことにつけ込んで、搾取的な処遇をすれば、移住者は定着せずに、静かに転出していくことになる。そうなると、一時的な人手不足は解消されても、現地の定住人口を維持するという目的は果たせなくなる。

第二に、現地行政・雇用主・住民・市民団体といった現地社会の構成員を巻き込んで、詳細かつ具体的な移住計画を事前に策定する必要がある。移住者が現地の生活に馴染めるかなどを含めて、どのような出自を有する人をどの程度の人数、招へいするのか、どのような役割を担ってもらうのか、を注意深く検討する必要がある。この時点で、想定外の事態に対する対応も求められることを認識し、理解しておく必要がある。また、この段階で移住者にも協議に参加してもらい、受け入れる側が一方的に移住者の処遇を決めないことが大切になる。有機的なコミュニケーションを取ることのできる体制を構築し、相互の同意を形成する過程を通じて、受け入れ社会の側に歓迎する文化を醸成し、持続させる必要がある。

特に、新しい住民とともに生きることは、彼らの生老病死や異質な文化を受け入れることを意味する。定着に成功した場合には、家族や親族の呼び寄せによって、さらに移住者が増加していく可能性が生じる。このことは、これまでの町の在り方が、社会経済的にも、文化的にも、長期的に変容していくことを意味する。こうした変化を受け入れることができるかが、大きな焦点になる。移住者の受け入れに関する住民の同意が得られない場合には、移住者への攻撃的な言動やハラスメントが発生しやすくなるなど、町が分断する可能性が高まる。同意の形成を促進するためにも、在来の住民に対する教育・啓発活動が有効な方策となる。

第三に、有機的なコミュニケーションを取ることのできる体制を維持し、歓迎する文化を持続させるためにも、移住者と現地の住民が継続的に関与できる機会を意識的に創出する必要がある。その方策として、i）リエゾンオフィサーを登用し、橋渡し役とすることが有効である。この橋渡し役は、現地住民の側からも、移住者の側からも選出できることが望ましい。また、ii）図書館等で自らの経験を話すことのできる会（「人間図書館」）や祭典などの各種のイベントを開催することは、現地住民と移住者の交流が生まれる機会をもたらす。さらに、iii）日常生活の場面でも交流を続けることが大切である。移住者の居場所（宗教施設など）の設営を積極的に認めたりして、そこを拠点として説明会や交流会を定期的に開催するなどの方策が考えられる。また、iv）議会などで意見表明をする機会を確保するなど、率直に意見を交換できる機会を設けることによって、かえって歓迎する文化の維持が可能になるとともに、移住者の帰属心の醸成にもつながる。

　第四に、移住者の受け入れ事業の推進に対して、政府による資金拠出が必要である。この資金拠出の目的は、まず、i）現地のボランティアを始めとした移住事業に携わる人々が疲弊し、燃え尽きる（バーンアウトする）ことを防ぐことにある。資金拠出がなされることによって、必要な担当職員を雇用するための財源に充てたり、ボランティアの人々に対する資金的な援助も可能になる。各種のイベントや集会を開催する上でも、財源は必要になる。また、ii）資金拠出がないと移住事業の実行に必要な支援インフラを整備することも困難になる。住宅や移動手段、専門的な医療サービス等へのアクセスを整備する上で、現地行政や雇用主が率先して取り組む必要があるのは事実である。しかし、地方自治体の資金だけでは限界があるため、豪州の場合では州政府や連邦政府による資金拠出が有効な方策となる。

　政府による資金援助は、現地自治体の「受け入れ許容能力」の維持と発展を支える。政府による資金援助に際しては、自治体によって置かれた文脈や状況が異なるため、柔軟に運用できる必要がある。資金援助は、競争的資金とせずに、恒常的かつ安定的な資金拠出がなされる形態が適切である。競争的資金とすると、不採択となった際に、移住計画に多大な混乱が生じることに加えて、申請の負担も一部の関係者に集中することになる。また、他の自治体との無用な競争が生じてしまう。

　第9章では、本書の主たる登場人物の一人であるポール・ジョウのライフストーリー分析を行った。難民とはどのような存在なのか、どのような過程で第三国に定住するのか、難民に対する認識を深めるとともに、本書の理解を促進することを意図した。ポールは、1988年におけるビルマの民主化運動にて地域のリーダー格としての役割を担っていたが、ビルマ国軍に追われる身となり、6年間にも及ぶ難民

生活を送ることになった。ポールは、タイとシンガポールでの避難生活を経て、政治難民として豪州に渡航することになった。ポールはラングーン大学出身のエリート層であり、医療従事者としても、カレン人コミュニティのリーダーとしても高く評価されていた。このリーダーとしての素質は、後にカレン人の同胞がパースに受け入れられるときにも、大いに活かされることになった。自らの仲間に就業機会を割り当てるための自助努力の結果として、地方部への移住は進行した。ポールの尽力により、カタニングにカレン人住民が250名近くも定住するようになり、同様にWA州の南端に位置するアルバニーにもカレン人の共同体が出現するに至っている。

2. 人道支援と地域活性化における、革新的な方策としての難民認定者の労働力登用

　難民を労働力として、新しい住民として受け入れて、地域活性化を図る試みは、人道支援策としても地域活性化策としても革新的である。難民認定者を地域社会の対等な住民として迎え入れ、労働者として登用し、高齢化や人口減少の問題に対処するというのは、これまでの既存の難民のイメージやステレオタイプを覆すものではないだろうか。難民は、受け入れられた社会の福祉制度に負担をかけ続ける「社会のお荷物」とみなされることが少なくない。特に、西欧諸国では、難民の受け入れという「負担」を平等に分担するという形で、政策的対応がなされている（第2章を参照）。

　これまでの難民に関する学術研究も、「社会のお荷物」としての難民のイメージを再生産させてきたことは否定できないだろう。先行研究は、外国人労働者（技能移民）の受け入れと難民の受け入れを別個のものとして扱ってきた。そして、研究書でも学術論文でも、ジャーナリストによるルポでも、難民は、出身国でも受け入れ先でも常に疎外され、厄介者扱いされ、誰からもどこからも必要とされず、居場所がなく、時に絶望し、悲嘆に暮れながらも、「希望を胸に前を向く」存在として描かれることがあまりにも多くなかったか。本書では、難民の受け入れを外国人労働力の受け入れの議論と接合するとともに、労働力として、対等な存在として処遇するという難民との新しい向き合い方を描こうと試みた。

　本書の知見に関しては、批判もあり得るだろう。まず、難民認定者が従事するのは、結局は現地住民の敬遠する仕事であり、彼らを「第二次労働市場」に追いやっているのであり、搾取的に処遇しているに過ぎない、とする見解が考えられる。ま

た、旧英国植民地からの難民を連れてくることは、新しい植民地主義や奴隷制ではないかと指摘する向きもあるだろう。国外からの移住者を農村部の労働集約的な部門に従事させておいて、めでたしめでたしとして良いのか、という意見もありうる。

　この見解は一定程度、事実であり、否定するつもりはない。確かに、実際に難民として移住してきた第一世代の年長者は、本書でも検討したように、現地言語の運用能力に課題があり、他の就業先の選択肢が限定される場合がある。日々の生活において、心身の健康や経済的な側面を始めとして、全般的な困難を抱えており、本書で論じてきた支援策を受けながら生活をしている場合もある。しかし、現地調査の際に、自らの労働の成果として、戸建ての住宅や自家用車を所有するなど、現地の豪州人と遜色のない暮らしをしているカレン人に何人も出会ったのも事実である。そして、第二世代では、大学に進学する者も現れている。難民も第二世代になると、現地の言語を習得し、現地人と同じように行動するようになる。一連の支援策と自助努力の結果として、カレン人難民認定者の生活状況は大きく改善できている。第二次労働市場を形成するようなアンダークラスとはなっていない。

　受け入れた難民認定者が就労することによって、社会保障給付金の支給などを通じた援助の必要性は少なくなる。労働を通じて、納税もしてくれるようになる。労働力の提供によって、現地の人手不足も解消される。本人にとっても、自らの生活を統御できているという感覚が高まる。この時点で、もはや難民は「社会のお荷物」ではなくなる。難民認定者が労働市場で活躍するにあたって、継続的な職能訓練や言語教育の機会を具体的に提供し、出身国の専門資格を認定していくなどの必要はある。その上で、キャリアアップへのサポートを継続していけば、差別的な対応とはならないはずである。

3. 日本での外国人労働者への支援策の構想に向けて、豪州の知見をどのように活かせるか

　難民認定者は国外からの移住者のなかでも、最も広範かつ重点的な支援措置が必要である。従って、難民認定者を外国人労働者として受け入れる実践の考察から、外国人労働者の受け入れと支援の在り方を構想するにあたって、何が必要な方策であるかが網羅的に明らかになる。近年、日本ではブルーカラー層を含めた外国人労働者を正面（フロントドア）から受け入れるようになった。序章にて検討したように、豪州では多文化主義に関連した政策が最も充実している。豪州における外国人労働者としての難民の受け入れと支援、労働力としての登用の実践を知ることは、

日本社会における外国人労働者の受け入れと支援実践の構想、さらには受け入れの是非を考えるにあたって、有用な政策的示唆と教訓をもたらす。本書で考察してきた豪州政府の用意している支援内容や諸制度、地域住民等による支援活動は、若干の修正によって、日本で応用可能なものも複数ある。

　日本国内に在留する外国籍の住民数は320万人を超えた。外国籍の住民は1年間で約20万人も増加している。この320万人という数値は、茨城県（282万人）や広島県（279万人）の人口よりも多い。仮に、外国人労働者の受け入れを今後も続けていくのであれば、住民に占める国外出身者の割合は拡大を続けることになる。在来の人口が減少を続ける中で、国外出身者の絶対数が増大していくからである。

　外国人労働者の受け入れは、国民的な議論を伴わずに、なし崩し的に進んでいる。日本経済新聞の世論調査において、「帰国しない定住型の移民の受け入れを肯定するかどうか」に関する設問が設定された。このなかで、受け入れに肯定的な人は26.1%であり、受け入れに否定的な回答が37.5%を占めた。この回答の数値は若年層でも高齢者層でも、全世代でほとんど同じであった（日本経済新聞2022年11月22日）。また、この調査では、「外国人労働者は必要だが、帰国を前提としない定住型の移民の受け入れは慎重であるべきだ」とする意見が目立つと紹介されている。このことは、日本人の間で、一定の割合の人々が定住型の移民には来てほしくないと考えていることを示している。

　外国人労働者を受け入れるということは、人間を受け入れることを意味する。一旦受け入れ、定着した人材は、日本に生活基盤を持つようになる。人間であるから、労働現場の内外で生活をする中で、実質的な家族を形成し、子どもを持つようになる場合もある。特に子どもが生まれた後は、人の移動の容易さは大きく低減する。そして、子どもが成長する過程で、日本語を習得して、学校に通い始めるようになれば、日本社会で生活を続けることが、家族にとっての現実的な選択肢となる。

　日本社会では、外国人労働者や国外出身者を公的に支援する仕組みが存在しない。現在では、国外出身者への支援は、市民団体やボランティアに任されている。外国にルーツを持つ人々の集団やサークルにも、政府からの助成金などは支給されていない。これが日本で「いわゆる移民政策」が実施されていないことの証左となっている。

　何の支援もせずに国外出身の移住者を放置しておく現状よりも、各種の支援策を通じて、現地社会への参加と統合を後押しする制度があった方が、日本での移民問題の発生のリスクを低減できる可能性が高まる。この点は賛否が分かれる論点である。多文化主義を批判する者が主張する論点のひとつに、多文化主義社会は多様な

出自を有する人の生存と文化の維持を認めはするものの、現地住民と移住者の相互の交流がなされず、移住者が放置され続ける結果として、様々なエスニック集団が交流のないまま併存することとなり、社会の分断が進んでしまうという指摘がある。この陥穽を乗り越える試みのひとつにカナダ・ケベック州などで行われる間文化主義の実践がある。「いわゆる移民政策」や多文化主義的な施策の実施をどのように理論的に正当化できるか、どのような運用形態が適切であるのかは、筆者が継続して研究する課題となる。

豪州の農村部における外国人労働者の受け入れの議論において、「受け入れ許容能力」という表現が多用される（第8章を参照）。移住者を受け入れるためには、一定の人的資源やインフラに基づく支援活動が必要であることは、本書で考察した通りである。仮に外国人労働者を受け入れて人手不足を解消し、地域活性化を図ろうとするのであれば、日本の地方部での人口減少がこれ以上進行する前に、実施する必要がある。学校が相次いで閉校してしまった、公共交通機関が廃止になってしまった、空き家が修繕できないほど傷んでしまった、などという状況では、すでに遅い可能性も充分に考えられる。現地住民にとっての課題は、移住者にとっても同じ問題として経験されるからである。

本書で論じた内容は、日本の文脈に即した修正が必要になる。課題先進国である豪州における受け入れ策と定住支援策を意識しながら、移住者の定住と統合に向けた政策を策定し、実地での支援実践を伴いながら受け入れを進めれば、移住者は定住し、地域社会に貢献してくれる可能性が高まる。どのように外国人に権利を与えるか、どの程度のサポートを提供するかは、その国の在り方をどのようにデザインするかということと関わる。現在のように外国人労働者を使い捨て人材として使役するだけならば、市民としての権利を充分に付与せずに、支援もせずに放置するのも、ひとつの政策的な選択肢となる。しかし、地域活性化を図り、人口減少と高齢化を抑止する存在として迎え入れるのであれば、本書で論じてきたように、人間扱いし、対等な存在として処遇する必要が出てくる。

本書で論じてきた各種の定住と統合に向けた支援策を実施しなければ、高齢化や人口減少の対処策としての外国人労働者の受け入れは、とりわけ農村部で実施する場合に、初期段階で頓挫する可能性が高くなる。他の先進国と比べて、日本は、低賃金で、人口急減のさなかにあり、インフラは老朽化し、あらゆることが廃止・凍結・活動停止となっていっている。この状況下で、受け入れる日本社会の側が国外からの移住者を選べる状況ではなくなっている。少なくとも国外出身者の受け入れ策と支援策の体制を整備すること、そのことを対外的に発信していくことが、外国

人労働者に選ばれる国になるための第一歩になるだろう。

謝辞

　本書の研究の遂行にあたっては、本書に登場する方々をはじめ、難民や移民の支援に携わる方々から、多大なご支援を頂いた。豪州の農村で、新しい住民と町のために無私になって頑張るリーダー格の人々（community champions）にお会いでき、お話を伺うことができたことは、私自身にとっても大変啓発的で、前向きな思いになれる経験であった。お話を幾度も伺えただけでなく、eメールでの追加の通信、さらには英訳原稿にコメントまでしてくださる方が複数おられた。日本からの見ず知らずの来訪者である筆者に、ここまで誠実に対応してくださったことに、大変恐縮すると同時に、多大なお手間をおかけすることとなり、申し訳なく思う気持ちで一杯である。

　本書の主要人物の一人であるポール・ジョウとは150通以上のメッセージを重ね、現地でも何日もご一緒させて頂くなど、数えきれない時間を共有して頂いた。これまで研究にご協力頂いた方から、自主的に情報を提供して頂いたりしたことは経験がなかった。また、カレン人の方々と交流させて頂いたことは、筆者にとって大変貴重な経験となった。筆者の研究にご協力を頂いたすべての方々に、心から感謝申し上げる。

　本書は筆者の個人研究であり、委託を受けてなされたものではない。本書は、科学研究費補助金「農村部における難民認定者の労働力登用と定住支援策の考察：豪州カタニングの事例研究」（22K12576、基盤研究C）、ならびに、りそなアジア・オセアニア財団調査研究助成「オーストラリアにおける技能移民の支援策と差別化策」の成果の一部である。出版に際しては、豪州連邦政府・豪日交流基金による出版助成（Australia-Japan Foundation Grants）を頂ける僥倖に恵まれた。記して謝意を表したい。

　最後に、本書を手に取ってくださった読者の方に御礼を申し上げたい。本書にて考察してきた内容は、これからも継続して取り組んでいく課題となる。今後の研究の展開を見守って頂ければ幸いである。なお、本書の記述はすべて筆者に責任があることを最後に記しておきたい。

2024年10月
著者識

初出一覧

※本書の執筆に際して、以下の成果を大幅に改訂し、加筆している。

第 1 章（第 2 節、第 4 節、第 5 節）
小野塚和人 . 2020.「外国人労働者としての難民認定者に対する住宅支援―西オーストラリア州の主要都市部における定住支援策と住宅事情を中心に―」『都市住宅学』（110）pp. 99–107.

第 4 章
小野塚和人 .2023.「コロナ禍のオーストラリアにおける園芸農業部門での労働力不足への対処策―太平洋諸島からの外国人労働者受け入れ制度の考察―」『グローバル・コミュニケーション研究』（13）pp. 135–154.

第 7 章と第 8 章
小野塚和人 . 2021.「オーストラリアの地方部における難民認定者の労働力登用―ビクトリア州ニルにおけるカレン人難民受け入れの事例研究―」『グローバル・コミュニケーション研究』（11）pp. 101–122.

参考文献

※本書でのウェブサイト閲覧日は、すべて 2024 年 3 月 25 日である。

ABARES (Australian Bureau of Agricultural and Resource Economics and Sciences). 2021. *Labour Use in Australian Agriculture: Analysis of Survey Results*. Canberra: ABARES.

ABC (Australian Broadcasting Corporation). 2022. "Background Briefing: The Boss You can't Escape from" *ABC Radio National: Background Briefing*. ABC Broadcasting.（2022 年 2 月 20 日）.

ABC. 2021. "Why don't More Australians Take Up Seasonal Jobs on Farms?." *Landline. ABC News*. ABC Broadcasting.（2021 年 9 月 28 日）.

ABC 2018. "Big Australia: Are We Ready?" *Four Corners*.（2018 年 3 月 14 日）.

ABC. 2015. *Four Corners: Slaving Away*. ABC Broadcasting.（2015 年 5 月 4 日）.

ABC Radio National. 2012. *Lead Us to a Place*.（2012 年 4 月 28 日）.

安倍晋三 . 2018.「衆議院議員奥野総一郎君提出外国人労働者と移民に関する質問に対する答弁書」衆議院答弁第 104 号（2018 年 3 月 9 日）.

ABF (Australian Border Force). 2023. "Crossing the Border: Passenger Movement." URL: https://www.abf.gov.au/entering-and-leaving-australia/crossing-the-border/passenger-movement/advance-passenger-processing

Abkhezr, P., McMahon, M. and Rossouw, P. 2015. "Youth with Refugee Backgrounds in Australia: Contextual and Practical Considerations for Career Counsellors." *Australian Journal of Career Development*. 24 (2) pp. 71–80.

ABS (Australian Bureau of Statistics). 2023a. "1.9% Population Growth Driven by Overseas Migration." URL: https://www.abs.gov.au/media-centre/media-releases/19-population-growth-driven-overseas-migration#:~:text=Australian%20Bureau%20of%20Statistics.,growth%20driven%20by%20overseas%20migration.

ABS. 2023b. "National, State and Territory Population." URL: https://www.abs.gov.au/statistics/people/population/national-state-and-territory-population/jun-2023

ABS. 2022. "Regional Population." URL: https://www.abs.gov.au/statistics/people/population/regional-population/latest-release#capital-cities

ABS. 2021. 2016. 2011. 2006, 2001. *Census Community Profiles* [Katanning, Dalwallinu, Nhill, Outer Regional Western Australia, Outer Regional Victoria, Northern Territory, Victoria, Western Australia, Australia]. Canberra: ABS.

ABS. 2018. *Australian Demographic Statistics, Jun 2018 (3101.0)*. Canberra: ABS.

ABS. 1991. "Rural, Remote and Metropolitan Areas Classification 1991 Census Edition." Canberra: ABS. URL: https://www.pc.gov.au/inquiries/completed/nursing-home-subsidies/submissions/subdr096/subdr096.pdf

ACPMH (Australian Centre for Post-traumatic Mental Health). 2013. *Australian Guidelines for the Treatment of Adults with Acute Stress Disorder and Post-traumatic Stress Disorder*. Melbourne: ACPMH.

Ager, A. and Strang, A. 2008. "Understanding Integration: A Conceptual Framework." *Journal of

Refugee Studies. 21(2) pp. 166–191.
AIHW (Australian Institute of Health and Welfare). 2021. "Older Australians." URL: https://www.aihw.gov.au/reports/older-people/older-australians/contents/demographic-profile
Allport, G. 1958. *The Nature of Prejudice*. New York: Doubleday.
AMES and DAE (Deloitte Access Economics). 2015. *Small Towns Big Returns: Economic and Social Impact of the Karen Resettlement in Nhill*. Melbourne: AMES.
AMES Australia. 2023a. "Workforce Australia: Find a Job and Get Support." URL: https://www.ames.net.au/find-a-job/workforce-australia
AMES Australia. 2023b. "Vocational Education and Training." URL: https://www.ames.net.au/find-a-course/vocational-education-and-training
AMES Australia. 2023c. "Community Support Program Frequently Asked Questions (FAQs)." URL: https://www.ames.net.au/community-support-program/faqs
AMES Australia. 2021. "Livestream from Nhill: Refugee Week Conversations 2021." URL: https://www.youtube.com/watch?v=jzLNfeV7sdU&t=672s
Andersson, R. 2003. "Settlement Dispersal of Immigrants and Refugees in Europe: Policy and Outcomes." *Conference Paper: 6th National Metropolis Conference*. March 20–24, 2003.
Andersson, R. and Solid, D. 2003. "Dispersal Policies in Sweden." Robinson, V. et al. *Spreading the 'Burden'?: A Review of Policies to Disperse Asylum Seekers and Refugees*. Bristol: Policy Press. pp. 65–102.
Andersson, R., Bråmå, Å. and Holmqvist, E. 2010. "Counteracting Segregation: Swedish Policies and Experiences." *Housing Studies*. 25 (2) pp. 237–256.
Ang, I. 2001. *On not Speaking Chinese: Living between Asia and the West*. London: Routledge.
Anwar, S. and Prideaux, B. 2005. "Regional Economic Growth: An Evaluation of the Northern Territory." *Economic Paper*. 24 (3) pp. 194–214.
青山晴美．2001．『もっと知りたいアボリジニ』明石書店．
Armidale Regional Council 2023. "Northern Settlement Services." URL: https://www.armidaleregional.nsw.gov.au/community/community-support/multicultural-services
Arnoldus, M., Dukes, T. and Musterd, S. 2003. "Dispersal Policies in the Netherlands." Robinson, V. et al. *Spreading the 'Burden'?: A Review of Policies to Disperse Asylum Seekers and Refugees*. Bristol: Policy Press. pp. 25–64.
朝日新聞．「消滅の危機、過疎の町が望み託した難民　極右押し寄せ、住民は分断」（2023年3月17日）．
朝日新聞．「『定住制度』のミャンマー難民最多の千葉市　民族・宗派越え支え合い」（2023年2月4日）．
朝日新聞．「『国内避難民』急増、ウクライナは600万人　UNDPが新たな支援」（2023年2月7日）．
浅川晃広．2006．『オーストラリア移民政策論』中央公論事業出版．
アジア福祉教育財団．2005．『オーストラリアにおける第三国定住プログラムによって受け入れられた難民及び庇護申請者等に対する支援状況調査報告』アジア福祉教育財団．
ASRC (Asylum Seeker Resource Centre). 2022. "Albanese Government Fails to Provide

Information on Permanent Protection for Refugees as Temporary Visas Enter Another Year." URL: https://asrc.org.au/2022/09/23/shev-8-year/

ASRC (Asylum Seeker Resource Centre). 2010. "Attitudes towards Asylum Seekers: Findings from the Third Scanlon Foundation Survey." URL: https://asrc.org.au/2010/09/22/attitudes-towards-asylum-seekers-findings-from-the-third-scanlon-foundation-survey/

AWVRB (Albury Wodonga Volunteer Resource Bureau). 2019. *Way2Go Volunteering: Toolkit for Volunteer Managers*. Albury: AWVRB.

Ba Maw. 1968. *Breakthrough in Burma: Memoirs of a Revolution, 1939–1946*. New Haven: Yale University Press.

Baak, M., Johnson, B. and Windle, J. 2022. "University is an Impossible Dream for Most Asylum Seekers." *University World News*.（2022 年 2 月 21 日）URL: https://www.universityworldnews.com/post.php?story=20220221072052836

Bahn, S. 2015. "Managing the Well-being of Temporary Skilled Migrants." *The International Journal of Human Resource Management*. 26 (16) pp. 2102–2120.

Baker, S. ed. 2022. *People from Refugee and Asylum-seeking Backgrounds: An Open Access Annotated Bibliography (4th Edition)*. Sydney: Refugee Education Special Interest Group.

Balen, B. 2014. *Katanning Alive*. URL: https://www.youtube.com/watch?v=Q5-W76-rBnI&t=26s

Ball, R. 2010. "Australia's Pacific Seasonal Worker Pilot Scheme and its Interface with the Australian Horticultural Labour Market: Is It Time to Refine the Policy?" *Pacific Economic Bulletin*. 25 (1) pp. 114–130.

Barrass, T. 2012. "West Wants Willing Workers." *The Australian*.（2012 年 5 月 29 日）

Bartrop, P. 1994. *Australia and the Holocaust 1933–45*. Melbourne: Australian Scholarly Publishing.

Beaman, L. 2012. "Social Networks and the Dynamics of Labor Market Outcomes: Evidence from Refugees Resettled in the U.S." *The Review of Economic Studies*. 79(1) pp. 128–161.

Bearup, G. 2018. "How Refugees Saved a Town." *The Weekend Australian Magazine*.（2018 年 7 月 21 日）.

Beer, A. and Foley, P. 2003. *Housing Need and Provision for Recently Arrived Refugees in Australia*. Melbourne: AHURI (Australian Housing and Urban Research Institute).

Beiser, M. and Hou, F. 2001. "Language Acquisition, Unemployment and Depressive Disorder among Southeast Asian Refugees: A 10-year Study." *Social Science and Medicine*. (53) pp. 1321–1334.

Berg, L. and Farbenblum, B. 2017. *Wage Theft Australia: Findings of the National Temporary Migrant Work Survey (November 2017)*. Sydney: UNSW Migrant Justice Institute.

Bertram, G. 1999. "The MIRAB Model Twelve Years On." *The Contemporary Pacific*. 11 (1) pp. 105–138.

Betram, G. and Watters, R. 1985. "The Mirab Economy in South Pacific Microstates." *Pacific Viewpoint*. 26 (3) pp. 497–519.

Bird, J., Brough, M. and Cox, L. 2012. "Producing Solidarity as a Settlement Strategy: The Lived Experience of the Karen Refugee Community in Brisbane, Australia." *Conference Proceedings*. 7th Annual Joint University of Liverpool Management School and Keele University

IPPM Symposium on Current Developments in Ethnographic Research in the Social and Management Sciences.

Birrell, B. 2003. "Redistributing Migrants: The Labor Agenda." *People and Place*. 11 (4) pp. 15–26.

Birrell, B. 1993. "Ethnic Concentrations: The Vietnamese Experience." *People and Place*. (1) 3 pp. 26–32.

Birrell, B. and Healy, E. 1997. "Globalisation and Temporary Entry." *People and Place*. 5 (4) pp. 43–55.

Birrell, B., Hawthorne, L. and Richardson, S. 2006. *Evaluation of the General Skilled Migration Categories*. Canberra: Department of Immigration and Multicultural Affairs.

Black, E. 2018. "What is Capital Gains Tax and How to Calculate it." *Real Estate Australia Group Website*. URL: https://www.realestate.com.au/advice/what-is-capital-gains-tax/

Blainey, G. 1994. "Melting Pot on the Boil." *The Bulletin*. （1994 年 8 月 30 日）. pp. 22–27.

Blainey, G. 1993. "A Critique of Indo-Chinese in Australia: The Issues of Unemployment and Residential Concentration." *BIPR Bulletin*. (9) pp. 42–45.

Blakeney, M. 1985. *Australia and the Jewish refugees, 1933–1948*. Sydney: Croom Helm Australia.

Bloch, A. 2004. *Making it Work: Refugee Employment in the UK. Asylum and Migration Working Paper 2*. London: Institute for Public Policy Research.

Bloch, A. 2000. "Refugee Settlement in Britain: The Impact of Policy on Participation." *Journal of Ethnic and Migration Studies*. 26 (1) pp. 75–88.

Boese, M. 2023. "Migrant and Refugee Retention in Regional Australia at the Intersection of Structure and Agency." *International Migration and Integration*. (24) pp. 1145–1166.

Boese, M. 2015. "The Roles of Employers in the Regional Settlement of Recently Arrived Migrants and Refugees." *Journal of Sociology*. 51(2) pp. 401–416.

Boese, M. 2010. "Challenging Current Policy Rationales of Regionalizing Immigration." *Australian Political Science Association Conference 2010 Conference Paper*. Australian Political Science Association. pp. 1–15.

Boese, M. and Philips, M. 2017. "The Role of Local Government in Migrant and Refugee Settlement in Regional and Rural Australia." *Australian Journal of Social Issues*. (52) pp. 388–404.

Boochani, B. 2018. *No Friend but the Mountains: Writing from Manus Prison*. Sydney: Pan Macmillan Australia.

Borjas, G. 2016. *We Wanted Workers: Unraveling the Immigration Narrative*. New York: W.W. Norton.

Boswell, C. 2003. "Burden-Sharing in the European Union: Lessons from the German and UK Experience." *Journal of Refugee Studies*. 16 (3) pp. 316–335.

Bottoms, T. 2013. *Conspiracy of Silence*. Sydney: Allen and Unwin.

Bracks, S. 2003. "An Outward-looking Population Policy for Australia." Vizard, S., Martin, H. and Watts, T. eds. *Australia's Population Challenge*. Victoria: Penguin Books. pp. 39–43.

Brennan, F. 2003. *Tampering with Asylum: A Universal Humanitarian Problem*. St Lucia: University of Queensland Press.

Briggs, L. 2011. "Demoralization and Psychological Distress in Refugees: From Research to

Practice." *Social Work in Mental Health*. 9 (5) pp. 336–345.

Broadbent, R., Cacciattolo, M. and Carpenter, C. 2007. *An Evaluation of Refugee Relocation in Swan Hill and Warrnambool: Final Report*. Melbourne: VicHealth and Victoria University.

Brueckner, M. and Ross, D. 2010. *Under Corporate Skies: A Struggle between People, Place and Profit*. Fremantle: Fremantle Press.

Buchanan, Z., Abu-Rayaa, H., Kashima, E., Paxton, S. and Sam, D. 2018. "Perceived Discrimination, Language Proficiencies, and Adaptation: Comparisons between Refugee and Non-refugee Immigrant Youth in Australia." *International Journal of Intercultural Relations*. (63) pp. 105–112.

Buckmaster, L. 2017. *The National Disability Insurance Scheme: A Quick Guide*. Canberra: Parliamentary Library.

Buckmaster, L. 2012. *Australian Government Assistance to Refugees: Fact Versus Fiction*. Canberra: Parliamentary Library.

Buckmaster, L. and Clark, S. 2018. *The National Disability Insurance Scheme: A Chronology*. Canberra: Parliamentary Library.

Burge, M. 2023. "I'm Armidaleian: Ezidi Refugees Put Down New Roots in New England." *The Guardian*. （2023 年 5 月 7 日）. URL: https: //www.theguardian.com/australia-news/2023/may/07/im-armidaleian-ezidi-refugees-put-down-new-roots-in-new-england

Burnley, I. and Murphy, P. ed. 2004. *Sea Change: Movement from Metropolitan to Arcadian Australia*. Sydney: UNSW Press.

Butcher, K., Biggs, B., Leder, K., Lemoh, C., O'Brien, D. and Marshall, C. 2013. "Understanding of Latent Tuberculosis, its Treatment and Treatment Side Effects in Immigrant and Refugee Patients." *BMC Research Notes*. 6 (1) pp. 1–8.

Campbell, I., Tranfaglia, M., Tham, J. and Boese, M. 2019. "Precarious Work and the Reluctance to Complain: Italian Temporary Migrant Workers in Australia." *Labour & Industry: A Journal of the Social and Economic Relations of Work*. 29 (1) pp. 98–117.

Campbell, I. and Tham, J. 2013. "Labour Market Deregulation and Temporary Migrant Labour Schemes: An Analysis of the 457 Visa Program." *Australian Journal of Labour Law*. 25 (3) pp. 1–45.

Carr, R. 2012. "The Safe Haven Visa Policy: A Compassionate Intervention with Cruel Intentions." *Australian Policy and History Essay*. URL: https: //aph.org.au/2017/11/the-safe-haven-visa-policy-a-compassionate-intervention-with-cruel-intentions/

Carrington, K. and Hogg, R. 2011. "Benefits and Burdens of the Mining Boom for Rural Communities." *Human Rights Defender*. 20 (2) pp. 9–12.

Caruana, S., Kelly, H., DeSilva, S., Chea, L., Nuon, S., Saykao, P., Bak, N. and Biggs, B. 2007. "Knowledge about Hepatitis and Previous Exposure to Hepatitis Viruses in Immigrants and Refugees from the Mekong Region." *Australian and New Zealand Journal of Public Health*. 29 (1) pp. 64–68.

Castles, S., Hugo, G. and Vasta, E. 2013. "Rethinking Migration and Diversity in Australia." *Journal of Intercultural Studies*. 34 (2) pp. 115–121.

CFA (Country Fire Authority). 2018. "CFA Karen Fire Safety Online: Prevention is Better Than Cure." URL: https: //www.youtube.com/watch?v=dFIC2QS6J9Q

CGTN (China Global Television Network). 2018. "Benefits of an Open Door: Myanmar Refugees Boost Economy in Australian Town." URL: https: //news.cgtn.com/news/794d444f7749446 4776c6d636a4e6e62684a4856/share_p.html

Cheshire, L. and Lawrence, G. 2005. "Neoliberalism, Individualisation and Community: Regional Restructuring in Australia." *Social Identities*. 11(5) pp. 435–445.

Chiang, L. and Hsu, J. 2006. "Locational Decisions and Residential Preferences of Taiwanese Immigrants in Australia." *GeoJournal*. 64 (1) pp. 75–89.

千葉県. 2022.「Q&A 福祉・子育て：社会福祉協議会はどのような事業をしているのですか。また、連絡先を教えてください。」URL: https: //www.pref.chiba.lg.jp/kenshidou/faq/023.html

Cheung, S. and Phillimore, J. 2013. "Refugees, Social Capital, and Labour Market Integration in the UK." *Sociology*. 48 (3) pp. 518–536.

Choi, J. and Najar, U. 2017. "Immigrant and Refugee Women's Resourcefulness in English Language Classrooms: Emerging Possibilities through Plurilingualism." *Literacy and Numeracy Studies: An International Journal in the Education and Training of Adults*. 25 (1) pp. 20–37.

Cigler, M. 1983. *The Czechs in Australia*. Melbourne: AE Press.

Cigler, M. 1977. "The Historical Development of Czechoslovak Immigration to Australia." *Ethnic Studies*. 1 (2) pp. 29–39.

Clark, D. and Connolly, M. 1997. "The Worldwide Market for Skilled Migrants: Can Australia Compete?" *International Migration Review*. 31(3) pp. 670–693.

Clarke, J. and Clarke, J.R. 2010. "High Educational Aspirations as a Barrier to Successful University Participation: Learning from the Sudanese Student Experience." *Proceedings of the 9th Conference of the New Zealand Bridging Educators*. University of Wellington. pp. 41–55.

Clarke, M., Yussuf, A. and Magan, M. ed. 2019. *Growing Up African in Australia*. Melbourne: Black Inc.

Cleary, P. 2012. *Mine-field: The Dark Side of Australia's Resources Rush*. Collingwood, Vic: Black Inc.

Clibborn, S. and Wright, C. 2018. "Employer Theft of Temporary Migrant Workers Wages in Australia: Why Has the State Failed to Act?" *Economics and Labour Relations Review*. 29 (2) pp. 207–227.

Coates, B., Sherrell, H. and Mackey, W. 2022a. *Fixing Temporary Skilled Migration: A Better Deal for Australia*. Melbourne: Grattan Institute.

Coates, B., Wiltshire, T. and Reysenbach, T. 2022b. *Australia's Migration Opportunity: How Rethinking Skilled Migration can Solve Some of Our Biggest Problems*. Melbourne: Grattan Institute.

Codrington, R., Iqbal, A. and Segal, J. 2011. "Lost in Translation? Embracing the Challenges of Working with Families from a Refugee Background." *Australian and New Zealand Journal of Family Therapy*. 32 (2) pp. 129–143.

Colic-Peisker, V. 2003a. *Bosnian Refugees in Australia: Identity, Community and Labour Market Integration*. Geneva: UNHCR Policy and Evaluation Unit.

Colic-Peisker, V. 2003b. *European Refugees in (White) Australia: Identity, Community and Labour Market Integration*. Canberra: National Europe Centre, Australian National University.

Colic-Peisker, V. 2002. "The Process of Community and Identity Building among Recently Arrived Bosnian Muslim Refugees in Western Australia." *Mots Pluriels*. (21) URL: https://motspluriels.arts.uwa.edu.au/MP2102vcp.html

Colic-Peisker, V. and Tilbury, F. 2007. *Refugees and Employment: The Effect of Visible Difference on Discrimination*. Perth: Centre for Social and Community Research.

Colic-Peisker, V. and Tilbury, F. 2006. "Employment Niches for Recent Refugees: Segmented Labour Market in Twenty-first Century Australia." *Journal of Refugee Studies*. 19 (2) pp. 203–229.

Colic-Peisker, V. and Walker, I. 2003. "Human Capital, Acculturation and Social Identity: Bosnian Refugees in Australia." *Journal of Community and Applied Social Psychology*. (13) pp. 337–360.

Collins, A. 2013. "Katanning Volunteer Receives Citizenship Award." *ABC Radio*.（2013 年 1 月 30 日）.

Committee of Inquiry into the Temporary Entry of Business People and Highly Skilled Specialists. 1995. *Business Temporary Entrants: Future Directions*. Canberra: AGPS.

Connell, C., Bedford, M. and Hind, R. 2019. "Successful Mingoola Refugee Settlement Program on Hold as African Families Move Away." *ABC News*.（2019 年 8 月 11 日）. URL: https://www.abc.net.au/news/2019-08-11/rural-nsw-school-set-to-close-doors-as-drought-wears-on/11387410

Correa-Velez, I., Gifford, S. and McMichael, C. et al. 2017. "Predictors of Secondary School Completion Among Refugee Youth 8 to 9 Years After Resettlement in Melbourne, Australia." *International Migration & Integration*. (18) pp. 791–805.

Correa-Velez, I., Spaaij, R. and Upham, S. 2012. "'We Are Not Here to Claim Better Services than Any Other': Social Exclusion among Men from Refugee Backgrounds in Urban and Regional Australia." *Journal of Refugee Studies*. 26 (2) pp. 163–186.

Cowling, M., Anderson, J. and Ferguson, R. 2019. "Prejudice-relevant Correlates of Attitudes towards Refugees: A Meta-analysis." *Journal of Refugee Studies*. 32 (3) pp. 502–524.

Cox, D. 1996. *Understanding Australian Settlement Services*. Canberra: Australian Government Publishing Service.

Cresciani, G. 2003. *The Italians in Australia*. Cambridge: Cambridge University Press.

Crowther, S. 2019. *Working with Asylum Seekers and Refugees: What to Do, What not to Do, and How to Help*. London: Jessica Kingsley Publishers.

CRSA (Community Refugee Sponsorship Australia). 2023a. "Frequently Asked Questions." URL: https://refugeesponsorship.org.au/community-hub/our-programs-faq/

CRSA. 2023b. "Community Refugee Integration and Settlement Pilot (CRISP) Settlement Guidebook for Community Supporter Groups in the Community Refugee Integration & Settlement Pilot (CRISP)." URL: https://refugeesponsorship.org.au/wp-content/uploads/2023/01/CRISP-Settlement-Guidebook-5-January-2023.pdf

CRSA. 2021. "Community Refugee Integration and Settlement Pilot (CRISP)." URL: https://

refugeesponsorship.org.au/what-we-do/crisp/

Curry, O., Smedley, C. and Lenette, C. 2018. "What is 'Successful' Resettlement? Refugee Narratives from Regional New South Wales in Australia." *Journal of Immigrant & Refugee Studies*. 16 (4) pp. 430–448.

CVWPM (Commonwealth-Victoria Working Party on Migration). 2004. *Final Report of Commonwealth-Victoria Working Party on Migration*. Melbourne: CVWPM.

DAFF (Department of Agriculture, Fisheries and Forestry). 2023. "Agricultural Shows and Field Days." URL: https: //www.agriculture.gov.au/agriculture-land/farm-food-drought/infrastructure/ag-shows

Damm, A. 2014. "Neighborhood Quality and Labor Market Outcomes: Evidence from Quasi-Random Neighborhood Assignment of Immigrants." *Journal of Urban Economics*. (79) pp. 139–166.

Damm, A. 2009. "Ethnic Enclaves and Immigrant Labor Market Outcomes: Quasi-Experimental Evidence." *Journal of Labor Economics*. 27 (2) pp. 281–314.

Davidson, G., Murray, K. and Schweitzer, R. 2008. "Review of Refugee Mental Health and Wellbeing: Australian Perspectives." *Australian Psychologist*. 43 (3) pp. 160–174.

Davidson, N., Skull, S., Chaney, G., Frydenberg, A., Isaacs, D., Kelly, P., Lampropoulos, B., Raman, S., Silove, D., Buttery, J., Smith, M., Steel, Z. and Burgner, D. 2004a. "Comprehensive Health Assessment for Newly Arrived Refugee Children in Australia." *Journal of Paediatrics and Child Health*. 40 (9–10) pp. 562–568.

Davidson, N., Skull, S., Burgner, D., Kelly, P., Raman, S. and Silove, D. 2004b. "An Issue of Access: Delivering Equitable Health Care for Newly Arrived Refugee Children in Australia." *Journal of Paediatric Child Health*. (40) pp. 569–575.

DC (Department of Community, Government of Western Australia). 2023a. "Housing Options: Bond Assistance Loans." URL: https: //www.wa.gov.au/organisation/department-of-communities/housing-options-bond-assistance-loans

DC. 2023b. "Applying for Rental Accommodation." URL: https: //www.wa.gov.au/system/files/2023-07/sd100_applying_for_rental_a5_brochure_web.pdf

De Anstiss, H., Savelsberg, H. and Ziaian, T. 2019. "Relationships in a New Country: A Qualitative Study of the Social Connections of Refugee Youth Resettled in South Australia." *Journal of Youth Studies*. 22 (3) pp. 346–362.

De Anstiss, H. and Ziaian, T. 2010. "Mental Health Help-seeking and Refugee Adolescents: Qualitative Findings from a Mixed-methods Investigation." *Australian Psychologist*. 45 (1) pp. 29–37.

De Giola, K. 2011. "'It's Really Important for Them to Feel Comfortable within the Classroom': Teachers' Experiences of Refugee Children Transitioning into School." *AARE 2011 Conference Proceedings*. pp. 1–13

De Heer, N., Due, C., Riggs, D. and Augoustinos, M. 2016."It will be Hard because I will have to Learn Lots of English': Experiences of Education for Children Newly Arrived in Australia." *International Journal of Qualitative Studies in Education*. 29 (3) pp. 297–319.

De Maio, J., Silbert, M., Jenkinson, R. and Smart, D. 2014. "Building a New Life in Australia: Introducing the longitudinal Study of Humanitarian Migrants." *Family Matters*. (94) pp. 5–14.

Demographia. 2010. "6th Annual Demographia International Housing Affordability Survey: 2010." URL: http://www.demographia.com/dhi-ix2005q3.pdf

Devetak, R. 2004. "In Fear of Refugees: The Politics of Border Protection in Australia." *The International Journal of Human Rights*. 8 (1) pp. 101–109.

DH (Department of Housing, Government of Western Australia). 2010. *Affordable Housing Strategy 2010–2020: Opening Doors to Affordable Housing*. Perth: DH.

DHA (Department of Home Affairs). 2024. "Investor Stream." URL: https://immi.homeaffairs.gov.au/visas/getting-a-visa/visa-listing/business-innovation-and-investment-188/investor-stream#Eligibility

DHA. 2023a. "Our Programs." URL: https://www.homeaffairs.gov.au/about-us/our-portfolios/multicultural-affairs/programs

DHA. 2023b. "Adult Migrant English Program (AMEP): Be Taught English for Free." URL: https://immi.homeaffairs.gov.au/settling-in-australia/amep/about-the-program

DHA. 2023c. "Settlement Engagement and Transition Support (SETS): Community Capacity Building." URL: https://immi.homeaffairs.gov.au/settling-in-australia/sets-program/sets-community-capacity-building

DHA. 2023d. "Humanitarian Settlement Program (HSP)." URL: https://immi.homeaffairs.gov.au/settling-in-australia/humanitarian-settlement-program/about-the-program

DHA. 2023e. "Global Special Humanitarian Visa: When You Have This Visa." URL: https://immi.homeaffairs.gov.au/visas/getting-a-visa/visa-listing/global-special-humanitarian-202#When

DHA. 2023f. "Global Special Humanitarian Visa." URL: https://immi.homeaffairs.gov.au/visas/getting-a-visa/visa-listing/global-special-humanitarian-202#About

DHA. 2023g. "Community Support Program (CSP)." URL: https://immi.homeaffairs.gov.au/what-we-do/refugee-and-humanitarian-program/community-support-program/overview

DHA. 2023h. "Helping Refugees." URL: https://immi.homeaffairs.gov.au/settling-in-australia/helping-refugees/get-involved/community-refugee-integration-settlement

DHA. 2023i. "Community Sponsorship Reforms." URL: https://immi.homeaffairs.gov.au/settling-in-australia/settlement-policy-and-reform/community-sponsorship-reforms

DHA. 2023j. "Skilled Migration Program: Recent Changes." URL: https://immi.homeaffairs.gov.au/what-we-do/skilled-migration-program/recent-changes/new-horticulture-industry-labour-agreement

DHA. 2023k. "Working Holiday Maker (WHM) Program: Specified Work and Conditions." URL: https://immi.homeaffairs.gov.au/visas/getting-a-visa/visa-listing/work-holiday-417/specified-work

DHA. 2023l. "Nominating a Position: Labour Agreements." URL: https://immi.homeaffairs.gov.au/visas/employing-and-sponsoring-someone/sponsoring-workers/nominating-a-position/

labour-agreements/industry-labour-agreements

DHA. 2023m. "Settlement Engagement and Transition Support (SETS) Program." URL: https://immi.homeaffairs.gov.au/settling-in-australia/sets-program

DHA. 2023n. "Labour Agreement Stream." URL: https://immi.homeaffairs.gov.au/visas/getting-a-visa/visa-listing/skilled-employer-sponsored-regional-494/labour-agreement-stream

DHA. 2023o. "Employer Sponsored Stream." URL: https://immi.homeaffairs.gov.au/visas/getting-a-visa/visa-listing/skilled-employer-sponsored-regional-494/employer-sponsored-stream

DHA. 2022a. "Australia's Offshore Humanitarian Program: 2021–22." URL: https://www.homeaffairs.gov.au/research-and-stats/files/australia-offshore-humanitarian-program-2021-22.pdf

DHA. 2022b. "Community Sponsorship Reforms: Review of Australia's Community Support Program." URL: https://immi.homeaffairs.gov.au/settling-in-australia/coordinator-general-for-migrant-services/community-sponsorship-reforms

DHA. 2022c. "Humanitarian Settlement Program (HSP): Service Providers." URL: https://immi.homeaffairs.gov.au/settling-in-australia/humanitarian-settlement-program/service-providers

DHA. 2022d. "2021–22 Humanitarian Program Outcomes." URL: https://www.homeaffairs.gov.au/research-and-stats/files/australia-offshore-humanitarian-program-2021-22-glance.pdf

DHA. 2021a. *Permanent Migration Program (Skilled & Family) Outcomes Snapshot Annual Statistics Program Years 2011–12 to 2020–21.* Canberra: DHA.

DHA. 2021b. "2020–21 Humanitarian Program Outcomes." URL: https://www.homeaffairs.gov.au/research-and-stats/files/australia-offshore-humanitarian-program-2020-21-glance.pdf

DHA. 2020a. "Refugee and Humanitarian Program." URL: https://immi.homeaffairs.gov.au/what-we-do/refugee-and-humanitarian-program

DHA. 2020b. *2018–19 Migration Program Report: Program Year to 30 June 2019.* Canberra: DHA.

DHA. 2020c. "2019–20 Humanitarian Program Outcomes." URL: https://www.homeaffairs.gov.au/research-and-stats/files/australia-offshore-humanitarian-program-2019-20-glance.pdf

DHA. 2019a. *Australia's Offshore Humanitarian Program: 2018–2019.* Canberra: DHA.

DHA. 2019b. "Delivery of the Humanitarian Settlement Program." URL: https://www.anao.gov.au/work/performance-audit/delivery-the-humanitarian-settlement-program

DHA. 2019c. "Explore Visa Options for Working in Australia." URL: https://immi.homeaffairs.gov.au/visas/getting-a-visa/visa-finder/work

DHA. 2019d. "Australian Cultural Orientation (AUSCO) Program." URL: https://immi.homeaffairs.gov.au/settling-in-australia/ausco

DHA and DSS (Department of Social Services). 2019. *Delivery of the Humanitarian Settlement Program. Auditor General Report 17. 2019–2020.* Canberra: Australian National Audit Office.

DIAC (Department of Immigration and Citizenship). 2012. *Skilled Occupation List (SOL): Schedule 1.* Canberra: DIAC.

DIAC. 2011. *State-specific and Regional Migration.* Canberra: DIAC.

DIAC. 2009. *Annual Report: 2008–2009.* Canberra: DIAC.

DIAC. 2007. *Regional Settlement Digest – 30 July 2007.* Canberra: DIAC.

DIG (Disability Investment Group). 2009. *The Way Forward: A New Disability Policy Framework for Australia*. Canberra: Dept of Families, Housing, Community Services and Indigenous Affairs.

DIMA (Department of Immigration and Multicultural Affairs). 2006. *Australian Immigration Fact Sheet: 97. Humanitarian Settlement in Regional Australia*. Canberra: DIMA

DIMIA (Department of Multicultural and Indigenous Affairs). 2005a. *Analysis of the Skilled Designated Area Sponsored Subclass*. Canberra: DIMIA.

DIMIA. 2005b. *DIMIA 2005–6 Humanitarian Program Discussion Paper*. Canberra: DIMIA.

DIMIA. 2003. *Report of the Review of Settlement Services for Migrations and Humanitarian Entrants*. Canberra: DIMIA.

Doherty, B. 2021. "Coalition Slashes Costs for Sponsoring Refugees as New Resettlement Scheme Hailed as 'Watershed Moment'." *The Guardian*. (2021 年 12 月 18 日). URL: https://www.theguardian.com/australia-news/2021/dec/18/coalition-slashes-costs-for-sponsoring-refugees-as-new-resettlement-scheme-hailed-as-watershed-moment

Dooley, K.T. and Thangaperumal, P. 2011. "Pedagogy and Participation: Literacy Education for Low-literate Refugee Students of African Origin in a Western School System." *Language and Education*. 25 (5) pp. 385–397.

DSS (Department of Social Services). 2023. "Guides to Social Policy Law Social Security Guide: 3.2.1.35 Move to Area of Lower Employment Prospects for JSP, YA and SpB Recipients." URL: https://guides.dss.gov.au/social-security-guide/3/2/1/35

DSS. 2020. "Housing Support: The National Rental Affordability Scheme." URL: https://www.dss.gov.au/our-responsibilities/housing-support/programmes-services/national-rental-affordability-scheme

DSS. 2019. "Waiting Period for Welfare Payments for New Migrants." URL: https://www.dss.gov.au/sites/default/files/documents/06_2019/newly-arrived-residents-waiting-period-english.pdf

DSS. 2018. *Settlement Engagement and Transition Support Client Services Guidelines*. Canberra: DSS.

DSS. 2016. *AUSCO Australian Cultural Orientation Program: Activity Book*. Canberra: DSS

Duncan, G. 2007. "Refugee Resettlement in Regional Australia." *Albury NSW 9th National Rural Health Conference Proceedings*. pp. 1–11.

Duncan, G. and Shepherd, M. 2009. *Working with Refugees: A Manual for Caseworkers and Volunteers*. Wagga Wagga: Rural Clinical School, University of New South Wales.

Dunn, K. 1993. "The Vietnamese Concentration in Cabramatta: Site of Avoidance and Deprivation, or Island of Adjustment and Participation?" *Australian Geographical Studies*. 31(2) pp. 228–245.

Dunn, K., Forrest, J., Burnley, I. and McDonald, A. 2004. "Constructing Racism in Australia." *Australian Journal of Social Issues*. 39 (4) pp. 409–430.

DVA (Department of Veterans' Affairs). 2020. "Rent Assistance for Social Security Age Pensioners." URL: https://www.dva.gov.au/factsheet-is75-renting-and-rent-assistance-social-security-age-pensioners

Dyer, P., Aberdeen, L. and Schuler, S. 2003. "Tourism Impacts on an Australian Indigenous Community: A Djabugay Case Study." *Tourism Management*. 24 (1) pp. 83–95.

Dyregrov, K., Dyregrov, A. and Raundalen, M. 2000. "Refugee Families' Experience of Research Participation." *Journal of Traumatic Stress*. (13) 3 pp. 413–426.

Earnest, J., Mansi, R., Bayati, S. and Thompson, S. 2015. "Resettlement Experiences and Resilience in Refugee Youth in Perth, Western Australia." *BMC Research Notes*. 8 (236) pp. 1–10.

Earnest, J., Joyce, A., De Mori, G. and Silvagni, G. 2010a. "Are Universities Responding to the Needs of Students from Refugee Backgrounds?" *Australian Journal of Education*. 54 (2) pp. 155–174.

Earnest, J., De Mori, G. and Timler, A. 2010b. *Strategies to Enhance the Well-being of Students from Refugee Backgrounds in Universities in Perth, Western Australia*. Perth: Centre for International Health, Curtin University of Technology.

Earnest, J. and DeMori, G. 2008. "Needs Analysis of Refugee Students at a Western Australian University: A Case Study from Curtin University." *Refereed Proceedings of the Australian Association for Research in Education Conference. Brisbane, Australia*. pp. 2–13.

Earnest, J., Housen, T. and Gillieatt, S. 2007. *Adolescent and Young Refugee Perspectives on Psychosocial Well-being*. Perth: Centre for International Health, Curtin University of Technology.

Eckert, F., Hejlesen, M. and Walsh, C. 2022. "The Return to Big-city Experience: Evidence from Refugees in Denmark." *Journal of Urban Economics*. (130). 103454.

Edin, P., Fredriksson, P. and Aslund, O. 2003. "Ethnic Enclaves and the Economic Success of Immigrants: Evidence from a Natural Experiment." *The Quarterly Journal of Economics*. 118 (1) pp. 329–357.

Edura. 2023. "Australia International Student Statistics." URL: https://erudera.com/statistics/australia/australia-international-student-statistics/

Eklund, E. 2015. "Mining in Australia: An Historical Survey of Industry-community Relationships." *The Extractive Industries and Society*. 2 (1) pp. 177–188.

EY (Ernst & Young). 2020. *Seasonal Horticulture Labour Demand and Workforce Study: Public Report September 2020*. Sydney: EY.

Farrell, P. and McDonald, A. 2022. "Just One in 13,000 Refugees have been Resettled from a Regional Visa Program." *ABC News*. （2022 年 3 月 31 日）. URL: https://www.abc.net.au/news/2022-03-31/one-in-13000-refugees-resettled-from-a-regional-visa-program/100927932

Ferfolja, T. and Vickers, M. 2010. "Supporting Refugee Students in School Education in Greater Western Sydney." *Critical Studies in Education*. 51 (2) pp. 149–162.

Ferguson, J. 2020. "Nhill is $105m the Richer for Taking Refugees." *The Australian*. （2020 年 2 月 15 日）.

FGF (Five Good Friends). 2023. "Disability Support Pension and NDIS: What's the Difference?" URL: https://www.fivegoodfriends.com.au/blog/disability-support-pension-and-ndis-whats-the-difference#:~:text=The%20disability%20support%20pension%20is,medical%20rules%20to%20be%20eligible.

Fiddian-Qasmiyeh, E., Loescher, G., Long, K. and Sigona, N. 2014. *The Oxford Handbook of Refugee and Forced Migration Studies*. Oxford: Oxford University Press.

Fitzpatrick, S. 2021. *White Russians, Red Peril: A Cold War History of Migration to Australia*. Carlton:

La Trobe University Press.

Flatau, P., Smith, J., Carson, G., Miller, J., Burvill, A. and Brand, R. 2015. *The Housing and Homelessness Journeys of Refugees in Australia*. Melbourne: AHURI.

Flatau, P., Colic-Peisker, V., Bauskis, A., Maginn, P. and Buergelt, P. 2014. *Refugees, Housing, and Neighbourhoods in Australia*. Melbourne: AHURI.

Fleming, K. 2015. "World Comes to Call Dalwallinu Home." *The West Australian*.（2015 年 4 月 12 日）.

Foley, M. 2020. "Unemployed Australians won't Fill Gaps in Agriculture Workforce: Farmers." *Sydney Morning Herald*.（2020 年 8 月 3 日）.

Forbes, D., Creamer, M., Phelps, A., Bryant, R., McFarlane, A., Devilly G., Matthews, L., Raphael, B., Doran, C., Merlin, T. and Newton, S. 2007. "Australian Guidelines for the Treatment of Adults with Acute Stress Disorder and Post-traumatic Stress Disorder." *Australian & New Zealand Journal of Psychiatry*. 41(8) pp. 637–648.

Forde, N. 2020. "Annette Creek Working Closely with Local Nhill Communities to Foster Connections." *Queen Victoria Women's Centre Website*. URL: https://www.qvwc.org.au/community/annette-creek-working-closely-with-local-nhill-communities-to-foster-connection

Forrest, J. and Dunn, K. 2007. "'Core' Culture Hegemony and Multiculturalism." *Ethnicities*. 6 (2) pp. 203–230.

Fozdar, F. and Banki, S. 2017. "Settling Refugees in Australia: Achievements and Challenges." *International Journal of Migration and Border Studies*. 3 (1) pp. 43–66.

Fozdar, F. and Hartley, L. 2013. "Refugee Resettlement in Australia: What We Know and Need to Know." *Refugee Survey Quarterly*. 32 (3) pp. 23–51.

Freeman, G. and Jupp, J. 1992. *Nations of Immigrants. Australia, the United States and International Migration*. Melbourne: Oxford University Press.

Frisch, M. 1975. "Überfremdung." *Öffentlichkeit als Partner*. Frankfurt am Main: Suhrkamp Verlag.

藤岡伸明．2022.「オーストラリアの『人手不足産業』における新型コロナウイルス感染症の影響」オーストラリア学会（関西学院大学、2022 年 6 月 19 日）．

藤岡伸明．2017.『若年ノンエリート層と雇用・労働システムの国際化―オーストラリアのワーキングホリデー制度を利用する日本の若者のエスノグラフィー―』福村出版．

FWO (Fair Work Commission). 2021. "Summary of Decision (3 November 2021): Application to Vary the Horticulture Award 2021." URL: https://www.fwc.gov.au/documents/documents/awardmod/variations/2020/am2020104-2021fwcfb5554summary-fwc-031121.pdf

Galligan, B., Boese, M., Philips, M. and Kearton, A. 2011. "Boosting Regional Settlement of Migrants and Refugees in Australia: Policy Initiatives and Challenges." *Proceedings of Australian Political Studies Association 2011 Conference*. pp. 1–15.

Galligan, B., Henry-Waring, M., Boese, M. and Phillips, M. 2014. *Resettling Visible Migrants and Refugees in Rural and Regional Australia*. Melbourne: University of Melbourne.

Gately, N., Ellis, S., Britton, K. and Fleming, T. 2017. "Understanding and Overcoming Barriers: Learning Experiences of Undergraduate Sudanese Students at an Australian University."

International Journal of Higher Education. 6 (2) pp. 121–132.

Garnier, A. 2014. "Migration Management and Humanitarian Protection: The UNHCR's 'Resettlement Expansionism' and its Impact on Policy-making in the EU and Australia." *Journal of Ethnic and Migration Studies.* 40 (6) pp. 942–959.

玄田有史．2023．「就職氷河期とその前後の世代について―雇用・賃金等の動向に関する比較―」『ISS Discussion Paper Series　J-245』東京大学社会科学研究所．

Gerritsen, R. 2010. "A Post-colonial Model for North Australian Political Economy: The Case of the Northern Territory." Gerritsen, R. ed. *North Australian Political Economy: Issues and Agendas.* Darwin: Charles Darwin University Press.

Ghezelbash, D. 2023. "Changes to Temporary Protection Visas are Welcome - and won't Encourage People Smugglers." Sydney: UNSW. URL: https://www.unsw.edu.au/news/2023/02/changes-to-temporary-protection-visas-are-welcome---and-won-t-en

Gleeson, B. 2006. *Australian Heartlands: Making Space for Hope in the Suburbs.* Sydney: Allen and Unwin.

Golebiowska, K. 2016. "Are Peripheral Regions Benefiting from National Policies Aimed at Attracting Skilled Migrants? Case Study of the Northern Territory of Australia." *Journal of International Migration and Integration.* 17 (3) pp. 947–971.

Golebiowska, K. 2012. "Intergovernmental Collaboration in Immigration, Settlement and Integration Policies for Immigrants in Regional Areas of Australia." *e-Politikon.* (1) pp. 121–152.

Golebiowska, K., Amani E. and Withers, G. 2016. "Responding to Negative Public Attitudes towards Immigration through Analysis and Policy: Regional and Unemployment Dimensions." *Australian Geographer.* 47 (4) pp. 435–453.

Gottwald, M. 2014. "Burden Sharing and Refugee Protection." Fiddian-Qasmiyeh, E. et al. eds. *The Oxford Handbook of Refugee and Forced Migration Studies.* Oxford: Oxford University Press.

Gray, K. and Irwin, E. 2013. "Pathways to Social Inclusion: The Participation of Refugee Students in Higher Education." *Proceedings of the National Association of Enabling Educators of Australia Conference.* pp. 1–11.

Gray, I. and Lawrence, G. 2001. *A Future for Regional Australia: Escaping Global Misfortune.* Cambridge: Cambridge University Press.

Gregory, R. 2015. "The Two-step Australian Immigration Policy and its Impact on Immigrant Employment Outcomes." *Handbook of the Economics of International Migration.* Vol. 1. pp. 1421–1443.

Griffiths, J., Laffan. W. and Jones, A. 2010. *Factors that Influence Skilled Migrants Locating in Regional Areas.* Canberra: DIAC.

GWA (Government of Western Australia). 2020. *Technical Guidelines: Lift Specification.* Perth. GWA.

GWADE (Government of Western Australia. Department of Education). 2023. "English Centres for Primary and Secondary Students." URL: https://www.education.wa.edu.au/dl/1jg8q6d

Hage, G. 2003. *Against Paranoid Nationalism: Searching for Hope in a Shrinking Society.* Annandale, NSW: Pluto Press.

Hage, G. 1998. *White Nation: Fantasies of White Supremacy in a Multicultural Society*. Annandale, NSW: Pluto Press.

Hajdu, J. 2005. *Samurai in the Surf: The Arrival of the Japanese on the Gold Coast in the 1980s*. Canberra: Pandanus Books.

Hajkowicz, S., Heyenga, S. and Moffat, K. 2011. "The Relationship between Mining and Socio-economic Wellbeing in Australia's Regions." *Resources Policy*. (36) pp. 30–38.

Hampton, S. 2022. "WorkSafe Investigating after WAMMCO International Meatworks Worker Dies in Katanning." *Perth Now (The West Australian)*. (2022 年 12 月 11 日).

Hannah, J. 1999. "Refugee Students at College and University: Improving Access and Support." *International Review of Education*. 45 (2) pp. 153–166.

Harper, M. and White, R. 2010. *Symbols of Australia*. Sydney: UNSW Press.

Harris, A., Spark, C. and Watts, M. 2015. "Gains and Losses: African Australian Women and Higher Education." *Journal of Sociology*. 51 (2) pp. 370–384.

Harris, V. and Marlowe, J. 2011. "Hard Yards and High Hopes: The Educational Challenges of African Refugee University Students in Australia." *International Journal of Teaching and Learning in Higher Education*. 239 (3) pp. 186–196.

Harris, V., Chi, M. and Spark, C. 2013. "'The Barriers that Only You Can See': African Australian Women Thriving in Tertiary Education Despite the Odds." *Generos: Multidisciplinary Journal of Gender Studies*. 2 (2) pp. 182–202.

Harris, V., Marlowe, J. and Nyuon, N. 2015. "Rejecting Ahmed's 'Melancholy Migrant': South Sudanese Australians in Higher Education." *Studies in Higher Education*. 40 (7) pp. 1226–1238.

Hartley, L. and Pedersen, A. and Dandy, J. 2012. "Attitudes Towards Asylum Seekers: Evaluating a Mature-aged Community Education Programme." *Race Equality Teaching*. 30 (1) pp. 34–38.

Harvey, D. 2005. *A Brief History of Neoliberalism*. Oxford: Oxford University Press.

Hatoss, A. and Huijser, H. 2010. "Gendered Barriers to Educational Opportunities: Resettlement of Sudanese Refugees in Australia." *Gender and Education*. 22 (2) pp. 147–160.

Hatoss, A., O'Neill, S. and Eacersall, D. 2012. "Career Choices: Linguistic and Educational Socialization of Sudanese-background High-school Students in Australia." *Linguistics and Education*. (23) pp. 16–30.

Hattam, R. and Every, D. 2010. "Teaching in Fractured Classrooms: Refugee Education, Public Culture, Community and Ethics." *Race, Ethnicity & Education*. 13 (4) pp. 409–424.

Hawke, A. 2021. "Enhanced Support for Refugee Settlement and Integration." URL: https://minister.homeaffairs.gov.au/AlexHawke/Pages/enhanced-support-for-refugee-settlement-and-integration.aspx

Hawkins, F. 1991. *Critical Years in Immigration: Canada and Australia Compared*. Kingston: McGill-Queen's University Press.

Haydar, N. 2023. "Thousands of Refugees to be Granted Permanent Visas as Labor Moves to Fulfil Election Promise." *ABC News*. (2023 年 2 月 12 日). URL: https://www.abc.net.au/news/2023-02-12/refugees-visa-temporary-protection-labor-election-promise/101963764

Head, M. 1999. "The Kosovar and Timorese 'Safe Haven' Refugees." *Alternative Law Journal*. 24 (6) pp. 279–283

Hebbani, G., Obijiofor, L. and Bristed, H. 2012. "Acculturation Challenges That Confront Sudanese Former Refugees in Australia." *Journal of Intercultural Communication*. (28) pp. 1–19.

Heidenreich, C. 2022. "Community Sponsorship of Refugees (CRISP)." URL: https://www.lca.org.au/community-sponsorship-of-refugees-crisp/

Hewagodage, V. and O'Neill, S. 2010. "A Case Study of Isolated NESB Adult Migrant Women's Experience Learning English: A Sociocultural Approach to Decoding Household Texts." *International Journal of Pedagogies and Learning*. 6 (1) pp. 23–40.

Higgins, C. 2017. *Asylum by Boat: Origins of Australia's Refugee Policy*. Sydney: New South Publishing.

Higgins, C. 2009. *Offshore Refugees: Settlement Experiences of Humanitarian Arrivals in Victoria*. Melbourne: Department of Parliamentary Services.

Hill, E., Withers, M. and Jayasuriya, R. 2018. *The Pacific Labour Scheme and Transnational Family Life: Policy Brief. Markets, Migration, and the Work of Care*. Sydney: UNSW Social Policy Research Centre.

Hirsch, A., Hoang, K. and Vogi, A. 2019. "Australia's Private Refugee Sponsorship Program: Creating Complementary Pathways or Privatising Humanitarianism?" *Refuge: Canada's Journal on Refugees*. 35(2) pp. 110–123.

Hirsch, A. and Maylea, C. 2016. "Education Denied: People Seeking Asylum and Refugees Trapped in Limbo." *New Community*. 14 (3) pp. 19–24.

Hirsch, A. 2015. *Barriers to Education for People Seeking Asylum and Refugees on Temporary Visas*. Collingwood, Vic: Refugee Council of Australia.

Hoang, K. 2018. "Lessons from History: The Community Refugee Settlement Scheme. Community Refugee Sponsorship Australia." URL: https://refugeesponsorship.org.au/lessons-from-history-the-community-refugee-settlement-scheme/

Hodge, B. and O'Carroll, J. 2006. *Borderwork in Multicultural Australia*. Crows Nest: Allen & Unwin.

Howe, J., Clibborn, S., Reilly, A., van den Broek, D. and Wright, C. 2019. *Towards a Durable Future: Tackling Labour Challenges in the Australian Horticulture Industry*. Adelaide: University of Adelaide.

Howes, S. 2020. "Pacific Labour Mobility in the Media Spotlight." *ANU Devpolicy Blog*. Canberra: ANU (Australian National University) Crawford School of Public Policy. (2020年6月19日). URL: https://devpolicy.org/pacific-labour-mobility-in-the-media-spotlight/

Howes, S. 2018. "Satisfied Seasonal Workers." *ANU Devpolicy Blog*. Canberra: ANU Crawford School of Public Policy. (2018年4月3日). URL: https://devpolicy.org/satisfied-seasonal-workers-20180403/

Hughes, C. and Scott, R. 2013. "A Career Intervention for Humanitarian Entrant Students: An Example." *Australian Journal of Career Development*. 22 (3) pp. 130–138.

Hugo, G. 2014. "Skilled Migration in Australia: Policy and Practice." *Asian and Pacific Migration Journal*. 23 (4) pp. 375–396.

Hugo, G. 2013. "The Economic Contribution of Humanitarian Settlers in Australia." *International Migration.* 52 (2) pp. 31–52.

Hugo, G. 2010. *Regional Development through Immigration: The Reality behind the Rhetoric.* Canberra: Parliamentary Library.

Hugo, G. 2008a. "Australia's State-Specific and Regional Migration Scheme: An Assessment of its Impacts in South Australia." *Journal of International Migration and Integration.* 9 (2) pp. 125–145.

Hugo, G. 2008b. "Immigrant Settlement Outside of Australia's Capital Cities." *Population, Space and Place.* 14 (6) pp. 553–571.

Hugo, G. 2006. "Temporary Migration and the Labour Market in Australia." *Australian Geographer.* 37 (2) pp. 211–231.

Hugo, G. 2004. *A New Paradigm of International Migration: Implications for Migration Policy and Planning in Australia.* Canberra: Parliamentary Library.

Hugo, G. 1999a. "A New Paradigm of International Migration in Australia." *New Zealand Population Review.* (25) pp. 1–39.

Hugo, G. 1999b. *Regional Development Through Immigration? The Reality Behind the Rhetoric. Research Paper 9.* Canberra: Parliamentary Library.

Hugo, G., Khoo, S. E. and McDonald, P. 2006. "Attracting Skilled Migrants to Regional Areas: What Does it Take." *People and Place.* 14 (3) pp. 26–36.

Hynes, P. 2011. *The Dispersal and Social Exclusion of Asylum Seekers: Between Liminality and Belonging.* Bristol: Bristol University Press.

飯笹佐代子．2018.「オーストラリアのボートピープル政策とバリ・プロセスの展開」『国際政治』（190）pp. 97–113.

飯笹佐代子．2015.「豪州の『対ボートピープル戦争』―変幻自在で脱領土化する排除の『境界』―」『21世紀東アジア社会学』（7）pp. 35–49.

Imig, S., Sellars, M. and Fischetti, J. 2022. *Creating Spaces of Wellbeing and Belonging for Refugee and Asylum-seeker Students: Skills and Strategies for School Leaders.* Abingdon: Routledge.

Iqbal, N., Joyce, A., Russo, A. and Earnest, J. 2012. "Resettlement Experiences of Afghan Hazara Female Adolescents: A Case Study from Melbourne, Australia." *International Journal of Population Research.* Online Article. URL: https: //www.hindawi.com/journals/ijpr/2012/868230/

Isaacs, M. 2017. *The Undesirables: Inside Nauru.* Richmond, Vic: Hardie Grant Books.

Isaacs, M. 2016. *Nauru Burning: The Story Behind a Riot.* Canberra: Editia.

Jackson, L. 2022. "Vanuatu Government Launches Inquiry into Labour Schemes after Testimony from Workers in Australia ...." *The Guardian.*（2022 年 2 月 23 日）.

Jamal al-deen, T. 2019. "Agency in Action: Young Muslim Women and Negotiating Higher Education in Australia." *British Journal of Sociology of Education.* 40 (5) pp. 598–613.

Jarvis, J. and Pladdy, S. 2018. *Report on the Availability of a Humanitarian Migrant Workforce in Regional Western Australia.* Margaret River: RRR Network.

Jay, E. 1992. *'Keep them in Birmingham': Challenging Racism in South-west England.* London:

Commission for Racial Equality.

Jordan, K., Krivokapic-Skoko, B. and Collins, J. 2010. "Immigration and Multicultural Place-Making in Rural and Regional Australia." Luck, G., Race, D. and Black, R. ed. *Demographic Change in Australia's Rural Landscapes: Implications for Society and the Environment*. Collingwood, Vic: Springer.

Jordens, A. 2012. *Hope: Refugees and their Supporters in Australia since 1947*. Ultimo, NSW: Halstead Press.（= 加藤めぐみ訳．2018.『希望 オーストラリアに来た難民と支援者の語り―多文化国家の難民受け入れと定住の歴史―』明石書店）．

Jordens, A. 1997. *Alien to Citizen: Settling Migrants in Australia, 1945–75*. St. Leonards, NSW: Allen & Unwin.

Joyce, A., Earnest, J., De Mori, G. and Silvagni, G. 2010. "The Experiences of Students from Refugee Backgrounds at Universities in Australia: Reflections on the Social, Emotional, and Practical Challenges." *Journal of Refugee Studies*. 23 (1) pp. 82–97.

Joyce, L. and Liamputtong, P. 2017. "Acculturation Stress and Social Support for Young Refugees in Regional Areas." *Children and Youth Services Review*. (77) pp. 18–26.

Jupp, J. 2018. *An Immigrant Nation Seeks Cohesion: Australia from 1788*. New York: Anthem Press.

Jupp, J. 2007. *From White Australia to Woomera: The Story of Australian Immigration*. Cambridge: Cambridge University Press.

Jupp, J. 1998. *Immigration* (Second Edition). Melbourne: Oxford University Press.

Jupp, J., McRobbie, A. and York, B. 1990. *Metropolitan Ghettos and Ethnic Concentrations Vol. I and II*. Wollongong: Centre for Multicultural Studies.

Kagi, J. and Warriner. J. 2019. "Public Housing Average Wait Time Falls in WA, but Some Urgent Cases are Still Taking Almost a Year." *ABC News*.（2019 年 11 月 6 日）URL: https://www.abc.net.au/news/2019-11-06/single-mother-jamie-spent-six-years-waiting-for-public-housing/11674170

Kaldor Centre (Andrew and Renata Kaldor Centre for International Refugee Law). 2020. *Factsheet: Complementary Refugee Pathways: Private and Community Refugee Sponsorship*. Sydney: UNSW.

Kandasamy, N. and Soldatic, K. 2018. "Implication for Practice: Exproring the Impacts of Government Contracts on Refugee Settlement Services in Rural and Urban Australia." *Australian Social Work*. 71 (1) pp. 111–119.

Karlsen, E. 2016. *Refugee Resettlement to Australia: What are the Facts?* Canberra: Parliamentary Library.

Keddie, A. 2011. "Supporting Minority Students through a Reflexive Approach to Empowerment." *British Journal of Sociology of Education*. 32 (2) pp. 221–238.

Khoo, S., Voigt-Graf, C., McDonald, P. and Hugo, G. 2007. "Temporary Skilled Migration to Australia: Employers' Perspectives." *International Migration*. 45 (4) pp. 175–201.

Khoo, S., Voigt-Graf, C., Hugo, G. and McDonald, P. 2003. "Temporary Skilled Migration to Australia: The 457 Visa Sub-class." *People and Place*. 11 (4) pp. 27–40.

Kilpatrick, S., Johnson, L., King, T., Jackson, R. and Jatrana, S. 2013. "Making Connections in a Regional City: Social Capital and the Primary Social Contract." *Journal of Sociology*. 51 (2) pp. 207–220.

Klocker, N., Trenerry, B. and Webster, K. 2011. *How does Freedom of Religion and Belief Affect Health and Wellbeing?* Carlton: VicHealth.

国連UNHCR協会. 2023.「活動地域　シリア」URL: https://www.japanforunhcr.org/activity-areas/syria

Kong, E., Harmsworth, S., Rajaeian, M., Parkes, G., Bishop, S., Mansouri, B. and Lawrence, J. 2016. "University Transition Challenges for First Year Domestic CALD Students from Refugee Backgrounds: A Case Study from an Australian Regional University." *Australian Journal of Adult Learning*. 56 (2) pp. 170–197.

Koziol, M. 2019. "Government Wants Half of New Refugees to be Settled in 'Regional' Australia by 2022." *Sydney Morning Herald*.（2019年11月22日）.

Kunz, E. 1988. *Displaced Persons: Calwell's New Australians*. Canberra: ANU Press.

Kunz, E. 1975. *The Intruders: Refugee Doctors in Australia*. Canberra: ANU Press.

La Cava, G., Leal, H. and Zurawski, A. 2017. *Housing Accessibility for First Home Buyers*. Canberra: Reserve Bank of Australia.

Lamba, N. 2003. "The Employment Experiences of Canadian Refugees: Measuring the Impact of Human Social Capital on Quality of Employment." *Canadian Review of Sociology and Anthropology*. 40 (1) pp. 45–64.

Larkins, A. 2021. *Findings of the Review of the Community Support Program*. Canberra: DHA.

Larsen, G. 2013a. *Family Migration to Australia. Parliamentary Library Research Paper Series 2013-2014*. Canberra: Parliamentary Library.

Larsen, G. 2013b. *The Subclass 457 Visa: A Quick Guide*. Canberra: Parliamentary Library.

Lawson, L. 2014. "'I Have to be My Own Mother and Father': The African Student Experience at University: A Case Study Using Narrative Analysis." *The Australasian Review of African Studies*. 35 (1) pp. 59–74.

Lenette, C. 2016. "University Students from Refugee Backgrounds: Why Should We Care?" *Higher Education Research and Development*. 35 (6) pp. 1311–1315.

Lintner, B. 1994. *Burma in Revolt: Opium and Insurgency since 1948*. Chiang Mai: Silkworm Books.

Losoncz, I. 2017a. "The Connection Between Racist Discourse, Resettlement Policy and Outcomes in Australia." *Social Alternatives*. 36 (1) pp. 37–42.

Losoncz, I. 2017b. "Goals without Means: A Mertonian Critique of Australia's Resettlement Policy for South Sudanese Refugees." *Journal of Refugee Studies*. 30 (1) pp. 47–70.

Lyas, S. and van der Waag, J. 2015. "Many Voices - One Story: A Case Study of Community Development and Engagement in a Rural Town." URL: http://2015.segra.com.au/segra10CD/presentations/wednesday/concurrents/LyasvanderWaagpwt.pdf

Lyas, S., van der Waag, J., Pritchard, R. and Beck, C. 2012. "A Case Study of Katanning: Innovation for Cultural Dividend." Kinnear, S., Charters, K. and Vitartas, P. *Regional Advantage and Innovation: Achieving Australia's National Outcomes*. Heidelberg: Physica-Verlag. pp. 217–231.

Macrotrends. 2023. "Australia Crime Rate and Statistics 1990–2023." URL: https://www.

macrotrends.net/countries/AUS/australia/crime-rate-statistics

Maertens, A. and Taylor, A. 2018. "Improving Population Retention in Northern Australia: Clues from German-born Territorians." *Australian Population Studies*. 2 (1) pp. 39–51.

Major, J., Wilkinson, J., Langat, K. and Santoro, N. 2013. "Sudanese Young People of Refugee Background in Rural and Regional Australia: Social Capital and Education Success." *Australian and International Journal of Rural Education*. 23 (3) pp. 95–105.

Mansouri, F., Jenkins, L., Morgan, L. and Taouk, M. 2009. *The Impact of Racism Upon the Health and Wellbeing of Young Australians*. Melbourne: Foundation for Young Australians.

Marcus, A., Jupp, J. and McDonald, P. 2009. *Australia's Immigration Revolution*. Sydney: Allen & Unwin.

Mares, P. 2018. *No Place Like Home: Repairing Australia's Housing Crisis*. Melbourne: Text Publishing.

Mares, P. 2017. "The 457 Visa is Dead! Long Live the TSS?" *Inside Story*. （2014 年 4 月 20 日）. URL: https://insidestory.org.au/the-457-visa-is-dead-long-live-the-tss/

Mares, P. 2016. *Not Quite Australian: How Temporary Migration is Changing the Nation*. Melbourne: Text Publishing.

Mares, P. 2013. "457s and Temporary Migration: The Bigger Picture." *Inside Story*. （2013 年 6 月 26 日）. URL: https://insidestory.org.au/457s-and-temporary-migration-the-bigger-picture/

Mares, P. 2001. *Borderline: Australia's Treatment of Refugees and Asylum Seekers*. Sydney: UNSW Press.

Margaret Piper and Associates. 2009. *Regional Humanitarian Settlement Pilot: Ballarat- Report of an Evaluation Undertaken by Margaret Piper and Associates for the Department of Immigration and Citizenship*. Canberra: DIAC.

Margaret Piper and Associates. 2008. *Regional Humanitarian Settlement Pilot: Mount Gambier- Report of an Evaluation Undertaken by Margaret Piper and Associates for the Department of Immigration and Citizenship*. Canberra: DIAC.

Margaret Piper and Associates. 2007. *Shepparton Regional Humanitarian Settlement Pilot: Summary Report of an Evaluation Undertaken by Margaret Piper and Associates for the Department of Immigration and Citizenship*. Canberra: DIAC.

Markus, A. 2011. "Attitudes to Multiculturalism and Cultural Diversity." Jupp, J. and Clyne, M. eds. *Multiculturalism and Integration: A Harmonious Relationship*. Canberra: ANU E Press. pp. 89–100.

Markus, A. 2001. *Race: John Howard and the Remaking of Australia*. Crows Nest, NSW: Allen & Unwin.

Markus, A., Jupp, J. and McDonald, P. 2009. *Australia's Immigration Revolution*. Crows Nest, NSW: Allen & Unwin.

Marr, D. and Wilkinson, M. 2003. *Dark Victory*. Crows Nest, NSW: Allen & Unwin.

Matthews, J. 2008. "Schooling and Settlement: Refugee Education in Australia." *International Studies in Sociology of Education*. 18 (1) pp. 31–45.

Mayes, R., McDonald, P. and Pini, B. 2014. "'Our' Community: Corporate Social Responsibility, Neoliberalisation, and Mining Industry Community Engagement in Rural Australia." *Environment and Planning A: Economy and Space*. 46 (2) pp. 398–413.

Maylea, C. and Hirsch, A. 2018. "Social Workers as Collaborators? The Ethics of Working Within Australia's Asylum System." *Ethics and Social Welfare*. 12 (2) pp. 160–178.

Mayne, J., Lowrie, D. and Wilson, J. 2016. "Occupational Experiences of Refugees and Asylum Seekers Resettling in Australia: A Narrative Review." *OTJR: Occupation, Participation and Health*. 36 (4) pp. 204–215.

MCA (Migration Council Australia). 2013. *More than Temporary: Australia's 457 Program*. Canberra: MCA.

McAdam, J. and Chong, F. 2019. *Refugee Rights and Policy Wrongs: A Frank, Up-To-date Guide by Experts*. Sydney: New South Publishing.

McCormack, C. 2016. *A Tiny Country Town's Unlikely Refugee Success Story*. Sydney: Amnesty International Australia.

McCrindle. 2015. *Future of Sydney Report*. Sydney: McCrindle.

McDonald, B., Gifford, S., Webster, K., Wiseman, J. and Casey, S. 2008. *Refugee Resettlement in Regional and Rural Victoria: Impacts and Policy Issues*. Melbourne: Vic Health.

McDonald-Wilmsen, B., Gifford, S., Webster, K., Wiseman, J. and Casey, S. 2009. "Resettling Refugees in Rural and Regional Australia: Learning from Recent Policy and Program Initiatives." *The Australian Journal of Public Administration*. 68 (1) pp. 97–111.

McHugh, S. 2019. *The Snowy: A History*. Sydney: New South Publishing.

McMichael, C., Gifford, S. and Correa-Velez, I. 2011. "Negotiating Family, Navigating Resettlement: Family Connectedness amongst Resettled Youth with Refugee Backgrounds Living in Melbourne, Australia." *Journal of Youth Studies*. 14 (2) pp. 179–195.

Melnyczuk, L. 2012. *Silent Memories, Traumatic Lives: Ukrainian Migrant Refugees in Western Australia*. Welshpool, WA: Western Australian Museum.

毛受敏浩. 2018.「日本の労働を誰が支えるのか」日本記者クラブ. URL: https: //youtu.be/2tYwaq4bdvI

毛受敏浩. 2017.『限界国家―人口減少で日本が迫られる最終選択―』朝日新聞出版.

Menz, G. 2009. *The Political Economy of Migration Management*. Oxford: Oxford University Press.

Metcalfe, S. 2010. *The Pacific Solution*. North Melbourne: Australian Scholarly Publishing.

Migrant Workers Centre. and Unions NSW. 2022. "Working for $9 a Day: Wage Theft & Human Rights Abuses on Australian Farms." URL: https: //www.migrantworkers.org.au/9_a_day

Miller, E., Ziaian, T., Baak, M. and De Anstiss, H. 2021. "Recognition of Refugee Students' Cultural Wealth and Social Capital in Resettlement." *International Journal of Inclusive Education*. pp. 1–18.

Miller, E., Ziaian, T. and Esterman, A. 2018. "Australian School Practices and the Education Experiences of Students with a Refugee Background: A Review of the Literature." *International Journal of Inclusive Education*. 22 (4) pp. 339–359.

Miller, J. 2011. "Teachers' Work in Culturally and Linguistically Diverse Schools." *Teachers and Teaching*. 17 (4) pp. 451–466.

Miller, J. 2009. "Teaching Refugee Learners with Interrupted Education in Science: Vocabulary, Literacy and Pedagogy." *International Journal of Science Education*. 31 (4) pp. 571–592.

Miller, J. and Windle, J. 2010. "Second Language Literacy: Putting High Needs ESL Learners in the Frame." *English in Australia*. 45 (3) pp. 31–40.

Miller, J., Windle, J. and Yazdanpanah, L. 2014. "Planning Lessons for Refugee-Background Students: Challenges and Strategies." *International Journal of Pedagogies and Learning*. 9 (1) pp. 38–48.

Miller, J., Mitchell, J. and Brown, J. 2005. "African Refugees with Interrupted Schooling in the High School Mainstream: Dilemmas for Teachers." *Prospect*. 20 (2) pp. 19–33.

Miller, K. 1999. "Rethinking a Familiar Model: Psychotherapy and the Mental Health of Refugees." *Journal of Contemporary Psychotherapy*. (29) pp. 283–304.

Molla, T. 2022. "Preparing African Students with Refugee Backgrounds for Transition: School Practices." *Australian Journal of Education*. 66 (1) pp. 5–25.

Molla, T. 2021. "Educational Aspirations and Experiences of Refugee-background African Youth in Australia: A Case Study." *International Journal of Inclusive Education*. 25 (8) pp. 877–895.

Momartin, S., Steel, Z., Coello, M., Aroche, J., Silove, M. and Brooks, R. 2006. "A Comparison of the Mental Health of Refugees with Temporary Versus Permanent Protection Visas." *Medical Journal of Australia*. (185) pp. 357–361.

Moolay Ta Loh. n.d. *Moolay's Story*. Katanning: Read Write Now.

Moon, S. 2022. "Albury Wodonga's Bhutanese Community Farm is Full of Produce and Cross-cultural Conversations." *ABC News*.（2022年2月3日）URL: https://www.abc.net.au/goulburnmurray/programs/breakfast/more-families-accessing-albury-wodongas-bhutanese-garden/13739036

森谷康文．2016．「オーストラリアの難民定住支援施策における新自由主義の影響に関する一考察」『移民政策研究』（8）pp. 43–54.

森恭子．2017．「オーストラリアの難民支援体制の最近の動向と諸問題」『生活科学研究』（39）pp. 261–267.

Morris, A. 2018. "The Financialisation of Housing and the Housing Affordability Crisis in Sydney." *Housing Finance International*. Summer 2018. pp. 63–69.

Morrison, I. 1947. *Grandfather Longlegs: The Life and Gallant Death of Major H. P. Seagrim*. London: Faber & Faber.

Mungai, N. 2013. "Resettling Refugees in Rural Areas: Africans, Burmese, Bhutanese and Afghans in the Riverina NSW, Australia." Ragsa, A. ed. *Rural Lifestyles, Community Well-being, and Social Change*. Sharjah: Bentham Science Publishers. pp. 145–205.

Mupenzi, A. 2018. "Educational Resilience and Experiences of African Students with a Refugee Background in Australian Tertiary Education." *Australasian Review of African Studies*. 39 (2) pp. 122–150.

永吉希久子．2020．『移民と日本社会―データで読み解く実態と将来像―』中央公論新社．

Naidoo, L. 2021. "Traversing the Terrain of Higher Education: Experiences of Refugee Youth on the Inside." *International Journal of Inclusive Education*. 25 (5) pp. 182–195.

Naidoo, L. 2015. "Educating Refugee-background Students in Australian Schools and Universities." *Intercultural Education*. 26 (3) pp. 210–217.

Naidoo, L. 2012. "Refugee Action Support: Crossing Borders in Preparing Pre-service Teachers for

Literacy Teaching in Secondary Schools in Greater Western Sydney." *International Journal of Pedagogies and Learning*. 7 (3) pp. 266–274.

Naidoo. L. 2011. "What Works?: A Program of Best Practice for Supporting the Literacy Needs of Refugee High School Students." *Literacy Learning: The Middle Years*. 19 (1) pp. 29–38.

Naidoo, L. 2010. "Engaging the Refugee Community of Greater Western Sydney." *Issues in Educational Research*. 20 (1) pp. 47–56.

Naidoo, L. 2009. "Developing Social Inclusion through After-school Homework Tutoring: A Study of African Refugee Students in Greater Western Sydney." *British Journal of Sociology of Education*. 30 (3) pp. 261–273.

Naidoo, L. and Adoniou, M. 2019. "'I Speak 19 Languages': Accessing the Linguistic and Cultural Resources of Students from Refugee Backgrounds." *The European Journal of Applied Linguistics and TEFL*. 8 (1) pp. 111–130.

Naidoo, L., Wilkinson, J., Langat, K., Adoniou, M., Cuneen, R. and Bolger, D. 2015. *Case Study Report: Supporting School-University Pathways for Refugee Students' Access and Participation in Tertiary Education*. Sydney: University of Western Sydney.

内閣官房．2022.「就職氷河期世代支援策の実施状況と今後の取組について」内閣官房就職氷河期世代支援推進室．

内閣府．2021.「第1章　高齢化の状況」『令和2年版高齢社会白書』内閣府．

Naylor, R., Terry, L., Rizzo, A., Nguyen, N. and Mifsud, N. 2021. "Structural Inequality in Refugee Participation in Higher Education." *Journal of Refugee Studies*. 34 (2) pp. 2142–2158.

NDIS Act 2013. "National Disability Insurance Scheme Act 2013." URL: https://www.legislation.gov.au/C2013A00020/latest/text

NDIS Australia. 2020. "Webinar: How to Get the Most Out of Your NDIS Plan." URL: https://www.youtube.com/watch?v=XuFWxMXkG4o

根本敬．2014.『物語　ビルマの歴史―王朝時代から現代まで―』中央公論新社．

根本敬．1996.『アウン・サン―封印された独立ビルマの夢―』岩波書店．

Neumann, K., Gifford, S., Lems, A. and Scherr, S. 2014. "Refugee Settlement in Australia: Policy, Scholarship and the Production of Knowledge, 1952–2013." *Journal of Intercultural Studies*. 35 (1) pp. 1–17.

Neutze, G. 1963. "Decentralisation Dialogue." *Current Affairs Bulletin*. 31 (8) pp. 115–127.

Newman, A., Nielsen, I., Smyth, R., Hirst, G., Dunwoodie, K., Kemp, H. and Nugent, A. 2018. *A Guide for Employers Supporting Access to Employment for People from a Refugee or Asylum-Seeking Background*. Melbourne: Deakin University.

Newsmonth. 2018. "Young Teachers Priced Out of Sydney Housing Market." *Newsmonth*. 38 (2) p. 5.

NHK. 2023.「"みんな疲れ切っている"ウクライナからの避難民807万人超に」（2023年2月20日）URL: https://www3.nhk.or.jp/news/html/20230220/k10013985581000.html

NHK. 2020.「宝塚の衝撃！　倍率400倍」（2020年1月8日）URL: https://www.nhk.or.jp/politics/articles/feature/28279.html

NSW Government. 2023. "Multicultural Education: Intensive English Centres." URL: https://

education.nsw.gov.au/teaching-and-learning/curriculum/multicultural-education/english-as-an-additional-language-or-dialect/new-arrivals-program/intensive-english-centres

NSW Refugee Health Services and STARTTS. 2004. *Working with Refugees: A Guide for Social Workers*. Sydney: NSW Refugee Health Services and STARTTS.

Neumann, K. 2016. *The Settlement of Refugees in Australia: A Bibliography* (8th rev. ed.). Melbourne: Swinburne Institute for Social Research.

Neumann, K. 2015. *Across the Seas: Australia's Response to the Refugees – A History*. Collingwood, Vic: Black Inc.

日本経済新聞．「外国人と交流『ない』8割、居住割合高い59市町村」（2024年2月12日）.

日本経済新聞．「外国人労働者、長期就労型に転換　特定技能2号大幅拡大」（2023年6月9日）.

日本経済新聞．「外国人労働改革　古川元法相『転職、3年未満で容認を』キーパーソンに聞く　笹川事務局長『滞在家族へ日本語教育機関を整備』」（2023年5月23日）.

日本経済新聞．「外国籍児8000人超『不就学の可能性』　22年、減少傾向」（2023年4月22日）.

日本経済新聞．「男女1000人アンケート、縮小ニッポン、私たちの本音、定住型の移民、抵抗感強く」（2022年11月22日）.

日本経済新聞．「人間力を社会で磨く　大学改革シンポジウム『ポストコロナの学び舎づくり』学生の心のケア必須」（2022年2月24日）.

農林水産省．1997．「我が国における農村地域の位置づけ」URL: https://www.maff.go.jp/j/study/nouson_kihon/pdf/data_nouson2.pdf

Nowell, L. 2019a. *Settling Sustainably: Ten Years of Refugee Settlement at Nhill, in Western Victoria*. Melbourne: AMES Australia.

Nowell, L. 2019b. "Refugee Settlement at Nhill: Ten Years On" *AMES News*.（2019年4月5日）. URL: https://amesnews.com.au/lead-story/refugee-settlement-at-nhill-ten-years-on/

Oliver, M. 2012. "Standing Up, Reaching Out, and Letting Go: Experiences of Resilience and School Engagement for African High Schoolers from Refugee Backgrounds." *Australasian Review of African Studies*. 33 (1) pp. 151–164.

OMI (Office of Multicultural Interests, Government of Western Australia) . 2023a. "Harmony Week." URL: https://www.omi.wa.gov.au/events-and-training/harmony-week

OMI. 2023b. "Community Grants Program." URL: https://www.omi.wa.gov.au/funding/community-grants-program

OMI. 2022. "Community Grants Program." URL: https://www.omi.wa.gov.au/docs/librariesprovider2/cgp/funding-guidelines-omi-community-grants-program---festivals.pdf?sfvrsn=2507a5c7_13

小野塚和人．2020a．「外国人労働者としての難民認定者に対する住宅支援　―西オーストラリア州の主要都市部における定住支援策と住宅事情を中心に―」『都市住宅学』（110）pp. 99–107.

小野塚和人．2020b．「住宅価格の高騰にみるオーストラリアの経済環境と移民政策」関根政美他編『オーストラリア多文化社会論』法律文化社．pp. 212–225.

小野塚和人・小野塚亮．2020．「オーストラリアの超長距離通勤論争において解明の必要な

課題はなにか—国内主要紙における新聞記事表象の定量的・定性的分析—」『オーストラリア研究』（33）pp. 52–68.

小野塚和人. 2013.「観光地ケアンズの生成と日本企業—イメージ戦略をめぐる政治過程と地域社会変動—」一橋大学大学院社会学研究科　博士論文．

小野塚和人. 2011.「観光地ケアンズの生成と日本企業—イメージ戦略をめぐる政治過程と地域社会変動—」『オーストラリア研究』（24）pp. 40–55.

Onozuka, K. 2018. "Going Somewhere? Going Nowhere? Examination of Nobuaki Fujioka's Analysis of the Australia–Japan Working Holiday Maker Programme from an Interdisciplinary Perspective." *Journal of Asia-Pacific Studies*. (34) pp. 151–166.

O'Regan, S. 2015. "Bhutanese Refugee Community Thriving in Regional Australia." *SBS News*. (2015 年 12 月 17 日) URL: https: //www.sbs.com.au/news/article/bhutanese-refugee-community-thriving-in-regional-australia/umsqbdzxa

Owen, E. 2019. "Domain Rental Vacancy Rate July 2019: Sydney Rental Stock Increases by More Than 5000 Listings." Sydney: Domain Research House. URL: https: //www.domain.com.au/research/domain-rental-vacancy-rate-july-2019-sydney-rental-stock-increases-by-more-than-5000-listings-868725

PALMS (PALM Scheme). 2022a. *Delivering Benefits for Australian Employers and Pacific Partners: Factsheet*. Canberra: DFAT (Department of Foreign Affairs and Trade).

PALMS. 2022b. "Skills Development." Canberra: DFAT. URL: https: //www.palmscheme.gov.au/skills-development

PALMS. 2022c. "Employer Application Form." Canberra: DFAT. URL: https: //www.palmscheme.gov.au/resources/employer-application-form-reference-only

Paradies, Y., Chandrakumar, L., Klocker, N., Frere, M., Webster, K., Burrell, M. and McLean, P. 2009. *Building on Our Strengths: A Framework to Reduce Race-Based Discrimination and Support Diversity in Victoria*. Melbourne: VicHealth.

Parliament of the Commonwealth of Australia. 2020. "Report of the Inquiry into Migration in Regional Australia (June 2020)." URL: https: //www.aph.gov.au/Parliamentary_Business/Committees/Joint/Migration/RegionalMigration/Report/section?id=committees%2Freportjnt%2F024490%2F73239

Parliamentary Library. 2005. *Australia's Humanitarian Program: Research Note No. 9, 9 September*. Canberra: Parliament of Australia.

Payne, M. and Seselja, Z. 2021. "Streamlining and Strengthening Pacific Labour for a New Era." Canberra: Minister for Foreign Affairs Office. URL: https: //www.foreignminister.gov.au/minister/marise-payne/media-release/streamlining-and-strengthening-pacific-labour-new-era

Perales, F., Kubler, M., Xiang, N. and Tomaszewski, W. 2021. *Understanding Access to Higher Education amongst Humanitarian Migrants in Australia*. Perth: National Centre for Student Equity in Higher Education.

Perpitch, N. 2015. "Country WA Towns Want to Help Settle Syrian Refugees." *ABC News*. (2015 年 9 月 8 日). URL: https: //www.abc.net.au/news/2015-09-08/country-wa-wants-to-help-settle-syrian-refugees/6758172?site=greatsouthern

Persian, J. 2017. *Beautiful Balts: From Displaced Persons to New Australians*. Sydney: New South Publishing.

Phillimore, A. and Goodson, L. 2006. "Problem or Opportunity? Asylum Seekers, Refugees, Employment and Social Exclusion in Deprived Urban Areas." *Urban Studies*. 43 (10) pp. 1715–1736.

Phillips, J. and Spinks, H. 2012. *Skilled Migration: Temporary and Permanent Flows to Australia*. Canberra: Parliamentary Library.

Picton, F. and Banfield, G. 2018. "A Story of Belonging: Schooling and the Struggle of Students of Refugee Experience to Belong." *Discourse: Studies in the Cultural Politics of Education*. 41 (6) pp. 841–853.

Piper, M. 2019. *Engage Respectfully with Young People (from Refugee Backgrounds): Trainer's Resource Guide*. Melbourne: AMES Australia.

Piper, M. 2017. *Refugee Settlement in Regional Areas: Evidence-based Good Practice*. Sydney: Department of Premier and Cabinet, State of New South Wales.

Platinum Elevators. 2023. "How Many Elevators are Required in an Apartment Building?." URL: https://platinumelevators.com.au/how-many-elevators-are-required-in-an-apartment-building/#:~:text=According%20to%20the%20National%20Construction,emergency%20lift%20on%20each%20floor.

Pugh, K., Every, D. and Hattam, R. 2012. "Inclusive Education for Students with Refugee Experience: Whole School Reform in a South Australian Primary School." *The Australian Educational Researcher*. 39 (2) pp. 125–141.

Pung, A. ed. 2008. *Growing up Asian in Australia*. Melbourne: Black Inc.

RAI (Regional Australia Institute). 2019. *Steps to Settlement Success: A Toolkit for Rural and Regional Communities*. Canberra: RAI.

RAI. 2018. *The Missing Workers: Locally-led Migration Strategies to Better Meet Rural Labour Needs*. Canberra: RAI.

RAI. 2016. *Talking-Point: The Missing Migrants*. Canberra: RAI.

Ramos, F. 2020. "Academic Success as Willful-resistance: Theorising with Refugee-background Students in Australia." *Discourse: Studies in the Cultural Politics of Education*. 42 (3) pp. 440–455.

Ramsay, G. and Baker, S. 2019. "Higher Education and Students from Refugee Backgrounds: A Meta-Scoping Study." *Refugee Survey Quarterly*. 38 (1) pp. 55–82.

Rankin, H. 2019. *Guide to Re-building Trust with Traumatised Children: Emotional Wellbeing in School and at Home*. Abingdon: Routledge

RCA (Refugee Council of Australia). 2023a. *Statistics on Boat Arrivals and Boat Turnbacks*. Sydney: RCA.

RCA. 2023b. "Post-WW2 Refugee Arrivals to Pass 950,000 in 2023." URL: https://www.refugeecouncil.org.au/950000-refugee-arrivals/

RCA. 2021. "The Community Support Program." URL: https://www.refugeecouncil.org.au/community-support-program/

RCA. 2019. "The Community Support Program: Providing Complementary Pathways to Protection or Privatising the Humanitarian Program?" URL: https://www.refugeecouncil.org.au/community-support-program-brief/

RCA. 2018a. *We Can and Should Do More: Australia's Humanitarian Program 2018–2019*. Sydney: RCA.

RCA. 2018b. "How Generous is Australia's Refugee Program Compared to Other Countries?" URL: https://www.refugeecouncil.org.au/wp-content/uploads/2019/07/2018-Global-Trends-analysis.pdf.

RCA. 2015. *Options and Opportunities for the Safe Haven Enterprise Visa*. Sydney: RCA.

RCA. 2014. *Australia's Refugee and Humanitarian Program 2015–16: Community Views on Current Challenges and Future Directions*. Sydney: RCA.

RCA. 2011. *Australia's Refugee and Humanitarian Program 2011–12: Community Views on Current Challenges and Future Directions*. Sydney: RCA.

RCA. 2004. *Your Guide to Successful and Responsible Advocacy for Refugees and Asylum Seekers*. Sydney: RCA.

Refugee Health Research Centre. 2007. "Experience of Discrimination Among Refugee Youth in Melbourne." URL: http://www.latrobe.edu.au/larrc/documents-larrc/broadsheets/goodstarts-broadsheet- 4-refugee-youth-discrimination.pdf

Relph, S. and Sheera, N. 2019. *Fifty Years in the Karen Revolution in Burma: The Soldier and the Teacher*. Ithaca: Cornell University Press.

RILS (Refugee and Immigration Legal Service). 2020. "SHEV and TPV Visas Centrelink Benefits." URL: https://www.rails.org.au/sites/default/files/2020-05/SHEV%20and%20TPV%20-%20Centrelink%20benefits.pdf

RMSAC (The Refugee and Migrant Services Advisory Council). 2020. *An Employer's Guide to Working with Refugees Unlocking New Sectors of Australia's Workforce Talent*. Canberra: DHA.

Reilly, A. 2018. "The Vulnerability of Safe Haven Enterprise Visa Holders: Balancing Work, Protection and Further Prospects." *UNSW Law Journal*. 41(3) pp. 871–900.

Reilly, A. 2011. "The Ethics of Seasonal Labour Migration." *Griffith Law Review*. 20 (1) pp. 127–152.

Reilly, A. and Howe, J. 2019. "Australia's Future Horticultural Workforce: Assessing the Agricultural Visa Concept." *Journal of Australian Political Economy*. (84) pp. 89–115.

Rex, J. and Moore, R. 1967. *Race, Community and Conflict*. Oxford: Oxford University Press.

Reynolds, H. 2004. *North of Capricorn: The Untold Story of Australia's North*. Sydney: Allen & Unwin.

Richards, E. 2008. *Destination Australia: Migration to Australia since 1901*. Sydney: UNSW Press.

Riggs, E., Block, K., Gibbs, L., Davis, E., Szwarc, J., Casey, S., Duell-Piening, P. and Waters, E. 2012. "Flexible Models for Learning English are Needed for Refugee Mothers." *Australian Journal of Adult Learning*. 52 (2) pp. 397–404.

Robertson, J. and Perkins, M. 2018. "Homelessness in NSW Jumps by More than 30 Percent." *Sydney Morning Herald*.（2018 年 3 月 14 日）. URL: https://www.smh.com.au/politics/nsw/homelessness-in-nsw-jumps-by-more-than-30-per-cent-20180314-p4z4ds.html

Robinson, K. 2014. "Voices from the Front Line: Social Work with Refugees and Asylum Seekers in Australia and the UK." *The British Journal of Social Work*. 44 (6) pp. 1602–1620.

Robinson, V. 2003a. "Defining the 'Problem'." Robinson, V. et al. *Spreading the 'Burden'?: A Review of Policies to Disperse Asylum Seekers and Refugees*. Bristol: Policy Press. pp. 3–24.

Robinson, V. 2003b. "Redefining the 'Problem' and Challenging the Assumptions." Robinson, V. et al. *Spreading the 'Burden'?: A Review of Policies to Disperse Asylum Seekers and Refugees*. Bristol: Policy Press. pp. 159–178.

Robinson, V. 2003c. "Dispersal Policies in the UK." Robinson, V. et al. *Spreading the 'Burden'?: A Review of Policies to Disperse Asylum Seekers and Refugees*. Bristol: Policy Press. pp. 103–148.

Robinson, V. and Hale, S. 1989. *The Geography of Vietnamese Secondary Migration in the UK*. Warwick: Centre for Research in Ethnic Relations.

Robinson, V., Andersson, R. and Musterd, S. 2003. *Spreading the 'Burden'?: A Review of Policies to Disperse Asylum Seekers and Refugees*. Bristol: Policy Press.

Rogers, B. 2010. *Than Shwe: Unmasking Burma's Tyrant*. Chiang Mai: Silkworm Books.

Rogers, B. 2004. *A Land Without Evil: Stopping the Genocide of Burma's Karen People*. Oxford: Monarch Books.

Rogers, D., Wong, A. and Nelson, J. 2017. "Public Perceptions of Foreign and Chinese Real Estate Investment: Intercultural Relations in Global Sydney." *Australian Geographer*. 48 (4) pp. 437–455.

Rogers, D., Lee, C. and Yan, D. 2015. "The Politics of Foreign Investment in Australian Housing: Chinese Investors, Translocal Sales Agents and Local Resistance." *Housing Studies*. 30 (5) pp. 730–748.

Romensky, L. 2016. "Two Cultures Meet as a Karen Refugee Social Enterprise Takes Off in Nhill." *ABC News*. (2016 年 4 月 22 日). URL: https://www.abc.net.au/news/2016-04-22/two-cultures-meet-as-karen-refugee-sewing-enterprise-takes-off/7349562

Romensky, L. 2015. "From Tragedy to OAM for One Woman from Nhill." *ABC News*. (2015 年 6 月 9 日). URL: https://www.abc.net.au/local/photos/2015/06/09/4251844.htm

Rose, M. 2021. "Closing the Loophole: A Minimum Wage for Australia's Farm Workers is Long Overdue." Canberra: ANU Development Policy Centre. URL: https://devpolicy.crawford.anu.edu.au/department-news/19579/closing-loophole-minimum-wage-australias-farm-workers-long-overdue

Rosenman, L., Golebiowska, K., Taylor, A., Buergelt, P., Payer, H., Brokensha, H., Salmon, J., Boyle, A., Zander, K. and Yuhun, P. 2021. "Attracting and Retaining International Migrants: A Key Issue in Developing Northern Australia." Wallace, R., Harwood, S., Gerritsen, R., Prideaux, B., Brewer, T., Rosenman, L. and Dale, A. eds. *Leading from the North: Rethinking Northern Australia Development*. Canberra: ANU Press. pp. 243–267.

Rutland, S. 2005. *The Jews in Australia*. Cambridge: Cambridge University Press.

Rutland, S. 2001. *Edge of the Diaspora: Two Centuries of Jewish Settlement in Australia*. Rose Bay, NSW: Brandl & Schlesinger.

SA (Services Australia). 2023. "Health and Disability." URL: https://www.servicesaustralia.gov.au/

health-and-disability
SA. 2020a. "Rent Assistance." URL: https://www.servicesaustralia.gov.au/individuals/services/centrelink/rent-assistance
SA. 2020b. "Centrelink Payments and Services." URL: https://www.servicesaustralia.gov.au/individuals/services/centrelink
埼玉県．2021.「外国人との共生について」URL: https://www.pref.saitama.lg.jp/a0306/tabunkakyousei/supportersurveyr3.html
Salt, B. 2011. *The Big Tilt: What Happens when the Boomers Bust and Xers and Ys Inherit the Earth*. Melbourne: Hardie Grant Books.
Santoro, N. and Wilkinson, J. 2016. "Sudanese Young People Building Capital in Rural Australia: The Role of Mothers and Community." *Ethnography and Education*. 11(1) pp. 107–120.
笹川平和財団．2011.『第三国定住：日本の難民受け入れを考える―オーストラリアの知見を参考に―』笹川平和財団．
Sayer, R. 2015. *More to the Story*. Witchcliffe, WA: Margaret River Press.
SBS. 2020. "How a Regional Australian City Became an Unlikely Home for Hundreds of Yazidi Refugees." URL: https://www.sbs.com.au/news/article/how-a-regional-australian-city-became-an-unlikely-home-for-hundreds-of-yazidi-refugees/z755d1rzl
SBS. 2019. *Where are You Really From? Season 2 Episode 2*. Melbourne: SBS.
SBS. 2018. *Where are You Really From? Season 1 Episode 3*. Melbourne: SBS.
Scanlon Foundation and Markus, A. 2012. *Mapping Social Cohesion: The Scanlon Foundation Surveys National Report 2012*. Melbourne: Monash University.
Schech, S. 2014. "Silent Bargain or Rural Cosmopolitanism? Refugee Settlement in Regional Australia." *Journal of Ethnic and Migration Studies*. 40 (4) pp. 601–618.
関根政美．2009.「オーストラリア多文化主義の歴史的発展とその変容―共生から競生へ―」石井由香他編『アジア系専門職移民の現在―変容するマルチカルチュラル・オーストラリア―』慶應義塾大学出版会．
関根政美．2007.「オーストラリアの多文化主義について」国際交流基金『オーストラリアの多文化共生社会を考える』国際交流基金．
関根政美．1989.『マルチカルチュラル・オーストラリア―多文化社会オーストラリアの社会変動―』成文堂．
Sellars, M. and Murphy, H. 2018. "Becoming Australian: A Review of Southern Sudanese Students' Educational Experiences." *International Journal of Inclusive Education*. 22 (5) pp. 490–509.
Senate Standing Committee on Employment, Workforce Relations and Education. 2006. *Perspectives on the Future of the Harvest Labour Force*. Canberra: The Senate, Parliament of Australia.
Sharifian, F., Sadeghpour, M., Barton, S., Barry, J., Barton, G. and Yilmaz, I. 2020. "English Language Learning Barriers of Afghan Refugee Women in Australia." *International Journal of Applied Linguistics*. 31 (1) pp. 65–78.
Sharman, E. and Howes, S. 2022. "The Horticulture 'Labour Crisis' Needs a Calm, PALM Response." *ANU Devpolicy Blog*. Canberra: ANU.（2022 年 1 月 27 日）. URL: https://

devpolicy.org/horticulture-labour-crisis-needs-a-calm-palm-response-20220127

Shepley, C. 2007. *Regional Settlement in Australia: Research into the Settlement Experience of Humanitarian Entrants in Regional Australia 2006–07*. Canberra: DIAC.

Sherrell, H. and Coates, B. 2021. "Australia's New Agricultural Visa could Supercharge Exploitation." *The Conversation*. URL: https://theconversation.com/australias-new-agricultural-visa-could-supercharge-exploitation-172304

滋賀県．2014．「日本人住民と外国人住民の共生についてのアンケート結果」URL: https://www.pref.shiga.lg.jp/file/attachment/4003877.pdf

塩原良和．2020．「移民・難民の受け入れと支援」関根政美他編『オーストラリア多文化社会論』法律文化社．

塩原良和．2008a．「あらゆる場所が『国境』になる―オーストラリアの難民申請者政策―」『クァドランテ』（10）pp. 151–164.

塩原良和．2008b．「オーストラリアの移住者定住支援サービスと官民連携―『改革』の時代における『多文化共生』施策の在り方とは―」『シリーズ多言語・多文化協働実践研究』（3）pp. 30–34.

Shire of Dalwallinu. 2014. *Regional Repopulation Pilot Project Report: November 2010 to March 2014*. Dalwallinu: Shire of Dalwallinu.

Shire of Katanning 2020. "Katanning Regional Sheep Saleyards." URL: https://www.katanning.wa.gov.au/Profiles/katanning/Assets/ClientData/Brochure_MAR2020.pdf

Simich, L., Beiser, F. and O'Hare, J. 2001. *Paved with Good Intentions: Paths of Secondary Migration of Government-Assisted Refugees in Ontario*. Toronto: Centre for Addiction and Mental Health, University of Toronto.

Singh, S. and Tregale, R. 2015. "From Homeland to Home: Widening Participation through the LEAP-Macquarie Mentoring (Refugee Mentoring) Program." *International Studies in Widening Participation*. 2 (1) pp. 15–27.

Simons, M. 2017. "The Karen Road to Nhill." *SBS Culture*. URL: https://www.sbs.com.au/topics/voices/culture/feature/karen-road-nhill

Smith, M. 1999. *Burma: Insurgency and the Politics of Ethnicity*. London: Zed Books.

総務省．2022．「統計からみた我が国の高齢者―『敬老の日』にちなんで―」URL: https://www.stat.go.jp/data/topics/topi1320.html

総務省．2021．「特定地域づくり事業協同組合制度について」URL: https://www.soumu.go.jp/main_content/000734004.pdf

総務省．2018．「労働力調査平成 30 年平均結果の概要」URL: https://www.stat.go.jp/data/roudou/report/2018/pdf/summary2.pdf

Squire Sanders. 2012. "Enterprise Migration Agreements." URL: https://www.squirepattonboggs.com/-/media/files/insights/publications/2012/06/enterprise-migration-agreements/files/ema_alert/fileattachment/ema_alert.pdf

Stead, V. 2021. "New Pacific Australia Labour Mobility Scheme Offers More Flexibility … for Employers." *Deakin University, ADI Website*. Melbourne: Deakin University. URL: https://adi.deakin.edu.au/news/new-pacific-australia-labour-mobility-scheme-offers-more-flexibilityfornbspemployers

Stewart, E. 2012. "UK Dispersal Policy and Onward Migration: Mapping the Current State of Knowledge." *Journal of Refugee Studies*. 25 (1) pp. 25–49.

Stilwell, F. 2003. "Refugee in a Region: Afghans in Young, NSW." *Urban and Policy Research*. 21 (3) pp. 235–248.

Stone, W., Reynolds, M. and Burke, T. 2017. "Home Ownership Remains Strong in Australia but it Masks Other Problems: Census Data." *The Conversation*. URL: https://theconversation.com/home-ownership-remains-strong-in-australia-but-it-masks-other-problems-census-data-80068

Stratton, J. 2011. *Uncertain Lives: Culture, Race and Neoliberalism in Australia*. Newcastle upon Tyne: Cambridge Scholars.

Sue, D. 2010. *Microaggressions in Everyday Life: Race, Gender, and Sexual Orientation*. Hoboken, NJ: Wiley.

Sue, D. 2003. *Overcoming Our Racism: The Journey to Liberation*. Hoboken, NJ: Jossey-Bass (Wiley).

杉田弘也．2013.「『タフで人道的な』対策を模索するオーストラリアのボート・ピープル政策—オーストラリア多文化主義の『ドリアン・グレイの肖像』—」『国際経営論集』(46) pp. 1–22.

出入国在留管理庁．2024.「特定技能在留外国人数の公表等」URL: https://www.moj.go.jp/isa/applications/ssw/nyuukokukanri07_00215.html

出入国在留管理庁．2023.『特定技能ガイドブック—特定技能外国人の雇用を考えている事業者の方へ—』出入国在留管理庁．

玉井哲也．2021a.「コロナ禍の下でのオーストラリア農業」『日本農業年報』(66) pp. 59–67.

玉井哲也．2021b.「オーストラリア農業と太平洋島嶼国」『国際農林業協力』44 (2) pp. 33–38.

玉井哲也．2021c.「世界の農業・農政—オーストラリア農業へのコロナ禍の影響と対応—」『農林水産政策研究所レビュー』(104) pp. 6–7.

Ta Lu Ku. n.d. *Ta Lu Ku's Story*. Katanning: Read Write Now.

Taylor, A. 2018. *Heading North, Staying North?: The Increasing Importance of International Migrants to Northern and Remote Australia*. Sydney: Lowy Institute.

Taylor, A. and Shalley, F. 2018. *A Multicultural Northern Territory: Statistics from the 2016 Census*. Darwin: Northern Institute, Charles Darwin University.

Taylor, A. and Carson, D. 2017. *Synthesising Northern Territory Population Research: A Report to the Northern Territory Department of the Chief Minister*. Darwin: Charles Darwin University.

Taylor, A. and Bell, L. 2012. *Assessing the Effectiveness of Skilled Migrant Programs for the Northern Territory*. Darwin: The Northern Institute, Charles Darwin University.

Taylor, A., Bell, L. and Gerritsen, R. 2014. "Benefits of Skilled Migration Programs for Regional Australia: Perspectives from the Northern Territory." *Journal of Economic and Social Policy*. 16 (1) Article 3.

Taylor, J. 2005. *Refugees and Regional Settlement: Win-win?* Melbourne: Brotherhood of St Laurence.

Taylor, S. and Sidhu, R. 2012. "Supporting Refugee Students in Schools: What Constitutes Inclusive Education?" *International Journal of Inclusive Education*. 16 (1) pp. 39–56.

Taylor, J. and Stanovic, D. 2005. *Refugees and Regional Settlement: Balancing Priorities*. Fitzroy: Brotherhood of St Laurence.

TBB (Talent Beyond Boundaries). 2023. "Hiring Displaced Talent in Australia." URL: https://www.talentbeyondboundaries.org/australia?

TBB. 2021. *The Australian Skilled Refugee Labour Agreement Pilot*. North Melbourne: TBB.

Tent. 2019. *Australian Employers' Guide to Hiring Refugees*. Canberra: Migration Council of Australia and Tent Partnership for Refugees.

Terry, L., Naylor, R., Nguyen, N., and Rizzo, A. 2016. *Not There Yet: An Investigation into the Access and Participation of Students from Humanitarian Refugee Backgrounds in the Australian Higher Education System*. Perth: National Centre for Student Equity in Higher Education.

Thawnghmung, A. 2012. *The "Other" Karen in Myanmar: Ethnic Minorities and the Struggle without Arms*. Lanham: Lexington Books.

Tilbury, F. and Colic-Peisker, V. 2006. "Deflecting Responsibility in Employer Talk about Race Discrimination." *Discourse & Society*. 17 (5) pp. 651–676.

TIS National 2023. "History of TIS National." URL: https://www.tisnational.gov.au/en/About-TIS-National/History-of-TIS-National

Tonts, M. 2001. "The Exclusive Brethren and an Australian Rural Community." *Journal of Rural Studies*. 17 (3) pp. 309–322.

Topsfield, J. 2020. "Destroying Spinach and Sacrificing Cabbages: The Worker Drought Wasting Australia's Produce." *Sydney Morning Herald*.（2020 年 9 月 29 日）. URL: https://www.smh.com.au/national/destroying-spinach-and-sacrificing-cabbages-the-worker-drought-wasting-australia-s-produce-20200929-p560es.html

Translating and Interpreting Service. 2023. "Schedule of Service Charges for Commercial Clients." URL: https://iro.nsw.gov.au/sites/default/files/FY%202019-20%20Translating%20and%20Interpreting%20Service%20%28TIS%20National%29%20Fees%20for%20use%20by%20WIRO.pdf

Turner, M. and Fozdar, F. 2010. "Negotiating 'Community' in Educational Settings: Adult South Sudanese Students in Australia." *Journal of Intercultural Studies*. 31 (4) pp. 363–382.

UNHCR. 2021. "Global Trends: Forced Displacement in 2020." URL: https://www.unhcr.org/jp/global_trends_2020

UNHCR. 2019. *Global Trends: Forced Displacement in 2018*. Geneva: UNHCR.

UNIQLO 2023. "Sustainability Report 2022: Ten Years with Refugees." URL: https://www.uniqlo.com/jp/ja/contents/sustainability/report/2022/refugees/#:~:text=2011%E5%B9%B4%E3%81%8B%E3%82%89%E3%80%81%E3%83%A6%E3%83%8B%E3%82%AF%E3%83%AD%E3%81%A7%E3%81%AF,%E7%AD%89%E3%81%A7%E5%83%8D%E3%81%84%E3%81%A6%E3%81%84%E3%81%BE%E3%81%99%E3%80%82

Universities Australia. 2023. "International Education Adds $29 Billion to the Economy." URL: https://www.universitiesaustralia.edu.au/media-item/international-education-adds-29-

billion-to-the-economy/

Uptin, J., Wright, J. and Harwood, V. 2016. "Finding Education: Stories of How Young Former Refugees Constituted Strategic Identities in Order to Access School." *Race Ethnicity and Education*. 19 (3) pp. 598–617.

Valtonen, K. 2004. "From the Margin to the Mainstream: Conceptualizing Refugee Settlement Processes." *Journal of Refugee Studies*. 17 (1) pp. 70–96.

van Kooy, J. and Wickes, R. 2019. "Settling Migrants in Regional Areas Will Need More than a Visa to Succeed." *The Conversation*.（2019 年 4 月 1 日）. URL: https: //theconversation.com/settling-migrants-in-regional-areas-will-need-more-than-a-visa-to-succeed-114196

van Kooy, J., Wickes, K. and Ali, A. 2019. *Welcoming Regions*. Melbourne: Monash University.

Vanstone, A. 2004. *New Initiatives to Draw more Migrants to Regional Areas. Media Release, 12 January 2004*. Canberra: Parliament of Australia.

VG (Victorian Government). 2019. "Nhill's Karen Community Sews Business Success." Melbourne: VG. URL: https: //www.vic.gov.au/nhills-karen-community-sews-business-success

VicHealth. 2007. *More than Tolerance: Embracing Diversity for Health — A Summary Report*. Carlton: VicHealth Foundation.

Vickers, M., McCarthy, F. and Zammit, K. 2017. "Peer Mentoring and Intercultural Understanding: Support for Refugee-background and Immigrant Students Beginning University Study." *International Journal of Intercultural Relations*. (60) pp. 198–209.

Victorian Foundation for Survivors of Torture. 2015. *Educating Children from Refugee Backgrounds: A Partnership Between Schools and Parents*. Melbourne: The Victorian Foundation for Survivors of Torture Inc.

Viviani, N. 1984. *The Long Journey: Vietnamese Migration and Settlement in Australia*. Melbourne: Melbourne University Press.

Viviani, N., Coughlan, J. and Rowland, T. 1993, *Indo-Chinese in Australia: The Issues of Employment and Residential Concentration*. Canberra: Australian Government Publishing Service.

Wache, D. and Zufferey, C. 2013. "Connecting with Students from New and Emerging Communities in Social Work Education." *Advances in Social Work and Welfare Education*. 15 (1) pp. 80–91.

Waddington, S. 2008. *Routes to Integration and Inclusion: New Approaches to Enable Refugee and Migrant Workers to Progress in the Labour Market*. Leicester: NIACE.

Walker, D. 1999. *Anxious Nation: Australia and the Rise of Asia 1850–1939*. Brisbane: University of Queensland Press.

Wallace, R., Tolley, E. and Vonk, M. 2021. *Multiculturalism Policy Index: Immigrant Minority Policies (Third Edition)*. Kingston: Queen's University.

WAnderland 2023. "Collection of Read Write Now Books." URL: https: //visitwanderland.com.au/explore/south-west/katanning-public-library/collection-read-write-now-books

Watkins, P., Razee, H. and Richters, J. 2012. "I'm Telling You ... The Language Barrier is the Most, the Biggest Challenge': Barriers to Education among Karen Refugee Women in Australia."

Australian Journal of Education. 56 (2) pp. 126–141.

Webb, S., Dunwoodie, K. and Wilkinson, J. 2019. "Unsettling Equity Frames in Australian Universities to Embrace People Seeking Asylum." *International Journal of Inclusive Education*. 38 (1) pp. 103–120.

Webb, C. 2013. "Welcome Mat Out as Nhill Flights Back to Lure More Entrepreneurs to Town." *The Age*.（2023 年 10 月 11 日）

Whelan, M., Wright-Brough, F., Hancox, D. and Browning, Y. 2020. "The Generous Boys and the Nice to Meet You Band: Students from Migrant and Refugee Backgrounds as Leaders in Reshaping University Values through Creative Arts-based Programmes." *International Journal of Inclusive Education*. 27 (1) pp. 1–17.

Wickramaarachchi, N. and Butt, A. 2014. "Motivations for Retention and Mobility: Pathways of Skilled Migrants in Regional Victoria, Australia." *Rural Australia*. 23 (2) pp. 188–197.

Wilding, R. and Nunn, C. 2018. "Non-metropolitan Productions of Multiculturalism: Refugee Settlement in Rural Australia." *Ethnic and Racial Studies*. 41 (14) pp. 2542–2560.

Wilkinson, J. and Langat, K. 2012. "Exploring Educators' Practices for African Students from Refugee Backgrounds in an Australian Regional High School." *The Australasian Review of African Studies*. 33 (2) pp. 158–177.

Wilkinson, J., Santoro, N. and Major, J. 2017. "Sudanese Refugee Youth and Educational Success: The Role of Church and Youth Group in Supporting Cultural and Academic Adjustment and School Achievement." *International Journal of Intercultural Relations*. (60) pp. 210–219.

Withers G. and Powell M. 2003. *Immigration and the Regions: Taking Regional Australia Seriously*. Canberra: Chifley Research Centre.

Wokker, C. and Swieringa, J. 2016. *Foreign Investment and Residential Property Price Growth*. Canberra: Australian Government the Treasury.

Woods, A. 2009. "Learning to be Literate: Issues of Pedagogy for Recently Arrived Refugee Youth in Australia." *Critical Inquiry in Language Studies*. 6 (1–2) pp. 81–101.

Wren, K. 2003. "Refugee Dispersal in Denmark: From Macro- to Micro-scale Analysis." *International Journal of Population Geography*. (9) pp. 57–75.

Wright, C. and Clibborn, S. 2020. "A Guest-worker State? The Declining Power and Agency of Migrant Labour in Australia." *The Economic and Labour Relations Review*. 31 (1) pp. 34–58.

Wright, C. and Clibborn, S. 2017. "Back Door, Side Door, or Front Door: An Emerging De-Facto Low-skilled Immigration Policy in Australia." *Comparative Labor Law and Policy Journal*. 39 (1) pp. 165–188.

Wright, S. 2019. "Further Falls in House Prices will Hit the Economy, Says Reserve Bank." *Sydney Morning Herald*.（2019 年 2 月 19 日）. URL: https://www.smh.com.au/business/the-economy/further-falls-in-house-prices-will-hit-the-economy-says-reserve-bank-20190219-p50ys4.html

Wulff, M. and Dharmalingam, A. 2008. "Retaining Skilled Migrants in Regional Australia: The Role of Social Connectedness." *International Migration and Integration*. (9) pp. 147–160.

Yeates, C. 2017. "Housing Investor Loan Approvals Surge 21.4 Percent a Year." *Sydney Morning Herald*.（2017 年 1 月 17 日）. URL: https://www.smh.com.au/business/banking-andfinance/housing-investor-loan-approvals-surge-214-per-cent-in-a-year-20170117-gtswys.html

横田雅弘 . 2018.「ヒューマンライブラリーの可能性―「読者」（来場者）と「司書」（学生）の学びを中心に―」『言語文化教育研究』（16）pp. 33–44.

横田雅弘 . 2012.「ヒューマンライブラリーとは何か―その背景と開催への誘い―」加賀美常美代・横田雅弘・坪井健・工藤和宏 編著『多文化社会の偏見・差別―形成のメカニズムと低減のための教育―』明石書店 . pp. 150–171.

Yoon, E. and Lee, R. 2010. "Importance of Social Connectedness as a Moderator in Korean Immigrants' Subjective Wellbeing." *Asian American Journal of Psychology*. 1 (2) pp. 93–105.

Ziaian, T., Miller, E., de Anstiss, H., Puvimanasinghe, T., Dollard, M., Esterman, A., Barrie, H. and Stewart-Jones, T. 2019. "Refugee Youth and Transition to Further Education, Training, and Employment in Australia: Protocol for a Mixed Methods Study." *JMIR Research Protocols*. 8 (7) e12632.

【著者】小野塚和人（おのづか・かずひと）

1984年、群馬県生まれ。一橋大学社会学部卒業、同大学博士（社会学）。
早稲田大学、神田外語大学を経て、現在、東洋大学社会学部准教授。
専門は、地域社会学、国際社会学、移民政策論、観光学、オーストラリア地域研究。
主な論文に、「観光地ケアンズの生成と日本企業」『オーストラリア研究』第24号、「コスモポリタン的近代における『共にあること』をめぐる理論社会学的考察」『グローバル・コミュニケーション研究』第1号、「『バブル誘発型』の観光開発による社会空間の生産」『アジア太平洋討究』第22号、などがある。

外国人労働者としての難民
オーストラリアの農村部における難民認定者の受け入れ策と定住支援策

2024年10月29日　初版発行

著者　小野塚和人　おのづか・かずひと

発行者　三浦衛

発行所　春風社　Shumpusha Publishing Co.,Ltd.
横浜市西区紅葉ヶ丘53　横浜市教育会館3階
〈電話〉045-261-3168　〈FAX〉045-261-3169
〈振替〉00200-1-37524
http://www.shumpu.com　✉ info@shumpu.com

装丁　長田年伸
出版コーディネート　カンナ社
印刷・製本　シナノ書籍印刷㈱

乱丁・落丁本は送料小社負担でお取り替えいたします。
©Kazuhito Onozuka. All Rights Reserved. Printed in Japan.
ISBN 978-4-86110-965-2 C0036 ¥5400E